권학봉의
포토샵 라이트룸 클래식 CC
사진보정 강의

BOOK 1 Lightroom Classic CC
BOOK 2 Retouching

**권학봉의
포토샵 라이트룸 클래식 CC
사진보정 강의** BOOK 1 Lightroom Classic CC
BOOK 2 Retouching

2019년 8월 14일 초판 1쇄 발행
2023년 8월 2일 초판 5쇄 발행

지은이 | 권학봉
펴낸이 | 이종춘
펴낸곳 | ㈜첨단

주소 | 서울시 마포구 양화로 127 (서교동) 첨단빌딩 3층
전화 | 02-338-9151
팩스 | 02-338-9155
인터넷 홈페이지 | www.goldenowl.co.kr
출판등록 | 2000년 2월 15일 제 2000-000035호

본부장 | 홍종훈
편집 | 주경숙
디자인 | 윤선미
전략마케팅 | 구본철, 차정욱, 오영일, 나진호, 강호묵
제작 | 김유석
경영지원 | 이금선, 최미숙

ISBN 978-89-6030-530-4 13000

BM 황금부엉이는 ㈜첨단의 단행본 출판 브랜드입니다.

———

황금부엉이에서 출간하고 싶은 원고가 있으신가요? 생각해보신 책의 제목(가제), 내용에 대한 소
개, 간단한 자기소개, 연락처를 book@goldenowl.co.kr 메일로 보내주세요. 집필하신 원고가 있다
면 원고의 일부 또는 전체를 함께 보내주시면 더욱 좋습니다.
책의 집필이 아닌 기획안을 제안해주셔도 좋습니다. 보내주신 분이 저 자신이라는 마음으로 정성
을 다해 검토하겠습니다.

권학봉의
포토샵 라이트룸 클래식 CC
사진보정 강의
BOOK 1 Lightroom Classic CC
BOOK 2 Retouching

권학봉 지음

황금부엉이
Using Bible
시리즈 35

BM 황금부엉이

여전히 카메라가 만들어준 사진 파일 그대로가
'사진 원본'이라고 생각하는 사람들이 있을 것이다.

하지만 한 장의 사진이 만들어지는 카메라 내부의 과정을 훑어보면 그렇게 '보이길' 원하는 강력한 의도가 숨어 있다는 것을 쉽게 알 수 있다. 카메라가 만들어준 사진에 만족하는 이들이 대부분인 상황에서, 이 책을 집어 들었다면 조금 더 나만의 '개성'을 사진에 담고 싶은 사람들일 것이다. 그래서 이 책은 자신만의 '개성'을 찾아가는 데 도움이 될 수 있는 기술적인 방법에 대해 집중했다. 단, 이 책의 모든 내용에는 필자의 스타일이 강하게 반영되어 있다는 점을 잊지 말자. 기술적인 부분을 어떻게 활용하고 사용하는지에 대해서만 공부하면 된다. 자신만의 표현방법, 색감, 스타일을 찾아가기 위한 이정표 정도로 삼아주었으면 좋겠다.

독자 여러분의 많은 사랑으로 개정판을 낼 수 있게 되었다. 1쇄 출간 이후 3년 동안 쌓인 많은 문답을 바탕으로 필요한 부분은 보태고, 그렇지 않은 부분은 과감히 삭제했다. 처음에 만들어 둔 틀은 그대로 유지했기 때문에 기술적인 내용으로만 보자면 변화가 없다. 하지만 라이트룸과 포토샵 최신 버전에 따라 일부 메뉴의 위치나 디자인의 변화를 반영했고, 새로운 예제 사진을 통해 보는 즐거움을 놓치지 않기 위해 노력했다.

이 책의 전체 구성에 중요한 몇 가지 포인트가 있다.

첫 번째, 디지털 환경에서 사진을 다루는 데 꼭 필요한 여러 가지 개념을 설명했다. 전문용어를 최대한 자제하고 쉽게 풀어쓰면서, 필요에 따라 이해를 돕기 위한 삽화도 따로 제작했다. 디지털 사진이라면 반드시 거쳐야 하는 비트나 히스토그램, RGB 색체계, 색역 등이 이런 부분들이다. 처음에는 너무 낯설어 이해하지 못할 수도 있지만, 나중이라도 괜찮으니 여러 번 반복하기를 권한다.

두 번째, 워드나 엑셀, 파워포인트 등 일반적으로 익숙한 소프트웨어와 라이트룸은 기본적으로 다르다. 어느 소프트웨어에나 있는 불러오기, 저장하기도 라이트룸에는 없다. 알고 보면 정말로 편리하지만 처음에는 정말 성가시고 골치 아플 것이다. 이 부분을 쉽게 넘어가고 싶다면 라이트룸의 기본틀을 설명하는 '카탈로그' 설명 부분에 집중해야 한다. 잘만 사용하면 사진 작업에 이보다 편한 소프트웨어도 없다.

세 번째, 라이트룸과 포토샵을 오가며 작업하는 실제 환경을 최대한 적용했다. 작업하다가 라이트룸에서 불가능하거나 부족한 기능은 포토샵으로 사진을 가져가 마무리할 수 있도록 했다. 라이트룸이나 포토샵 등 소프트웨어 단위로 생각하고 만든 책이 아니라 '사진작업'에 무게를 두었기 때문이다. 따라서 라이트룸과 포토샵 모두에 익숙하지 않은 사용자라 하더라도 한 권의 책으로 '사진작업'에 필요한 기본적인 과정을 모두 익힐 수 있을 것이다.

네 번째, 바로 질문하고 답을 들을 수 있는 수업이 아니라 스스로 공부해야 하는 책이라는 매체의 한계 때문에 한 번 막히거나 잘 이해하지 못하면 금세 지겨워질 수 있다는 점 또한 잘 알고 있다. 그럴 때 필자가 운영하는 '스트로비스트 코리아'의 질문 게시판이 항상 열려 있으니 가려운 부분은 참지 말고 물어보도록 하자. '너무 단순해서 질문하기도 애매하지 않을까?' 하는 걱정을 할 것 같아서 다시 한번 말씀드리는데 그럴 필요 전혀 없다. 걱정 말고 편한 마음으로 질문을 남기면 필자뿐만 아니라 많은 분들이 반드시 도움을 줄 것이다. 더불어 다양한 영상을 유튜브에 준비해두었으니 같이 보면 더 쉽고 빠르게 사진보정에 관해 익힐 수 있을 것이다.

저자 혼자의 노력으로는 부족하기만 한 많은 부분을, 보이지 않는 곳에서 시간과 노력을 아낌없이 쏟아부으며 채우는 이들이 있음을 안다. 개인적으로 항상 많은 노력과 응원을 아끼지 않는 '황금부엉이' 출판사 모든 관계자들께 감사의 말씀을 드린다. 또 걱정을 아끼지 않는 부모님, 언제나 따뜻한 마음으로 내 곁을 지키는 아내에게도 감사의 마음을 전한다.

배움의 의지와 노력을 게을리하지 않는 모든 프로, 아마추어 사진작가들에게 앎의 즐거움이 항상 함께하기를 바라며 이 책을 바친다.

람빵에서 권학봉 올림

BOOK2 Retouching_
전문가의 사진 분야별 보정 방법

사진 관리와 기초 보정을 위해 라이트룸을 사용하지만,
원하는 스타일을 만드는 특별한 기술은 포토샵까지 이용한다.
라이트룸과 포토샵을 오가며 작업하는 전문가들의 실제 리터칭 과정과
사진 각 분야별 리터칭 노하우, 그리고 조명 기초 강좌를 만날 수 있다.
상품 파트에서 최저가 촬영 스튜디오를 만들어 조명을 이용해 실제로 촬영하고
보정하는 방법까지를 설명하는데 굳이 써먹지 않더라도
빛에 대해 이해하는 좋은 계기가 될 것이다.
전문가들이 주로 쓰는 스택모드의 마술 같은 기능들도 놓치지 말자.

풍경

자연, 거리, 일상,
파노라마,
흑백사진

이 책을 먼저 본 2만 명의
독자가 권하는 공부 방법

라이트룸 클래식 설치   〉

샘플 파일 다운로드받기   〉

출판사 홈페이지
또는 스트로비스트코리아

PART 6 내보내기

웹용, 인화용,
인화 서비스, 인쇄
워터마크, PDF, MP4
슬라이드 쇼 모듈
책 모듈

BOOK1 Lightroom Classic_
카메라에서 가져오는 그 순간부터 인쇄까지

이 책의 구성은 실제 사진 작업 순서를 그대로 따라간다. 컴퓨터와 프로그램을 준비한다.
카메라로 사진을 촬영한 후 메모리카드를 컴퓨터에 꽂고 라이트룸을 실행한다.
파일을 가져와 분류하고 A컷을 뽑은 후에는 사진가들의 보정 순서 그대로 노출, 컬러,
결함 보정을 거쳐 인쇄까지 진행된다. 만약 라이트룸이 처음이라면 왜 포토샵이 아니라
라이트룸이 사진가의 프로그램인지를 알 수 있게 될 것이다.
노가다에서 벗어나는 경이로운 편안함을 느껴보자.

다큐멘터리

다큐멘터리 사진,
신문/책/언론
보도 사진

인물

여자, 남자,
아이, 노인,
동물, 웨딩,
광고

상품

집에서 프로처럼
제품 촬영하기(블로그
마켓용 촬영과 보정)
조명 기초 강좌

스택모드

전문가들만의
숨겨진 보정
노하우!

라이트룸에 카탈로그로
샘플 파일 불러오기

>

책을 읽어가며
샘플 예제 따라하기

>

관련 동영상 찾아보기
유튜브
또는 스트로비스트코리아

>

모르면 질문하기
스트로비스트코리아
질문/답변 게시판

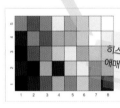
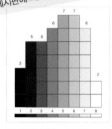
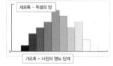

수십 개가 넘는 유튜브 동영상

자세한 설명은 책으로, 전체 실습 과정은 동영상을 통해 쉽고 빠르게 이해할 수 있어요. 그래도 모르면? 독자 게시판에 거침없이 질문하기!!

Exposure : 01

[시즌3] #4 Book 1, Part 3 노출 이론부터 기초 보정까지 ▶ YouTube

애매하게 알고 있던
히스토그램에 대한 모든 것

노출을 아주 간단히 말하면 빛(기다. 문제는 이 빛(기에 대한 느낌이 사람마다 몹시 주관적이라는 데 있다. 라이트룸 등 사진을 다루는 대부분의 툴은 빛기를 보정하기 위한 여러 기능을 가지고 있는데, 그 객관적 기준이 되는 것이 바로 '히스토그램'이다. 히스토그램에 대한 이해 없이 노출을 다룰 수는 없다. 이 기회에 반드시 제대로 이해하고 활용해보자.

히스토그램? 밝기에 따라 어디에 픽셀이 몰려 있는지를 보여주는 단순한 그래픽

히스토그램의 세로축은 왜 상대적일까?

이제 우리가 아는 히스토그램으로 만들어보자. 위의 사진의 경우 가장 어두운 픽셀이 3개이므로, 3개라고 막대그래프에 표시한다.

Exposure : 18

멋진 파노라마 사진 만들기

전통적인 파노라마 사진은 렌즈가 회전하면서 슬릿을 통해 필름의 긴 면적에 노출시켜 촬영하는데, 디지털로 넘어오면서 이런 파노라마 사진이 촬영이 매우 간편해졌다. 쉽게 말하면 HDR과 응용하여 각 소스 사진을 HDR로 만든 다음에 파노라마로 합쳐진 슈퍼 디테일을 가진 파노라마 사진을 만들 수 있다. 사용법은 다양하니 여기서는 기본적으로 라이트룸에서 어떻게 파노라마 사진을 만드는지에 대해서 알아보자.

Before

After

3기가가 넘는 예제 사진과 완성 사진

이 책의 완성 사진은 그냥 결과물이 아닙니다. '작업 내역' 패널을 보면 처음부터 끝까지 전문가의 작업 과정을 모두 담았으니 내 작업과 어떻게 다른지 비교해보세요.

진짜 써먹을 수 있는 탄탄한 사진 기초
히스토그램, 클리핑, 색역, 색수차 등 정말 중요하지만 애매하던 개념을 확실하게 잡습니다.

Nikon D850, Sigma 85mm, ISO 64, 85mm, f40, 1/800s

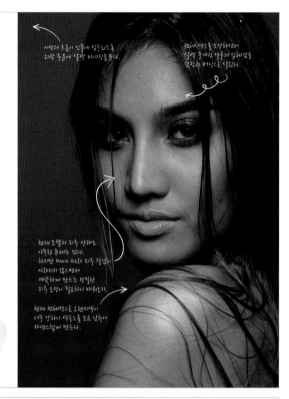

시선의 흐름이 인물에 집중되도록 외곽 부분에 살짝 비네팅을 준다.

전체 색조를 조정하면서 살짝 붉게 발색된 입체감을 닷지와 버닝으로 살린다.

현재 모델의 피부 상태도 어두워 흉터는 없다. 하지만 때에 따라 피부 질감이 사라지지 않도록 깨끗하게 하되도 적절한 피부 보정이 필요하니 배워보자.

현재 전체적으로 오렌지색이 너무 강하니 색온도를 조금 낮추어 화이트스럽게 만든다.

보는 눈부터 키우는 보정 전후 비교

문제가 뭔지를 알아야 보정을 하죠? 이 사진의 문제점은 무엇인지, 어떻게 보정해야 하는지부터 방향을 잡고 시작합니다. 보는 눈을 키우고 보정 기술을 키우는 게 순서니까요. 사진에 담긴 스토리를 보는 재미는 덤!

포토샵과 라이트룸을 이용해 보정하는 방법으로 흉터가 없는 '화사하고 깨끗한' 사진들로 채운 책들과 사실은 큰 차이가 있습니다. 분리가 바뀌는 피사체를 통해 실제 스토리를 담아 보정 후에 마이크업 장품은 물론 주변 소품까지 의미를 담았습니다. 주파수 분리 보정을 통해 피부의 결함이나 잠티를 제거하고, 깨끗이 말끔하게 작업에서는 단순히 주파수 분리법이라는 기능 하나에 집중하지 않고, '피부 보정'이라는 목표를 위해 어떤 과정들을 거쳐 어떻게 진행되는지, 각 과정에서는 무엇이 중요한지 등을 정리하면 좋겠다. 기능 하나가 아무리 뛰어나도 그 하나만으로 완벽해지는 것은 아니기 때문이다.

▶ YouTube [시즌3] #12 Book 2, Chapter 21 주파수 분리 보정법, 핵심 정리

Lightroom 피부 보정법 비교 – 주파수 분리, 피부 표현의 완성형 기술

이미지 주파수 분리를 사용하는 이 기술은 포토샵에서 나오자마자 큰 인기를 끌었다. 기존의 모든 방법을 뛰어넘는 간단한 적용 방법과 다양한 옵션 조정으로 빠르고 꼼꼼하게 작업이 가능하다. 요즘 전문가들은 100% 모두 이 방법을 사용한다고 해도 과언이 않으며, 디테일을 증가시킨다든지 하는 여러 가지로 활용되고 있다.

물론 피부 보정을 위해 지금까지 사용해왔던 방법들, 기본적으로는 도장 툴, 힐링 툴, 복구 브러시 툴, 가우시안 블러 필터, 소프트 스킨, 포토샵 하이패스 등도 모두 유용하다. 이 기능들은 인터넷을 조금만 검색해도 좋은 정보들이 많이 있으니 여기서는 주파수 분리법을 배워보자. 각 기능들의 차이는 다음과 같다.

Lightroom 1단계: 라이트룸에서 기본 보정하기

기본 보정을 라이트룸에서 하는 이유와 방법에 대해서는 픽셀 유동화 예제에서 자세히 설명했으므로 페이지 앞머리 위해 여기서부터는 생략 위주로 설명한다. 계조 클리핑, 색온도, 노출, 닷지/버닝, 대비, 생동감, 비네팅 등을 보정하는 기본 보정은 밑바탕을 만드는 중요한 작업이고, 거의 모든 사진을 보정할 때 사용할 정도로 자주 쓰는 것이므로, 꼼꼼히 배워야 한다. 이 사진의 경우 노출이 부족하고, 색온도가 틀어져 있어 전체적으로 과하고 진한 느낌이다. 전체적으로 붉고 칙칙한 느낌을 밝고 화사하게 보정해야 한다.

1단계 라이트룸 기본 보정
계조 클리핑(168쪽)
밝은 영역/어두운 영역(172쪽)
노출(172쪽)
색온도(271쪽)
닷지/버닝(219쪽)
생동감, 채도(275쪽)
비네팅(342쪽)

2단계 포토샵
주파수 분리 적용하기

3단계 이 피부에 딱 맞는 페더와 가우시안 흐림 효과값 찾기
주파수 분리 후 디테일을 살리기 위해 각 피부에 딱 맞는 값을 찾는다.

4단계 명도 단계별로 묶어 피부톤 보정하기
3단계에서 찾은 값을 이용해서 이미지의 밝고 어두운 명도 단계별 블러 효과를 준다. 피부 톤이 깨끗해지고 투명해진다.

5단계 마무리 보정하기
이 모든 과정을 해쳐나간 마스카라 가루나 지저분한 디끌을 잡아주면 끝이다.

예제사진
BOOK2\분터월영모델
완성사진
BOOK2\분터월영모델 완성

혼자 세상 사는 듯한 광고 속 그녀들의 진짜 비밀

주파수 분리법(포토샵)

포토샵 주파수 분리　포토샵 아이패스　라이트룸 소프트 스킨　포토샵 가우시안 블러

1. 주파수 분리: 피부의 질감을 최대한 살리면서 단점을 커버하는 최신의 기술 보정기술이다.
2. 포토샵 하이패스: 주파수 분리법 이전까지 많이 사용한 기술이었다. 그러나 하이패스를 사용한 후 마스크에서 후처리를 하고, 피부 질감을 살리려면 결과까지 시간과 노력이 필요하다.
3. 라이트룸 소프트 스킨: 사진에 노이즈가 많은 경우에도 간단한 방법만으로 피부를 깨끗하게 만들 수 있지만 피부 질감까지 깨끗하게 살릴 수 있다. 간단히 만든 방법만으로, 조금만 크게 확대해 피부를 보면 디테일을 살릴 수 없어 가짜도 진짜의 질감

꼼꼼히 설계된 실습 과정과 아낌없이 내놓은 전문가의 분야별 보정 기술

배울 때는 하나씩 배우지만 실제로는 보정 기술 하나로 완성되는 사진은 없습니다. 북 1에서는 사진에 관련된 라이트룸과 포토샵 기능 하나하나를 배운다면, 북 2에서는 지금까지 배운 모든 것을 이용해 실제 보정 과정을 실습합니다.

원본 파일
실습용

BOOK 1의 원본 파일은 각 기능을 연습하고 바로 결과를 볼 수 있도록 어느 정도 보정한 상태에서 출발한다. BOOK 2의 원본 파일은 전혀 손보지 않은 진짜 원본이다. 카메라에서 가져온 사진 그대로를 책을 참고해 실제로 보정하고 결과를 얻는 전체 과정을 볼 수 있을 것이다. 라이브러리 모듈 왼쪽의 '폴더' 패널을 클릭하면 폴더별로 예제 파일이 들어있다. 비슷한 사진이 2개씩 짝지어 있는데 왼쪽의 노란색이 '실습용 원본 파일', 오른쪽이 '완성 파일'이다. 원본 파일을 클릭한 후 '현상' 모듈을 클릭하고 책을 따라 사진의 세계에 빠지면 된다.

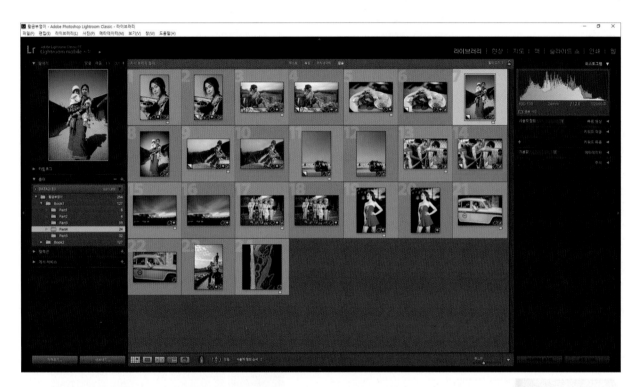

보정 전 원본 파일   보정 후 완성 파일

3기가 꽉꽉 채운 예제 파일 제대로 써먹기

완성 파일

전문가의
실제 작업과정을
완벽하게 볼 수 있는
비밀이 숨어 있다!

이 완성 파일에는 비밀이 있다. 딸랑 사진 한 장으로 결과를 보여주는 게 아니라 카메라로 촬영한 원본사진을 가져오는 순간부터 내보내기까지 전문가가 작업하는 모든 보정 과정이 고스란히 담겨 있기 때문이다. 노하우일 수 있는 전체 작업과정을 공개한 저자의 정성이 여러분의 실력으로 바뀌길 바란다. 라이브러리 모듈에서 완성 파일을 클릭한 후 '현상 모듈'의 '작업 내역' 패널을 보면 된다.

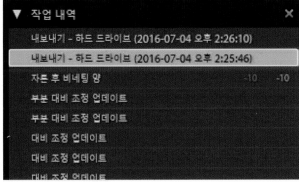

1단계: 예제 파일 다운로드하기

예제 파일 암호
dPwpvkdlf

예제 파일을 받는 방법은 2가지다. 어떤 방법을 써도 파일이야 받을 수 있지만 나중에 질문도 해야 하고, 동영상도 봐야 하니 이왕이면 스트로비스트 코리아를 추천한다. 이참에 간단한 인사와 함께 말문을 트면 질문하기도 한결 편해질 것이다.

[방법 1]

스트로비스트 코리아에서
다운로드하기

1. 책을 구입하고 구입 인증샷을 찍는다.
2. 스트로비스트 코리아(www.strobistkorea.com)에 접속한 후 회원 가입한다.
3. 로그인한 후 '포토샵/라이트룸 독자 게시판 – 책 이야기 – 책샀어요 탭'에 들어가 인증샷을 올린다.
4. 다운로드 관련 알림글을 클릭한다.
   화면에 나타난 다운로드 링크를 클릭해 파일을 다운로드한다.

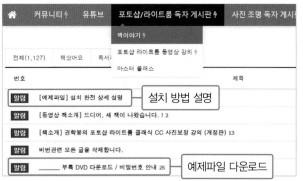

[방법 2]

출판사 홈페이지에서
다운로드하기

1. 책을 구입하고 황금부엉이 그룹사 홈페이지(성안당 www.cyber.co.kr)에 접속한 후 회원 가입한다.
2. 로그인한 후 화면 왼쪽에 있는 '부록 CD'를 클릭한다.
   책 목록이 나타나면 '권학봉의 포토샵 라이트룸 클래식 CC 사진보정 강의'를 검색한다.
3. '자료 다운로드 바로가기'를 클릭하면 예제 파일이 다운로드된다.

2단계: 라이트룸에서 예제 파일 가져오기

"왜 파일 여는 걸 따로 설명하지?"라는 당연한 질문이 떠오르겠지만 당황스럽게도 라이트룸에는 파일 열기라는 기능 자체가 없다. 라이트룸은 파일을 다룰 때 '카탈로그'라고 하는 특별한 시스템을 사용하며, 예제 파일 또한 이 카탈로그에 들어있다. 예제 파일을 가져오는 방법을 알아보자.

1 라이트룸 클래식을 실행한 후 '파일 메뉴 – 카탈로그 열기'를 클릭한다.

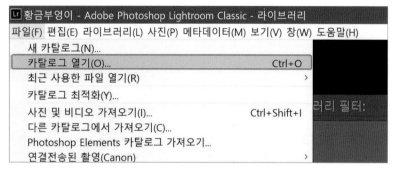

2 '카탈로그 열기' 대화상자가 나타난다. 예제 파일을 다운로드받은 폴더를 연 후 '황금부엉이.lrcat' 파일을 선택하고 '열기'를 클릭한다.

3 라이트룸이 종료되었다가 다시 시작되면 샘플 예제와 완성 예제 사진들이 나타난다. '라이브러리' 모듈이 선택된 상태인지 확인하자.

3단계: 파일이 없다고 나올 때 해결 방법

책대로 했는데 파일이 없다고 나올 때가 있다. 파일이 없는 게 아니라 다운로드한 파일의 위치가 독자마다 다르기 때문에 폴더가 제대로 지정되지 않았기 때문이다. 간단히 해결된다.

1 '라이브러리 모듈'이 선택된 상태인지 확인한다. 화면 왼쪽의 '폴더' 패널을 클릭하면 모든 폴더에 물음표가 붙어 있을 것이다. 사진이 없다는 뜻이다.

2 맨 위에 있는 '황금부엉이' 폴더를 마우스 오른쪽 버튼으로 클릭한 후 '누락된 폴더 찾기'를 클릭한다.

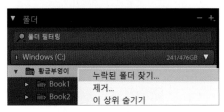

3 대화상자가 나타나면 예제 파일을 다운로드받은 폴더로 이동한다. '황금부엉이' 폴더를 선택한 후 '폴더 선택'을 클릭한다.

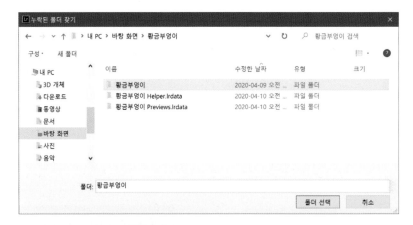

4 '폴더' 패널을 다시 보면 처음에는 아무것도 없을 것이다. '황금부엉이' 폴더 앞의 드롭다운 버튼을 클릭하면 하위 폴더가 모두 나타난다. 물음표가 없어졌다면 다 제대로 된 것이다. 가끔 히스토그램 패널에 '사진이 없습니다.'라는 메시지가 나타날 때가 있는데, 용량이 너무 커 완성 예제를 미리보기 파일로 넣었기 때문이다. 따라하기용 원본 파일은 모두 들어있으니 문제없다.

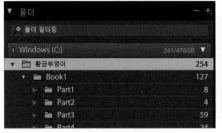
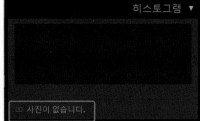

3년 동안 쌓인 수십 개의 동영상으로 한 번 더 다지기

개정판의 좋은 점이 이것인 것 같다. 1쇄 이후 책의 예제나 내용을 쉽게 이해할 수 있도록, 또는 독자들의 질문에 답하기 위해 수십 개의 동영상이 제작되었다. 짧은 동영상에서 자세히 전할 수 없는 구체적이고 자세한 설명은 책을 통해, 책으로 보기 답답한 보정 과정이나 실습 예제 등은 동영상을 통해 채울 수 있을 것이다. 동영상은 유튜브나 스트로비스트 코리아를 통해 볼 수 있다.

방법 1 스트로비스트 코리아

'포토샵/라이트룸 독자 게시판 – 포토샵 라이트룸 동영상 강의'에 들어가서 보면 된다. 이번 개정판과 관련된 것들은 '리부트' 탭에 모아두었다. 때로 다른 탭에 있는 것도 있으니 참고하자.

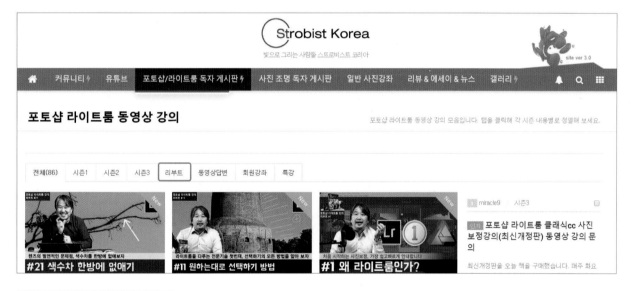

방법 2 유튜브

유튜브에 들어가 책에 있는 동영상 제목을 검색하거나 '포토샵 라이트룸 리부트'를 검색해서 보면 된다.

책으로도, 동영상으로도 모르겠다면 두드리자! 독자 문의 게시판

스트로비스트 코리아

http://
strobistkorea.
com/

책도 보고, 동영상도 봤지만 여전히 모르겠다면 물어보자. 내 질문이 선뜻 질문하지 못하는 다른 이들에게 도움이 될 수도 있지 않은가? 꼭 책 내용이 아니더라도 사진에 대해 더 많은 이야기를 나누고 싶다면 '스트로비스트 코리아'로 오면 된다. 문은 이미 열어두었으니 언제든 클릭 몇 번이면 필자와, 그리고 같은 관심을 가진 많은 이들과 소통할 수 있다. 장비에 대한 소모적인 논쟁이 아니라 오랜만에 사진 그 자체에 집중하는 즐거움을 느낄 수 있을 것이다.

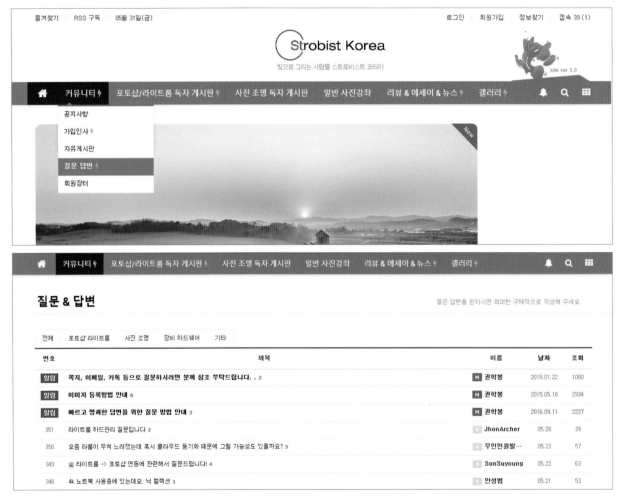

회원가입 – 커뮤니티 – 질문&답변 – 포토샵/라이트룸 탭

카메라에서 가져오는 그 순간부터 내보낼 때까지   BOOK1 Lightroom.

PART1

아는 만큼 보이는 사진가의 작업실

PART2

Lightroom
라이트룸에 대한
오해와 이해

PART3

Exposure
**노출 이론부터
기초 보정까지**

PART4

Color

**컬러 이론부터
색상 보정까지**

PART5

Noise
Sharpen
Blur
**결함을 날리는
특수 기능들**

PART6

Export
**그 결과 완성된
이 한 장의 사진!**

BOOK2 Retouching. 사진 분야별 리터칭 시크릿

LANDSCAPE
풍경

DOCUMENTARY
다큐멘터리

CHARACTER
인물

PRODUCT
상품

STACK
스택모드

BOOK1

Lightroom 카메라에서 가져오는 그 순간부터 내보낼 때까지

앤설 애덤스는 말했다.

"네거티브는 악보요, 프린트는 연주다. 훌륭한 프린트는 사진가의 감성과 심미안이 묻어 있어야 한다. 사진은 현실의 모습을 전달하는 매체로 머무르지 않는 창조적인 예술이다."

사진은 현실의 어떤 한 부분을 그대로 복사해와 붙여넣기하는 것이 아니다. 사진은 찍는 것이 아니라 만드는 것이라고 말한 앤설 애덤스를 기억하자.

사진을 찍는 것으로 끝났다고 생각하는 사람은 아무도 없을 것이다.
촬영한 사진을 매만지고 다듬어서 보기 좋은 보석으로 가공해야 한다.
따라서 우리는 원석이 가지고 있는 특성을 잘 이해해야 하며, 반복적이고
수고적인 작업을 대신 해줄 훌륭한 프로그램 즉 도구가 필요하다.

PART 1   아는 만큼
보이는 사진가의 작업실

보정보다 전체 과정이 먼저? 사진작업 워크플로

이 책을 보는 목적이 '사진보정'이라면 전문가들의 전체적인 작업 흐름을 제대로 아는 것이 먼저일 것이다. 그래야 '후반 작업의 기술' 즉 보정의 진짜 목적이 '보정 기술'이 아니라 '좋은 사진'이라는 것에 공감할 수 있을 것이기 때문이다.

사진은 일반적으로 가장 많이 생산되는 창작물이다. 스마트폰과 DSLR이 대중화되면서 생활의 일부분으로 꼬마부터 전문가까지 하루에도 수억 장이 넘는 사진이 촬영되고 SNS나 인터넷을 통해 공유된다. 이 책을 집어 들었다면 그중에서도 좀 더 적극적으로 사진에 관한 관심과 노력을 기울이기로 마음먹은 사람들일 것이다. 사진으로 표현하고자 하는, 이야기하고 싶은 그 '무엇'을 더 잘 표현하고 싶다는 공통의 목적을 가지고 있을 것이라 생각한다.

일본, 도쿄, 아키하바라
누구나 사진을 찍지만 '좋은 사진'은 언제나 멀게만 느껴진다.

쉽게 보자. 사진을 촬영하는 단계는 대상을 눈으로 보고 카메라를 이용해 디지털이나 필름 데이터로 저장하는 것이다. 이 책은 이렇게 촬영된 사진을 카메라에서부터 가져오는 것부터 시작해 최종 결과물을 완성하는 과정까지를 주로 다룬다.

피사체 발견	촬영	현상	인화	결과물
화이트 밸런스 빛의 방향 피사체의 모양 날씨	필름 브랜드 필름 ISO 셔터 속도 조리개 렌즈 종류	온도 시약 브랜드 현상시간	인화시간 조리개 렌즈 종류 인화지 종류 사진 크기 닷지/번/크롭	인화, 정착 세척, 건조 보관

과거의 사진작업 과정

따라서 촬영 이후의 과정만 집중해서 보자. 과거에는 어떤 필름으로 촬영했는지에 따라 적절한 시약과 현상 시간을 염두에 두고, 혹은 증감 촬영했는지까지 고민해서 화학적인 현상을 하면 필름이라는 플라스틱에 이미지가 나타난다. 포지티브나 컬러 네거티브 필름 같은 경우 매우 민감하고 복잡한 과정이라 대부분 전문업체에서 대행하지만, 흑백 네거티브는 간단한 시약과 지식 그리고 빨간불이 켜진 간이암실만 있어도 작업할 수 있다. 그때는 필름을 겹치지 않게 인화통에 잘 말아주는 손재주나 필름을 단단하게 감는 것 따위가 중요한 기술로 대접받았었다.

이렇게 현상된 필름을 확대기에 넣고 노출시간을 체크한다. 최종 선택한 인화지를 확대기 밑에 두고 몇 초 또는 몇십 초 간 노출을 준다. 노출이 끝나면 준비된 시약에 담궈 화학반응이 나타나기를 기다린다. 맑은 물에 잘 세척해서 말리는 과정을 거치면 최종 사진이 완성된다. 가끔 이런 옛날 방법의 향수에 젖어 요즘도 간이암실을 마련하고 흑백사진에 몰두하는 사진가도 있다.

노출 과정에서 솜뭉치를 막대에 감아 노출을 막는 닷징이나 부분 노출하는 버닝 같은 작업이 이루어지는데, 얼마나 정교하게 하느냐가 관건이었다. 어떻게든 최종 결과물인 사진이 좋아 보이도록 하기 위해 수많은 방법을 통해 온갖 노력을 기울였다.

피사체 발견	촬영	선별작업	후반작업	결과물
화이트밸런스 빛의 방향 피사체의 모양 날씨	카메라 브랜드 센서 종류 ISO 셔터 속도 조리개 렌즈 종류	분류 선택 키워딩	보정 프로그램 관리 프로그램 저장 방법 결과물 처리	대량 인쇄용 전문작품 출력 웹 공유 포트폴리오 등

요즘의 사진작업 과정

이 책에서는 이 부분을 중점적으로 다룬다.

디지털 사진으로 넘어오면서 필름스캔 과정 없이 바로 컴퓨터 암실작업이 가능해졌다. 사진을 막 시작한 사진가나 젊은 작가들이라면 '예전의 암실작업이야말로 사진의 본질이다'라고 믿고 싶겠지만, 사진의 본질은 완성된 시각적 예술이지 그 중간과정이 무엇이냐가 아니다. 다만 암실에서의 현상과 인화 과정을 모두 거쳐온 사람이라면 포토샵 같은 보정프로그램에서 다루는 과정이 본질적으로 같다는 것에 놀랄 것이다. 필름 선택이나 현상, 인화 과정이 사라진 것이 아니라 보다 빠르고 간편해진 것일 뿐이다. 결과물의 공유 방법도 매우 빨라졌다. 한마디로 복잡하던 후반작업의 전 과정이 컴퓨터 속으로 들어왔다고 생각하면 정확하다.

보정은 조작이라 순수하지 못하다? 보정의 목적

흔히들 '사진을 보정한다'라고 말하는데 '사진을 완성한다'가 사실에 가깝다. 사진보정은 과거의 암실에서부터 현재의 디지털 암실까지 이어져 온 작업과정 중 일부이기 때문이다. 왜 사진을 보정하는지에 대한 구체적인 이유를 생각해보자.

**촬영 당시의
느낌을 표현한다**

사진촬영 후 집에 와서 확인하면서 당혹감을 느낀 적이 있는가? 촬영 당시에는 살짝 역광으로 치고 들어오는 빛이 앞쪽의 들꽃을 눈부시도록 아름답게 비췄다. 강 넘어 멀리 보이는 산은 공기의 투과성 때문에 살짝 부옇긴 했지만 상쾌할 만큼 투명했다. 그러나 사진으로 기록된 결과물은 촬영 당시 사진가가 느낀 그 느낌을 정확하게 표현해내지 못하는 게 다반사다. 이대로라면 보는 사람도 촬영자와 공감할 수 없을 것이다.

카메라에서 그대로 뽑아낸 원본 사진　　Before　　일본, 시코쿠의 시만토강　　After

작가의 감성을
표현한다

사진이라는 장르는 매우 세분화되어 있고, 각 분야마다 요구하는 보정의 한계가 모두 다르다. 보도 사진처럼 사진이 진실의 전달이나 증거로 사용될 경우 보정의 범위는 엄격하게 제한된다. 보도 사진은 시각예술에 살짝 걸쳐 있는 저널리즘 분야에 가깝다. 보정 범위와 작가의 도덕성에 대한 내용은 보도 사진 혹은 저널리즘에서 심도 있게 고민되고 있다. 이 책에서는 자신의 내면을 표현하는 시각예술로서의 사진을 다루려고 한다.

After

태국, 치앙마이, 타페게이트

다음 사진은 태국, 치앙마이에서 촬영한 것이다. 이 도시에서 가장 유명한 출입문이었던 '타페게이트'는 동쪽 문으로 우리로 치자면 동대문 같은 느낌인데, 성벽의 일부분이 남아 있다. 사람들이 분주하게 오간다. 관광객과 현지인이 각자의 목적지를 향해서 걸어가는데, 바닥에 설치된 조명이 묘한 느낌의 그림자를 만들어주고 있었다. 이 사진을 통해서 어떤 정보를 전달하기보다는 그곳의 느낌 혹은 내가 느낀 뭔가를 전달하고 싶었기 때문에 약 30분간 꼼짝 않고 지나가는 사람들을 촬영하고 한 장을 선택해 보정한 결과다.

이 원본에서 촬영 각도 때문에 살짝 소실점 쪽으로 찌그러지고 있는 부분을 보정한 후 컬러에서 흑백으로 전환했다. 어두운 영역과 밝은 영역을 컬러 토닝해주고, 조금 잘라 필자가 원하는 표현과 주제에 맞도록 강조했다. 그림자의 묘한 느낌을 강조하기 위해 번 툴과 닷지 툴을 이용해 부분 보정해서 마무리했다. 결과적으로 그림자는 보다 더 강렬한 느낌으로 변했고, 지나가는 사람들의 모습은 조금 더 강조되었다.

Before

원본 사진

부족한 부분을 메꾼다

그림에서는 아무리 보잘 것 없고, 불필요해 보이는 부분일지라도 화가의 의도 없이 그려진 것은 없다. 사진은 정반대다. 화각에 들어오는 모든 것을 사진가의 임의대로 빼거나 넣기 어렵다. 앞에 있는 나무가 거슬린다고 뽑아버릴 수도 없고, 주차된 차량을 마음대로 이동시킬 수도 없다.

이런 상황에서의 해결책이 바로 후반작업, 즉 디지털 암실에서 이루어진다. 막강한 소프트웨어 기술로 다양한 시도가 가능하고, 표현에 방해되는 물체나 현상을 쉽게 제거할 수도 있으며, 완성도를 방해하는 흠을 메울 수도 있다. 이 작업이 사진의 순수성을 해친다고 비판받기도 하지만, 진실성을 강하게 요구하는 분야가 아니라면 오히려 이런 작업을 하지 않는 사진가의 게으름을 비난해야 할 일이다. 표현에 방해가 되는 물체를 제거하면 사진은 더욱 직관적이고 명료해진다.

단, '추가'는 짚고 넘어가야 한다. 뭔가를 추가하면 그 사진은 진실성을 완전히 잃어버릴 수도 있다. 빼는 것과는 전혀 다른 시각으로 접근해야 한다. 어떤 것을 뺐을 때 빼고 남은 나머지는 여전히 어느 정도의 진실성을 가지고 있지만, 추가는 아무리 작은 물체라도 완전히 정황을 바꿀 수 있다. 따라서 추가할 때는 그 목적이 분명해야 한다. 그럼에도 불구하고 추가 즉 '합성'이라는 이름으로 널리 알려진 기술은 사진가의 표현에서 매우 중요한 부분이다. 결과가 정당한 목적과 일치한 경우 가공되어졌음에도 불구하고 보는 이에게 나름의 호소력을 가질 수 있기 때문이다.

After 시선에 방해되는 물체를 제거한 결과

Before 원본 사진

몽골, 홉스골, 짜간누르 나담 축제의 말 경주 표현한다는 것은 명확하게 보이는 진실보다 가치 있는 작업일 수 있다.

시각예술로서의
사진을 완성한다

한국의 사진문화에서는 사진에 어떤 조작을 한다는 것에 거부감을 느끼는 사람이 많다. 어린 시절 학교에서 수채화를 처음 배울 때를 생각해보자. 흰색이나 검은색을 쓰면 안 되고, 포스터는 3~4가지 색만 써야 한다고 배웠었다. 수채화를 전문적으로 공부해보면 흰색, 검은색은 물론이고 마스킹액과 잉크펜, 심지어 소금이나 기타 동원 가능한 모든 재료를 이용한다. 따라서 우리가 학교에서 배웠던 그 모든 선입관들은 사실 헛소리에 가깝다.

사진에서도 마치 경기규칙처럼 여겨지는 선입견들이 창조적 사고를 방해한다. 세계의 많은 작가들이 자유롭게 표현 방법을 탐구하고, 새로운 스타일의 시각예술을 연마하는 동안, 우리는 소모적인 진위논쟁으로 사진을 경찰 증거물 취급했던 건 아닐까 고민해봐야 한다. 픽셀의 집합체로 만들어진 사진은 시각예술로서 무한한 가능을 가지며, 이런 표현을 위해서 그동안 알아왔던 혹은 들어왔던 그 어떤 선입견도 거부하자. 결국 보정과 합성을 포함한 모든 후반작업은 작가의 표현이라는 목적에 꼭 필요한 과정인 만큼 그 도구를 다루는 것을 연마할 책임은 사진가에게 있다.

사진은 픽셀 뭉치다 비트(Bit)

사진을 조금만 더 깊이 보거나 포토샵 등을 접해본 사람이라면 누구나 '비트'라는 단어를 만난다.
막연하게 '그냥 숫자가 높을수록 더 좋다고 하더라' 정도로 알고 있었다면 지금이 바로 제대로 배울 기회다.

디지털 비트
이해하기

비트(Bit)는 컴퓨터 정보량을 나타내는 단위로, 켜고 끌 수 있는 신호의 개수를
뜻한다. 예를 들어 8비트 사진이라고 한다면 한 픽셀당 8개의 전구를 껐다 켰
다하면서 정보를 전달한다.

간단하게 1개의 전구를 생각해보면 꺼졌을 때 0, 켜졌을 때 1이라는 2개의 정
보만 전달할 수 있다. 그렇다면 전구가 4개가 되었을 때 전달할 수 있는 정보의
수는? 전구 1개가 2개의 정보를 전달할 수 있으므로 2×2×2×2, 즉 2의 n승으
로 n이 비트의 숫자가 된다. 4비트는 2의 4승이므로 16개의 정보를 표시할 수
있다. 6비트는 2^6이니 64개, 8비트는 2^8이니 256개. 총천연색, 혹은 풀 컬러
를 구현한다고 하면 보통 1600만 컬러를 말하는데, 이는 빛의 3원소인 RGB가
각각 8비트로 이루어져 있기 때문이다. 정확히는 256×256×256=16,777,216가
지의 색 표현이 가능하다. 이렇게 기록한 사진을 "8비트로 기록되어 있다"라고
말한다.

$2^1 = 2 \times 1 = 2$
전구가 1개면 1비트, 정보는 켜짐과 꺼짐 2가지뿐이다.

$2^2 = 2 \times 2 = 4$
전구가 2개면 2비트, 정보는 4가지를 표시할 수 있다.

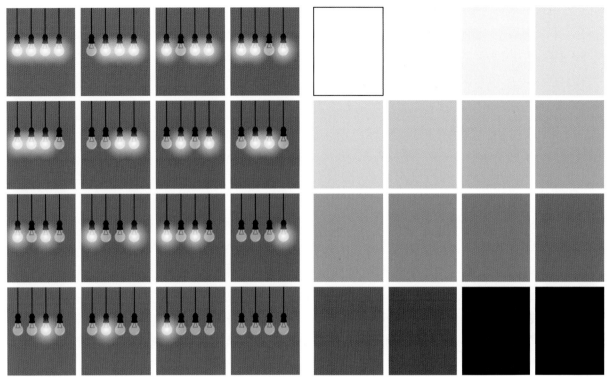

$2^4 = 2 \times 2 \times 2 \times 2 = 16$
전구가 4개면 4비트, 정보는 16가지를 표시할 수 있다.

사진을 무한정 확대하면 정사각형 모양의 픽셀 하나하나를 볼 수 있다. 픽셀 하나는 하나의 색을 가지고 있는 것처럼 보이지만 사실 RGB(레드, 그린, 블루) 3개 채널의 뭉치다. 빛의 삼원색인 RGB를 적당히 섞어 하나의 컬러로 표현한 것이기 때문이다. 즉 픽셀 1개당 3개의 채널이 존재하며, 각 채널 자체는 컬러값을 가지고 있지 않고, 채널을 하나로 섞어 컬러를 표현한다. 따라서 각 채널에서 표시할 수 있는 색의 가짓수가 많을수록 더 많은 색을 표현할 수 있고, 자연에 가까운 완벽한 사진이 된다. 이 색의 가짓수를 정하는 것이 컬러 심도, 즉 '비트'다.

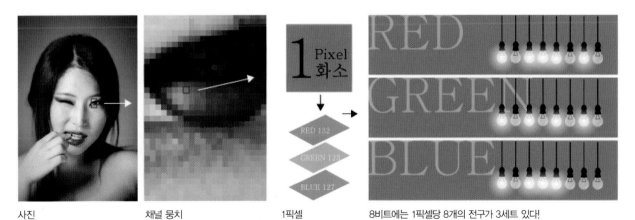

| 사진 | 채널 뭉치 | 1픽셀 | 8비트에는 1픽셀당 8개의 전구가 3세트 있다! |

8비트의 경우 각 채널당 전구 8개를 이용해 정보를 표시한다고 생각하면 정답이다. 작은 픽셀 하나는 8개짜리 전구 3세트를 가지고 우리가 보는 '색깔'을 만든다. 이렇게 만들어진 픽셀의 뭉치를 우리는 '사진'이라고 부르며, 카메라는 순식간에 이런 어마어마한 정보를 처리해 파일로 저장하는 장치다. 보통 8비트의 사진은 1600만 컬러를 표현할 수 있는데, 여기에 1비트씩만 더 추가되어도 어마어마한 양으로 데이터가 늘어난다는 것을 알 수 있다.

8비트 각 채널당 256단계	16,777,216컬러
12비트 각 채널당 4,096단계	68,719,476,736컬러
16비트 각 채널당 65,536단계	281,474,976,710,656컬러

왜 비트 수가 높을수록 좋은가?

채널당 256단계를 가진 8비트심도로도 충분히 많은 색을 표현할 수 있을 것 같은데, 왜 카메라 제조업체나 어도비 같은 회사에서는 16비트 이상, 혹은 더 높은 비트를 위해 노력하는 것일까?

오른쪽의 회색 막대는 포토샵에서 8비트심도를 가진 흑백 그러데이션 막대를 그린 것이다. 회색 같은 중간 색상을 표현하려면 각 채널별 데이터가 동일해야 한다는 조건이 있다. 즉 R125, G125, B125가 회색이며, 이 중 한 채널의 데이터라도 달라지면 완벽한 회색이 아니다. 따라서 흑백 이미지로 본다면 8비트심도에서는 딱 256가지의 색만 사용할 수 있을 뿐이다. 이런 이유로 흑백을 주로 촬영하고 작업하는 많은 사람들에게는 더 높은 비트가 필요하다.

물론 일반적인 범위, 즉 웹용이나 작은 스냅사진 출력이 목적이라면 8비트에서도 충분히 훌륭한 사진과 색감 그리고 심도를 표현할 수 있다. 하지만 조금만 커지거나 추후 다른 목적을 염두에 두고 촬영한다면 카메라에서 설정할 수 있는 가장 큰 비트심도로 설정하라고 권하고 싶다. 지금 당장은 사진 용량이 너무 커 컴퓨터에 무리를 줄지 모르지만 몇 년 안에 가볍게 처리할 기술이 나타날 수도 있고, Raw 파일의 특성상 어떤 새로운 알고리즘이나 기술이 등장해 보정의 범위가 비약적으로 발전할 수도 있다.

후반작업, 즉 보정을 할 때도 최대한 촬영한 원본 심도와 같거나 더 큰 비트심도로 설정해야 원본의 디테일이 깨지지 않는다. 포토샵 등 사진만을 위한 프로그램이 아닌 경우 8비트에서만 작동하는 필터나 기능들이 있는데, 어쩔 수 없는 상황이 아닌 이상 다른 방법을 찾아서 같은 효과를 주는 것이 바람직하다. 8비트 변환은 정말 마지막 방법이어야 한다. 참고로 포토샵에서 8비트를 요구하는 기능들은 대부분 원본을 심각하게 변형하는 기능들이므로, 사진을 전문적으로 촬영하고 다루는 사진가들은 크게 사용할 일이 없을 것이다.

높은 비트심도 : 각 밝기의 단계가 매우 많다.

낮은 비트심도 : 각 밝기의 단계가 상대적으로 적다.

8비트

**심도 간 변환의
득실은?**

그래픽 프로그램에서 비트심도를 변환하는 것은 클릭 한 번이면 되는 매우 간단한 작업이다. 그러나 심도를 변환했을 때 손실이 생긴다는 점에 주의해야 한다. 12비트로 촬영한 Raw 파일의 원본을 8비트로 변환한 후 다시 12비트나 16비트로 변환시켜도 최초의 품질로 돌아오지는 않는다. 따라서 원본은 무슨 수를 써서라도 반드시 원본 그대로 따로 보관해야 하며, 여러 번 백업할 것을 권한다. 다만, 16비트를 요구하는 모든 기능들은 16비트를 조건으로 작동되기 때문에 8비트에서 16비트로 변환하는 것은 약간의 득이 있다고 볼 수 있다. 예를 들면 같은 그러데이션 툴을 사용하더라도 16비트로 변경한 후의 그러데이션 툴이 조금 더 부드럽게 적용된다.

사진가 Q&A_
비트심도

Q. 심도를 높였더니 사진파일 용량이 너무 커요.
카메라가 허용하는 최대의 심도로 촬영하면 같은 크기의 사진이어도 용량이 2~3배 이상 증가한다. 그렇다고 저장 공간의 압박을 줄이기 위해 낮은 심도를 사용하는 것은 안타까운 일이다. 차라리 저렴한 하드디스크를 추가로 구매하는 것이 미래를 위해 훨씬 값진 투자임을 잊지 말자.

Q. 심도를 높였더니 컴퓨터가 버벅거려요.
깊은 심도로 설정된 사진은 데이터양이 많기 때문에 컴퓨터가 느려지거나 다운될 수 있다. 당장 바꾸지는 못하더라도 추후를 생각한다면 심도를 낮추기보다는 차라리 버벅거리는 컴퓨터를 끌어안고 느리게 작업하라고 권하고 싶다. 컴퓨터를 제대로 설정한다면 지금보다는 여유 있을 것이다. (사진가를 위한 컴퓨터 설정 46쪽 참고)

Q. 라이트룸과 포토샵은 어떤 비트로 작동하나요?
라이트룸과 포토샵은 다른 개념의 프로그램이다. 라이트룸은 포토샵과 달리 사진만을 위한 프로그램으로 카메라 Raw 파일이 지원하는 12bit나 14bit 데이터를 사용한다. 보정할 때는 16bit를 바탕으로 작동하는데, 최종적으로 '내보내기'를 할 때 TIFF 포맷을 선택해 16bit로 바꿀 수 있다. 반면 포토샵은 이미 결정된 비트심도로 작동한다. 물론 클릭 한 번으로 8bit나 16bit로 바꿀 수 있긴 하다. 따라서 카메라로 찍은 사진인 Raw 파일을 불러오면 먼저 카메라 Raw 필터를 거쳐 포토샵으로 가져온다. 바로 포토샵으로 열리는 것이 아니다.

Q. 포토샵에서 심도를 16bit로 바꾸었더니 실행되지 않는 필터가 많아요.
포토샵 필터 중 일부는 8bit 심도에서만 작동한다. 따라서 꼭 그 필터를 사용하려면 8bit로 변경해야 하는데, 이때 계조의 손실이 생긴다. 8bit에서만 작동하는 필터는 '돌출 Extrude, 바람 Wind' 등 극단적인 효과를 주는 것들이 대부분이라 사진 작업에서 사용할 일은 거의 없다.

제발 Raw로 찍어라 로우(Raw)

"JPG가 아니라 Raw로 촬영하라." 사진과 관련된 모든 분야에서 귀가 따갑도록 듣는 말이다. 지겹도록 듣는 말을 또 하고 싶지는 않지만, 왜 꼭 그래야 하는지 어설프게 알고 있을지도 모를 이들을 위해 중요한 것만 짚어보겠다.

DSLR 시대의 완전체, Raw 파일

Raw 파일은 '생 것, 날 것'이라는 말 그대로 jpg, bmp처럼 가공을 거친 이미지 파일의 확장자가 아니라 어떤 가공도 하지 않은 원본 상태의 파일이라는 뜻이다. 센서로부터 들어온 정보에 최소한의 처리만 한 것으로, 화이트 밸런스, 파라미터나 색역 등이 정의되지 않은 원시상태 그대로의 정보다. 촬영한 모든 정보를 가지고 있기 때문에 파일의 크기가 큰 반면, 사진가의 의도에 따라 어떤 형태로든 가공이 가능하다. Raw 파일은 디지털카메라가 치열한 경쟁 속에서 최상의 원본을 뽑아내고자 노력한 결과물이며, 카메라의 모든 능력이 고스란히 담겨 있다.

사진가 Q&A_
Raw를 버리고 JPG를 선호하는 사람들의 이야기

일반적으로 Raw를 버리고 손실압축 포맷인 JPG 등을 선호하는 사람들은 주로 다음과 같은 말들을 한다. 왜 안 되는지 설명해보겠다.

Q. 용량? – Raw가 좋은 건 알겠는데 파일이 커서 곤란해요.

Raw 파일은 당연히 용량이 크지만 그 용량만큼의 값어치는 충분히 한다. 작은 압축 파일인 JPG 등의 포맷에서는 엄두도 내지 못할 훌륭한 계조가 그대로 살아 있다. 더불어 색온도처럼 민감한 문제를 느긋하게 찬찬히 둘러보면서 이리저리 실험해볼 수도 있다. 사진의 품질에 압도적인 차이가 있다는 말이다. 용량이 걱정이라면 렌즈나 카메라, 혹은 카본삼각대 같은 것보다 차라리 외장하드 구입에 돈을 쓰자.

Q. 속도? – 매번 JPG로 일일이 바꾸는 게 너무 귀찮아요.

신문기자도 아닌데 촬영하자마자 즉시 노트북으로 크로핑과 키워드, 타이틀, 뉴스코딩 작업을 하지는 않을 것이다. 옆에서 아무리 졸라도 완성된 사진이 아니라면 공개하지 않는 편이 훨씬 좋다. 100장의 사진을 보여주고 "2장은 정말 끝내주는 사진입니다."라고 말하기보다 처음부터 단 2장의 사진만 보여주자. 멋진 사진 한 장의 감동이 그저 그런 100장의 감동을 모두 합친 것보다 크다.

Q. 색감, 취향? – 카메라 색감이 너무 좋아요.

카메라를 들고 가서 LCD 창으로 보여줄 게 아니라면 이런 자잘한 것에 목숨 걸 필요는 없다. "C사의 카메라 색감이 좋고, N사는 칙칙하며, P사는 강렬하다" 같은 미신을 믿는다면 할 말이 없다. 카메라가 사진을 만들어줄 것이라 기대하는 건 더 좋은 사진을 위해 절대 해서는 안 될 일이다. 촬영한 사진의 본질, 즉 진실은 Raw 파일로만 기록될 수 있기 때문이다. 잘 조율된 넓고 큰 모니터로 자신만의 사진을 완성하는 색감을 찾아가는 즐거움을 놓치지 말아야 한다.

이렇게까지 말했는데도 JPG에 미련을 버리지 못하겠다면 미래를 생각해보자. 가까운 미래에 자신의 실력이 늘고 기술이 발전해서 예전에 미처 하지 못했던 훌륭한 작업이 가능해졌다고 치자. 그런데 촬영해 놓은 보석 같은 원본들이 죄다 JPG 파일이어서 웹에 올리는 것밖에 못한다면? 후회해도 소용없다. 지금도 이렇게 하소연하는 사람들이 한둘이 아님을 깨달아야 한다. 이 책의 모든 내용은 Raw 파일을 기본으로 한다. JPG로 촬영된 미완성 사진은 더 이상 언급하지 않겠다. 너무 야속한 것 같아도 JPG 포맷의 사진을 훌륭하게 보정할 수 있는 기술은 없다는 게 사실이다.

인도, 우타르프라데시, 바라나시 연을 쫓는 소년
찰나의 순간밖에 주어지지 않는 불완전한 사진 세계에서 Raw는 더 나아질 수 있는 확실한 기회를 준다.

사진가를 위한 작업환경 만들기

사진을 촬영하는 데는 찰나의 순간이 필요하다. 물론 준비와 구상, 앵글과 프레임, 노출, 포커스, 심도 등 결정할 요소가 많지만 결국 촬영은 한순간이다. 그러나 아무리 촬영에 신중한 작가라도 후반작업은 총 투자시간의 60% 이상이다. 이 작업 시간을 효율적으로 잘 만들면 사진가의 작업속도는 빨라지고 결과물은 더 좋아질 것이다.

이상적인 작업실 환경?
이상은 이상일 뿐이다

조명 우선 작업실의 조명부터 살펴보자. 암실처럼 완전히 어두운 환경에 희미한 붉은 등까지는 필요 없지만 반드시 모니터보다는 어두워야 한다. 지금 당신의 작업실을 돌아보고, 밝은 햇살이 비치는 쾌적한 환경이라면 영화 〈배트맨〉의 고담시티를 본받아 최대한 어둡게 만들어보자. 불가능하다면 모니터 주변이라도 검은 폼보드로 가려 후드를 씌우자. 프로 사진가들도 이렇게 한다. 비싼 건 그만큼 설치나 관리가 쉽지만 커터 칼로 잘라낸 저렴한 폼보드도 동일한 성능을 낸다. 당연한 말이지만 이상적인 환경은 바닥과 벽, 그리고 천장까지 모두 무광의 검정이 최고다.

테이블과 의자 테이블은 크면 클수록 좋다. 아름다운 작업실을 촬영한 사진을 보면 깔끔하게 정리된 키보드와 마우스, 가끔씩 디지타이저 정도의 장비가 우아하게 자리 잡고 있지만 실제로 작업해 보면 온갖 잡다한 것들이 테이블을 차지한다. 방금 촬영한 카메라와 렌즈들, 메모리카드와 리더기, 충전용 케이블과 휴대폰 따위가 주변을 채울 것이다. 그때를 위해 가급적 넓은 평면의 테이블이 좋다. 안락한 의자는 작업의 집중력을 높여준다. 편안하고 익숙한 의자를 준비하자. 더 좋은 의자야 끝도 없겠지만 자신에게 익숙한 것이 최고다.

컴퓨터 그리고 반드시 필요한 것이 좋은 성능을 가진 컴퓨터다. 랩톱이든 데스크톱이든 고성능의 컴퓨터는 비약적으로 작업속도를 향상시킨다. 데스크톱이라면 내장형 메모리카드 리더를 장착하자. 저렴하면서도 편리하다.

실제로 작업하는 필자의 책상이다. 최대한 치워도 이 모양이다. 리얼한 모습을 보여주고자 꾸미지 않고 담았다.

노트북 vs
데스크톱

요즘 노트북과 데스크톱 사이에서 고민인 사람이 많을 것이다. 불과 몇 년 전만하더라도 이런 고민은 필요 없었다. 노트북의 스크린은 말 그대로 최악이었고, 아무리 비싼 노트북도 6비트 가짜 풀 컬러의 TN모니터가 전부였으니까 말이다. 최근 근사한 스크린을 장착한 고성능 노트북이 많아졌다는 점을 고려한다면, 이제 노트북과 데스크톱의 선택은 촬영자의 스타일에 달려 있는 문제다. 한 번 촬영을 나가면 며칠 정도 시간을 보내며, 사진 양이 많고 즉시 후반작업을 원한다면 노트북을 권장한다. 촬영 후 항상 데스크톱으로 돌아와 후반작업을 한다면 비교적 가성비가 좋은 데스크톱이 좋다.

사진가가 신경 써야 할 하드웨어

다른 성능은 무시하고 최고의 포토샵, 라이트룸을 위한 환경을 꾸밀 때 필요한 몇 가지를 짚어보자. 포토샵과 라이트룸의 특성상 어떤 하드웨어 성능에 좌우되는지를 알아야 한다.

CPU 컴퓨터에서 가장 비싼 부품이며 컴퓨터의 얼굴마담격인 CPU는 정말 종류가 많다. 그중 포토샵과 라이트룸은 코어 개수와 작동 클록에 따라 좌우된다. 예상하는 것처럼 코어 개수가 많고, 클록이 높을수록 빠른 성능을 보여준다. 둘 중 하나라면 코어 개수보다 클록 속도에 더 민감하다. 같은 값이면 작동 클록 속도가 빠른 CPU를 선택하자. 인위적으로 클록 속도를 올리는 오버클로킹에 익숙한 사용자라면 적극적인 활용을 고민하는 것이 좋을 것이다.

RAM 메모리장치인 램은 많으면 많을수록 좋다. 속도와는 직접적인 관련이 없지만, 큰 작업이나 많은 작업을 할 때 갑자기 느려지는 경우를 최대한 방지하는 것이 바로 RAM의 역할이다. RAM이 부족하면 임시로 하드디스크를 RAM 대신 사용하기 때문에 속도가 갑자기 느려지게 된다. 새로 컴퓨터를 구입한다면 절대로 무시하면 안 된다. 외국에 비해 비싸지 않은 거의 유일한 부품이 RAM이니 과감하게 투자하자. 경험상 요즘 카메라의 해상도를 처리하려면 적어도 16GB 이상, 많은 후반작업과 쾌적한 환경을 위해서라면 64GB 이상을 권장한다.

SSD 최근에는 큰 용량의 SSD(Solid State Drive)도 저렴하게 구입할 수 있다. SSD를 추가로 장착하면 라이트룸과 포토샵의 속도를 매우 빠르게 만들 수 있다. 추가 SSD 용량만큼을 라이트룸 카메라 로우 캐시로 설정하면 20만 장의 사진을 불러오는 카탈로그라도 매우 빠르게 작동한다. 포토샵 역시 스크래치 디스크를 SSD로 설정하면 사진을 많이 불러오더라도 속도가 크게 떨어지지 않는다. 강추! 참고로 스크래치 디스크란 RAM이 부족할 때 대용으로 사용하거나, 프로그램 내부에서 잠깐 사용할 용도로 만들어지는 임시 데이터를 보관하는 저장 장소를 말한다.

HDD 하드 디스크 역시 사진 작업에서 매우 중요하다. 카메라의 발전으로 사진 한 장의 용량이 계속 커질 수밖에 없기 때문에 비싼 SSD에 원본 Raw 파일을 계속 저장한다는 건 쉽지 않다. 가성비 좋은 고용량 HDD를 구입해서 원본 Raw 파일을 저장하는 데 쓰자. 용량이 큰 원본 사진은 HDD에 저장하고, 비교적 빠른 속도가 필요한 카메라 Raw 캐시와 스크래치 디스크는 SSD를 사용하면 된다.

VGA(Video Graphics Array) 최근 여러 업데이트들로 인해 어도비 소프트웨어에서도 VGA의 사용량이 많이 늘었다. 앞으로도 이런 경향은 계속될 것으로 보이니 여유가 된다면 최대한 좋은 VGA를 구입하는 게 나을 것이다. 사진 작업용으로 눈여겨봐야 할 것은 그래픽카드의 메모리 용량이다. 같은 가격이라면 메모리 용량이 큰 제품을 구입하자. 주목적이 게임인 경우라도 게임용 그래픽카드에 신경 쓰는 게 좋다. 최근 업데이트된 드라이버를 이용하면 쿼드로(Quadro) 같은 고가의 전문가용 그래픽카드에서만 지원되던 10bit 모니터 신호를 출력할 수도 있으니 가격 대비 매우 좋은 선택지가 된다. 단, 게임 성능과 사진 작업 성능은 정비례하지 않는다. 주목적이 사진 작업용이라면 메모리 용량을 우선으로 선택하자.

투자해도 절대 아깝지 않은 모니터

아무리 디지털 시대라도 우리가 볼 수 있는 건 0과 1의 세계가 아닌 다양한 스펙트럼을 가진 아날로그 세상이다. 일부 전문가는 RGB 데이터 값만으로도 정확하게 색상을 짚어낸다고 하지만 모두 이런 '달인'일 수는 없다. 괜찮은 성능의 모니터가 있다면 어느 정도 예측이 가능하다.

ASUS ProArt PA32UC
4K 해상도, Adobe RGB 99.5%의 색역과 하드웨어 캘리브레이션, 그리고
10bit 계조를 가지고 있는 전문가용 고급 모니터

색역 Color Gamut 지금까지 모니터나 하드웨어에 전혀 관심이 없었다면 어떤 기준으로 사진 작업용 모니터를 골라야 할지 헷갈릴 것이다. 이때 가장 기본적인 기준은 '색역'이다. 색역이라는 말은 추후 자세히 설명하겠지만 색상을 표현할 수 있는 색의 영역을 말한다. (색역 249쪽 참조)

모니터의 핵심 부품인 패널은 제조사의 편의상 색역이 낮은 것부터, 전문가용으로 비싸지만 색역이 넓은 것까지 다양하다. 상품정보를 보면 보통 '색역' 혹은 'Color Gamut' 항목 옆에 'sRGB 72%' 등이 써 있다. 사진 작업에서 가장 중요한 색역은 Adobe RGB인데, 전적으로 사진 작업 같은 환경을 고려해 만들어진 색역이기 때문이다. 우리의 고민은 이 Adobe RGB 색역을 100% 재현할 수 있는 모니터가 드물고, 있다 하더라도 매우 고가라는 점이다.

물론 IPS, TN, AH-IPS 같은 패널도 예전에는 고려의 대상이었지만 요즘은 거의 IPS 계열이니 크게 상관하지 않아도 된다. 다만 '게임용'이라고 자랑하는 모니터는 색역과 전혀 상관없는 '주사율'을 기준으로 하니 주의하자. 주사율은 초당 얼마나 많은 화면을 보여주는지를 말하는 것으로, 144Hz인지 240Hz인지가 관건이다.

정리하면 게임용 모니터와 사진용 모니터는 전혀 관계가 없고, 일반적인 60Hz 이상만 된다면 사진 작업에서는 아무런 차이가 없다. 매년 신제품이 나오고 있으니 스트로비스트코리아 홈페이지 등에서 매년 새로 나오는 사진용 모니터 리스트를 참조해 선택할 것을 권한다.

sRGB 72% 〈 sRGB 100% 〈 DCI-P3 100% 〈 Adobe RGB 100%
색역에 따른 사진용 모니터의 선택 기준

4K vs FHD 높은 해상도의 4K(3840×2160픽셀) 모니터와 전통적인 Full HD(1920×1080픽셀)를 비교한다면 당연히 높은 해상도의 4K 모니터가 사진 작업에 유리하다. 저해상도보다 고해상도가 좋다는 말은 상식이니 여기에서는 고해상도 모니터의 예상치 못한 문제점만 하나 짚고 지나가자. 고해상도 모니터의 경우 메뉴나 글씨가 너무 작아 불편을 겪기도 한다. 30인치 정도 되는 모니터라면 무리가 없지만 노트북처럼 크기가 15인치 정도인데 4K 해상도일 경우 라이트룸이나 포토샵의 인터페이스 글씨가 너무 작아 불편하다. 이때는 라이트룸의 '편집 메뉴 – 환경설정 – 인터페이스 탭'을 클릭한 후 글꼴 크기를 '가장 큼 – 250%'로 설정한다. 그래도 작다고 느낀다면 스트로비스트코리아 홈페이지에서 해결방법을 찾아볼 수 있다. 이것도 귀찮다면 노트북 4K 모니터 구입은 한 번 더 생각해봐야 한다.

BenQ SW271 4K 해상도, Adobe RGB 99% 색역과 모니터 후드가 제공되는 모니터

여러 대의 컴퓨터에서 동시에 작업할 수 있는 현실적인 방법

노트북에서 사진을 만지다가 그대로 데스크톱으로 가져가서 다음 사진들을 마저 편집하고 싶을 것이다. 어도비는 구입한 프로그램을 공식적으로 하나의 라이센스당 2대의 컴퓨터에 설치해 사용하는 것을 허용하니 노트북과 데스크톱을 동기화시키는 문제만 남는다.

언뜻 생각하면 원본 사진을 두 컴퓨터에 동일하게 복사한 후 라이트룸의 카탈로그 파일을 공유하면 된다 싶겠지만, 실제로는 여간 복잡하지 않다. 매번 카탈로그와 원본 사진을 내보내고 불러오는 것도 귀찮지만 시간이 정말 많이 걸린다. 카탈로그 파일만 노트북에서 데스크톱으로 옮기는 방법도 있지만, 실수로 예전 파일을 넣거나 반대로 예전 파일을 새 파일로 덮어씌우면 작업했던 것들이 한순간에 날아가버리는 일이 생기곤 한다. 해결 방법을 알아보자.

방법 1 외장하드 또는 하드독   외장하드나 하드독은 외형만 다르고 작동하는 원리는 같다. 핵심은 원본 사진 파일과 카탈로그 폴더 전체를 모두 외장하드 안에 저장하고, 작업하는 컴퓨터에서 이 카탈로그 파일을 열어주는 것이다. 굉장히 쉽고 직관적이기 때문에 여러 대의 컴퓨터에서 연속적인 작업을 할 때 가장 유용한 방법이라고 생각한다.

AKiTiO SK-3501 U3.1C
8Tb 이상의 빠른 속도를 가진 USB 3.1 Gen2 외장하드

외장하드와 하드독의 차이가 궁금한 사람이 많으니 정리해보자. 외장하드는 하드 디스크가 외장 케이스에 싸여 있고 USB나 e-SATA 포트로 컴퓨터와 연결된다. 하드독은 외장 케이스에 싸여 있지 않은 하드 디스크를 하드독에 꽂아 사용한다. 당연히 하드 디스크 교체가 쉽다는 장점이 있다. 외장하드는 '들고 다닌다'는 점을 염두에 두고 만들기 때문에 비교적 안전하지만 하드 디스크를 노출한 채 사용하는 하드독의 경우 사용 중 외부 충격으로부터 매우 위험한 편이다. 따라서 작업하는 곳에 어린아이가 있거나 실수로 작동 중인 하드독을 건드릴 위험이 크다면 외장하드를 선택하는 것이 좋다. 하지만 데이터가 너무 많아서 여러 개의 하드 디스크를 번갈아 사용해야 할 경우라면 아무래도 하드독이 더 편하다.

컴퓨터와 연결되는 속도는 인터페이스에 따라 다르다. 일반적으로 USB 3.0 또는 USB 3.1 Gen1은 초당 약 100mb 정도의 속도이며, e-SATA의 경우 거의 내장된 하드와 같은 속도를 가지고 있다. USB 3.1 Gen2는 e-SATA와 마찬가지로 매우 빠른 속도를 보여주기 때문에 가급적이면 자신의 환경에 맞는 인터페이스 중 가장 빠른 포트를 선택하는 것이 좋다.

방법 2 NAS   네트워크 드라이브로 작동하는 NAS의 경우 라이트룸에서 카탈로그 파일을 바로 열 수 없다. 그래서 NAS와 연결된 네트워크 드라이브를 로컬 드라이브로 인식시켜줘야 하는데 상당한 컴퓨터 실력이 필요하다. 만약 자신이 이런 작업에 익숙하다고 생각된다면 NAS에 카탈로그 폴더와 원본 Raw 파일 사진을 모두 넣은 후 네트워크로 접속해서 사용하면 된다. 속도는 연결된 네트워크의 한계 속도 정도인데, 인터넷 속도가 100mbps라면 초당 10mb 정도라 기가바이트급 네트워크가 아니라면 답답할 수도 있을 것이다. 보다 자세한 내용이나 실질적인 도움을 받고 싶다면 뽐뿌의 NAS 포럼을 방문해 질문을 남겨보자. (https://www.ppomppu.co.kr/zboard/zboard.php?id=nas)

startech.com USB 3.1(10Gbps) Dual-Bay Dock
빠른 속도를 가진 USB 3.1 Gen2 하드독

사진가를 위한 프로그램 선택하기

결론부터 말하면 라이트룸은 사진 관리와 보정, 결과물 출력을 위한 도구이며, 포토샵 역시 라이트룸의 보정 한계를
극복하기 위해 가끔씩이라도 꼭 필요하다. 이 2가지면 그동안 사진가에게 군더더기로 붙어 있던 각종 뷰어 프로그램이나
어도비 브리지 같은 번거로운 프로그램에서 해방될 것이며, 보다 가볍고 날렵하게 수천, 수만 장의 사진을 다룰 수 있다.

포토샵 vs 라이트룸

라이트룸의 정식 명칭은 '어도비 포토샵 라이트룸'이다. 사실 이 책에서 주로 다
루는 것이 라이트룸이기 때문에 특별히 나쁜 말은 하고 싶지 않지만, 라이트룸
의 탄생과정에서 애플의 어퍼쳐(Aperture)를 언급하지 않을 수 없다. 어퍼쳐
가 세상에 나오고 1년 후 라이트룸의 첫 번째 베타 버전이 세상에 나왔다. 처
음 이 프로그램을 접한 많은 사람들을 당황시킨 건 어퍼쳐와 너무나 닮았다는
것이 아니라 기존의 포토샵과는 완전히 다른 개념의 프로그램이었다는 점이다.
라이트룸을 포토샵을 쉽게 하기 위한 간단한 프로그램이나 사진가를 위해 포
토샵의 기능을 축소한 보급판 정도로 생각했기 때문이다.

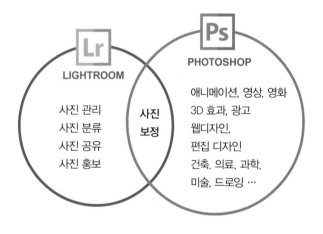

왼쪽 표를 보면 라이트룸과 포토샵의 차이가 분명하게
보일 것이다. 포토샵은 단일 파일 편집 프로그램으로, 하
나의 파일을 열어서 편집하고 원하는 포맷으로 저장해주
는 기능이 핵심이다. 라이트룸은 메모리카드의 모든 파
일을 불러와 사진가의 관리와 분류 작업을 기다리며, 심
지어 기초 관리와 분류 작업 정도는 자동으로 실행해준
다. 포토샵은 픽셀을 이용한 방법 중 거의 무한한 가능
성을 가진 프로그램인 반면, 라이트룸은 사진 관리, 분
류, 홍보, 보정 기능을 갖춘 사진가를 위한 프로그램이라
고 할 수 있겠다.

사진가가 포토샵만으로 작업할 수 없는 이유

포토샵의 한계를 알아보면 자연스럽게 왜 라이트룸이 사진가의 첫 번째 프로그
램이 될 수밖에 없는지를 이해할 수 있을 것이다. 오늘 촬영된 사진이 1000장
이라고 치자. 이 사진을 포토샵에서 만지려고 해보자.

우선 메모리카드에서 포토샵이 설치된 컴퓨터로 사진들을 옮겨야 한다. 폴더를
만들고 사진을 복사해서 붙여넣기한 다음 포토샵에서 1000장의 Raw 파일을
불러온다. 1000장 중 중요한 100장을 골라내는 것만으로도 사진가와 컴퓨터

는 이미 지칠 대로 지칠 것이다. 무사히 골라냈다고 하더라도 이제 이 100장의 사진을 일일이 하나씩 불러와 색온도를 조정하고 노출을 맞추고 부족한 부분을 메꾸거나 지워가는 작업을 무한히 반복해야 하는 작업이 남아 있다. 이것까지 마친 후에는 따로 선택한 사진들만 모아 폴더를 새로 만들어 일일이 다시 저장해야 한다. 나중에 재편집할 수도 있으니 포토샵 파일인 PSD와 외부용 JPG 파일도 따로 만들어야 한다. 거기다 인터넷에 공유할 수 있도록 리사이징한 작은 JPG 파일도 만들어야 한다. 마지막으로 이 사진을 어떤 이름으로 어느 폴더에 저장했는지를 기억하자고 두 번 세번 다짐해야 한다. 말만 들어도 지치지 않는가?

그런데 업체로부터 이 JPG 사진들의 메타데이터에 저작권 정보를 넣어 달라는 요구가 들어왔다. 사진을 한 장씩 열어 메타데이터를 수정하고 붙여넣기만 한다고 하더라도 반복되는 작업의 고통은 어쩔 것인가? 어쨌든 다 끝냈는데 중요한, 매우 중요한 부분에 오타가 있다는 것을 나중에 발견했다. 이럴 때 다시 100장을 열고 반복 작업을 할 수밖에 없는 게 바로 '포토샵에 의존한 사진작업'이다.

이 복잡하고 짜증나는 과정을 해결한 것이 '라이트룸'이다. 라이트룸을 사용하면서부터 대량 사진의 효과적인 관리와 보정, 저장과 공유가 비약적으로 편리해졌다. 그러나 여전히 일부 작업의 경우 반드시 포토샵이 필요하다. 따라서 사진을 다루는 사람이라면 이 2가지 프로그램을 동시에 배워야 한다. 다행히 두 프로그램의 사용법이 크게 다르지 않고, 같은 회사의 프로그램이라는 출신의 동질성 때문인지 호환은 매우 부드럽고 깔끔하다. 어도비에서도 이 2가지를 묶어 '포토그래퍼 패키지'로 판매하며, 각각 구입하는 것보다 매우 저렴하다.

카메라 로우 필터 vs 라이트룸

포토샵을 쓰던 사람들이 라이트룸을 보자마자 떠올리는 것이 있고, 라이트룸을 쓰던 사람이 포토샵을 보고 떠올리는 게 있다. 바로 '카메라 로우 필터(Camera Raw Filter)'다. 전에는 포토샵 플러그인 형식이라 따로 설치해야 했지만 이제 아예 포토샵 필터로 들어가 있다.

비교해보자. 다음 그림에서 보듯이 각 조정 슬라이드의 위치뿐만 아니라 명칭, 또 조정값을 동일하게 했을 때의 결과까지 매우 비슷하다. 포토샵 카메라 로우 필터는 라이트룸과 같은 엔진으로 구동되는 프로그램이라는 것, 즉 카메라 로우 필터를 따로 떼어낸 것이 라이트룸의 기본 보정 툴이라는 것을 알 수 있는 부분이다. 보정으로만 본다면 포토샵은 이미 라이트룸의 보정 기능을 다 가지고 있는 셈이다. 포토샵에서 Raw 파일을 불러올 때 이 카메라 로우 필터가 먼저 열리고 여기서 보정이나 확인을 거쳐야만 비로소 포토샵 파일로 열리게끔 만들어 놓은 것은 그냥 재미나 우연이 아니다.

원본 사진

포토샵 카메라 로우 필터에서 보정한 결과

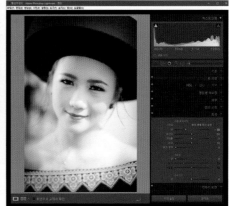
라이트룸에서 보정한 결과

포토샵과 라이트룸
기본 환경 설정과 최적화하기

본격적으로 시작하기 전에 기본 세팅부터 누구나 한 번씩 겪는 문제들. 라이트룸이 갑자기 느려지거나 VGA 문제가
발생했을 때의 해결 방법까지를 정리한다. 좀 더 익숙해지면 각자 편한 대로 바꿔 사용하면 된다.

포토샵 기본
세팅하기

이 책의 내용을 따라하는데 무리가 없도록 필자와 세팅을 맞추기 위해 이 기본
세팅을 권장한다. 참고로 라이트룸과 포토샵은 CC 버전을 사용한다.

1 화면 인터페이스 선택하기

화면 인터페이스는 기능과는 상관없
이 사람마다 주로 사용하는 팔레트나
툴을 편하게 놓고 쓰면 된다. 이 책에
서는 '필수'를 사용한다. 화면 오른쪽
맨 위에서 선택할 수 있다.

2 텍스트 설정하기

'편집 메뉴 – 환경 설정 – 일반'을 클
릭한다. '환경 설정' 대화상자가 나타
나면 '인터페이스'를 클릭한 후 다음과
같이 설정한다. (단축키 Ctrl + K)

❶ UI 언어: 이 책에서는
한국어로 설명한다.

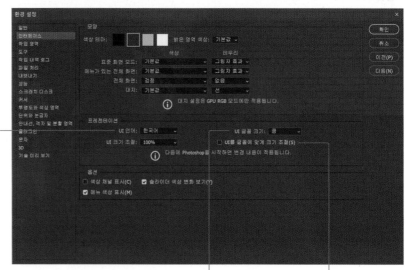

❷ UI 글꼴 크기: UHD 같은 고해상도 모니터
를 사용할 때 적당한 글꼴 크기를 선택한다.

❸ UI 크기 조절: UHD 같은 고해상도
모니터를 사용할 때 조정한다.

3 성능 설정하기

'성능'을 클릭한다. 사진 전용으로 사용
하는 컴퓨터인 경우 'Photoshop에서
사용' 메모리를 80% 정도로 설정한다.
'그래픽 프로세서 사용'에 체크한 후
아래쪽에 있는 캐시 레벨이 2 이상인
지 확인한다. 만약 2보다 낮은 수치라
면 4 정도로 설정할 것을 권장한다.

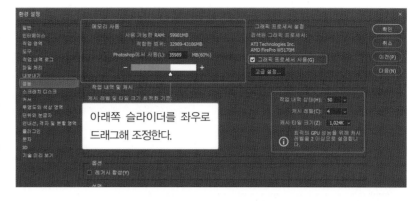

4 스크래치 디스크 설정하기

'스크래치 디스크'를 클릭한다. 가능한
한 용량이 크고 빠른 SSD 드라이브
를 선택해서 스크래치 디스크로 활용
될 수 있도록 한다. 하드 디스크가 여
러 개일 경우 모두 체크해도 상관없다.
'확인' 버튼을 클릭한다.

5 색상 설정하기

'편집 메뉴 – 색상 설정'을 클릭한다. '색
상 설정' 대화상자가 나타나면 다음과 같
이 설정한다. (단축키 Ctrl + Shift + K)

❶ 설정: 아래에서 옵션을
선택하면 자동으로 '사용
자 정의'로 바뀐다.

❷ RGB: 사진작업의 표준으로 가장 많
이 쓰는 색공간이다. 이 책에서도 'Adobe
RGB(1998)'를 기준으로 설명한다.

❸ CMYK: 인쇄를 전문적으로 하는 편집
디자이너가 아니라면 사용빈도는 극히 적다.
보통 'U.S. Web Coated'를 선택하면 된다.

❹ 회색: 일부 고가의 특수 모니터
가 아니라면 대부분 2.2 감마값이
표준이다.

❺ 별색: 인쇄전문 영역이므로 기본값
그대로 두면 된다.

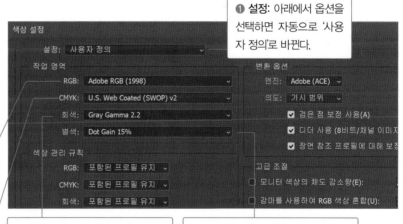

라이트룸 기본 세팅하기

'편집 메뉴 – 환경 설정'을 클릭한다. '환경 설정' 대화상자가 나타나면 다음과 같이 설정한 후 '확인' 버튼을 클릭한다. 여기에서 손대지 않은 탭들은 기본값 그대로 사용하면 된다. (단축키 Ctrl + ,)

1 '일반' 탭

언어 : 이 책에서는 한국어로 설명한다.

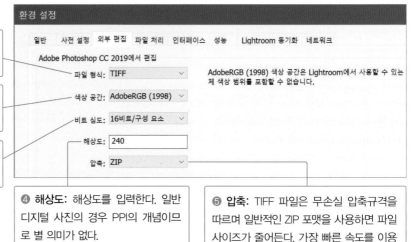

2 '외부 편집' 탭

❶ 파일 형식: 어떤 형식으로 파일을 처리할 것인가?

❷ 색상 공간: 포토샵으로 내보내는 파일의 색상 공간을 선택한다.

❸ 비트심도: 포토샵으로 내보내는 파일의 비트심도를 선택한다.

❹ 해상도: 해상도를 입력한다. 일반 디지털 사진의 경우 PPI의 개념이므로 별 의미가 없다.

❺ 압축: TIFF 파일은 무손실 압축규격을 따르며 일반적인 ZIP 포맷을 사용하면 파일 사이즈가 줄어든다. 가장 빠른 속도를 이용하고 싶다면 '없음'을 선택하면 된다.

3 '성능' 탭

❶ 그래픽 프로세서 사용: 체크하면 그래픽카드를 사용해 좀 더 빠른 작업이 가능하다.

❷ Camera Raw 캐시 설정: 추가 SSD 등 자신의 저장장치에 여유가 있는 한 최대 크기로 설정한다. 오른쪽의 '선택'버튼을 클릭하여 원하는 위치를 정한다.

라이트룸이 느려진 것 같을 때 최적화하기

라이트룸을 오래 사용하다 보면 전보다 현저하게 느려졌다고 느낄 때가 있다. 이 때 사용할 수 있는 해결책이 바로 카탈로그 최적화다. 어도비가 라이트룸은 수십만 장의 사진을 거뜬히 감당할 수 있도록 설계되었다고 자랑하는 만큼 믿고 사용해도 된다. 그러나 에러가 생기거나 컴퓨터가 심각하게 느려지는 것을 방지하기 위해 일주일에 한 번 정도는 카탈로그를 백업하면서 최적화해주는 것이 좋다.

1 '파일 메뉴 – 카탈로그 최적화'를 클릭한다. 대화상자가 나타나면 '최적화'를 클릭한다.

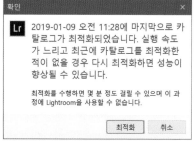

2 **카탈로그 자동 백업 설정하기**
'편집 메뉴 – 카탈로그 설정'을 클릭한다. (단축키 Ctrl + Alt + ,)

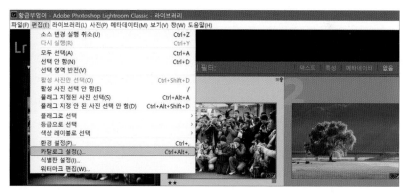

3 '카탈로그 설정' 대화상자가 나타난다. '백업'을 '일주일에 한 번, Lightroom 종료 시'로 선택한 후 '확인'을 클릭한다.

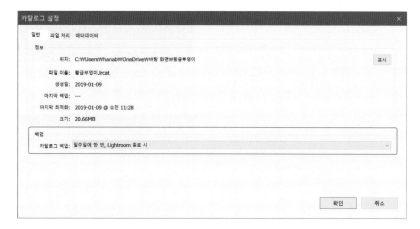

내 이름으로 라이트룸 사용하기
식별판

라이트룸을 실행했을 때 나만의 로고나 이름이 반겨준다면 기분 좋을 것이다. 편집한 식별판을 그대로 워터마크로 사용하거나 슬라이드쇼, 책 등에 적용할 수도 있다.

1 식별판 편집하기

'편집 메뉴 – 식별판 설정'을 클릭한다.

2 '식별판 편집기'가 나타나면 드롭 다운 버튼을 클릭해 원하는 모양으로 선택하면 된다.

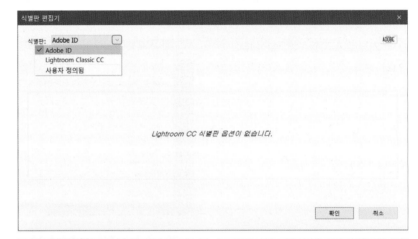

Adobe ID: 기본값이다. 어도비 회원으로 가입할 때 입력한 이름이 나타난다.   Lightroom Classic CC로 선택한 경우

3 '사용자 정의됨'을 클릭하면 좀 더 자유롭게 편집할 수 있다.

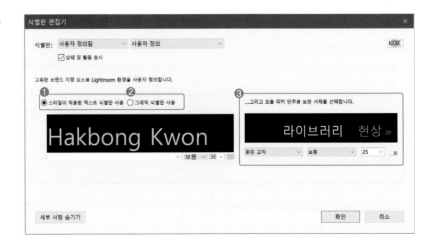

❶ **스타일이 적용된 텍스트 식별판 사용**: 아래 입력상자에 내용을 입력한 후 편집한다. 글꼴, 스타일, 사이즈, 색상을 선택할 수 있다.

❷ **그래픽 식별판 사용**: 선택하면 '파일 찾기' 버튼이 나타나는데 클릭한 후 미리 만들어둔 그래픽 파일을 불러오면 된다. 따로 만들 때는 높이 125픽셀 이하, PNG 파일처럼 투명한 배경으로 제작하는 게 보기 좋다.

❸ **모듈 피커 편집하기**: 내 이름뿐만 아니라 작업화면 오른쪽 위에 있는 모듈 피커 디자인을 변경할 수도 있다. 글꼴, 스타일, 크기, 색상을 원하는 대로 지정해보자.

4 　모든 작업이 끝난 후 '확인'을 클릭하면, 식별판이 바뀌어 나타난다.

5 　**식별판의 숨은 기능**

식별판에는 특별한 기능이 숨어 있는데, 언제든지 식별판을 클릭하면 라이트룸 클래식의 자동 기능을 시작하거나 중단할 수 있는 버튼이 나타나 선택할 수 있다.

❶ **Lightroom과 동기화:** 클라우드 기반의 라이트룸과 동기화를 선택하면 주어진 용량의 한계 내에서 모든 사진이 동기화된다.

❷ **주소 검색:** 지오태깅된 GPS 데이터를 바탕으로 검색 가능한 주소를 자동으로 EXIF 데이에 넣어주는 기능이다.

❸ **얼굴 감지:** 인공지능으로 라이트룸이 찾은 얼굴과 이미 등록된 얼굴을 자동으로 인식해 태그를 달아준다. 라이브러리 모듈의 아래쪽 툴바에서 얼굴 아이콘을 클릭하거나 단축키 O 를 누르면 실행된다.

수백 수천 장의 사진을 일일이 보정하고 관리하는 것은 미친 짓이라고
생각하는 독자라면 반드시 자세히 살펴봐야 할 중요한 부분이다.
라이트룸이 왜 사진 시장에서 가장 광범위하게 사용되고 있는
프로그램인지를 이해할 수 있을 것이다.

PART 2   라이트룸에 대한
오해와 이해

사진 관리 기획하기

라이트룸을 쓰는 가장 큰 이유는 사진가의 수많은 대용량 파일들을 쉽게 관리할 수 있다는 점 때문이다. 라이트룸의 기능을 제대로 사용하기 위해, 또 라이트룸과 별개로라도 사진가라면 용도에 따라 촬영한 사진들을 관리하는 나름의 방법이 필요하다. 효과적인 몇 가지 방법을 소개한다.

당신은 어떤 사진가인가?

사진 관리를 기획하려면 먼저 당신이 어떤 종류의 사진가이며, 주로 어떤 용도로 사진을 이용하는지를 생각해봐야 한다. 목적에 따라 방법 역시 달라지기 때문이다. 다양한 사진가가 있다. 거리의 순간을 포착하는 사진가, 작업실에서 계획된 정물을 촬영하는 사진가, 숨 막히는 풍경을 찾아다니는 사진가, 인물의 내면을 탐구하는 사진가, 물론 직업적으로 행사촬영을 하는 사진가도 있다. 사진을 분류하고 체계를 만드는 방법은 사진가마다 다르지만 나에게 맞는 체계를 어떻게 만들지 고민하고 큰 틀을 세우는 것은 누구에게나 중요하다.

Street Landscape Portrait Travel Commercial

내용에 따른 분류

만약 촬영한 사진들을 몇 가지 큰 분류로 나눌 수 있고, 각각 완전히 다른 용도를 가지고 있다면 내용에 따른 분류도 나쁘지 않다. 예를 들어 직업적으로 건축 인테리어 사진을 주로 촬영하지만, 비상업적으로 해양생물 사진을 찍고, 부업으로 행사 사진을 뛴다고 생각해보자. 이렇게 다른 용도와 내용의 사진들이라면 크게 3가지로 분류한 후 폴더 안에 나머지 내용을 세분할 수 있을 것이다.

목적에 따른 분류

사진을 어떻게 사용할지에 대한 뚜렷한 목적이 있다면 이런 분류도 좋다. 예를 들어 블로그용, 전시회용, 출판용처럼 촬영할 때부터 분명한 목적이 있다면 필요한 사진을 빨리 찾고, 쉽게 관리할 수 있는 방법이다.

날짜에 따른 분류
★★★

그러나 대부분은 자신의 사진이 정확히 언제 어떻게 사용될지 모르며, 적당히 게을러서 꼼꼼하게 관리하지도 못한다. 그렇다면 날짜별 분류를 선택하자. 라이트룸은 촬영한 날짜 정보를 EXIF에서 가져와 각 날짜별로 카메라나 파일의 종류에 상관없이 묶어서 자동으로 분류해준다. 나중에 '폴더 이름 바꾸기'를 통해 날짜 뒤에 중요한 내용을 추가할 수도 있다. 보통 하루에 한 가지 이상의 프로젝트를 진행하기는 힘들기 때문에, 필자는 이 방법을 추천한다.

카탈로그를 이해하지 못하면
라이트룸 백날 써도 도루묵이다

결론부터 말하자면 카탈로그가 없으면 라이트룸은 실행되지 않는다. 아무 짓도 하지 않았는데 설치 후 라이트룸이 바로
실행되는 것은 '디폴트(default)'라는 임시 카탈로그가 자동으로 만들어졌기 때문이다. 그럼 그걸 계속 쓰면 되지 않을까?
아니다. 지금부터 자세히 알아보자.

저장하기는 어딨지?
카탈로그가 대체 뭐야?

필자가 받은 질문 중 절반 이상이 카탈로그를 기본으로 작동하는 라이트룸의 개념을 파악하지 못하는 데서 생긴 것들이었다. 라이트룸을 처음 사용하는 사람이라면 누구나 당황스럽다. 일단 파일을 불러오는 게 이상하고, 어찌어찌 불러와 보정한 후 저장하려고 해도 저장 기능이 없다. 왜 이럴까? 라이트룸에만 있는 특별한 파일관리 시스템인 '카탈로그' 때문이다. 다른 프로그램과 비교해 보면 그 차이가 쉽게 이해될 것이다. 엑셀이나 워드, 파워포인트에서 작업하는 과정을 생각해보자. 프로그램을 실행한 후 파일 하나를 열고 작업한다. 작업이 끝나면 저장하고, 나중에 수정하고 싶으면 다시 해당 파일을 불러온다. 그러나 사진가를 위한 프로그램인 라이트룸은 철저하게 카메라에서부터 시작한다. 카메라에서 촬영한 사진은 어디에 기록되는가? 알다시피 메모리카드다. 보통은 이것을 USB 메모리카드 리더기 같은 것에 꽂은 후 컴퓨터로 복사한다. 라이트룸이 없다면 이 과정이 사진가가 촬영 이후 처음 해야 하는 작업일 것이다. 하지만 라이트룸은 파일을 가져오는 작업부터 담당한다.

"기억하자. 파일들을 메모리카드에서 컴퓨터로 가져오는 것부터 라이트룸이 담당한다."

포토샵 등 일반 프로그램	라이트룸
1. 카메라의 메모리카드를 컴퓨터에 연결한다.	1. 카메라의 메모리카드를 컴퓨터에 연결한다.
2. 탐색기 등 파일관리 프로그램을 실행한다.	2. 라이트룸을 실행한다. 이때 지정된 카탈로그가 자동으로 같이 열린다.
3. 메모리카드의 파일들을 복사한 후 원하는 하드 디스크 위치에 붙여넣는다.	3. 파일 패널에서 메모리카드의 파일들을 어디에 저장할 것인지 설정한다.
4. 포토샵을 실행한다.	4. 파일 목록에서 파일을 클릭한 후 작업한다.
5. 사진 파일을 불러와 작업한다.	5. 저장 없이 라이트룸을 종료한다.
6. 저장한 후 포토샵을 종료한다.	6. 수정하려면 해당 파일을 다시 선택한다.
7. 수정하려면 해당 파일을 다시 불러온다.	

**파일을 가져온 후
카탈로그가 하는 일**

메모리카드를 컴퓨터에 꽂고 라이트룸을 실행한 후 컴퓨터 어디에 복사할 것인지 정해주기만 하면 우리가 할 일은 끝이다. 이제부터 카탈로그는 지정 위치에 파일들을 복사함과 동시에 각 파일에 대한 모든 정보와 라이트룸에서의 모든 작업 내용을 자동으로 저장하기 시작한다.

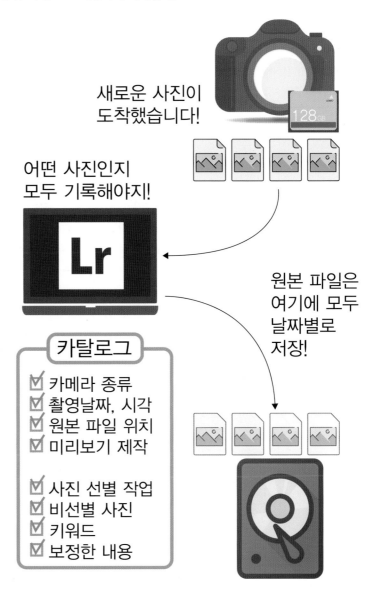

새로운 사진이
도착했습니다!

어떤 사진인지
모두 기록해야지!

원본 파일은
여기에 모두
날짜별로
저장!

카탈로그

☑ 카메라 종류
☑ 촬영날짜, 시각
☑ 원본 파일 위치
☑ 미리보기 제작

☑ 사진 선별 작업
☑ 비선별 사진
☑ 키워드
☑ 보정한 내용

라이트룸이 사진가의 프로그램일 수밖에 없는
카탈로그의 장점

작업한 모든 내용을 데이터베이스화해서 저장해두는 게 '카탈로그'라는 건 이제 이해했을 것이다. Raw 파일 원본을 무사히 지킬 수 있다는 게 가장 큰 장점인 것처럼 보이지만, 실제로 사진가를 편하게 만드는 것은 대량 파일 관리와 보정 기능 때문이다. 포토샵 등 다른 프로그램과 비교할 수 없는 라이트룸만의 장점에 대해 자세히 보자.

장점 1.
원본 보존

사진의 특성상 원본이 훼손되면 두 번 다시 완벽하게 똑같은 사진을 촬영할 수 없다. 따라서 라이트룸에서는 원본을 신주단지 모시듯 한다. 우리가 어떤 보정을 하든 원본은 절대 직접 건드리지 않고, 편집한 과정만 모두 따로 저장했다가 다음에 파일을 불러오면 전체 편집과정을 순간적으로 다시 한번 반복해 결과물을 보여준다. 단, 원본을 삭제하면 진짜로 삭제되니 주의하자. 예를 들어 노출을 2스텝 밝게 보정했다면, 라이트룸은 원본은 그대로 놔두고 옆에 메모지에다가 '2스텝 밝게 했음'이라고 기록한다. 라이트룸을 종료했다가 다시 이 사진을 불러오면 원본을 불러온 후 메모지를 참고해 2스텝 밝게 만들어 그 결과물을 우리에게 보여주는 식이다.

황금부엉이　　HAK_4512　　HAK_4513　　HAK_4514

모든 보정 작업 내용은 카탈로그 파일에 저장된다. 원본 Raw 파일은 털끝 하나 건드리지 않고 고스란히 보존한다.

Photoshop		Lightroom

 Photoshop 샌드위치 만들기

  식빵을 가져왔다.

Lightroom 샌드위치 만들기

채소 4개를 넣는다.
실제로 채소를 넣었다.

'채소 4개를 넣음'
이라고 메모지에 기록

토마토 2개를 넣는다.
실제로 토마토를 넣었다.

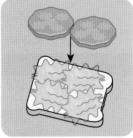

'토마토 2개를 넣음'
이라고 메모지에 기록

치즈 1개를 넣는다.
실제로 치즈를 넣었다.

'치즈 1개를 넣음'
이라고 메모지에 기록

식빵으로 덮는다.
실제로 식빵을 덮었다.

'식빵으로 덮음'
이라고 메모지에 기록

완성된 모습을
보여준다.

보여줄 때는
완성된 모습을 보여준다.

▶포토샵과 라이트룸의 작업 방식 차이

장점 2.
무한 되돌리기와
자동 저장

라이트룸 메모지에는 모든 보정 과정이 실시간으로 자동 저장된다. 따라서 언제 파일을 다시 불러오더라도 보정한 순서대로 하나씩 뒤로 되돌릴 수 있으며, 계속 되돌아가면 당연히 원본이 나타난다. 라이트룸에 저장 기능이 없는 이유는 저장 버튼을 따로 클릭할 필요가 없기 때문이다. 이미 다 저장되어 있다.

▼ 작업 내역		×
색조	0	0
색조	0	0
온도	-235	5.3K
대비	+1	0
대비	0	-1
노출	-0.06	0.21
밝은 영역	-18	-77
어두운 영역	+5	65
검정 클리핑	-4	-18
흰색 클리핑	+1	29
파랑 광도 변경	+24	0
파랑 광도 변경	+1	-24
파랑 광도 변경	+9	-25
파랑 광도 변경	+30	-34
바다색 광도 변경	+11	0
바다색 광도 변경	-82	-11
바다색 광도 변경	+71	71
파랑 광도 변경	-118	-64
파랑 광도 변경	+54	54

각 원본 파일에 작업한 모든 내용을 그대로 다 저장하고 있기 때문에 원하는 어떤 단계로 되돌아가거나 수정하는 것이 가능하다.

장점 3.
비파괴 방식

직접적으로 원본의 데이터를 건드리지 않기 때문에 생기는 특성이다. 예를 들어 2스텝 밝게 한 후 다시 2스텝 어둡게 하면 이론적으로는 처음 사진으로 돌아와야 한다. 그러나 포토샵처럼 직접 데이터를 건드리는 프로그램에서는 각 과정마다 손실이 생기기 때문에 이런 작업을 반복하면 엄청난 열화가 일어나 원본 상태로 돌아갈 수 없다.

라이트룸에서 노출 +1, -1을 3번 반복한 결과

포토샵에서 노출 +1, -1을 3번 반복한 결과

장점 4.
대량 사진 관리

디지털 시대로 넘어오면서 촬영하는 사진의 양 자체가 엄청나게 늘었다. 한 장의 사진이 필요한 경우에도 사진가는 셔터를 수없이 많이 눌러 보다 좋은 품질의 사진을 얻으려 노력한다. 예전처럼 24장이나 36장 필름 수준으로 하루 촬영을 끝내는 사진가는 없을 것이다. 따라서 라이트룸은 한두 장의 사진이 아니라 수백 수천 장인 파일을 빠르고 효과적으로 관리하며 보정하는 데 초점이 맞춰져 있다.

PHOTO 8테라 (G:)	1.4/7.3TB ▼
▼ 📁 G:	88251
▶ 📁 2013	23840
▶ 📁 2014	15509
▶ 📁 2015	17214
▶ 📁 2016	4685
▶ 📁 2018	26769
▶ 📁 2019	3

많은 사진을 한 번에 보면서 작업할 수 있다.

📁 2014-03-23 하서영 주근깨 촬영	308
📁 2014-05-04 애플 준걸형집	239
📁 2014-05-05 아버지생신	434
📁 2014-05-13 권학봉 프로필	199
📁 2014-05-25 하서영 얼굴크랙	499
📁 2014-06-24 덕희 학봉 증명사진	19
📁 2014-09-14	15

폴더에 자신만의 메모를 추가해 좀 더 쉽게 찾을 수도 있다.

▼ 📁 2016	4685
📁 2016-01-02	56
📁 2016-01-25	167
📁 2016-01-26	32
📁 2016-01-27	496
📁 2016-01-28	804
📁 2016-01-29	455
📁 2016-01-30	103
📁 2016-02-05	35
📁 2016-02-06	85
📁 2016-02-07	122
📁 2016-02-08	835
📁 2016-02-09	882
📁 2016-07-24	18
📁 2016-07-25	57
📁 2016-07-29	18

기본 모드를 사용하면 촬영 날짜별 폴더가 자동으로 만들어져 저장된다.

장점 5.
대량 사진 보정

수백 장의 사진을 촬영했다. 그중 맘에 드는 십여 장의 사진을 보정하고 싶다면 하나만 보정한 후 '설정 동기화' 기능을 이용해 나머지 모든 사진에 같은 보정값을 적용할 수 있다. 심지어 몇 년 전에 보정한 값들을 그대로 가져와 오늘 촬영한 수백 장에 적용하는 것도 가능하다.

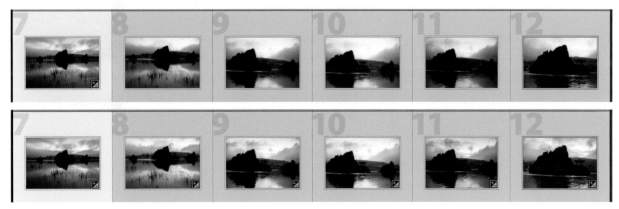

Before/After 사진 하나만 보정한 후 '설정 동기화'시키면 한 번에 나머지 5장 모두에 같은 보정값이 적용된다.

사진가 Q&A_
라이트룸 카탈로그

지금까지 '메모지'라고 설명한, 편집과정을 기록해 놓는 파일이 바로 '카탈로그'다. 라이트룸은 이 카탈로그를 기준으로 관리, 보관, 백업을 한다. 사진이나 폴더별로 따로 만드는 게 아니라 1개의 카탈로그 파일 안에 현재 컴퓨터와 연결되어 있는 모든 사진의 정보가 저장된다. 어도비는 1개의 카탈로그로 백만 장 이상의 사진을 관리할 수 있다고 주장하는데, 경험상 실제로 수십만 장까지는 큰 무리 없이 잘 작동하는 걸 보면 맞는 말인 듯하다.

Q. 카탈로그에 '모든' 것이 저장된다는데, 구체적으로 뭐가 저장되나요?

카탈로그는 일종의 데이터베이스 시스템 파일로, 거듭 말하지만 원본을 제외한 사진에 관한 '모든 것'이 저장된다. 대충 다음과 같은 것들인데 사실 우리가 뭐가 저장되는지 하나하나 기억할 필요는 없다. 실제로는 그냥 사용만 하면 되기 때문이다.

> ■ **카탈로그에 저장되는 것들**
> 폴더 구조 : 폴더 패널에 가져온 모든 내용이 포함된다.
> 개인 설정 : 식별판이나 미리 등록시킨 프리셋 등 모든 개인 설정이 포함된다.
> 사진보정 내용 : 사진을 보정한 모든 과정과 결과가 포함된다.
> 사진의 미리보기 파일 : 사진을 빠르게 보여주는 미리보기 파일이 포함된다.
> 키워드 및 제목, 캡션 : 모든 키워드, 제목, 캡션 역시 카탈로그에 포함된다.
> 　　　　　　　　　 물론 파일로 따로 내보낼 수 있는 기능이 있지만 기본 설정은 카탈로그에 저장한다.

Q. 카탈로그 없이 라이트룸을 실행시킬 수 있나요?

없다. 처음 라이트룸을 설치하고 바로 실행할 수 있는 것은 라이트룸에서 미리 임시로 '디폴트' 카탈로그를 만들어두었기 때문이다. 그대로 쓰지 말고 내 원본 파일을 모아 놓는 위치에 카탈로그를 새로 만들어 시작하는 것이 정석이다.

Q. 새 카탈로그를 만들면 기존의 카탈로그는 어떻게 되나요?

새 카탈로그를 만들거나 다른 카탈로그를 라이트룸에서 열 경우 라이트룸은 종료되었다가 재시작된다. 이전의 카탈로그는 없어지는 것이 아니라 바로 직전까지의 모든 상황을 자동으로 기록해두었으며, 지정된 저장 장소에 그대로 남아 있다. 물론 다시 불러올 수도 있다. 새 카탈로그를 만들었다는 것은 하드디스크를 포맷하고 새로 OS를 설치한 것이라고 생각하면 된다. 대부분의 설정이 초기화되어 처음 라이트룸을 설치했던 상태로 돌아간다.

Q. 카탈로그 파일을 삭제하면 어떻게 되나요?

원본 사진만 남고, 지금까지 라이트룸에서 작업한 모든 것이 삭제된다. 보정한 값들은 물론이고, 관리를 위해 만들어둔 여러 가지 별점과 깃발 같은 정보, 키워드와 제목까지 모두 삭제된다. 따라서 카탈로그 백업은 필수 중 필수다.

Q. 그럼, 카탈로그를 많이 만들수록 좋나요?

이론적으로는 단 하나의 카탈로그에 내가 가진 모든 사진을 불러와 분류하고 관리하며 보정하는 것이 가장 편하겠지만, 하드디스크 1개에 수년 동안 찍은 사진을 모두 저장할 수 없고, 거대한 카탈로그 파일을 불러올 때 걸리는 시간 등에 불편을 느낄 즈음이 되면 지금까지의 카탈로그와 원본 사진들을 백업한 후 새 카탈로그를 만들어야 한다. 특별한 이유 없이 카탈로그를 새로 만드는 것은 카탈로그를 이용하는 라이트룸의 장점을 충분히 이해하지 못한 경우이니 신중하자.

설치 후 가장 먼저 해야 하는 새 카탈로그 만들기

라이트룸 설치 후 가장 먼저 할 일은 앞으로 사용할 새 카탈로그 파일을 만드는 것이다. 누구나 초반에는 카탈로그를 지우고 새로 만드는 시행착오를 거친다. 그래도 좋다. 그러나 익숙해진 후에는 반드시 제대로 된 카탈로그 파일을 만들어야 한다는 것을 잊지 말자.

임시 카탈로그 파일의 위치와 확장자

카탈로그가 없으면 라이트룸은 실행되지 않는다. 라이트룸을 처음 설치해도 바로 작업할 수 있는 것은 임시 디폴트 카탈로그가 라이트룸에 미리 만들어져 있기 때문이다. 먼저 제대로 된 파일 관리를 위해 새로 만들 카탈로그 파일을 어디에 저장할지를 결정한다. 가장 적당한 위치는 원본 사진을 보관하는 폴더 안이다. 백업이나 이동 시 원본 사진들과 카탈로그를 폴더 채로 한 번에 내보내면 되기 때문에 꽤 편하다. 참고로 카탈로그 파일의 확장자는 '.lrcat'다.

> ▶ 임시 카탈로그 파일의 위치
> 영문 윈도우 \Users\'user name'\Pictures\Lightroom
> 한글 윈도우 \사용자\'사용자 이름'\사진\Lightroom
>
> ▶ 새 카탈로그 파일을 만들 가장 좋은 위치
> 원본 사진을 보관하는 폴더 안

새 카탈로그를 만드는 이유

임시 카탈로그를 그냥 사용해도 잘 되는데, 왜 새 카탈로그를 만들어야 할까? 임시 디폴트 카탈로그는 라이트룸이 설치된 c: 드라이브에 있다. 요즘 대부분의 사용자는 SSD를 C: 드라이브로 사용하기 때문에 용량이 부족하기도 하고, 또 원본 파일과 따로 떨어져 있다가 사진 폴더가 복잡해지면 얽힐 수도 있다. 게다가 카탈로그 파일명이 '디폴트(default)'이기 때문에 그대로 사용하면 나중에 다른 사람들의 디폴트 카탈로그와 헷갈리기도 한다.

1 '파일 메뉴 - 새 카탈로그'를 클릭한다.

2 대화상자가 나타나면 새 카탈로그의 파일명과 위치를 지정한 후 '만들기'를 클릭한다. 가장 좋은 위치는 원본 사진을 보관하는 폴더 안이다.

3 라이트룸이 종료되었다가 다시 시작된다. 라이트룸 설치 후 처음 실행될 때처럼 사진이 하나도 없는 빈 카탈로그가 나타나면, 이제 본격적으로 라이트룸을 사용할 준비가 된 것이다.

참고 **라이트룸을 이해하기 위해 당신이 기억해야 할 것은 딱 2가지다.**

하나, 원본 파일은 '삭제하지 않는 한' 그대로 있다.
둘, 라이트룸에는 작업한 모든 것을 순서대로 기록해 자동 저장하는 메모지, 즉 카탈로그가 있다.

카탈로그 내보내기
카탈로그와 원본 사진 백업하기

작업하다 보면 카탈로그와 원본 사진을 내보내야 할 일이 생긴다. 주로 몇 년 동안 촬영한 결과 하나의 카탈로그에 사진이 너무 많거나, 하드디스크를 여러 개 준비해 각각의 하드디스크에 카탈로그를 나누어 저장해야 할 때다.

카탈로그 폴더의 구성_
백업 시 주의할 점
★★★

카탈로그는 .lrcat라는 확장자를 가진 파일로 되어 있다. 그러나 카탈로그를 백업해야 할 때 딸랑 이 파일 하나만 옮기면 절대 안 된다. 반드시 원본 사진 폴더와 카탈로그 파일을 같이 복사하거나 이동시켜야 한다. 많은 시간을 허비하고 종종 치명적인 오류가 생기기도 하니 주의하자. 예제 파일로 제공되는 카탈로그를 보며 카탈로그가 어떻게 구성되는지 알아보자.

❶ 황금부엉이	2019-06-03 오전 ...	파일 폴더
❷ 황금부엉이 Helper.lrdata	2019-06-13 오후 ...	파일 폴더
❸ 황금부엉이 Previews.lrdata	2019-06-15 오후 ...	파일 폴더
❹ 황금부엉이.lrcat	2019-06-15 오후 ...	Adobe Lightroom... 22,996KI

❶ **황금부엉이 폴더**: 원본 사진이 들어 있는 폴더
❷ **황금부엉이 Helper.lrdata 폴더**: 카탈로그를 보조하는 파일들이 들어 있는데 크게 중요하지 않다.
❸ **황금부엉이 Previews.lrdata 폴더**: 원본 사진을 빨리 보기 위한 미리보기용 파일이 라이트룸 전용 포맷으로 만들어져 보관된다. 역시 그리 중요한 파일은 아니다. 2번과 3번 폴더를 삭제해도 카탈로그 파일인 '황금부엉이.lrcat'과 원본 사진 폴더만 있으면 다시 자동으로 만들어지기 때문이다. 하지만 당연히 다시 만들려면 시간이 걸리기 때문에 삭제하지 않는 게 낫다.
❹ **황금부엉이.lcat**: 이것이 가장 중요한 카탈로그 파일이다. 현재 확장자 보기가 숨겨진 상태라 이름만 보이지만 실제 카탈로그 확장자인 .lrcat가 붙어 있다.

적당한 백업 장소

어디에 백업할 것인가도 문제다. 대부분 한 번 잃어버리고 나서야 백업의 중요성을 깨닫고, 그때부터 신경 쓰기 시작하는 게 백업이다. 디지털의 장점은 복사와 이동이 간편하다는 것이지만, 한 번 오류가 생기면 많은 비용을 내고 복구해야 하며 때로는 그마저도 불가능해 심각한 상황이 생기기도 한다. 따라서 사진을 얼마나 자주 그리고 어디에 백업할 것인가에 대한 계획을 세우는 것은 매우 중요하다. 한 번의 실수로 몇 년 치 사진이 사라질 수도 있다. 추천하는 방법은 다음과 같다.

1차 백업 하드디스크 가장 간단한 것은 여분의 하드디스크를 구입해 백업하는 것이다. 하드디스크는 저장용량이 매우 클 뿐 아니라 CD나 DVD 같은 광매체에 비해 속도도 빠르다. 요즘은 빠른 기술개발 덕분에 비슷한 가격에 매년 거의 2배 용량의 하드디스크를 구입할 수 있다.

2차 백업 클라우드 서비스 정말 중요하다고 생각되는 파일들은 플리커 등 클라우드 서비스에 보관하자. 무료 서비스도 많이 있으니 절대 잃어버리고 싶지 않은 파일이라면 추가적인 안전장치가 된다. 주로 사진 보정을 모두 마친 완성된 결과물인 JPG 파일을 업로드한다. 혹시 원본이 사라지더라도 완성된 최종결과물만은 지킬 수 있을 것이다.

플리커(www.flickr.com), 1TB 무료

드롭박스(www.dropbox.com), 2GB 무료 + 유료서비스

구글 포토(www.google.com/photos/about/?hl=ko), 용량 무제한

메가(https://mega.nz/) 50GB 무료

원본 사진과
카탈로그 백업하기

백업해보자. 여기서는 부분적으로 선택한 원본과 카탈로그를 함께 백업하는
방법을 따라해 보는데, 모든 파일을 한 번에 내보낼 때도 방법은 같다.

1   라이트룸을 실행한 후 라이브러리 모듈의 '폴더' 패
널에서 내보낼 폴더를 모두 선택한다.

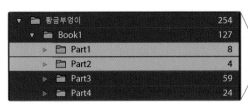

2   '파일 메뉴 – 카탈로그로 내보내기'를 클릭한다.

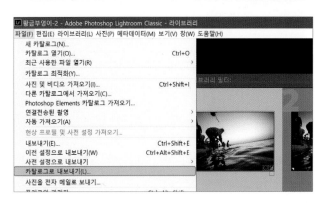

3   '카탈로그로 내보내기' 대화상자가 나타나면 이동
시킬 위치와 카탈로그 이름을 지정한 후 '저장'을 클릭한
다. 여기서는 '카탈로그내보내기'라는 이름을 입력했다.

❶ 선택된 사진만 내보내기: 체크하지 않으면 폴더 내의 모든
파일이 내보내진다.

❷ 네거티브 파일 내보내기: 원본 사진 파일까지 같이 내보낼
때 선택한다.

❸ 스마트 미리보기 만들기/포함: 스마트 미리보기를 포함시
킨다. 스마트 미리보기 파일은 원본 파일 없이 보정이나 각종
기능을 사용할 수 있으며, 나중에 원본파일을 찾아주면 자동
으로 모든 보정 내용이 연결된다. (86쪽 참고)

❹ 사용 가능한 미리 보기 포함: 만들어져 있던 미리 보기 파일
을 포함시킨다. 새로 만드는 시간을 절약할 수 있다.

4　탐색기를 실행한 후 카탈로그를 내보낸 위치로 가
보면 카탈로그 백업 폴더가 만들어진 것을 확인할 수
있다. 복사하거나 이동시킬 때 이 폴더를 통째로 압축하
거나 복사해 원하는 위치로 이동시키면 된다. 폴더를 클
릭하면 원본 사진과 함께 보정의 모든 내용을 담고 있
는 카탈로그 파일이 백업되었다는 것을 알 수 있다.

5　자동으로 백업하기

전체 카탈로그가 자동 백업되도록 하고 싶다면 '편집 메
뉴 – 카탈로그 설정'을 클릭한다. 대화상자가 나타나면
'카탈로그 백업'에서 원하는 옵션을 선택하면 된다. 참
고로 자동 백업하면 압축파일 하나로 생성된다.

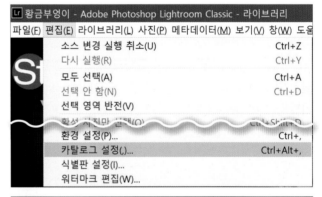

카탈로그 열기

카탈로그를 백업할 때 원본 사진과 카탈로그를 함께 내보냈기 때문에 카탈로그를 가져오면 당연히 원본 사진까지 모두 그대로 옮겨진다. 이 책의 샘플 예제를 이용할 때도 라이트룸의 가져오기 기능으로 파일 하나하나를 불러올 수도 있지만, 이렇게 카탈로그를 불러오면 전체 예제를 한 번에 가져와 사용할 수 있다.

1 '파일 메뉴 – 카탈로그 열기'를 클릭한다.

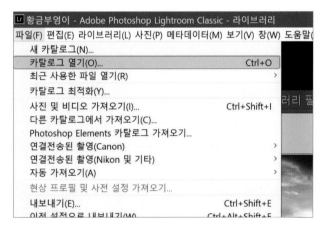

2 '카탈로그 열기' 대화상자가 나타난다. 가져올 카탈로그가 있는 폴더로 이동한 후 '.lrcat' 확장자를 가진 카탈로그 파일을 선택하고 '열기'를 클릭한다. 이 책의 샘플 예제를 가져올 때는 '황금부엉이.lrcat'를 선택하면 된다.

3 라이트룸이 종료되었다가 다시 시작된 후 사진들이 나타난다.

4 누락된 폴더 찾기
만약 '폴더' 패널의 폴더에 ?가 뜬다면 가장 상위 폴더를 마우스 오른쪽 버튼으로 클릭한 후 '누락된 폴더 찾기'를 선택한다.

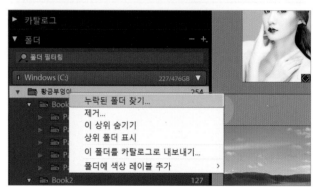

5 '누락된 폴더 찾기' 대화상자가 나타나면 파일이 들어 있는 폴더를 지정한 후 '폴더 선택'을 클릭한다. 여기서는 다운로드받은 위치의 '황금부엉이' 폴더를 다시 선택하면 된다.

6 ?가 없어지면서 모든 파일이 다시 연결된다.

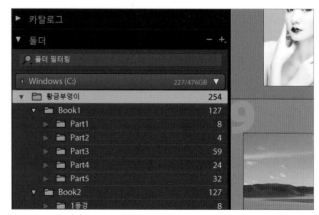

카탈로그 합치기

여러 개로 흩어진 카탈로그를 하나의 카탈로그로 합칠 수도 있다. 지금은 모르겠지만 라이트룸을 사용하면 할수록 여러 개로 나누어진 카탈로그를 오가는 것이 얼마나 비효율적인지 알 수 있을 것이다.

1 '파일 메뉴 – 다른 카탈로그에서 가져오기'를 클릭한다.

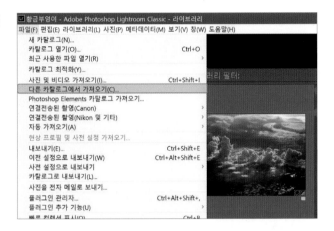

2 대화상자가 나타나면 가져올 카탈로그 파일이 있는 위치로 이동한다. 카탈로그 파일을 선택한 후 '선택'을 클릭한다. 참고로 카탈로그 파일의 확장자는 '.lrcat'다.

3 '카탈로그 가져오기' 대화상자가 나타나면 필요한 옵션을 선택한 후 '가져오기'를 클릭한다.

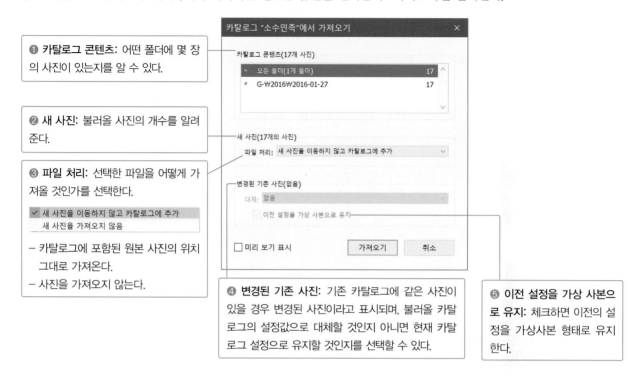

❶ 카탈로그 콘텐츠: 어떤 폴더에 몇 장의 사진이 있는지를 알 수 있다.

❷ 새 사진: 불러올 사진의 개수를 알려준다.

❸ 파일 처리: 선택한 파일을 어떻게 가져올 것인가를 선택한다.

✓ 새 사진을 이동하지 않고 카탈로그에 추가
　 새 사진을 가져오지 않음

– 카탈로그에 포함된 원본 사진의 위치 그대로 가져온다.
– 사진을 가져오지 않는다.

❹ 변경된 기존 사진: 기존 카탈로그에 같은 사진이 있을 경우 변경된 사진이라고 표시되며, 불러올 카탈로그의 설정값으로 대체할 것인지 아니면 현재 카탈로그 설정으로 유지할 것인지를 선택할 수 있다.

❺ 이전 설정을 가상 사본으로 유지: 체크하면 이전의 설정을 가상사본 형태로 유지한다.

4 가져오기 과정이 진행된 후 파일들이 나타난다. 기존의 카탈로그와 다른 폴더가 있다면 '폴더' 패널에 새로운 디렉토리가 나타난다. 합치는 방법은 매우 간단하며 일단 카탈로그 안으로 불러온 사진들은 '폴더' 패널을 이용해 새로운 위치로 다시 정리할 수도 있다.

5 폴더 이동하기

필요에 따라 폴더를 깔끔하게 정리할 수 있다. 폴더를 선택한 후 이동시킬 폴더로 드래그하면 한 번에 이동된다. 중간에 '디스크의 파일 이동 중' 대화상자가 나타나면 '이동'을 클릭하면 된다. 전에는 폴더를 이동하면 복사해서 이동시켰는데 업데이트되면서 바로 이동되기 때문에 따로 이전 폴더를 삭제하는 작업은 더 이상 필요 없다.

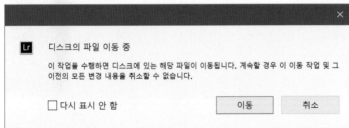

라이트룸 클래식 설치하기
라이트룸과 라이트룸 클래식의 차이

라이트룸이 사진가에게 얼마나 중요한 프로그램인지를 알았으니 이제 설치해보자. 어도비는 더 이상 프로그램 패키지를 판매하지 않는다. 어도비의 모든 프로그램을 클라우드 서비스를 통해 월정액으로 대여하는 방식으로 바꾸었다. 라이트룸도 마찬가지다.

**시장점유율 1위인
라이트룸**

라이트룸의 시장점유율은 꾸준히 증가하고 있다. 그만큼 사진가들의 마음을 사로잡는 튼튼한 기본기가 있다는 말이다. 2007년에 정식 출시되었던 라이트룸은 이제 전 세계 사진가들의 기본 프로그램으로 자리 잡았으며, 오히려 포토샵이 라이트룸의 부족한 기능을 보완하는 추세다. 사진이 필름에서 디지털로 넘어오면서 사진의 선택과 분류, 그리고 대량의 파일을 효과적으로 관리할 수 있는 새로운 프로그램이 필요했기 때문이기도 하다.

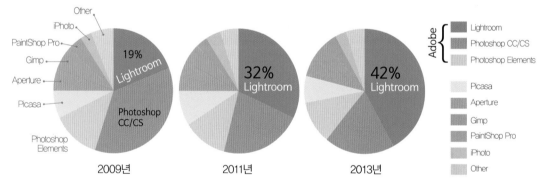

Adobe Lightroom 시장 점유율

자료 출처: http://digital-photography-school.com, 사진가 2만 명 이상 인터넷 투표 결과

라이트룸과
라이트룸 클래식의 차이

라이트룸이 점점 발전하면서 두 가지 버전으로 나뉘었다. 라이트룸 CC는 요즘 많이 증가하는 모바일 장치에서 간편하게 사진을 보정하고 공유하기 위해 클라우드 기반으로 새로 만든 것이다. 쉽게 '모바일용 라이트룸'이라고 이해하면 된다. 기존에 우리가 사용하던 라이트룸은 이름을 물려주고 '라이트룸 클래식 CC'로 바뀌었다. 전문가 용도로 사진에서 요구하는 대부분의 작업이 가능하며, 라이트룸 클래식만 잘 이해하면 모바일용 라이트룸은 매우 쉬우므로 이 책에서는 따로 다루지 않는다. 단, 이 책의 모든 예제는 라이트룸 클래식을 설치해야만 사용할 수 있다는 점에 주의하자.

	Adobe Photoshop **Lightroom Classic CC**	Adobe Photoshop **Lightroom CC**
플랫폼 어떤 장비에서 사용할 수 있는지	컴퓨터	컴퓨터, 모바일, 웹
원본의위치 내 원본 사진은 어디에 저장되는지	내 저장장치	어도비 클라우드
저장한계 저장용량의 한계는 어떻게 될까	사용자에 따라 다름	기본 포토그래피 플랜 20GB 2만6천원/월 이용시 1TB
전문성 어떤 사용자를 위해서 개발되었나	전문가 용	일반인 용

라이트룸 클래식 CC의 시작 화면

라이트룸 CC의 시작 화면

어도비 판매정책의 변화

어도비는 그래픽과 디자인 관련 소프트웨어로 잔뼈가 굵은 회사다. 필요에 따라 다양한 소프트웨어를 만들기도 하고, 잘 나가는 경쟁사를 통째로 인수하기도 한다. 다른 회사에도 사진가를 위한 다양한 소프트웨어들이 있지만 때맞추어 딱딱 업데이트하고, 유저들로부터 지탄받는 기능을 개선하며, 외부 플러그인의 좋은 기능을 다음 버전에는 기본으로 만나볼 수 있도록 하는 등의 꾸준한 서비스로 유저들의 만족감은 높은 편이다. 카메라 브랜드의 Raw 현상 프로그램이 대부분 무료로 제공되는 데 비해 어도비의 소프트웨어는 상당히 고가다. 그러나 유저들의 호주머니만 노리는 것은 아니니 안심하고 업계 1인자를 믿어보자.

포토그래피 플랜 라이트룸 CC 버전은 기존의 패키지 판매방식이 아니라 매달 사용권을 갱신하는 월정액 프로그램이며, 한 번 구매하면 자신이 사용하는 2대의 컴퓨터에 설치할 수 있다. 사진가들을 위해 포토샵과 라이트룸을 묶어 '포토그래피 플랜'을 만들어 판매 중인데, 개별 소프트웨어를 구매하는 것보다 저렴하다. 1년 약정으로 매월 11,000원에 이용할 수 있다. 미국이나 일본 사이트 등에서도 구매가 가능한데 한글 및 모든 기능은 동일하며, 가격만 외화로 결재된다. 1년마다 재계약해야 하니 환율추세를 잘 살피면 조금이나마 절약이 가능할 것이다.

1 한국 어도비 홈페이지(adobe.com/kr)에 접속해 '크리에이티비티 및 디자인 – 모든 제품 보기'를 클릭한다. 설치할 때 어도비 계정을 요구하니 없다면 미리 가입해두자. 아무 이메일 주소로나 가입하면 된다.

2   어도비 제품 목록이 나타나면 Lightroom Classic의 '체험판 다운로드'를 클릭한다. 'Lightroom'이 아니라 아래쪽에 있는 'Lightroom Classic'을 선택해야 한다. 비슷하지만 다른 프로그램이니 주의하자. 크리에이티브 클라우드를 설치하면 모든 어도비 소프트웨어를 한곳에서 설치하거나 업그레이드할 수 있어 편리하다. 여기에서는 일단 라이트룸만 다운로드해보자.

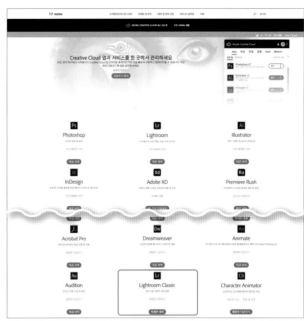

3   라이트 룸 설치 후 7일 무료 체험 후에는 월 11,000원에 사용할 수 있다는 안내가 나타난다. '무료 체험판'을 클릭한다.

4   어도비 계정으로 로그인한 후 '계속'을 클릭한다.

5 신용카드 정보를 입력한 후 '무료 시험버전 시작' 버튼을 클릭한다. 신용카드 정보를 입력하지 않으면 다음으로 넘어가지 않는다. 7일 이후 자동으로 11,000원이 결제되지만 취소할 수 있다.

6 어도비 계정과 입력한 카드 정보를 확인한 후 '시작하기' 버튼을 클릭한다.

7 자동으로 라이트룸 클래식 설치가 진행된다. 설치가 끝나면 '열기' 버튼을 클릭한다.

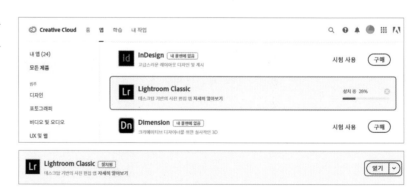

8 라이트룸 클래식이 실행된다. 이후부터는 바탕화면에 만들어진 라이트룸 아이콘을 더블클릭하면 된다. 라이트룸이나 포토샵을 정식으로 구입하면 하나의 계정으로 컴퓨터 2대까지 사용할 수 있다. 그 이상의 컴퓨터에도 설치는 되지만 2대까지만 로그인이 허용되니 참고하자.

9 자동결제 취소하기

시험버전 기간이 만료되면 따로 안내 없이 자동으로 유료 결제로 넘어가는데, 결제 후 14일 이내에 취소하면 환불된다. 어도비에 로그인한 후 '계정 관리'를 클릭한다.

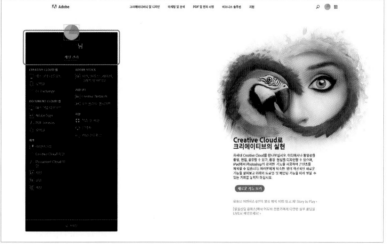

10 '플랜 관리'를 클릭한다.

11 현재 구입한 목록이 나타난다. 취소하고 싶은 프로그램의 '플랜 취소'를 클릭한다.

12 다음 화면의 지시에 따라 다시 한 번 아이디와 암호를 입력하고 취소하고 싶은 이유를 선택한다. '플랜 취소' 화면이 나타나면 '내 플랜 취소'를 클릭한다.

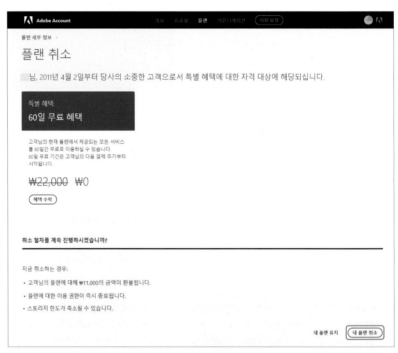

13 최종적으로 환불된다는 안내 화면이 나타나면 제대로 된 것이다.

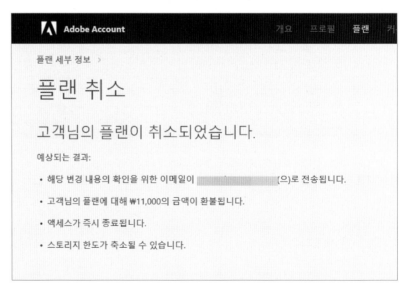

작업화면 대충 훑어보기 라이브러리 모듈

이 책을 순서대로 봤다면 라이트룸에는 '카탈로그'라고 하는 파일 관리 개념이 있다는 것을 알 것이다. 설치한 후 나타나는 첫 작업화면은 임시 카탈로그 상태에서 열린다. 라이트룸에서 하는 모든 작업은 이 카탈로그를 통해 자동으로 저장, 관리되는데, 처음에는 이렇게 써도 좋다. 그러나 어느 정도 익숙해지면 내 원본 사진이 있는 폴더에 새 카탈로그를 만들어 제대로 사용해야 한다.

❶ **메뉴 표시줄**: 주요 기능을 메뉴 형태로 모아두었다. 그러나 대부분의 기능은 좌우의 조정 패널이 다 하니 크게 쓸 일은 없다.

❷ **식별판**: 사용자의 이름 및 로고 표시, 슬라이드 쇼 및 인쇄 출력물 등에 사용할 수 있다.

❸ **모듈 피커**: 라이트룸의 기능을 구분해 작업화면을 따로 정리해두었다. 클릭하면 바로 해당 모듈과 바뀐다.

❼ **라이브러리 필터 막대**: 사진을 찾거나 보는 방법을 선택한다.

❻ **이미지 표시 영역** : 가져온 파일들의 미리보기 이미지가 나타난다.

❹ **좌우 패널**: 선택한 모듈에 따라 좌우 조정 패널의 기능이 바뀐다. 화면 상하 좌우에 있는 ▶을 클릭하면 패널을 감추거나 나타나게 할 수 있다.

❺ **도구모음(툴바)**: 상황에 따라 자세한 옵션이 나타나 선택할 수 있다. (보기/감추기 T)

각 모듈 훑어보기

작업화면 오른쪽 위를 보면 '모듈'이라고 부르는 큰 메뉴들이 있다. 가장 자주 쓰는 것은 라이브러리와 현상 모듈인데, 라이브러리는 파일이나 폴더를 관리할 때, 현상은 보정할 때 쓰는 기능을 모아 놓은 것이다.

라이브러리 | 현상 | 지도 | 책 | 슬라이드 쇼 | 인쇄 | 웹

라이브러리_ 사진을 관리한다. 복사, 이동, 삭제. 컬렉션, 제목, 키워드 등 파일 관리에 필요한 모든 옵션이 들어 있다.

현상_ 사진을 보정한다. 노출, 색, 렌즈 효과, 그러데이션, 닷징과 버닝 등 사진 보정에 필요한 모든 옵션이 들어 있다.

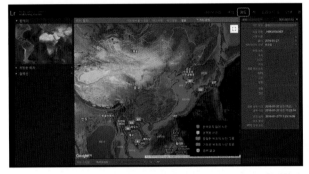

지도_ 촬영 장소를 저장해둔 GPS 지오태깅 사진일 경우 지도로 확인할 수 있다.

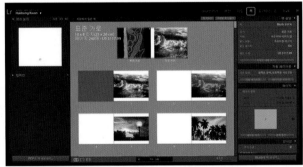

책_ 라이트룸에서 바로 사진 책을 만들 수 있다.

슬라이드 쇼_ 슬라이드 쇼를 만들어 라이트룸에서 직접 프레젠테이션을 하거나 동영상 또는 PDF 파일 등으로 내보낼 수 있다.

인쇄_ 프린터로 인쇄할 수 있는 다양한 옵션을 제공한다.

웹_ 웹 갤러리를 제작할 수 있다. HTML이나 플래시를 이용해 만든 파일을 웹 서버에 업로드하면 사진 갤러리로 작동한다. 다만 본인이 운영하고 있는 별도의 웹 서버가 있어야 하며, 서버에 업로드하고 링크를 연결하는 등 관련 지식이 필요하다. 이 책에서는 웹 사이트 제작기술에 대해 언급하지 않으므로 이 부분은 다루지 않는다. 웹사이트 제작기술을 가지고 있는 사람이라면 사용법 자체는 매우 쉽고 추후 전문 웹 편집 프로그램으로 조정도 가능하다. 하지만 전문 웹디자이너가 라이트룸 기능을 사용해 편집하는 경우는 거의 없으므로 자주 쓰이지 않는 기능이다.

사진 가져오기

라이트룸은 대량의 사진을 촬영하는 사진가들을 위해 만들어진 만큼 포토샵처럼 파일 한 장을 불러오는 게 아니라 폴더 통째로 가져오고, 그중 보정할 사진이 있으면 간단히 현상 모듈을 클릭해 작업하는 시스템이다. 카메라에 들어 있는 메모리카드에서 라이트룸으로 사진 파일들을 가져오는 방법부터 시작해보자.

가져오기 대화상자 살펴보기

라이트룸이 실행된 상태에서 메모리카드를 컴퓨터에 꽂으면 자동으로 '가져오기' 대화상자가 나타난다. 간혹 라이트룸을 처음 다루는 사람들은 사진이 어디로 간 건지 찾을 수 없다고 하는데, 대부분 중간 중간 뜨는 창을 귀찮아하면서 습관적으로 대충 클릭해버린 결과다. 가져오기 대화상자만 잘 살펴봐도 정확하게 사진이 어디서 어떤 방법을 통해 어디로 가는지를 쉽게 알 수 있다. 크게 3부분으로 나누어져 있으며, 왼쪽부터 오른쪽 순으로 필요한 것을 선택하면 된다.

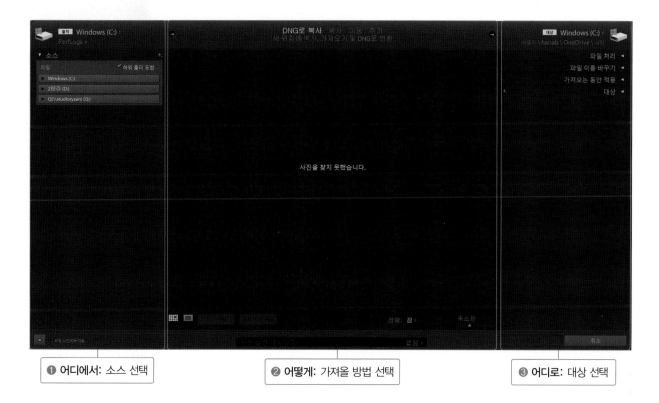

❶ 어디에서: 소스 선택   ❷ 어떻게: 가져올 방법 선택   ❸ 어디로: 대상 선택

1단계: 어디에서
가져올 소스 선택하기

USB, 외장하드디스크, 하드디스크 등 사진을 가져올 소스 폴더를 선택한다. 라이트룸이 실행된 상태에서 메모리카드를 꽂았다면 자동으로 가져오기 대화상자가 나타난다.

1 촬영한 데이터가 들어 있는 메모리카드를 컴퓨터에 연결해보자. 만약 자동실행을 꺼 두었다면 '파일 메뉴 – 사진 및 비디오 가져오기'를 클릭한다.
(단축기 [Ctrl]+[Shift]+[I])

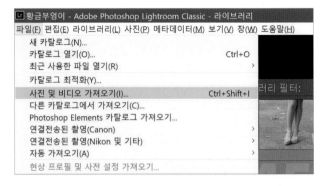

2 가져오기 대화상자가 나타난다. 왼쪽 패널의 '출처'를 클릭해 원본 파일이 있는 폴더를 선택한다. 메모리카드나 외장하드가 연결되어 있다면 그림처럼 자동으로 선택되어 안에 들어 있는 사진들이 바로 나타난다.

참고 가져오기 자동실행 해제하기

현재 컴퓨터에 연결된 메모리카드나 외장하드 등에서 사진 파일이 검색되면 자동으로 실행되는 가져오기 기능을 해제할 수도 있다.

❶ '편집 메뉴 – 환경 설정'을 클릭한다.
❷ '일반' 탭 – '메모리 카드가 탐지되면 가져오기 대화상자 표시'의 체크를 해제한다.
❸ '확인'을 클릭한다.

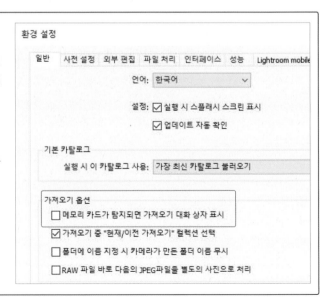

2단계: 어떻게
가져올 방법 선택하기

미리보기 창 아래의 툴바를 이용해 사진들을 살펴본 후 가져올 파일들과 가져올 방법을 선택한다. 보통 '모든 사진'에 체크한 후 'DNG로 복사'나 '복사'를 선택하면 된다.

❶ **DNG로 복사**: 원본 파일을 복사해서 무손실 DNG 파일로 변환해 가져온다. 파일 용량이 약간 줄어든다는 장점이 있다.

❷ **복사**: 원본 파일을 복사해서 가져온다. 확장자는 원본의 카메라 제조사의 것 그대로 복사된다.

❸ **이동**: 원본 파일을 선택한 위치로 아예 이동시킨다. 메모리카드를 연결했을 경우 임시 저장장치이기 때문에 '이동'과 '추가'를 선택할 수 없다.

❹ **추가**: 원본 파일은 그대로 두고, 파일 위치만 카탈로그에 추가한다.

격자 보기: 여러 개의 사진을 한 번에 본다.

정렬: 무엇을 기준으로 사진을 정렬할 것인지를 선택한다.

축소판: 격자 보기 모드일 때 미리보기의 크기를 조정한다.

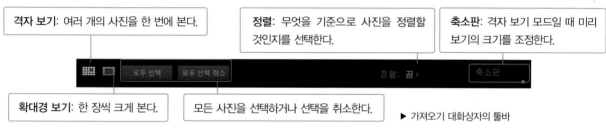

확대경 보기: 한 장씩 크게 본다.

모든 사진을 선택하거나 선택을 취소한다.

▶ 가져오기 대화상자의 툴바

참고 DNG 파일이란?

DNG는 어도비에서 만든 무손실 Raw 파일 포맷으로 'Digital Negative'의 약자다. 예전에는 Raw 파일 포맷에 대한 기준이 없어 카메라 브랜드마다 달리 사용해왔는데, 사용자들은 쓸 때마다 수많은 Raw 파일 코덱을 설치해야 하는 등 많은 문제점이 발생했다. 그러던 중 어도비가 2004년 Apple, Google 등 수백여 개의 업체에서 기술지원을 받아 표준 Raw 파일 포맷을 만들었는데, 그것이 바로 DNG다.

장점

❶ 무손실 포맷으로, 어도비 프로그램에서 호환성이 최대화된다.

❷ 사진의 픽셀 정보뿐만 아니라 보정 정보와 메타데이터 등 폭넓은 사용이 가능하다.

❸ 점차적으로 DNG를 사용하는 카메라 브랜드가 늘어나고 있으며, 업계 표준이 될 가능성이 높다. 독자적인 Raw 포맷을 개발하고 관리하며 업데이트하는 데 자원을 낭비하기보다는 DNG 포맷을 채택하는 방향으로 흐르고 있는 추세다.

❹ 카메라 브랜드가 자사의 Raw 포맷 지원을 중단할 경우에 따른 불이익을 최소화할 수 있다.

3단계: 어디로
저장할 위치 옵션 선택하기

복사한 파일들을 어디에 저장할 것인가를 선택한다. 파일을 가져오면서 바로 파일 이름을 바꾸거나 백업하고, 키워드를 입력하는 등 다양한 설정이 가능하다.

❶ 파일 처리: 카탈로그에 사용할 미리보기 파일을 어떻게 만들 것인가를 선택한다.
❷ 파일 이름 바꾸기: 가져올 때 파일의 이름을 일괄적으로 바꾸어 가져온다.
❸ 가져오는 동안 적용: 가져올 때 저작권 정보를 추가하는 등 메타데이터와 기본 프리셋을 적용한다.
❹ 대상: 저장할 위치를 지정한다.

1 '파일 처리' 패널 – 미리보기와 백업 설정하기

먼저 '파일 처리' 패널을 클릭한 후 원하는 옵션을 선택한다. 카탈로그에 사용할 미리보기 파일을 어떻게 만들 것인가와 백업에 관련된 내용들이다. 파일을 빨리 불러오려면 '최소'를 선택하면 되지만 라이트룸 전체 작업 속도가 빨라지기를 원한다면 '1:1'을 선택하는 게 좋다. 미리보기를 만들어야 하기 때문에 처음 불러올 때 느릴 수 있지만 실제 작업은 훨씬 빠르다. 또 '중복으로 보이는 항목은 가져오지 않기'를 항상 켜두도록 하자.

❶ 미리보기 만들기: Raw 파일에는 카메라에서 만든 미리보기 파일이 저장되어 있다. 이것을 라이트룸으로 어떻게 가져올지를 선택한다.
– 최소: 카메라에 있는 가장 작은 크기의 미리보기를 가져온다. 가장 빠르다.
– 포함 및 사이드카: 카메라에 있는 최대 크기의 미리보기를 가져온다. '최소'보다는 좀 더 걸리지만 '표준'보다는 빠르다.
– 표준: 카메라에 있는 것을 가져오는 게 아니라 라이트룸에서 직접 미리보기 파일을 Raw 데이터에서 렌더링해 만든다. 카메라서 만든 미리보기와 달리 Adobe RGB로 색역이 정의되어 있다. (색역 211쪽 참고)
– 1:1: 미리보기 파일을 실제 사진과 동일한 크기로 만든다.

❷ 스마트 미리보기 만들기: 원본 파일 없이도 라이트룸에서 거의 대부분의 기능을 사용할 수 있는 미리보기 파일을 만든다. 나중에 원본과 연결되면 즉시 모든 보정 내용이 싱크되며 원본 파일에 비해 매우 작은 3% 정도의 용량만 차지하는 손실 DNG 포맷의 파일이다.

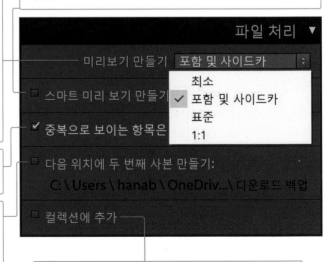

❸ 중복으로 보이는 항목은 가져오지 않음: 중복 사진은 가져오지 않는다.

❹ 다음 위치에 두 번째 사본 만들기: 원본 파일 백업을 위해 가져올 때 바로 두 번째 사본을 만들어 저장한다. 디렉토리를 클릭하면 원하는 위치를 지정할 수 있다.

❺ 컬렉션에 추가: 가져올 때 바로 선택한 컬렉션으로 넣을 수 있다. (컬렉션 92쪽 참고)

2 '파일 이름 바꾸기' 패널 – 이름 바꿔 가져오기

원본 파일의 이름을 버리고 새로운 이름을 붙여 가져올 수 있다. '파일 이름 바꾸기'를 체크한 후 일괄적인 이름을 주는 것이 관리하기 편하다. 여기서는 '사용자 정의 이름 – 원본 파일 번호'를 선택해 필자의 이름과 원본 파일의 번호를 조합한 형태로 선택했다.

❶ **템플릿**: 파일 이름 형식을 선택한다.

❷ **사용자 정의 텍스트**: 템플릿 형식에 '사용자 정의 이름'이 있을 경우 여기에 원하는 텍스트를 입력한다.

❸ **확장명**: 확장명을 대문자나 소문자, 그대로 두기 중 선택할 수 있다.

❹ **샘플**: 실제로 어떻게 파일명이 만들어지는지를 미리 볼 수 있다.

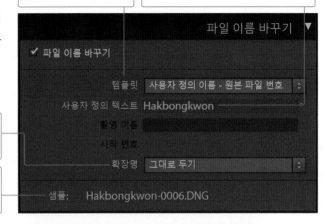

3 '가져오는 동안 적용' 패널 – 프리셋 적용해 가져오기

새로 불러온 사진이 원하지 않았는데도 뭔가 보정한 것처럼 보인다면 이곳을 확인해보자. 분명 '현상 설정'에 '없음'이 아니라 뭔가가 있을 것이다.

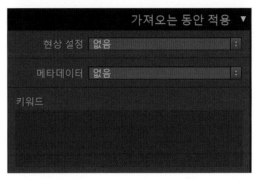

4 '대상' 패널 – 저장할 위치 선택하기

복사한 파일을 어디에 저장할 것인가를 선택한다. 여기서는 일반적인 '날짜별'로 폴더를 구성하고, 구조는 촬영년도의 하위 폴더에 연월일의 폴더를 만들도록 설정했다.

❶ **하위 폴더로**: 체크한 후 폴더를 선택하면 선택한 폴더의 하위 폴더에 저장된다.

❷ **구성**: 폴더 구성을 어떻게 할 것인지를 결정한다. 기본적으로 '날짜별'로 되어 있는데, '원래 폴더 기준' 또는 '한 개의 폴더' 중 선택할 수 있다. '날짜별'을 권한다.

❸ **날짜 형식**: 날짜 표시 형식을 선택한다.

❹ **탐색기**: 자신의 하드 디스크 구조가 나타난다. 원하는 폴더를 찾아서 선택한다. 삼각형을 클릭하면 패널을 열거나 닫을 수 있다.

5 　이제 모든 설정이 끝났으니 '가져오기'를 클릭한다. 지금까지의 설정 내용은 라이트룸에 자동으로 기억되며 따로 바꾸지 않는 한 다음 가져오기에서도 동일하게 적용된다.

6 　설정한 대로 가져오기가 진행된 후 라이트룸에 파일들이 나타난다.

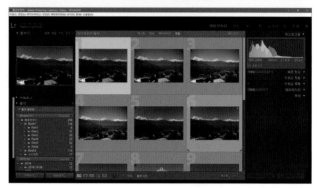

사진을 보는 3가지 방법
미리보기 툴바, 필름 스트립, 탐색기 패널

라이트룸에서는 사진을 비교해볼 수 있는 다양한 보기 모드를 제공한다. 크게 보면 미리보기 툴바, 필름 스트립, 탐색기 패널, 단축키를 이용하는 방법까지 4가지 방법이 있는데, 각자 편한 대로 보면 된다.

패널 숨기기 / 전체화면 보기 | 가끔은 복잡한 패널들을 모두 치우고 사진을 모니터 가득 크게 봐야 할 때가 있다. 단축키를 익혀두면 편하다.

1 패널 숨기기

 또 F5 , F6 , F7 , F8 을 눌러도 된다. 각 키에 해당하는 패널이 숨었다가 나타났다가 한다. 마우스로 하려면 각 화면 끝에 있는 삼각형 아이콘을 클릭하면 된다.

2 전체화면 보기

F 를 누를 때마다 전체화면 보기와 일반 보기 모드가 전환된다. 사진 한 장만을 크게 볼 때 사용한다.

[방법 1]
미리보기 툴바로 보기

라이브러리 모듈에서 미리보기 화면 아래쪽을 보면 여러 가지 보기 옵션이 있다.

❶ **격자 보기** G: 많은 사진을 격자 상태로 볼 수 있다. 미리보기의 크기는 '축소판' 슬라이드로 조정한다.
❷ **확대경 보기** E: 1장의 사진을 크게 본다. 격자 보기에서 원하는 사진을 더블클릭해도 된다.
❸ **비교 보기** C: 2장의 사진을 나란히 비교해서 본다.
❹ **통람 보기** N: 2장 이상의 사진을 비교해서 본다.
❺ **사람** O: 라이트룸의 신기능으로 사람 얼굴이 들어간 사진만 검색해주는 기능인데, 아직 부족한 부분이 많아 별로 사용하지 않는다.
❻ **페인터**: 일종의 매크로 기능이다. 원하는 기능을 페인터에 등록해두면 같은 기능을 클릭 한 번으로 다른 사진에 적용할 수 있다. (118쪽 참고)
❼ **정렬 순서**: 사진 정렬 방법을 선택한다.

1   격자 보기 (단축키 G)

사진을 가져오면 나타나는 기본값이다. 선택한 폴더에 들어 있던 사진들의 미리보기가 격자 모양으로 쭉 나타난다. 화면 아래쪽의 '축소판'에서 미리보기 크기를 조정할 수 있다.

2 확대경 보기(단축키 E)

격자 보기 모드에서 원하는 사진을 더블클릭한다. 이미지가 크게 확대된다. 다시 격자 보기 모드로 돌아가려면 격자 보기 아이콘을 클릭하거나 단축키 G를 누른다.

3 비교 보기(단축키 C)

격자 보기 상태에서 2장의 사진을 선택한 후 '비교 보기' 아이콘을 클릭한다.

4

2장의 사진만 크게 확대되어 나타난다. 다시 한 번 비교 보기 아이콘을 클릭하면 원래 상태로 돌아간다. 이 상태에서 기준이 되는 것은 왼쪽 사진이다.

5 좌우 사진 바꾸기

비교 보기 상태에서 '바꾸기' 아이콘을 클릭하면 왼쪽과 오른쪽, 즉 '선택'과 '후보' 사진을 서로 바꿀 수 있다.

6 확대/축소하기

'확대/축소' 슬라이드를 조정
하면 두 사진 모두 같은 부
분이 확대된다. 또는 크게 보고 싶은 부분을 바로 클릭
해도 된다. 사진 위로 마우스 포인터를 가져가면 손 모
양으로 바뀌는데, 이때 클릭한 채 드래그하면 다른 부분
으로 이동할 수도 있다. 둘 중 하나의 사진만 움직이고
싶다면 Shift를 누른 상태에서 드래그하면 된다.

7 선택 사진 바꾸기

'선택' 아이콘을 클릭하면 오른쪽에 있던 후보 사진이 왼쪽으로 이동된다. 오른쪽에는 사진 목록
중 다음에 있던 사진이 자동으로 나타난다. '선택' 아이콘 옆에 있는 왼쪽이나 오른쪽 화살표를 클
릭할 때 마다 왼쪽 사진은 고정된 채 오른쪽 사진만 사진 목록에 있는 순서대로 계속 바뀐다.

8 통람 보기(여러 장 비교 보기)

2장 이상의 사진을 선택해 비교해 볼
때는 '통람 보기' 아이콘을 클릭한다.

[방법 2]
필름 스트립으로 보기

화면 맨 아래쪽의 화살표 위로 마우스 포인터를 가져가면 필름처럼 사진이 가로로 쭉 펼쳐져 나타난다. 사진 하나를 클릭하면 미리보기 창에서 확대된 상태로 볼 수 있다. 모든 모듈에서 활성화되기 때문에 가끔 편하다 싶을 때도 있지만, 필자는 꼭 필요한 경우가 아니라면 감추어 놓고 사용한다. 필름 스트립 없이도 다양한 보기 기능이 있고, 화면을 보다 넓게 활용할 수 있기 때문이다.

[방법 3]
탐색기 패널로 보기

탐색기 패널은 포토샵의 네비게이션 팔레트와 같은 기능을 한다. 기본적으로 사진을 한 번 클릭하면 1:1 보기로, 다시 한 번 클릭하면 전체 크기를 보여주는 '맞춤'으로 표시된다.

맞춤 미리보기 창의 크기에 맞춰 전체 이미지를 본다. 기본값이다.

채움 미리보기 창을 꽉 채워 본다.

1:1

원본 이미지 크기 그대로 본다. 라이트룸의 강점은 사진에 최적화되어 있다는 점이라 포토샵처럼 다단계의 줌인이나 줌아웃 없이도 한 번에 1:1 보기가 가능하다. 라이트룸의 기본 설정 역시 1:1이며, 사진의 디테일이나 초점을 확인할 때 매우 유용하다.

 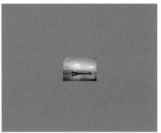

축소 보기(1:16~1:2)

오른쪽의 🔼를 클릭하면 비율을 선택할 수 있다. 라이트룸 설치 후 라이브러리 모듈에서 이미지 하나를 더블클릭하면 '맞춤'으로 나타나 미리보기 창의 크기에 맞춰 전체 이미지를 보여주고, 한 번 클릭하면 1:1 원본 사이즈로 확대해서 보여준다. 만약 한 번 클릭했을 때 1:1이 아니라 원하는 축소 크기로 보고 싶다면 여기서 설정해주면 된다.

확대 보기(2:1~11:1)

11:1로 설정하면 웬만한 해상도의 카메라인 경우 픽셀 단위까지 선명하게 보인다. 일반적인 Full HD 해상도의 모니터에서는 1:1이면 충분히 사진의 픽셀을 느낄 수 있지만 고해상도 모니터라면 이보다 고배율로 설정해두는 것도 나쁘지 않다. 혹은 필요에 따라 설정을 바꾸어 고배율로 보고, 다시 자주 쓰는 배율로 바꾸면 된다.

만들기부터 삭제까지
폴더 관리에 대한 모든 것

사진 관리는 '라이브러리' 모듈 담당이다. 그중 '폴더' 패널에서 파일들을 관리할 수 있다. 여기서 작업한 모든 결과는 실제로 하드 디스크에서도 반영된다는 점을 잊지 말자.

1 새 폴더 만들기

라이브러리 모듈 왼쪽에서 '폴더' 패널을 클릭한다.

2 새 폴더를 만들고 싶은 위치에서 마우스 오른쪽 버튼을 클릭한 후 '~내에 폴더 만들기'를 클릭한다. 라이트룸에서, 즉 카탈로그에서 폴더를 만들면 탐색기에서처럼 실제로 폴더가 만들어진다.

3 '폴더 만들기' 대화상자가 나타난다. '폴더'에 폴더
이름을 입력한 후 옵션을 선택하고 '만들기'를 클릭한다.

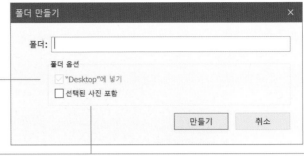

❶ 이미 기존의 폴더 안에 폴더를 만들
고 있기 때문에 비활성화되어 있다.

❷ 현재 선택되어 있는 사진들을 새로 만들 폴더에 바로 넣을 때 체크한다.

4 새 폴더가 만들어진다.

5 **사진을 폴더로 이동시키기**
사진들을 선택한 후 이동시킬 폴더로 드래그한다.

6 경고가 나타나면 '이동'을 클릭한다.

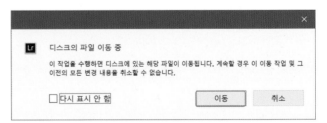

7 파일이 원하는 폴더로 이동된다.

8 **폴더 이름 바꾸기**

이름을 바꿀 폴더를 마우스 오른쪽 버튼으로 클릭한
후 '이름 바꾸기'를 클릭한다.

9 '폴더 이름'에 바꿀 이름을 입력한 후 '저장'을 클릭한다.

10 **폴더 삭제하기**

삭제할 폴더를 마우스 오른쪽 버튼으로 클릭한 후 '제
거'를 클릭한다.

11 카탈로그에서는 제거되지만 실제로 원본 파일은 제거되지 않는다는 메시지가 나타난다. 사진이 없는 빈 폴더를 제거하면 경고가 뜨지 않고 실제로 삭제된다. '제거'를 클릭하면 폴더가 삭제되는데, 여기서는 '취소'를 클릭하자.

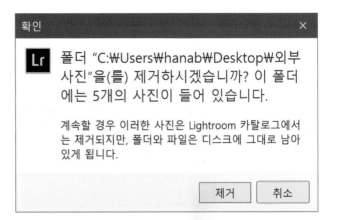

12 사진을 원래 있던 '파트 2'로 옮긴다.

13 이제 빈 폴더가 된 '외부사진'를 제거한다. 경고 메시지 없이 바로 폴더가 삭제된다.

14 상위 폴더 표시/숨기기

라이트룸은 복잡한 모든 폴더를 표시하지 않고, 현재 작업 중인 폴더만을 보여준다. 상위폴더를 보이게 하려면 하위 폴더를 오른쪽 마우스 버튼으로 클릭한 후 '상위 폴더 표시'를 클릭한다. 숨기려면 상위 폴더에서 '이 상위 숨기기'를 클릭하면 된다. 상위 폴더가 아니거나 해당 기능이 필요 없는 경우 메뉴에 나타나지 않는다.

이 상위 숨기기: 'Book1' 등의 상위 폴더인 '황금부엉이' 폴더를 숨긴다.

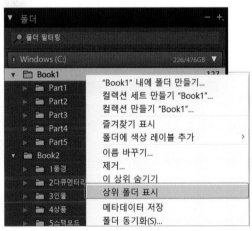

상위 폴더 표시: 하위 폴더에서 선택하면 상위 폴더가 다시 나타 난다.

폴더에 관련된 나머지 옵션

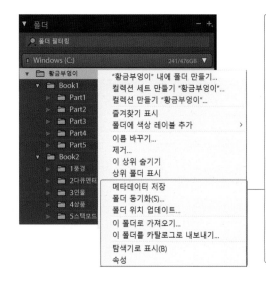

❶ **메타데이터 저장**: 폴더를 오른쪽 마우스 버튼으로 클릭한 후 '메타데이터 저장'을 클릭하면 XMP 파일 형식으로 메타데이터를 내보낸다. (123쪽 참고)

❷ **폴더 동기화**: 포토샵 등 외부 프로그램을 이용해 수정한 Raw 파일이 있다면, 라이트룸으로 불러와 동기화한다.

❸ **폴더 위치 업데이트**: 탐색기에서 폴더 위치를 임의로 변경시키면 '?' 마크가 뜨면서 원본 파일이 없다고 나타난다. 이때 '폴더 위치 업데이트'를 클릭한 후 위치를 바로 잡아주면 다시 정상 작동한다.

❹ **이 폴더로 가져오기**: '사진 및 비디오 가져오기' 대화상자가 나타나면서 새로운 사진을 선택한 폴더 내로 바로 가져올 수 있다.

❺ **이 폴더를 카탈로그로 내보내기**: 이 폴더를 하나의 독립된 카탈로그 파일로 만들어 내보낸다.

❻ **탐색기로 표시**: 윈도우 탐색기가 바로 나타난다.

❼ **속성**: 윈도우의 폴더 속성이 바로 나타난다.

잃어버린 폴더, 사진 찾기

하드드라이브의 문자명이나 폴더 이름 등이 바뀌면 ? 마크와 함께 원본 사진을 찾지 못했다는 경고가 나타난다. 이때 잃어버린 폴더를 일일이 찾을 필요 없이 가장 상위 폴더만 선택해주면 하위 폴더는 라이트룸이 자동으로 찾아서 정리해준다. 외장하드를 사용할 때 하드디스크의 문자 경로명이 바뀌는 경우가 많은데 이때도 가장 상위 폴더의 위치만 찾아주면 된다.

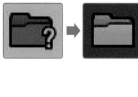

A컷을 골라내는 3가지 방법 별점, 깃발, 색

촬영한 사진을 모두 컴퓨터에 복사하고 적절한 폴더에 분류하는 것까지 마쳤다고 가정하자. 이제부터는 촬영한 사진 중 쓸 만한 사진을 고르고, 그중에서 최고의 사진을 선택해 촬영의 목적을 달성하는 과정이 남아 있다.

사진을 선택한다는 것!

사진을 선택하는 것은 생각보다 난해할 수도 쉬울 수도 있다. 촬영할 때부터 '이 사진이다!'라고 느낄 정도로 뭔가 대단한 것을 만들어 놓았다면 쉽겠지만, 비슷비슷해 보이는 각 사진의 유사성과 연속성 때문에 한 장을 골라내는 작업은 난해하다. 그래서 대부분은 못 쓸 사진을 빼고 난 나머지를 추리게 된다. 어찌됐든 촬영한 사진을 빠르고 효율적으로 선별하는 과정은 아무리 훌륭한 사진가라고 해도 피해 갈 수 없는 필수과정이다.

옛날 매그넘에서 활동하던 사진가들의 전설적인 이야기를 들어보면 촬영 후 필름을 몽땅 사무실에 던져 놓는 것으로 "일을 끝냈다."라고 하던 좋은 시절 무용담을 접하곤 하지만, 디지털시대로 넘어와 촬영 분량이 필름의 최소 10배에서 100배 이상으로까지 늘어난 지금 사진가는 반드시 어느 정도 자신의 사진에 등급을 매기고 최고의 사진을 선택해야 한다. 따라서 보다 빠르고 효율적인 선별 작업을 위해 라이트룸을 어떻게 사용할지 함께 알아보자.

[방법 1]
별점 – 등급을 나눌 때

라이트룸의 강점 중 하나인 별점 시스템은 최고의 기능 중 하나다. 기본적인 개념은 아주 간단하다. 각 사진에 0~5개까지의 별을 사진가가 임의로 부여한다. 물론 여러 장의 사진에 한꺼번에 별점을 줄 수도 있다. 0에서부터 5개까지, 즉 6단계로 구별이 가능하다.

지금부터 별점 시스템을 이용하는 가장 효과적인 방법을 소개한다. 이런 식으로 선별하면 추후에 원하는 수준의 사진을 찾는 게 쉬워진다. 특별히 자신의 포트폴리오나 공개적으로 보여주고 싶은 사진을 찾거나, 스톡 사진처럼 다양한 앵글과 화각이 필요한 경우 별점 2개 이상의 사진만 골라 바로 판매용으로도 사용할 수도 있다. 또 별점 5개의 사진을 보여줬는데, 클라이언트가 비슷한 사진을 더 요청할 경우 별점 4개, 3개의 사진도 쉽게 찾아서 보여줄 수 있다.

1 1차 선별하기 – 별점 1개

가장 먼저 라이브러리 모듈의 격자 보기 상태에서 사진을 둘러보면서 버릴 사진을 골라낸다. 버릴 사진이나 조금이라도 문제가 보이는 사진에는 별점을 주지 않는다. 일단 문제가 없는 사진에 별점 1개씩을 부여한다. 사진을 선택한 후 별점만큼의 숫자키를 누르면 되는데, 별점 1개면 숫자 1을 누르면 된다.

별점 주기 단축키

Shift : 연속해 있는 여러 장의 사진 선택하기. 첫 번째 사진을 클릭한 후 Shift 를 누른 채 마지막 사진을 클릭한다.

Ctrl : 떨어져 있는 여러 사진 선택하기. 첫 번째 사진을 클릭한 후 Ctrl 을 누른 채 중간 중간 선택할 사진들을 클릭한다.

숫자 1 ~ 5 : 별점 주기
숫자 0 : 별점 지우기
[,] : 별점 올리고 내리기

---

2 별점 등급별로 모아 보기

(단축키 Ctrl + F 또는 W)

필요 없는 사진은 감추고 1차 선별에서 별 1개를 준 것들만 화면에 나타나게 해보자. '보기 메뉴 – 필터 막대 표시'를 클릭한다.

3

미리보기 창 위쪽에 필터 막대가 나타난다. '라이브러리 필터'에서 '특성'을 클릭한 후 '등급'에서 별점 1개를 클릭한다. '특성'에서는 별의 개수나 색상, 깃발 등 특성별로 사진을 정렬할 수 있다.

라이브러리 필터 막대

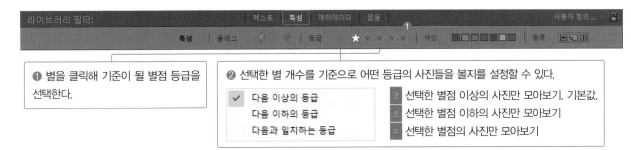

❶ 별을 클릭해 기준이 될 별점 등급을 선택한다.

❷ 선택한 별 개수를 기준으로 어떤 등급의 사진들을 볼지를 설정할 수 있다.

✓ 다음 이상의 등급 　선택한 별점 이상의 사진만 모아보기. 기본값.
　다음 이하의 등급 　선택한 별점 이하의 사진만 모아보기
　다음과 일치하는 등급 　선택한 별점의 사진만 모아보기

4　별점 하나 이상인 모든 사진이 나타난다.

5　2차 선별하기 – 별점 2개

이제 사진을 더블클릭해 크게 보면서 확인할 차례다. 확대해서 보니 흔들리거나 초점이 나간 사진은 0을 눌러 별점을 지운다. 확대해서도 좋은 사진은 2를 눌러 별점 2개를 준다.

6　3차 선별하기 – 별점 3개

다시 별점 2개의 사진들만 모아서 보정을 진행한다. 보정 작업을 하면서 특별히 좋은 사진에는 별점 3개를 준다.

7　4차 선별하기 – 별점 4, 5개

마지막으로 다른 폴더의 별점을 둘러보고 특별히 우수한 사진에 별점 4개를 주고, 매우 뛰어난 사진에는 별점 5개를 준다.

[방법 2]
깃발 – 못 쓰는 사진과
좋은 사진으로만 구분할 때

깃발은 좀 더 빠르고 많은 양의 사진을 보고 싶어 하는 개인 클라이언트와 일할 때 편한 방법이다. 사진을 훑어보면서 딱 2가지만 선별하면 된다. 못 쓰는 사진과 좋은 사진!

깃발로 표시할 수 있는 방법은 총 3가지다. 깃발이 있는 사진, 없는 사진, 그리고 X표로 제외시킨 사진이다. 필자는 좋은 사진에 깃발 표시를 하며, 버려야 하는 사진에 X표, 그리고 버리자니 아까운 사진에는 아무런 표시를 하지 않는다.

깃발 표시는 사진 마운트 왼쪽 위에 있으며, 이 부분을 클릭하거나 단축키 `\` 를 누르면 깃발이 나타난다. 대충 보면서 일단 깃발 표시를 한 다음 확대해서 자세히 보고 제외시키거나 깃발을 없애는 게 조금 더 빠르다. 웨딩 촬영이나 행사 사진처럼 많은 양의 사진을 한꺼번에 처리해야 할 때 별점보다 빨리 선별할 수 있고, 제외 선택된 사진만 모아서 라이트룸에서 바로 지워버릴 수도 있다.

 사진에 플래그 지정됨   플래그 제거   제외됨으로 설정

플래그 아이콘을 마우스 오른쪽 버튼으로 클릭하면 원하는 옵션을 선택할 수 있다.

1   못 쓰는 사진에는 X 를 눌러 제외 표시를 한다. 좋은 사진에는 `\`, 또는 P 를 눌러 깃발을 표시한다. 애매한 사진은 어차피 누가 봐도 애매하기 때문에 그냥 지나치면 된다.

깃발 달기 단축키

`\` 누를 때마다 깃발 달기/제거가 전환된다.
P   깃발 달기
U   깃발 제거
X   제외시키기

2 깃발 모아 보기

라이브러리 필터의 '특성'을 클릭한 후 '플래그'에서 모아서 보고 싶은 깃발의 종류를 선택한다. 흰 깃발과 검은 깃발을 동시에 선택하면 둘 중 하나라도 표시된 사진은 모두 보여준다.

3 선택한 깃발에 따라 모든 사진이 나타난다.

[방법 3]
컬러 레이블 –
나만 알아볼 수 있게 할 때

사진의 마운트에 컬러를 정해 선별하는 기능이다. 색을 정할 때 자신만의 기준을 사용할 수 있기 때문에 좀 더 비밀스럽다는 점이 특별하다. 단, 자기 스스로 명확한 기준이 없으면 나중에 선별한 사진을 보고 더 헷갈릴 수도 있으니 주의하자. 사무실이나 공용으로 사용하는 환경에서 민감한 주제로 선별해야 할 경우 효과적이다.

1 사진의 마운트 오른쪽 아래에 있는 회색 색상 버튼을 클릭한 후 원하는 색을 선택한다.

컬러 레이블 단축키

6 빨강
7 노랑
8 초록
9 파랑

각 숫자키를 한 번 더 누르면 취소된다.

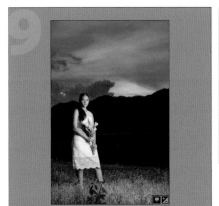

빨강
노랑
초록
파랑
자주
없음

2 마운트의 색상이 바뀌면서 색상 버튼이 지정된 컬러로 바뀐다.

**여러 가지 방법을
겹쳐 사용하기**

별점, 깃발, 컬러 레이블을 한 번에 사용할 수도 있다. 깃발로 선택한 사진 중 최고로 멋진 사진에 별 5개를 주거나, 자신이 정한 베스트샷은 빨강색으로, 고객이 선택한 사진은 파랑색으로 구분한다. 다양한 방법을 동원해 자신에게 맞는 선별 방법을 찾아보는 것도 사진 실력을 키우는 좋은 방법일 것이다. 처음 사용자라면 깃발 선별법을 우선적으로 사용하고, 이후 별점이나 색깔을 이용해 추가 분류와 선별 작업을 하는 방법을 권한다.

컬러 레이블에
이름 달기

컬러 레이블을 사용하면서 처음에는 이런 색깔이 이런 의미라고 기억하지만 사진이 한두 장이 아니다 보니 시간이 지날수록 헷갈린다. 특히 필자처럼 기억력이 좋지 못하다면 나중에 컬러 레이블은 혼란만 가중시키는 정리 방법으로 전락할 수도 있다. 내가 지정한 컬러 레이블이 어떤 의미인지 입력해 놓는 방법을 알아보자.

1 '메타데이터 메뉴 – 색상 레이블 세트 – 편집'을 클릭한다.

2 '색상 레이블 세트 편집' 대화상자가 나타난다. '사전설정'을 클릭해 편집하고 싶은 항목을 선택한다. 처음에는 'Lightroom 기본값'으로 되어 있다.

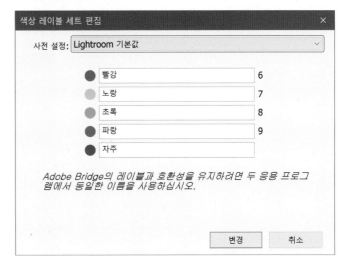

❶ **Bridge 기본값**: 어도비 브리지에서 설정한 값을 불러온다.

❷ **검토 상태**: 미리 만들어진 검토 상태를 사용한다.

3 여기서는 'Lightroom 기본값'을 사용해보자. 색에 따라 원하는 내용을 입력한 후 '변경'을 클릭한다. 'Lightroom 기본값(편집됨)'이라는 이름으로 저장된다.

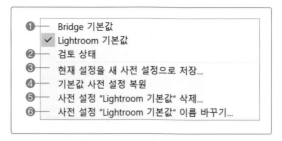

❸ **현재 설정을 새 사전 설정으로 저장**: 새로 입력한 내용을 사전 설정으로 저장한다.

❹ **기본값 사전 설정 복원**: 원래대로 복원한다.

❺ **사전 설정 "Lightroom 기본값" 삭제**: Lightroom 기본값을 삭제한다.

❻ **사전 설정 "Lightroom 기본값" 이름 바꾸기**: Lightroom 기본값의 이름을 바꾼다.

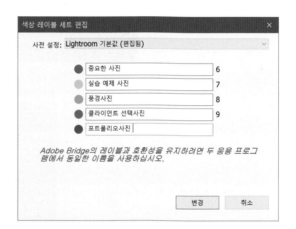

4 **새 이름으로 만들기**

아예 따로 만들려면 내용을 입력한 후 '사전설정'에서 '현재 설정을 새 사전 설정으로 저장'을 선택한다. '새 사전 설정' 대화상자가 나타나면 새로운 이름을 입력한 후 '만들기'를 클릭하면 된다.

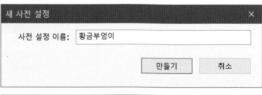

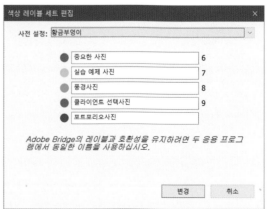

컬렉션? 용량 0인 사진앨범 만들기

촬영한 날짜도, 장소도, 주제도 다르지만 일 년 동안 촬영한 사진 중 거리풍경 사진만 따로 모아 정리하고 싶다면? 내가 가진 사진 중 우리 아이 사진만 따로 모아 아이의 성장 모습을 쭉 보고 싶다면? 이럴 때 이용하는 것이 '컬렉션'이다. 간단히 '사진 앨범'이라고 생각하면 쉽다.

컬렉션?
가상 사진앨범!

'컬렉션'은 '가상 폴더'다. 어떤 주제의 사진을 하나의 폴더로 모아서 관리하고 싶을 때 라이트룸의 '폴더' 패널에 가상 폴더를 만드는 것이다. 그냥 폴더를 만들어 정리하면 되는데 왜 컬렉션을 만들어야 할까? 일일이 주제별로 따로 폴더를 만들어 파일들을 복사하고 붙여 넣는 것도 일이지만, 그렇게 해서 늘어나는 용량도 문제가 되기 때문이다. 결론부터 말하면 적극적으로 사용할 것을 권한다. 컬렉션의 장점은 다음과 같다.

첫째, 실제 사진 원본 파일은 이동하지 않는다.
둘째, 카탈로그에서 매우 작은 데이터만 차지하기 때문에, 컬렉션을 많이 만든다고 해서 파일 용량이 늘어날 걱정이 없다.
셋째, 내가 정한 기준에 따라 빠르고 쉽게 주제별 사진모음을 만들고, 찾아볼 수 있다.
넷째, 원본 폴더에 있는 사진을 보정하든, 컬렉션에 있는 사진을 보정하든 똑같이 적용된다.

1 컬렉션 만들기

라이브러리 모듈의 '컬렉션' 패널에서 + 버튼을 클릭한 후 '컬렉션 만들기'를 클릭한다.

Part2 Lightroom_ 라이트룸에 대한 오해와 이해 **109**

2 '컬렉션 만들기' 대화상자가 나타나면 옵션을 지정한 후 '만들기'를 클릭한다.

❶ **이름:** 컬렉션 폴더의 이름을 입력한다.

❷ **위치:** 새로 만들 폴더를 특정한 컬렉션 폴더 안에 넣고 싶을 때 체크하고 선택한다.

❸ **옵션**

– 선택된 사진 포함: 체크하면 현재 선택된 사진이 자동으로 포함된다.

– 새 가상 사본 만들기: 체크하면 가상 사본을 만들어서 불러온다.

– 대상 컬렉션으로 설정: 체크하면 새로 만들 폴더를 대상 컬렉션으로 지정한다. 다른 폴더에서 사진을 선택한 후 단축키 B를 누르면 자동으로 이 폴더에 모아진다. 나중에 컬렉션 폴더를 마우스 오른쪽 버튼으로 클릭한 후 지정할 수도 있다. (단축키 B)

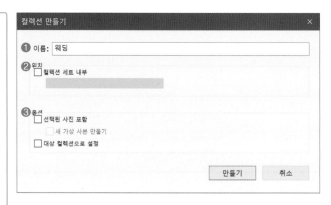

3 새로운 컬렉션이 나타난다.

4 컬렉션에 사진 넣기

사진을 모두 선택한 후 새로 만든 '아오자이' 컬렉션으로 드래그한다. 실제로 파일이 이동되는 것이 아니라 컬렉션으로 등록만 되는 것이다. 사진들이 별점이나 깃발, 색상 등으로 미리 선택되어 있으면 정렬 기능을 이용해 원하는 사진만 모으기가 매우 편하다. 지우거나 파일을 이동시키는 등 폴더 기본 사용법은 같다.

스마트 컬렉션?
자동으로 사진앨범 만들기

앞에서는 내가 일일이 사진들을 선택해 드래그해서 컬렉션에 사진을 모았었다. 여러 가지 장점에도 불구하고 몹시 귀찮은 작업인데, 만약 내가 원하는 조건을 정하기만 하면 저절로 사진들을 찾아 모아준다면? 편하겠지! '스마트 컬렉션'이 바로 그런 기능이다.

말만 하면 자동으로 사진을 모아주는 '스마트 컬렉션'

기본적으로는 일반 컬렉션과 같은 기능을 가진 가상 폴더. 다른 게 있다면 다양한 조건을 걸면 자동으로 사진을 모아주는 '스마트한(똑똑한)' 컬렉션이라는 것만 다르다. 한 번 잘 만들어 놓으면 알아서 최고의 사진만 모아주고, 특수한 목적으로 설계한다면 그 목적에 맞는 사진만 자동으로 모아주는 매우 편리한 기능이다. 일반 컬렉션과 달리 폴더에 노란색 톱니바퀴가 달려 있으며, 몇 가지 기본 스마트 컬렉션이 미리 만들어져 있다.

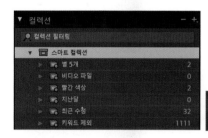

1 스마트 컬렉션 만들기

HDR 사진만 모아주는 스마트 컬렉션을 만들어보자. '컬렉션' 패널의 + 버튼을 클릭한 후 '스마트 컬렉션 만들기'를 선택한다.

라이트룸에서 HDR 사진을 만들면 자동으로 파일명에 'HDR'이라는 키워드가 들어가기 때문에 쉽게 스마트 컬렉션 기준으로 정할 수 있다.

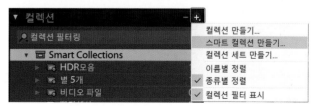

2   대화상자가 나타나면 옵션을 지정한 후 '만들기'를 클릭한다.

❶ 이름: 스마트 컬렉션 폴더의 이름을 입력한다.

❷ 위치: 새로 만들 폴더를 특정한 컬렉션 폴더 안에 넣고 싶을 때 체크하고 선택한다.

❸ 조건 선택하기
– 모든: 아래 선택한 규칙에 모두 맞아야 포함된다.
– 임의: 아래 규칙 중 어느 하나만 맞아도 포함된다.
– 없음: 아래 규칙에 맞지 않는 사진만 포함된다.

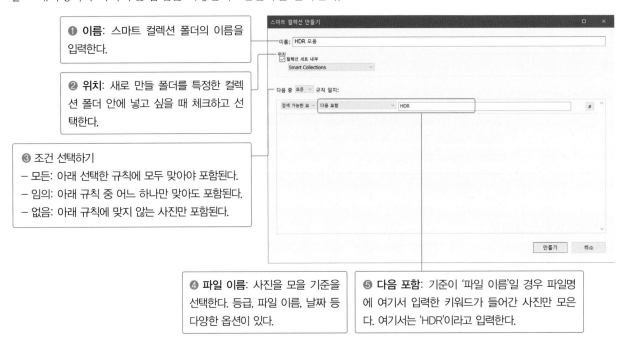

❹ 파일 이름: 사진을 모을 기준을 선택한다. 등급, 파일 이름, 날짜 등 다양한 옵션이 있다.

❺ 다음 포함: 기준이 '파일 이름'일 경우 파일명에 여기서 입력한 키워드가 들어간 사진만 모은다. 여기서는 'HDR'이라고 입력한다.

3   'HDR모음' 스마트 컬렉션이 만들어진다. 이후 라이트룸에서 HDR로 병합한 사진은 따로 지정하지 않아도 모두 이 'HDR모음'이라는 스마트 컬렉션에 자동으로 모이게 된다.

4   맨 오른쪽의 + 버튼을 클릭해 다양한 옵션을 지정할 수도 있다.

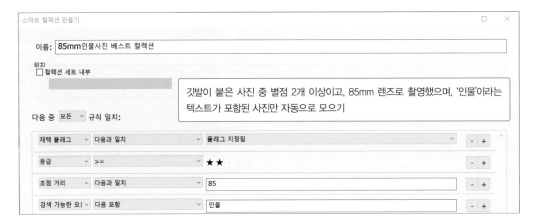

깃발이 붙은 사진 중 별점 2개 이상이고, 85mm 렌즈로 촬영했으며, '인물'이라는 텍스트가 포함된 사진만 자동으로 모으기

이것이 진짜 실무 키워딩!
키워드 입력하기

사진에 키워드를 넣는다는 말은 들어봤을 것이다. 사진이 한두 장도 아닌데 다른 프로그램에서 키워딩 작업을 해봤던 사람이라면 말만 들어도 진저리를 칠 지겹고 고단한 작업이다. 라이트룸에서는 조금 더 쉽다.

이것이 진짜 키워딩!
키워드 기준 3가지

키워드가 얼마나 중요하냐고 묻는다면, 사람에 따라 매우 중요하다고도 혹은 그냥 참고할 정도라고도 말할 것이다. 내 사진을 상업적으로 판매하는 스톡 사진 시장을 경험해본 사람이라면 키워드 하나에 판매량이 왔다 갔다 하는 것을 몸으로 체험했을 것이고, 단순히 개인작품 활동에 전념하는 사람이라면 한 번도 키워드를 달아보지 않은 사람도 있을 것이기 때문이다.

필자는 완벽한 키워딩이야말로 "언제 어디서든 필요한 사진을 찾을 수 있는 관리의 핵심이다."라고 말하고 싶다. 편리한 것은 말할 것도 없고, 사진을 촬영한 자신뿐만 아니라 타인들 역시 손쉽게 사진을 체계화시킬 수 있는 매우 강력한 도구이다. 따라서 키워딩은 자신이 아니라 다른 누군가가 필요한 사진을 쉽게 검색할 수 있도록 달아주는 것이라고 생각하고 작업해야 한다. 크게 위치, 사진의 내용, 사진 카테고리라는 3가지 기준으로 입력하면 좋다.

키워드 입력하기: 태국, 람빵, 제사, 샤먼, 마을 주민, 사람, 카메라맨, 사진가, 문화, 일상

1) 위치: 국가나 도시를 넣되, 유명한 곳일 경우 세부 지역명으로 입력하는 것이 좋다.
2) 사진의 내용: 사진 속에서 벌어지는 중요한 사건이나 사물 등을 구체적으로 입력한다.
3) 사진 카테고리: 인물, 풍경, 문화, 스포츠, 행사 등 사진의 분류를 입력한다.

라이트룸에서 한글로
키워딩할 때의 문제점

라이트룸의 한글화는 거의 완벽하지만 키워드를 입력할 때 약간의 문제가 있다. 자동완성 기능 때문인데, 영문인 경우 꽤 쓸 만하지만 한글의 경우에는 문자의 순서가 바뀌는 등 엉망으로 변해 도무지 사용할 수가 없다. 이 현상을 없애려면 환경 설정의 자동완성 기능을 꺼두면 된다.

1 '파일 메뉴 – 환경 설정'을 클릭한다. 대화상자가 나타나면 '인터페이스 탭 – 키워드 입력 – 키워드 태그 필드에서 텍스트 자동완성'의 체크를 해제한다.

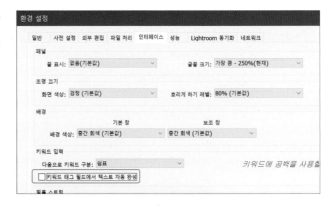

2 그럼에도 불구하고 자동완성 기능이 꺼지지 않는 곳이 있다. '키워드 적용' 패널 중 '키워드 태그' 아래쪽에 있는 키워드 입력창이 그렇다. 이곳은 자동으로 쉼표를 생성하기 때문에 편리하게 키워드를 입력할 수 있다. 키워드 창에 집적 입력해야 하는 약간의 불편함을 감수해야 한다.

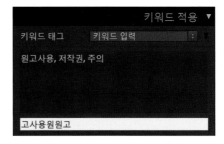

[방법 1]
먼저 전체 키워드를 넣은 후
키워드 수정하기

비슷한 사진들이 많을 때 키워드를 쉽게 입력하는 방법은 2가지다. 하나는 먼저 모든 키워드를 넣은 후 하나씩 보면서 상관없는 키워드를 지우는 방법과 먼저 공통된 키워드를 넣은 후 하나씩 보면서 필요한 키워드를 추가하는 방법이다.

1 키워드 입력하기

사진 하나를 선택한다. 라이브러리 모듈의 '키워드 적용' 패널에서 입력창을 클릭한 후 키워드를 모두 입력한다. 각 키워드는 쉼표 ⎵ 를 눌러 구분한다.

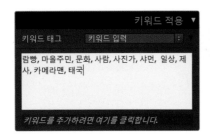

2 비슷한 주제의 사진이 3장 있다고 가정하자. 첫 번째 사진과 두 번째 사진은 비슷한데, 세 번째 사진의 키워드에서는 '사진가'와 '카메라맨'이 빠져야 한다.

3 키워드 복사하기
첫 번째 사진의 모든 키워드를 선택한 후 마우스 오른쪽 버튼을 클릭해 '복사'를 클릭한다.

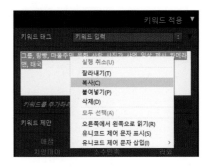

4 키워드 동일하게 붙여넣기
작업할 사진을 모두 선택한다.

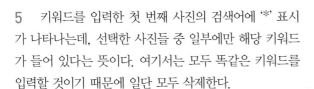

5 키워드를 입력한 첫 번째 사진의 검색어에 "*" 표시가 나타나는데, 선택한 사진들 중 일부에만 해당 키워드가 들어 있다는 뜻이다. 여기서는 모두 똑같은 키워드를 입력할 것이기 때문에 일단 모두 삭제한다.

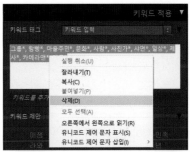

6 검색어 입력창을 마우스 오른쪽 버튼으로 클릭한 후 '붙여넣기'를 클릭해 3번에서 복사해둔 키워드를 붙여넣는다.

7 3장의 선택한 사진에 모두 동일한 키워드가 생성되었다. 모든 사진에 같은 키워드가 적용되었기 때문에 '*'표가 사라진다.

8 키워드 수정하기 Delete
3번째 사진만 선택한 후 필요 없는 키워드인 '사진가'와 '카메라맨'을 삭제한다.

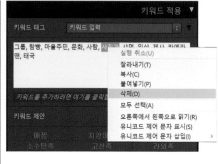

[방법 2]
먼저 공통된 키워드를 넣은 후 그룹별로 키워드 추가하기

이번에는 공통으로 해당되는 키워드를 먼저 입력한 후 그룹이나 개별적으로 따로 선택해 키워드를 추가해 완성하는 방법이다.

1 키워드를 넣을 사진을 모두 선택한 후 공통된 키워드를 먼저 입력한다.

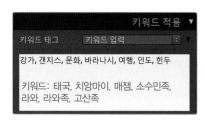

2 사람이 포함된 사진만 다시 한번 선택해 키워드를
추가한다.

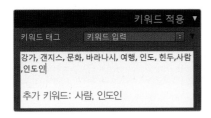

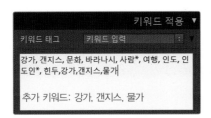

3 이번에는 강이 나온 사진만 선택해서 키워드를 추
가한다.

4 유적지만 따로 선택해서 키워드를 추가해준다.

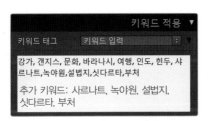

5 각 사진의 특징을 한두 단어씩만
더 입력하면 모든 사진의 키워딩이 끝
난다. 예를 들어 노 젓는 노인의 경우
'뱃사공, 노인, 일, 보트'를 추가하는
식이다.

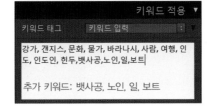

[방법 3]
페인터 툴로
키워드 입력하기

페인터 툴을 이용하면 원하는 작업을 빨리 할 수 있다. 일종의 매크로 기능인데, 페인터 툴에 어떤 속성을 부여한 후 페인터 툴로 클릭만 하면 그 속성이 사진에 적용된다. 키워드를 입력할 때도 사용할 수 있다.

1 화면 아래쪽에 있는 미리보기 툴바에서 페인터 툴을 클릭한다.

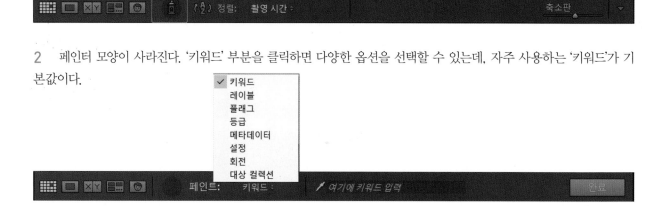

2 페인터 모양이 사라진다. '키워드' 부분을 클릭하면 다양한 옵션을 선택할 수 있는데, 자주 사용하는 '키워드'가 기본값이다.

3 '키워드' 오른쪽에 키워드를 입력한 후 '완료'를 클릭한다.

4 사진 위로 마우스 포인터를 가져가면 페인터 툴 모양이 나타난다. 툴에 입력해 놓은 키워드를 적용하고 싶은 사진을 클릭하면 바로 입력된다.

필요한 사진 검색하기

라이트룸에서 사진을 검색하는 일은 매우 쉽다. 키워드, 별점이나 깃발, 색상을 통한 검색도 가능하며 카메라가 만들어주는 데이터를 바탕으로 카메라 기종이나 렌즈의 종류에 따라서도 검색이 가능하다. 별 건 아니지만 자주 사용하는 기능이니 좀 더 자세히 알아보자.

1 검색할 폴더 선택하기

라이브러리 모듈의 '폴더' 패널에서 검색할 폴더를 클릭한다. 상위 폴더를 선택하면 하위 폴더의 모든 사진이 검색 대상에 포함되며, 하위 폴더를 선택하면 그 폴더에서만 검색이 이루어진다.

2 '보기 메뉴 – 필터 막대표시'를 클릭한다.

(단축키 Ctrl + F 또는 W)

3 텍스트 검색

라이브러리 필터 막대가 나타나면 '텍스트'를 클릭한 후 검색하고 싶은 키워드를 입력한다. 텍스트 검색은 EXIF 나 파일명, 키워드, 제목이나 캡션 등 텍스트가 들어가 있는 모든 부분이 검색 대상이 된다.

4 검색한 키워드가 들어 있는 사 진들이 바로 나타난다.

5 메타데이터 검색

라이브러리 필터에서 '메타데이터'를 클릭하면 카메라에서 만든 정보인 EXIF 데이터와 레이블을 선택할 수 있다. 사진 에 포함되지 않는 항목은 자동으로 감춰져 보이지 않으며, 각 항목의 숫자는 해당 사진의 개수를 나타낸다. 검색하고 싶은 항목을 차례로 클릭한다.

날짜		카메라		렌즈		레이블	
모두(날짜 91개)	305	모두(카메라 7개)	305	모두(렌즈 11개)	305	모두(레이블 5개)	305
▷ 2006년	6	Canon EOS 5D	11	14.0-24.0 mm f/2...	2	노랑	135
▷ 2007년	4	Canon EOS 5D M...	56	18.0-50.0 mm f/2...	1	빨강	1
▷ 2008년	1	NIKON D800	41	24.0-70.0 mm f/2...	164	초록	2
▷ 2010년	20	NIKON D810	169	50.0 mm f/1.4	26	파랑	2
▷ 2011년	18	NIKON D850	26	70.0-200.0 mm f/...		레이블 없음	165
▷ 2012년	20	NIKON D7200	1	85.0 mm f/1.4	12		

날짜   카메라 종류   사용된 렌즈 종류   레이블

6 2016년에 촬영한 사진 중 니 콘 D810 카메라로 촬영하되 50mm f1.4 렌즈를 이용한 것을 검색한 결 과다.

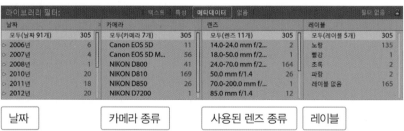

7 복합 검색

라이브러리 필터 막대의 텍스트, 특성, 메타데이터를 차례로 활성화해서 각 항목을 설정하면 이 모든 옵션이 복합적으로 적용된 사진을 검색할 수 있다. 설정한 모든 항목이 일치해야만 검색되며, 하나라도 맞지 않을 경우 검색에서 제외된다.

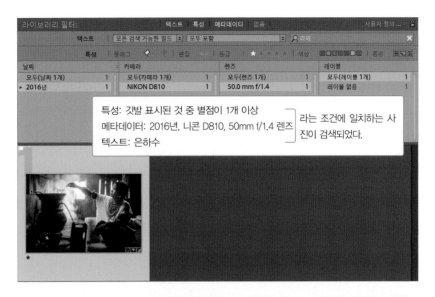

8 검색 제외

텍스트, 특성, 메타데이터로 복합 검색을 하다가 어느 하나의 항목이 필요 없을 경우 다시 한 번 클릭하면 해당 항목이 검색 조건에서 제외된다.

위와 동일한 검색 조건 중 텍스트 항목을 제외한 결과

9 없음

'없음'을 클릭하면 현재 설정되어 있는 모든 검색 조건이 삭제되며, 해당 폴더의 모든 사진이 나타난다.

10 내보낸 파일의 원본 쉽게 찾기

JPG나 TIFF 등의 파일로 내보낸 상태에서 원본 파일을 빠르게 찾을 수 있도록 내보내기 옵션을 조정했을 경우 손쉽게 원본 파일을 찾을 수 있다. 라이브러리 필터에서 '텍스트'를 선택하고 원본 파일 번호를 찾으면 바로 해당 번호의 사진이 나타난다. (파일 내보내기 382쪽 참고)

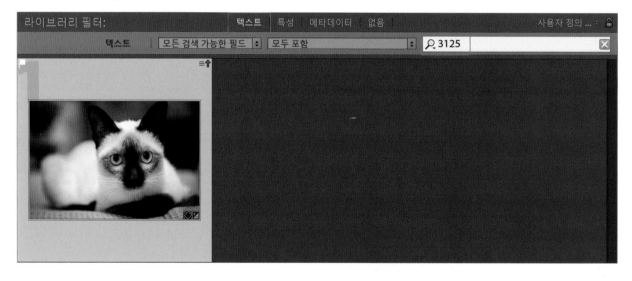

저작권을 표시하는 IPTC 프리셋 만들기

키워드가 사진을 보는 사람을 위해 만드는 거라면, IPTC는 사진가 자신을 홍보할 수 있는 매우 중요한 메타데이터다. 이를 통해 사진의 구매자와 연결되기도 하며, 법적인 문제가 생겼을 경우 저작권을 얼마나 적극적으로 주장했는지의 증거가 되기도 한다.

IPTC? 메타데이터?

IPTC(International Press Telecommunications Council) 란 사진가가 자신의 사진에 IPTC 코드를 이용해 제목이나 캡션 및 사진의 내용을 잘 정리해 입력해 놓는 것을 말한다. 사진기자나 프리랜서가 되고 싶다면 반드시 숙지해야 하지만, 일반적인 사진가는 자신에 대한 소개 정도만 작성해도 크게 문제되지 않는다. 다만 보는 사람 입장에서는 단 한 장의 사진을 보더라도 잘 정리된 제목과 캡션, 키워드, 자세한 사진가에 대한 정보까지 알 수 있다면 보다 전문적인 느낌을 받는다는 것은 잊지 말자. 기업이나 단체에서 사진을 상업적으로 이용하려고 할 때 저작권자에게 연락을 취하게 되는데, 이때 이 IPTC 정보를 찾아보게 된다. 요즘은 대부분 이메일 형식으로 저작권 임대 요청을 하니 이메일 주소는 꼭 입력해야 한다.

참고로 메타데이터(Metadata)라고 하면, 카메라 자체에서 만들어지는 EXIF(EXchangable Image File format)와 사진가가 기록한 IPTC 데이터를 모두 포함해 말하는 것이다. IPTC 코드의 종류나 각 코드의 의미를 자세히 알고 싶다면 iptc.org에 접속해보자. 사진 메타데이터를 체계적으로 정리하는 방법에 대해 매우 자세히 설명되어 있다.

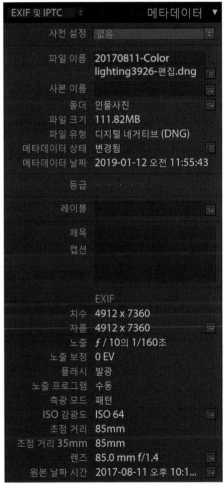

IPTC 사진가 정보
프리셋 만들기

IPTC 데이터 중 필수적인 사진가에 대한 정보를 입력한 후 모든 사진에 쉽게 적용할 수 있는 프리셋을 만든다. 자신의 사진에 저작권을 설정하고 연락처를 남겨 다양한 비즈니스가 연결되도록 해보자.

1 라이브러리 모듈의 '메타데이터' 패널에서 'EXIF 및 IPTC'를 선택한 후 '사전 설정'에서 '사전 설정 편집'을 클릭한다.

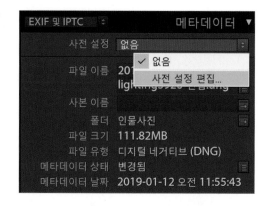

2 다양한 IPTC 정보를 기록할 수 있지만 모든 사진에 공통된 것은 사진가에 대한 정보일 것이다. 따라서 'IPTC 저작권'과 'IPTC 작성자'만 체크한다.

3 IPTC 프리셋 만들기

저작권과 관련된 항목을 모두 입력한 후 '완료'를 클릭한다. 한글로 입력해도 되지만 이왕이면 영어로 입력하자. 한글은 전 세계에서 약 9천만 명 미만이 이해하지만, 영문의 경우 거의 대부분의 사람들이 이해할 수 있다.

❶ 주소: '동' 정도까지만 입력하는 편이 개인정보 보호 차원에서 좋다. 필드를 비워두면 자동으로 무시된다.

❷ 전화번호: 공개된 전화번호라면 입력해도 되지만 개인전화라면 그냥 비워두자.

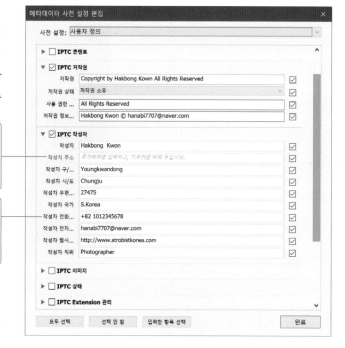

4   '확인' 대화상자가 나타나면 '다른 이름으로 저장'을 클릭한다. 사전 설정 이름을 입력한 후 '만들기'를 클릭하면 프리셋이 만들어진다.

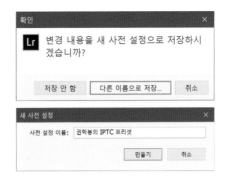

5   IPTC 프리셋 적용하기

작업할 사진을 모두 선택한 후 '메타데이터' 패널의 '사전 설정'에서 적용할 프리셋을 선택한다.

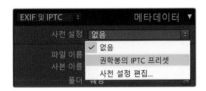

6   적용 범위를 묻는 대화상자가 나타나면 '선택된 모든 항목'을 클릭한다.

7   IPTC 프리셋 확인하기

이제 각 사진을 클릭하면 저작권 정보를 볼 수 있다.

8   이렇게 프리셋으로 만들어두면 사진을 라이트룸으로 가져올 때 바로 적용할 수도 있다. 가져오기 창 오른쪽에 있는 '가져오는 동안 적용' 패널의 '메타데이터'에서 선택하면 된다.

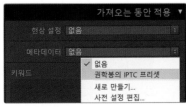

라이트룸에만 가져오면 사진색이 이상해지는 이유?
프리셋!

필자가 받은 질문 중 가장 많은 것이 바로 "라이트룸에만 가져가면 왜 사진의 색감이 다르게 보이냐?"이다. 라이트룸의
Raw 컨버팅에 대한 이해가 필요한 질문이라 약간 지루할 수 있지만 사진가라면 꼭 알아야 하는 부분이니 짚고 넘어가자.

**똑같은 사진인데,
카메라에서 볼 때와
라이트룸에서 볼 때 다르다?**

사실 촬영한 결과물인 Raw 파일은 말 그대로 '생것'이다. 사진의 원시적인 데이
터만 담겨 있을 뿐이기 때문에, 카메라든 소프트웨어든 미리보기라도 보여주려
면 어떻게든 컨버팅해서 사람이 볼 수 있는 그림으로 표현해야 한다.

Raw 파일의 구조는 회사마다 다르기 때문에 훨씬 더 복잡하다. 하지만 대부
분은 촬영 데이터를 기록하는 EXIF와 미리보기용 JPG 파일도 함께 들어 있다. 카메라의 LCD 창은 촬영 즉시 제조
사가 설정한 방식의 미리보기 JPG 파일을 보여준다. 라이트룸의 경우 Raw 파일에 들어 있는 미리보기 파일을 사용할
것인지 아니면 라이트룸에서 새로 만들어서 쓸 것인지를 묻는데, 이것과 상관없이 사진을 보정하는 '현상' 모듈로 들어
가면 Raw 데이터를 이용해 새로운 미리보기 파일을 만든다. 라이트룸에서는 이것을 '1:1' 미리보기 파일이라 부른다.

보통은 라이트룸에서 보이는 사진과 카메라 업체에서 제공
하는 사진의 색감이 크게 다르게 보일 경우 불만을 갖게 된
다. 그러나 반드시 알아야 할 것이 있다. 카메라에서 보는 사
진은 각 카메라 브랜드가 미리 설정해 놓은 방법에 따라 보
정한 것일 뿐이다. 실제로 컴퓨터에서도 이와 똑같이 보정할
수 있으며, 이것은 사진의 원본인 Raw 데이터가 아니다. 반
면에 라이트룸은 사용자가 맘대로 보정할 수 있도록 Raw 파
일을 최대한 단순하게 컨버팅해서 보여준다.

이 기본값이 사용자에 따라 호불호가 갈리는 것이다. 어떤
사람은 카메라에서 만들어준 보정 결과물을 마치 원본인 것
처럼 생각하며, 이것이야말로 내 실력이라고 믿기도 한다. 진
실을 말하자면 촬영 즉시 카메라 LCD 창에 나타나는 사진
은 우리 눈에 보기 좋도록 꾸며놓은 환상에 불과하며, 대부
분의 카메라는 자신의 취향대로 이런 값을 조정할 수 있는
메뉴를 제공한다. 각 용어를 자세히 보면 라이트룸이나 포토
샵에서 다루는 것과 다르지 않다는 것을 금방 느낄 것이다.

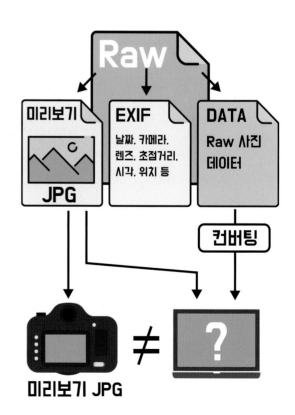

냉정하게 말하면 디지털 시대인 요즘 사진의 진실이란, Raw 데이터 속에 있는 센서 신호강도만 각 채널별로 기록한 숫자일지도 모른다. 이 숫자는 우리 눈에 전혀 사진으로 보이지도 않을 것이다. 따라서 어떻게 해서든 Raw 데이터를 가공해서 우리 눈에 사진으로 보여주는 '컨버팅' 과정이 반드시 필요하다. 이 과정에서 각 카메라 회사가 정해 놓은 보정값을 적용하느냐 마느냐는 조금만 생각해봐도 그리 큰 문제가 아니다. 나중에 얼마든지 보정이 가능하니까 말이다.

라이트룸에서 Raw 파일을 컨버팅한 결과

카메라 픽처 컨트롤값을 조정한 JPG

Raw + JPG 모드로 동시에 촬영한 사진이지만 카메라에서 만든 JPG와 라이트룸에서 만든 Raw 데이터를 컨버팅한 것과는 많은 차이가 있다.

따라서 라이트룸에서 컨버팅해서 보여주는 왼쪽 사진이 마음에 들지 않는다고 해서 낙담할 필요가 없다. 라이트룸은 여러분이 사진으로 말하고자 하는 것을 잘 전달하는 '사진 보정'을 기다리고 있는 것일 뿐이다. 그럼에도 불구하고 '나는 꼭 카메라 브랜드에서 만들어 놓은 결과물과 비슷하게 시작하고 싶다'면 인터넷에서 프리셋을 구하면 된다. 자신의 카메라 브랜드는 물론이고 '라이트룸 프리셋'이라고 검색해보면 수없이 많은 공짜 프리셋들이 존재한다. 물론 필자는 이런 것들이 무슨 의미가 있을까 생각하지만 말이다.

또한 같은 Raw 데이터를 사용하더라도 각 프로그램의 특성상 모두 다 조금씩 다른 색상의 결과물을 보여준다. 예를 들어 라이트룸과 꿀뷰, 그리고 Raw Image Viewer 모두 다른 색상으로 데이터를 해석한다. 어떤 것이 맞고 틀리고의 문제가 아니다. 애초부터 Raw 데이터는 정확한 색상값을 결정해줄 프로파일이 없는 상태로 존재하기 때문에, 이 데이터를 시각적으로 표현하는 자유도가 높다. 즉 프로그램을 만든 사람의 취향이나 목적이 강하게 반영된다는 말이다.

Raw 데이터는 아직 완성되지 않은 사진의 원석 같은 것이기 때문에 라이트룸이나 포토샵 같은 프로그램으로 사진가 자신이 원하거나 표현하고자 하는 개성을 불어넣어 사진으로 완성해 나가야 한다. 이 점을 곰곰이 생각해보고 더이상 카메라 브랜드에서 만들어 놓은, 그들의 취향에 맞는 JPG 보정값을 마치 사진의 원본이라 착각하는 일은 없도록 하자.

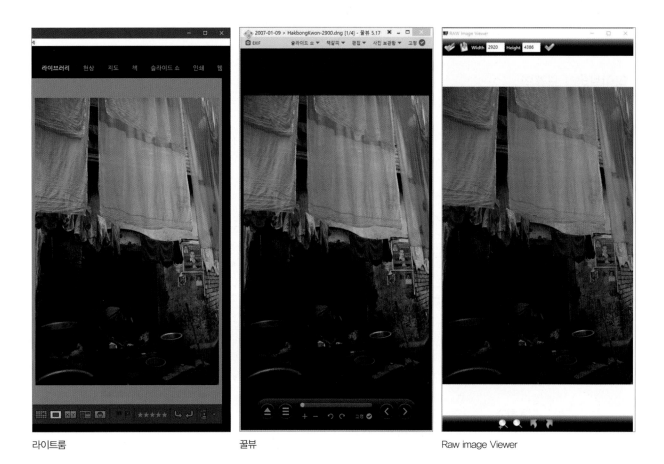

라이트룸   꿀뷰   Raw image Viewer

촬영한 그대로 보여준다는 건 필름시대 사진가들에게는 아예 있을 수 없는 일이었다. 그들에게는 암실작업을 통한 피땀 어린 결과물이 있었고, 그것이 지금 우리가 보는 명작들이다. 암실작업, 요즘으로 치면 사진보정 같은 후반작업 기술을 한계까지 밀어붙인 것으로 유명한 작가가 바로 앤설 애덤스(Ansel Adams)다.

작업화면 대충 훑어보기 | 현상 모듈

라이트룸에서 사진을 보정할 수 있는 기능은 '현상' 모듈에 모아져 있다. 간단히 '라이브러리 모듈은 사진 관리, 현상 모듈은 사진 보정'이라고 기억해두자. 각 모듈을 클릭하면 모든 패널의 종류가 바뀐다.

라이브러리 모듈의 '빠른 현상' 패널

보정을 하려면 현상 모듈로 이동해야 하지만, 라이브러리 모듈에서도 현상의 일부 기능을 사용할 수 있도록 만든 게 '빠른 현상' 패널이다. 그러나 각 항목을 조정하는 게 버튼식인 데다가 단순히 화면만 보면서 조정해야 하고, 빠르지도 않으면서 클릭은 훨씬 더 많이 해야 하는 등 불편해서 대부분 사용하지 않는다. 각 항목의 이름과 기능은 현상 모듈과 같다.

1 현상 모듈로 이동하기
이브러리 모듈에서 보정하고자 하는 사진 하나를 선택한 후 '현상'을 클릭한다.

2 현상 모듈의 작업화면이 나타난다. 탐색기, 컬렉션 패널은 라이브러리 모듈에서와 같다. 크게 보면 왼쪽 패널들에는 파일 관리나 기타 도움을 주는 기능들이, 오른쪽 패널들에는 보정에 직접적인 영향을 주는 기능들이 몰려 있다고 생각하면 쉽다.

❶ 탐색기 패널: 작업화면에서 보이는 사진의 위치와 축소/확대 보기 비율을 조정한다.

❷ 좌우 패널: 보정과 관련된 각 기능을 패널 형태로 모아두었다. 왼쪽은 보정 과정, 오른쪽은 보정 자체에 관련된 패널들이다.

❸ 작업화면: 실제로 보정 작업이 이루어지는 곳이다. 각종 안내선이 표시된다.

❺ 히스토그램: 히스토그램과 사진의 촬영 기본 데이터 그리고 원본 사진의 유무를 표시한다.

❹ 미리보기 툴바: 선택한 툴에 따라 자세한 옵션이 나타나 선택할 수 있다. (툴바 보기/감추기 Ⓣ)

❻ 보정 도구모음: 편집, 노출, 색상, 적목보정, 브러시 등 가장 자주 사용하는 기능들을 툴 형태로 모아두었다.

❼ 실행 버튼: 직전으로 돌아가는 '이전 설정'과 아예 보정 전으로 돌리는 '초기화' 버튼이 있다.

편집, 노출, 색상까지 보정 패널에 대한 모든 것

거듭 말하지만 라이트룸에서 보정은 '현상' 모듈에서 담당한다. 처음 보면 이게 다 뭔가 싶을 정도로 복잡해 보이지만 실제로 만져보면 금방 익숙해진다.

패널 다루기

일단 각 패널의 기본 사용법과 어떤 식으로 패널들을 사용하면 되는지를 알아보자. 지루하면 넘어갔다가 필요할 때 찾아봐도 된다.

1 효과 하나를 초기화시키기

각 효과의 슬라이드를 왼쪽이나 오른쪽으로 드래그해 보정값을 설정하는데, 적용한 효과가 마음에 들지 않아 초기값으로 돌아가야겠다 싶으면 세모 모양의 슬라이드를 더블클릭하면 된다.

2 각 기능을 초기화시키기 Alt

현상 모듈의 패널은 각 기능에 따라 나뉘어져 있다. 효과 하나가 아니라 그 기능 전체를 초기화하고 싶다면 Alt 를 누른다. 각 기능별로 왼쪽 위에 '초기화'나 '다시 설정'이라는 글자가 나타나는데, 이 부분을 클릭하면 해당 기능이 초기화된다.

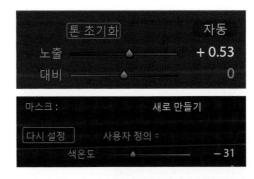

3 보정 전후 비교하기 \ 나 W

보정을 하다가 보정 전 상태가 보고 싶다면 \ 나 W 를 누른다. 보정 전으로 돌아간 사진을 볼 수 있다. 한 번 더 누르면 보정 후 사진으로 돌아온다.

4 패널 스위치

각 패널 이름의 왼쪽에는 해당 패널의 조정값을 적용하거나 적용하지 않을 수 있는 ON/OFF 스위치가 있다. 클릭할 때마다 상태가 전환된다. 스위치가 내려가 있으면 적용하지 않는다는 말이며, 각 조정 옵션은 비활성화된다.

적용함   적용 안 함

라이트룸 보정 패널 살펴보기

'현상' 모듈의 좌우 패널에는 사진 보정에 관련된 모든 툴과 패널들이 모여 있다. 이 책 전반에 걸쳐 각 패널의 사용법을 자세히 설명하니, 여기서는 보정 패널의 종류와 어떤 기능을 하는지만 쓱 훑어보고 지나가면 된다. 앞으로 저절로 알게 되니 외우려고 할 필요 없다. 자세한 설명이 필요하다면 참고 페이지로 가보자.

1. 탐색기 패널

탐색기는 라이브러리 모듈에서와 같다. 확대/축소 배율을 선택한다. (93쪽 참고)

2. 사전 설정 패널

라이트룸에서 미리 만들어둔 프리셋, 즉 사전 설정을 클릭 한 번으로 적용할 수 있다. 오른쪽의 + 버튼을 누르면 자신만의 프리셋을 만들 수 있고, 모든 프리셋은 간단히 가져오거나 내보낼 수 있다. (126쪽)

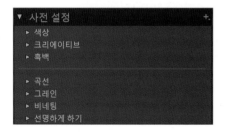

3. 스냅숏 패널

보정을 진행하다가 어떠한 이유로든 그때까지의 보정 결과와 설정값을 그대로 기록해 놓고 싶은 경우 사용한다. 간단히 오른쪽 + 버튼을 클릭한 후 이름을 지정하기만 하면 된다. 기본값으로는 날짜와 시간을 이름으로 자동 입력한다. (142쪽)

4. 작업 내역 패널

포토샵에서 '히스토리'라고 부르는 기능으로, 작업한 순서대로 모든 작업 내용을 자동 저장한다. 돌아가고 싶은 단계를 클릭하면 즉시 그 부분으로 돌아갈 수 있다. 한 단계씩 뒤로 돌아가는 단축키는 Ctrl + Z 이며, 반대는 Ctrl + Shift + Z 다. 포토샵과 달리 따로 설정하지 않아도 무한히 자동 기록되며 언제든지 되돌아갈 수 있다. (141쪽)

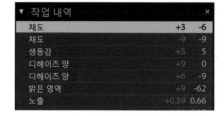

5. 컬렉션 패널

컬렉션은 하드디스크 용량을 사용하지 않는 가상 사진앨범이다. 컬렉션 역시 라이브러리 모듈에서와 같다. 컬렉션을 만들거나 정리한다. (컬렉션 109쪽, 스마트 컬렉션 111쪽)

6. 히스토그램 패널

라이브러리 모듈의 히스토그램과 비슷하지만, 클리핑 경고 삼각형이 있다는 점이 다르다. 사진의 음영 데이터, 즉 계조가 화이트나 블랙 쪽으로 클리핑아웃되어 데이터가 사라지는 것을 경고해준다. (히스토그램 152쪽, 클리핑 168쪽)

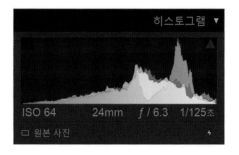

7. 보정 툴 모음과 툴바

라이트룸의 대표적인 사진 보정 기능을 담당하는 툴들이다. 각 툴을 선택했을 때 작업화면 아래쪽에 해당 툴에 대한 자세한 옵션이 나타난다.

❶ **오버레이 자르기**: 사진을 회전하거나 프레임을 잘라내는 크로핑을 할 때 사용한다. (136쪽)
❷ **얼룩 제거**: 카메라 센서의 먼지나 얼룩, 피부 위의 점 등을 제거한다. (324쪽)
❸ **적목 현상 수정**: 강한 빛이 동공으로 직접 들어가 망막의 붉은색이 비치는 적목 현상을 수정한다.
❹ **점진적 필터**: 포토샵의 그레이디언트 툴과 비슷하다고 생각할 수 있지만 실제로는 알파채널과 비슷한 역할을 한다. 사진에서는 그레이디언트를 만든다기보다는 노출과 색을 보정할 때 주로 사용하는 아주 중요한 툴이다. (192쪽)
❺ **방사형 필터**: 점진적 필터 툴과 같은 기능이지만 원형으로 적용할 수 있다. (222쪽)
❻ **조정 브러시**: 단순히 색을 칠하는 것이 아니라 점진적 필터나 방사형 필터 툴처럼 노출부터 색까지를 보정한다. 점진적 필터가 넓은 영역을 한 번에 보정할 수 있다면, 브러시 툴은 브러시로 그리듯 아주 세밀한 부분을 보정한다고 생각하면 된다. (216쪽)

—보정 툴 모음

툴바: 보정 툴을 선택하면 그에 맞는 옵션값으로 하단의 툴바가 바뀌게 된다.

8. 기본 패널

라이트룸에서 사진을 보정했다는 말은 이 '기본' 패널에서 뭔가를 했다는 말과 같다. 노출, 색상, 클리핑 등 보정의 시작도 끝도 이곳에서 시작되고 끝난다.

9. 톤 곡선

히스토그램 위에서 곡선을 이용해 각 구간 혹은 선택 부분의 밝기를 조정한다. RGB 채널별로 따로 조정할 수도 있어 색감 조정도 가능하다. (178, 283쪽)

10. HSL/컬러 패널

360도의 원형 컬러와 채도, 그리고 밝기를 사용하는 HSL 색공간을 기본으로 색상을 조정한다. 'HSL'과 '컬러'는 디자인만 다를 뿐 기본적으로 같은 옵션을 제공하니 편한 대로 선택하면 된다. (278쪽)

11. 명암별 색보정 패널

밝은 영역과 어두운 영역의 색감을 조정할 수 있는 두 개의 슬라이드로 구성되어 있다. 사진에 감성적인 표현을 더할 때 자주 사용한다. (286쪽)

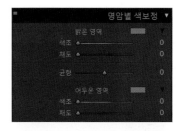

12. 세부 패널

어떻게 보면 같은 개념인 '선명하게 하기'와 '노이즈 감소'를 하나의 패널로 모아두었다. 필름 사진에서와 달리 보기 싫은 노이즈를 제거해 선명도를 유지할 수 있다. (선명하게 하기 356쪽, 노이즈 감소 361쪽)

13. 렌즈 교정 패널

색수차와 각 렌즈의 특성에 따른 비네팅 등을 교정해준
다. 특히 색수차 제거는 클릭 한 번으로 매우 훌륭한 성
능을 보여준다. (328쪽)

14. 변환

렌즈의 왜곡현상을 보정할 수 있으며, 미리 세팅되어 있
는 여러 가지 자동 모드를 활용하거나 수동으로 보정할
수도 있다. (332쪽)

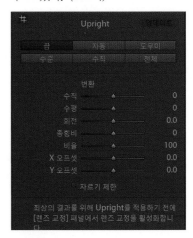

15. 효과 패널

사진의 외곽을 밝게 하거나 어둡게 만드는 비네팅 효과와
인공적인 노이즈를 추가하는 그레인 기능이 있다.
(비네팅 342쪽, 그레인 344쪽)

16. 보정 패널

카메라의 색상 프로파일을 이용해 사진의 색감을 보정하
는 기능이 모여 있다. 다양한 프로파일을 적용할 수 있다.

크로핑과 회전 오버레이 자르기 툴

사진의 기본은 수직과 수평, 그리고 화면에서 보여줄 것과 보여주지 않을 것을 결정하는 '프레이밍(Framing)'일 것이다.
프레이밍은 구도와 앵글, 관점이라는 매우 중요한 요소가 있기 때문에 한두 마디로 정의할 수 없지만, 수직과 수평의 경
우 작가의 의도가 들어가지 않는 한 반드시 바로잡아야 할 기본이다.

1   오버레이 자르기 툴을 클릭한다.
(단축키 R)

예제사진 Part2\가트사람들
완성사진 Part2\가트사람들 완성

2   오버레이 자르기 툴의 옵션 패널이 나타나
면서, 이미지 사방의 조정핸들이 활성화된다.

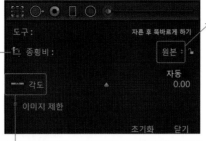

❶ **프레임 자르기(크롭/크로핑)**: 클릭한 후 이미지를 드래그해 원하는 크기로 자른다. '원본'을 클릭하면 종횡비 즉 가로와 세로의 비율을 선택할 수 있다. 자물쇠가 잠겨 있으면 종횡비가 고정되고, 열려 있으면 자유롭게 자를 수 있다.

❷ **똑바르게 하기(각도)**: 사진에 나타난 수평선이나 수직선을 이용해 직선을 그리면 해당 직선을 기준으로 수직 또는 수평을 잡는다. '자동'을 클릭하면 컴퓨터가 자동으로 수직과 수평을 잡는다.

3 이미지 제한 옵션

'변환' 패널의 '자르기 제한'과 연동된다. 체크하면 왜곡 보정을 할 때 최대한 원본 이미지를 유지할 수 있도록 자를 수 있는 안내선을 보여준다.

4 크롭 툴 사용하기

크롭 툴을 클릭한 후 이미지 위에서 드래그해 자를 부분을 선택한다. 물론 사방의 조정핸들을 드래그해 조정해도 된다. 종횡비를 설정한 경우 ⓧ를 누르면 설정한 종횡비를 가로, 세로로 회전시켜 볼 수 있다. 편한 기능이니 기억하도록 하자.

5 각도 툴 사용하기

사진 안에서 수평이라고 생각하는 부분에 직선을 그려준다. 시작점을 클릭한 채 마우스 버튼에서 손을 떼지 말고 그대로 드래그해 끝점까지를 그리면 된다. 마우스 버튼에서 손을 떼자마자 그린 직선을 기준으로 사진을 자동으로 회전시켜 수평을 잡아준다.

6   다 되었으면 작업화면 아래의 툴바에서 '완료'를 클릭하거나 이미지 안쪽을 더블클릭한다. 단축키 R을 눌러도 된다. 새로 자르거나 수직, 수평을 취소하려면 오버레이 자르기 패널의 '초기화'를 클릭한다.

7 잠시 원래 모습을 볼 때

W \   라이트룸에서 작업하다가 잠시 보정 전의 원본을 보고 싶을 때는 단축키 W 혹은 \ 를 누르면 된다. 다시 한 번 키를 누르면 작업하던 내용으로 돌아온다. 많이 사용하니 단축키를 외워두자.

보정 전후를 비교해서 볼 수 있는 비교 보기

현상 모듈에서는 이미지 보정 전후를 비교해볼 수 있는 툴을 제공한다. 다양한 보기 모드로 사진 두 장의 이전과 이후를 전문적으로 비교하면서 볼 수 있다. 기본적으로 나란히 보기와 겹쳐 보기의 순서로 진행되며 보정 과정 중 자주 사용하니 주의 깊게 보자.

비교 보기 툴바의 옵션

① **확대경 보기**: 원래대로 한 장의 사진만 본다.
② **보정 전과 보정 후 보기 전환(비교 보기)**: 보정 전과 보정 후를 비교해서 볼 수 있다.
　 클릭할 때마다 4개의 보기 모드가 전환된다.
③ **보정 전/후**: 보정 전후 이미지의 값을 바꿀 수 있다.

　　보정 전 설정을 보정 후로 복사한다. 보정 후의 값이 보정 전의 값으로 바뀐다.
　　보정 후 설정을 보정 전으로 복사한다. 보정 전의 값이 보정 후의 값으로 바뀐다.
　　보정 전/후의 값을 서로 바꾼다.

④ **화면으로 교정쇄 확인**: 소프트 프루핑(soft-proofing), 즉 모니터를 통해 인쇄된 후 컬러가 어떻게 바뀔지를 미리 확인할 수 있는 모드다. 선택하면 바탕이 하얗게 변하고 설정된 색역 인텐트 과정을 보여 준다. (255쪽)

1　툴바의 비교 보기 아이콘을 클릭하면 보정 전과 후를 비교해서 볼 수 있다. 이미지 위로 마우스 포인터를 가져가면 돋보기 아이콘으로 바뀌는데, 이때 클릭하면 확대해서 볼 수 있다.

2 비교 보기의 4가지 모드

비교 보기 아이콘을 클릭할 때마다 4가지 보기 모드가
차례로 전환된다. 확대 상태에서도 작동하니 필요에 따
라 활용하자.

보정 전/후 좌/우 표시

보정 전/후 좌/우 분할 표시

보정 전/후 상/하 표시

보정 전/후 상/하 분할 표시

3 원래대로 돌아가기(단축키 D)

툴바에 있는 확대경 보기를 클릭해도 되지만, 매번 이걸
찾아서 클릭하는 게 귀찮은 경우가 많다. 간단하게 현상
모듈의 단축키인 D 를 누르면 원래 보기 모드로 돌아간다.

작업과정을 자동 저장하는
히스토리와 스냅숏

히스토리는 포토샵을 사용해본 사람이라면 익숙한 개념일 것이다. 작업한 순서 그대로를 저장해 놓은 것으로, 라이트룸에서는 기본적으로 한계 없이 모든 과정이 자동으로 기록된다. 스냅숏은 작업과정 전체가 아니라 중간 중간 사진가가 필요하다고 생각하는 부분을 따로 저장해 놓는 기능이다.

모든 과정이 자동 저장되는 '작업 내역' 패널

포토샵의 '히스토리' 기능과 매우 비슷하지만, 포토샵처럼 지정한 개수만큼이 아니라 무한정 기록된다. 현상 모듈 왼쪽에 있는 작업 내역 패널은 이 사진을 가져온 순간부터 지금까지 진행한 모든 과정이 자동으로 기록된다. 특정 단계로 돌아가려면 해당 부분을 클릭만 하면 되며, 맨 아래의 '가져오기'를 클릭하면 맨 처음으로 돌아간다.

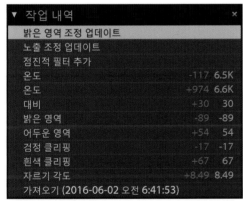

돌아가고 싶은 단계를 클릭하면 순식간에 그 지점으로 모든 설정이 돌아가게 된다. 일정 단계로 돌아간 후 새로운 작업을 하면 그 이전에 작업했던 과정은 무시되고 새로 기록되는데, 만약 새로 작업하다 아니다 싶어 이전 과정으로 돌아가고 싶다면? 돌아갈 수 없다! 그래서 '스냅숏' 기능으로 작업 중간 중간 필요하다 싶은 부분을 저장해 놓는 것이다.

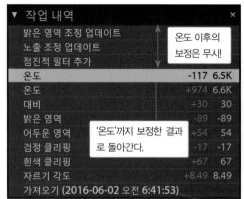

필요한 단계를 따로 저장할 수 있는 '스냅숏' 패널

현상 모듈의 왼쪽 패널 모음에 있는 스냅숏 패널은 지금까지 보정된 값을 저장하는 기능이다. 작업 내역이 사진에 항상 남아 있어 언제든지 다시 불러올 수 있다는 장점이 있다. 예를 들어 기본 보정을 하고 비네팅을 넣었다고 했을 때, 기본 보정한 사진을 스냅숏으로 남겨둔 후 다음 작업을 진행하면 그 후 언제든 기본 보정만 했던 스냅숏을 볼 수 있다. 물론 조정값 역시 그대로 저장된다. 모든 보정을 끝내고 '작업 내역' 패널에서 특정 부분으로 돌아가 스냅숏을 만들어둘 수도 있다. 포토샵의 스냅숏은 레이어 형태로 만들어지기 때문에 용량이나 기타 문제로 인해 삭제될 가능성이 크지만 라이트룸은 이런 단점이 없다. 용량에서 자유롭다는 말이다.

1 작업을 하다가 현상 모듈의 '작업 내역' 패널에서 돌아가고 싶은 단계를 클릭한다. 여기서는 자르기 전으로 돌아갔다.

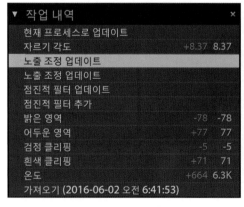

2 스냅숏 만들기

'스냅숏' 패널의 +를 클릭한다. 대화상자가 나타나면 스냅숏 이름을 입력한 후 '만들기'를 클릭한다. 날짜와 시간으로 된 이름이 기본값으로 제공되는데, 지운 후 맘대로 입력할 수 있다.

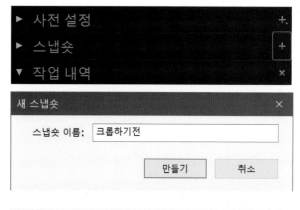

3

스냅숏이 만들어진다. 개수에 상관없이 많이 만들 수 있으며 즉각적으로 스냅숏한 단계로 돌아가 추가 작업을 하거나 스냅숏한 것을 내보낼 수도 있다. 라이트룸을 배우는 과정에서 여러 가지 시도를 할 텐데, 스냅숏은 다양한 효과를 손쉽게 비교할 수도 있는 쓸모 많은 기능이다.

4 스냅숏 비교하기

스냅숏을 만든 이후로 많은 작업을 해 사진을 완성했다. 이때 스냅숏을 클릭하면 바로 스냅숏을 만든 지점으로 돌아간다. 다시 '완성된 사진'으로 돌아가 작업하려면 '작업 내역' 패널에서 스냅숏 이전을 선택하면 된다.

완성된 사진

스냅숏을 만든 시점으로 돌아간 사진

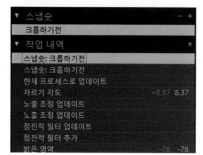

여러 사진을 한 번에 빠르게 보정하기 설정 동기화

비슷한 사진이 여러 장 있을 경우 같은 작업을 일일이 반복하는 것은 정말로 귀찮은 작업이다. 라이트룸은 이런 때 사용할 수 있는 굉장히 편리한 옵션을 제공하는데, '설정 동기화'라는 기능이다. 비슷한 사진 수십 개를 한 번에 보정해야 할 때 최소한의 시간으로 처리할 수 있다.

1 선택/선선택이란?

라이트룸에서는 선택뿐만 아니라 선택한 것들의 기준이 되는 '선선택'이라는 개념이 있다. 예를 들어 라이브러리 모듈에서 사진 2장을 선택하면 마운트가 밝아지면서 선택된 사진이라는 것을 표시한다. 이때 조금 더 밝게 마운트된 것이 '선선택'된 사진이고, 조금 어둡게 선택된 사진이 '선택'된 사진이다.

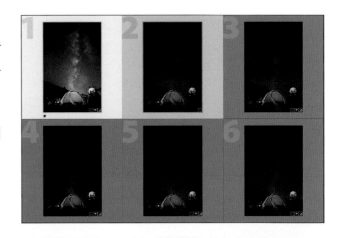

2 선선택한 사진 보정하기

비슷한 사진이 여러 장 있을 경우 먼저 한 장의 사진을 보정한다.

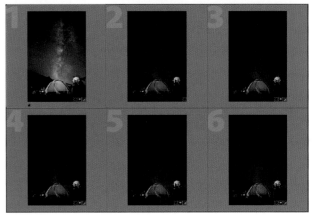

참고 **사진마다 조금씩 다른 경우**

만약 비슷한 분위기인데 조금씩 다른 경우, 예를 들어 브러시나 그러데이션 툴처럼 사진마다 같은 위치에 적용되면 안 되는 내용이 있는 경우라면 공통적인 것을 먼저 보정한 후 '설정 동기화'를 적용한다. 그다음에 각 사진마다 다른 부분을 수정하면 빠르다.

3 보정 효과를 그대로 적용하고 싶은 모든 사진을 선택한다. 이때 미리 보정해둔 사진이 '선선택'되어 있어야 한다. 설정 동기화 버튼을 클릭한다.

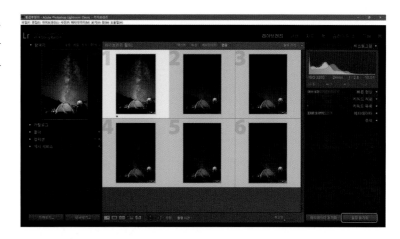

4 '설정 동기화' 대화상자가 나타난다. 라이트룸에서 적용할 수 있는 대부분의 보정 기능들이 항목화 되어 나타나는데, 동일하게 적용하고 싶은 것만 선택하면 된다. 예제의 사진처럼 매우 비슷한 경우라면 '모두 선택'을 선택한 후 '동기화'를 클릭한다.

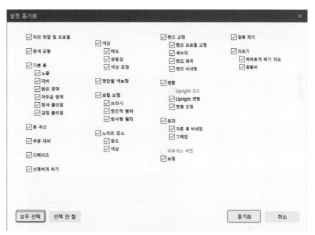

5 동기화되어 처음에 보정해둔 사진의 보정 내용이 다른 모든 사진들에 한 번에 적용된다.

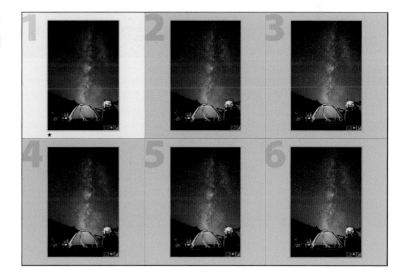

클릭 한 번으로 라이트룸과 포토샵 오가기

라이트룸에서 기본 보정을 했는데, 포토샵의 특정 기능을 쓰기 위해 포토샵을 실행해야 한다. 이럴 때 라이트룸을 종료
한 후 포토샵으로 가는 게 아니라 작업하고 있는 지금 상태 그대로 바로 넘어갈 수 있다.

라이트룸에서
포토샵으로 내보내기
(단축키 Ctrl + E)

예제사진 Part2\아카족소녀
완성사진 Part2\아카족소녀 완성

1 포토샵으로 보낼 이미지를 마우스 오른쪽 버튼으로 클릭한 후 '응용프로
그램에서 편집'을 클릭하고 원하는 옵션을 선택한다.

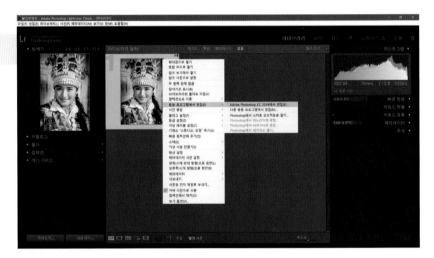

| 확대경으로 열기 |
| 통람 모드로 열기 |
| 참조 보기에서 열기 |
| 참조 사진으로 설정 |
| 두 번째 창에 잠금 |
| 탐색기로 표시(B) |
| 라이브러리의 폴더로 이동(Y) |
| 컬렉션으로 이동 |
| 응용 프로그램에서 편집(E) |
| 사진 병합 |
| 플래그 설정(F) |
| 등급 설정(Z) |
| 색상 레이블 설정(C) |
| 키워드 "스튜디오, 모델" 추가(A) |

Adobe Photoshop CC 2019에서 편집(E)...
다른 응용 프로그램에서 편집(N)...
Photoshop에서 스마트 오브젝트로 열기...
Photoshop에서 파노라마에 병합...
Photoshop에서 HDR Pro에 병합...
Photoshop에서 레이어로 열기...

❶ 현재 작업하고 있는 파일 하나를
포토샵으로 내보낸다.

❷ 여러 장의 사진을 스마트 오브젝트
상태의 여러 장의 파일로 연다.

❸ 여러 장의 사진을 파노라마로 합칠 수
있도록 포토머지 자동화 필터로 연다.

❹ 여러 장의 사진을 HDR로 합칠 수 있
도록 HDR Pro 자동화 필터로 연다.

❺ 여러 장의 사진을 하나의 파일 안에
각각의 레이어로 연다.

2 'Adobe Photoshop CC 2015에서 편집'을 선택하면, 포토샵이 실행되면서 선택한 파일이 나타난다. 라이트룸이 종료된 게 아니라 포토샵이 추가로 실행된 것이다. 라이트룸이 실행된 상태로 그냥 놔두고 지금부터 필요한 포토샵 작업을 하면 된다.

3 만약 'Adobe Photoshop CC 2015에서 편집'을 선택했는데 포토샵으로 어떻게 가져갈지를 묻는 대화상자가 나타났다면, 원본이 Raw 파일이 아니라 JPG, TIFF 등일 경우다.

❷ 원본 파일의 사본을 만들어 포토샵으로 가져가고, 라이트룸에서의 보정은 무시한다.

❸ 원본 파일 자체를 포토샵으로 가져가고, 라이트룸에서의 보정은 무시한다.

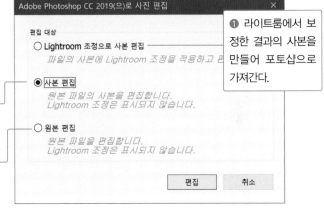

❶ 라이트룸에서 보정한 결과의 사본을 만들어 포토샵으로 가져간다.

포토샵에서 다시 라이트룸으로 가져오기

편집을 마친 후 포토샵에서 라이트룸으로 다시 가져오는 방법은 매우 간단하다. 정확히는 포토샵에서 저장하는 순간 아무것도 하지 않아도 자동으로 라이트룸으로 보내진다. 무슨 말인가 싶겠지만 한 번 해보면 금방 이해할 수 있을 것이다. 물론 포토샵에서 저장할 때 나중에 다시 수정할 것을 고려해 모든 레이어를 살려 놓거나, 용량을 줄이기 위해서 병합할 수도 있다. 다만 레이어가 많으면 사진 하나가 1GB가 넘는 경우도 종종 있으니 수정할 가능성이 적다면 레이어를 병합해 저장할 것을 추천한다.

1 포토샵에서 작업을 마친 후 저장한다.
(단축키 Ctrl + S)

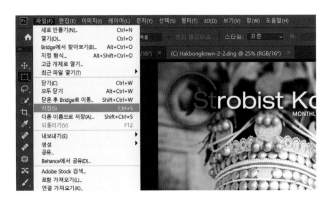

2 라이트룸 화면을 클릭해 돌아가면 원본 왼쪽에 포토샵에서 저장한 파일이 이미 나타나 있음을 알 수 있다.

3 스택 뷰(Stack View)

간혹 한 덩어리로 여러 개의 사진이 뭉쳐 있기도 하는데 이것을 '스택 뷰(Stack View)'라고 한다. 왼쪽 위에 몇 개의 사진이 뭉쳐 있는지가 숫자로 표시되며, 마운트에 가는 줄이 나타난다. 이 부분을 클릭해보자.

클릭

2개의 사진이 뭉쳐 있는 스택 뷰

4 뭉쳐 있던 사진들이 펼쳐져 나타난다. 다시 세로줄을 클릭하면 하나로 뭉쳐진다. 2/2는 2개의 사진 중 두 번째 사진이라는 뜻이다.

포토샵에서 저장한 파일의 실제 위치는?

포토샵에서 분명히 저장했는데 그럼 파일은 어디에 갔을까? 탐색기를 이용해 원본 사진이 있는 위치를 확인해보면 원본 옆에 원본 파일명에 "?편집'이 붙은 파일을 확인할 수 있다. 따로 파일이름을 입력하지 않아도 자동으로 만들어지

며, 레이어를 병합하지 않은 채 저장했다면 레이어도 살아 있다. 단 파일 용량이 2GB가 넘어가면 자동으로 저장되지 않고, 포토샵의 대용량 저장파일인 .PSB 포맷으로만 저장할 수 있다. 이렇게 따로 저장한 경우 라이트룸에서 자동으로 불러오기가 되지 않는다.

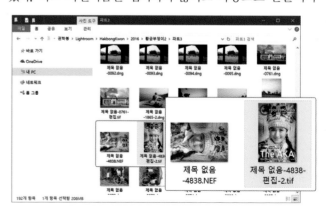

GPS 코딩과 지도 모듈

이 사진이 어디서 촬영되었는지 바로 지도로 볼 수 있다면? 이런 아이디어가 적용된 기능이 바로 '지도' 모듈이다. 여행 사진을 좋아하는 사진가라면 이 기능과 유사한 파노라미오(panoramio.com)의 서비스를 알 것이다. 보기 좋은 것 말고 별 쓸모는 없다고 생각하는 편이지만, 쓰기 나름이라는 게 정답일 것이다.

GPS 지오태깅 장비?

사진 등에 위치 정보를 추가하는 것을 '지오태깅(Geotagging)'이라고 한다. 지오태깅이 가능한 카메라나 액세서리를 이용하면 사진에 GPS 코드를 입력할 수 있고, 라이트룸의 경우 '지도' 모듈에서 활용할 수 있다.

니콘의 유저라면 Aokatec에서 나온 엄지손가락만 한 GPS 유닛을 사용할 수 있다. 가격은 60달러 정도로 저렴하면서 성능은 거의 동일하다. 거추장스러운 선을 연결할 필요 없이 바디에 바로 삽입해 사용할 수 있는 간편함도 훌륭하다. 필자의 카메라는 2년을 버티지 못하지만, 이 제품은 5년이 다 되어 가도록 멀쩡하게 잘 작동하고 있다.

캐논의 경우 주렁주렁 달린 선들을 벗어나긴 아직 힘들 것 같다. 사용해봤다면 알겠지만 1년 안에 선이 어딘가에 걸려 끊어질 확률이 매우 높다. 플래그십 스포츠 카메라의 경우 직접 연결되는 소형 GPS 지오태깅 액세서리가 있지만 그 이하의 모델은 사용하기가 여간 힘들지 않다. 그나마 최신형 DSLR의 경우 이 정도로 끝난 것이 다행이다. 핫슈 때문에 스피드라이트나 무선동조기를 써야 한다면 사진처럼 설치할 수밖에 없다. 소비자로서 회사에 적극적으로 건의해 개선해야 할 것 같다. 반갑게도 최근에 캐논의 주력 기종인 5D mark 4에서 내장 GPS 유닛이 추가되었다고 한다.

1 사진을 선택하고 '지도' 모듈을 클릭한다. 어디서 촬영되었는지 구글 맵을 통해 직관적으로 살펴볼 수 있다. 정말 감탄사가 절로 나오는데, 혹자는 이 기능이 정말 눈부시게 발전한 기술의 첨단을 보여주면서도 아름다운 것 말고는 별 쓸모가 없다고 폄훼하기도 한다. 그러나 이렇게 지오테깅된 사진은 근처 지역 명칭이나 주요 지명을 메타데이터에 자동으로 저장하니 어느 정도 장점을 가지고 있는 것은 분명하다.

특히 여행사진을 주로 촬영하거나 야외활동이 많은 사진가들에게는 더 매력적으로 보이는 기능일 것이다. 일부 카메라 메이커의 DSLR은 GPS 유닛을 사용하기가 여간 비싸고 번거로운 것이 아니라 선뜻 선택하기 어렵다. 하지만 GPS 센서를 탑재한 DSLR이 점점 많아지고 있으니 점차 사진을 찾거나 관리할 때 유용하게 사용할 수 있을 것이다.

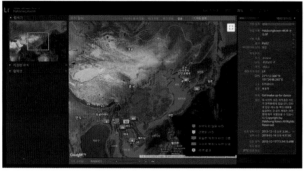

지오테깅된 사진이라는 것을 알려주는 아이콘

2 지도 위의 숫자는 해당 지역에서 검색된 사진의 숫자이며, 클릭하면 해당 사진의 미리보기가 가능하다.

3 지도를 확대하면 거의 정확하게 위치가 테깅되어 있는 것을 확인할 수 있으며, '메타데이터' 패널의 'GPS' 항목 화살표를 클릭하면 해당 사진의 지도를 볼 수 있다.

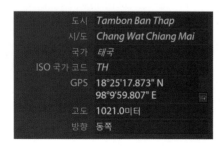

아무리 소극적으로 사진을 보정하는 사람이라도 제일 먼저 노출,
즉 밝기에 관한 조정을 할 것이고, 그다음으로 색감을 조정할 것이다.
마지막으로 약간 부족한 부분을 채우고 필요 없는 부분을 삭제해서
사진을 완성한다. 거의 모든 사진에 필수적인
이 3단계 사진 보정 방법에 대해 알아보자. 맨 먼저 노출이다.

PART 3   노출
이론부터 기초 보정까지

애매하게 알고 있던
히스토그램에 대한 모든 것

노출을 아주 간단히 말하면 '밝기'다. 문제는 이 밝기에 대한 느낌이 사람마다 몹시 주관적이라는 데 있다. 라이트룸 등 사진을 다루는 대부분의 툴은 밝기를 보정하기 위한 여러 기능을 가지고 있는데, 그 객관적 기준이 되는 것이 바로 '히스토그램'이다. 히스토그램에 대한 이해 없이 노출을 다룰 수는 없다. 이 기회에 반드시 제대로 이해하고 활용해보자.

히스토그램? 밝기에 따라 어디에 픽셀이 몰려 있는지를 보여주는 단순한 그래프!

히스토그램(Histogram)에 딱 들어맞는 우리말은 없지만, 그래도 가장 비슷한 것이 '막대그래프'일 것이다. 일반적인 막대그래프와 다른 것이 있다면 막대 사이의 간격이 없다는 점인데, 그걸 제외하고는 가로축과 세로축을 가진 단순한 그래프다. 대략적인 평균의 분포나 집중된 구간, 혹은 얼마나 안정되거나 불안정해졌는지를 빠르게 판단할 수 있다는 장점이 있다. 사진에서 히스토그램은 촬영하는 순간부터 후보정이 끝나는 마지막 순간까지 노출에 대한 객관적인 정보를 알려주기 때문에 사진의 품질을 높일 수 있는 매우 중요한 기준이다.

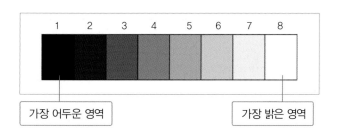

가장 어두운 영역   가장 밝은 영역

뭐든지 직접 해봐야 쉽다. 히스토그램을 이해하기 위해 왼쪽과 같은 8개의 밝기, 즉 명도 단계를 가진 사진이 있다고 가정하고, 히스토그램을 만들어보자.

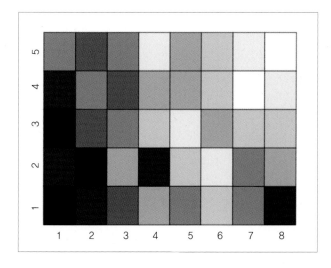

네모 한 칸이 한 픽셀이다. 따라서 이 사진의 해상도는 8×5, 총 40픽셀의 사진이다. 이 사진은 어두운가? 밝은가? 사람마다 느낌마다 기분마다 다를 것이다. 이런 애매한 상황에서는 정확히 보정할 수 없다. 그래서 각 픽셀의 밝기를 명도 단계별로 나눠 어느 단계에 몇 개의 픽셀이 있는지를 표시해 보여주는 것이 히스토그램이다. 보통 가로축의 왼쪽이 가장 어두운 영역이고, 오른쪽이 가장 밝은 영역이다.

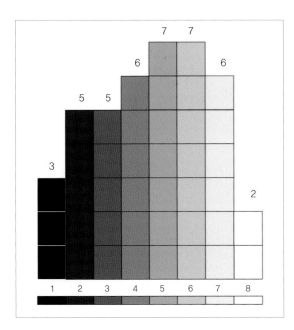

이제 우리가 아는 히스토그램으로 만들어보자. 위의 사진의 경우 가장 어두운 픽셀이 3개이므로, 3개라고 막대그래프에 표시한다. 그리고 두 번째 어두운 픽셀은 5개이므로 5개의 값을 그래프에 표시한다. 이런 식으로 위 사진의 명도 단계별 픽셀 개수를 모두 히스토그램으로 표시하면 왼쪽과 같다. 다른 기준은 없다. 그래서 가장 객관적이라고 말하는 것이다.

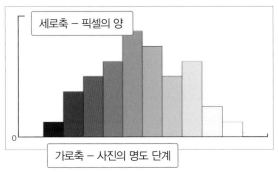

사진에서 히스토그램을 사용할 때는 세로축 즉, 픽셀의 개수는 절대값이 아닌 상대값으로 표시한다. 따라서 어두운 영역부터 밝은 영역까지 전체적으로 고른 그래프의 모양을 가지고 있다면 무리가 없겠지만, 특정 명도 단계의 픽셀 수만 엄청나게 많다면 상대적으로 다른 픽셀의 데이터가 매우 적은 것처럼 보이게 된다. 라이트룸뿐만 아니라 포토샵이나 다른 카메라에서도 비슷하게 사용되는 일반적인 방법이다.

히스토그램의 세로축은 왜 상대적일까?

사진 분야에서 히스토그램의 가로축은 사진의 명도 단계를, 세로축은 픽셀의 양, 즉 얼마나 많은 픽셀이 있는지를 나타낸 것이라고 했다. 그러나 세로축의 값은 별로 중요하게 생각하지 않는데, 히스토그램을 이용하는 이유 자체가 세로축을 보면서 픽셀의 정확한 양을 계산하는 것이 아니라 대충 전체적인 픽셀의 분포 흐름을 파악하기 위한 것이기 때문이다.

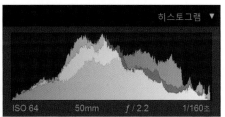

사진을 보자. 극단적으로 밝거나 어두운 부분이 없이 전체적으로 중간톤인 사진이다. 따라서 히스토그램도 무난하게 중간톤 부분이 풍부한 산 모양이다.

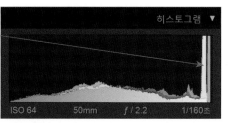

같은 장소에서 세로로 프레이밍해 촬영한 사진이다. 비슷한 사진이었는데 히스토그램은 굉장히 다르다. 첫 번째 사진과는 다르게 하늘이 사진의 1/3을 차지했기 때문에 하늘 부분의 데이터가 히스토그램에 아주 큰 영향을 미쳤다. 하늘 부분의 균일한 명도와 색조 때문에 밝은 부분의 히스토그램이 매우 높게 표시되었다. 따라서 나머지 명도 단계의 막대그래프는 상대적으로 매우 낮은 것처럼 보인다.

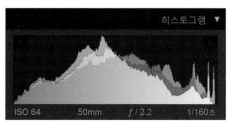

두 번째 사진의 하늘 부분을 잘라낸 것이다. 이렇게 하자 하늘의 픽셀값이 히스토그램에서도 제거되어 첫 번째 사진과 매우 유사한 히스토그램이 되었다. 히스토그램의 세로축은 매우 상대적이라는 말이 이해가 갈 것이다.

히스토그램의 종류

RGB 채널을 가진 대부분의 컬러사진의 경우 Red, Green, Blue의 각 채널별 명도 단계를 분리해서 표기한다. 방법은 위에서 설명한 것과 같다. Red 채널은 빨강색처럼 보기 편하게 색을 넣어 보여주기도 한다. 이런 색상별 히스토그램을 하나의 그래프로 모아서 함께 보여주는 것이 요즘 사용하는 RGB 히스토그램의 추세다. 일부 카메라에서는 노출을 보다 직관적으로 알 수 있도록 명도값만 추출해서 단색 그래프로 표시하기도 한다.

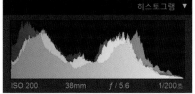
RGB 채널을 가진 일반 컬러사진의 히스토그램

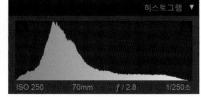
명도값만 추출해서 보여주는 히스토그램

데이터가 없는 영역이 있을 때의 히스토그램 모양

RGB 채널을 가진 대부분의 컬러사진의 경우 Red, Green, Blue의 각 채널별 명도 단계를 분리해서 표기한다. 방법은 위에서 설명한 것과 같다. Red 채널은 빨강색처럼 보기 편하게 색을 넣어 보여주기도 한다. 이런 색상별 히스토그램을 하나의 그래프로 모아서 함께 보여주는 것이 요즘 사용하는 RGB 히스토그램의 추세다. 일부 카메라에서는 노출을 보다 직관적으로 알 수 있도록 명도값만 추출해서 단색 그래프로 표시하기도 한다.

촬영장에서 생기는 실수_

이 히스토그램이 보여주는 의미는, 촬영 당시 해당 부분의 밝기가 너무 밝아 유효한 디테일을 얻을 수 있는 센서의 관용도를 초과했다는 말이다. 사진에 표시한 부분이 여전히 동일한 색으로 보이는 이유이기도 하다. 이런 경우 후보정으로도 메꿀 수 없다. 관용도가 높은 센서를 가진 카메라에서는 이런 문제가 덜 발생하며, 품질이 낮은 센서의 카메라에서는 빈번히 발생할 것이다.

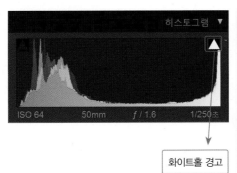

화이트홀 경고

위 사진을 보자. 히스토그램은 256단계를 벗어난 데이터들은 표시하지 않고, 왼쪽이나 오른쪽 벽에 몰아버린다. 사진에 붉은색으로 표시된 부분이 나타나고, 히스토그램을 봐도 가장 밝은 영역인 오른쪽 부분의 세로축이 극단적으로 높으면서 '화이트홀' 경고 표시가 떴다. 가장 밝은 단계의 데이터가 엄청나게 많다는 말이다. 사진에 붉은색으로 표시한 부분은 모두 동일하게 R255 G255 B255의 데이터, 즉 완벽하게 흰색이라는 뜻이다. 뭐가 문제냐면 현실에서 모두 동일한 밝기를 가진 사물은 없는데, 이 사진의 붉은색 부분의 경우 어떠한 디테일도 존재하지 않는다는 말이기 때문이다.

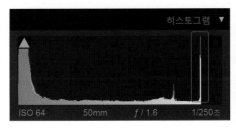

인위적으로 밝기를 극단적으로 낮추어 실제로 이 부분의 데이터가 어떻게 생겼는지를 확인해 보자. 표시한 부분에서 동일한 밝기의 데이터가 세로축 끝부분에 닿아 있다. 이 부분이 바로 화이트홀, 즉 완전한 흰색이 차지하는 픽셀의 개수다.

후보정에서 생기는 실수_

이런 화이트홀이나 블랙홀은 부주의한 후보정 과정에서도 많이 발생한다. 촬영 당시에는 이런 부분이 없었지만 후보정에서 이런 현상이 생긴다면 매우 곤란하다. 왜냐하면 완성된 사진의 포맷는 Raw 파일이 아니라 JPG나 TIFF 같은 것이고, 이들 포맷은 색공간과 색역, 그리고 계조가 이미 지정되어 있기 때문에 어떻게 처리하더라도 이 문제를 해결할 수 없다.

물론 매우 아마추어적인 실수이기도 하다. 따라서 주어진 계조를 모두 사용하되 이렇게 아무런 데이터 없이 뻥 뚫려버린 홀이 생기지 않도록 히스토그램을 적극적으로 활용하고 주의를 기울이도록 하자. 화이트홀만 설명했지만 블랙홀도 마찬가지다.

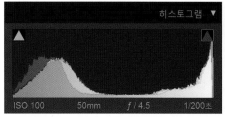

매우 작은 부분에 화이트홀이 발생했다. 이 정도는 사진에서 허용가능한 수준이라고 볼 수 있다.

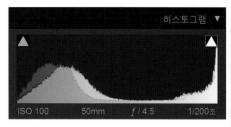

상당히 많은 영역의 데이터가 사라져 안개의 많은 디테일이 사라졌다. 잘못된 경우다.

라이트룸, 포토샵, 카메라 히스토그램의 차이와 특징

히스토그램의 개념을 알려주기 위해 최대한 간단히 설명했지만, 사실 사진에서는 보다 효과적인 그래프를 보여주기 위해 다양하고 복잡한 알고리즘을 사용한다. 또 소프트웨어나 카메라마다 조금씩 다른데, 여기서는 가장 자주 사용하는 라이트룸과 포토샵, 그리고 카메라의 히스토그램에 대해 알아보자.

라이트룸의 히스토그램

먼저 라이트룸의 히스토그램을 보자. 라이트룸은 기본적으로 사진만을 위한 소프트웨어이기 때문에, 사진 작업에 최적화된 히스토그램을 보여준다. RGB 데이터를 각각 보여주는데, 의외로 회색 영역이 대부분이라는 것을 눈치챘을 것이다. 이 회색 영역은 RGB 채널 모두에서 동일한 양이 있는 부분을 말한다. 또 RGB 외에도 노란색이나 시안, 마젠타 같은 색상도 보이는데, 이는 빛의 색 혼합을 표현한 것이다. R(레드)과 G(그린)가 같은 양으로 존재하는 부분은 노란색으로 표시된다. 나머지 색들도 마찬가지다.

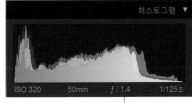

회색 영역은 RGB 모두에 동일한 양으로 있는 부분이다.

**포토샵의
히스토그램**

다음은 앞과 같은 사진을 포토샵에서 봤을 때의 히스토그램이다. 포토샵은 사진만을 위한 프로그램이 아니기 때문에 다양한 용도의 히스토그램이 있고, 라이트룸과 다른 알고리즘을 사용해 같은 사진이라도 다른 모양의 히스토그램을 보여준다. 다만 전체적인 히스토그램의 모양 즉, 우리가 히스토그램에서 얻고자 하는 정보인 명도 분포도는 비슷하게 나타난다.

포토샵 히스토그램 (색상모드)

포토샵 히스토그램 (광도모드)

**카메라의
히스토그램**

카메라에서도 기본적으로 히스토그램을 보여준다. 전적으로 '노출에 관한 문제를 확인하기 위해서'라고 말해도 과언이 아니다. 히스토그램의 이런 용도를 정확히 알고 있으면, 촬영 즉시 노출값을 조정해 최대한의 데이터를 확보할 수 있는 중요한 정보가 된다. LCD의 프리뷰 사진만으로 노출을 확인하는 잘못된 습관을 들이면, 촬영 당시의 주변 광량에 따라 매우 주관적인 노출 사진이 되기 쉽다. 따라서 촬영하는 틈틈이 히스토그램을 확인하는 습관은 무엇보다 중요하다. 카메라의 히스토그램도 대부분 RGB나 광도를 기준으로 한다.

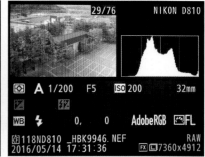

이렇게 소프트웨어나 카메라마다 히스토그램을 표시하는 방법이 모두 다르고, 보기 편하게 혹은 효율적으로 보여주기 위해서 다양한 내부 알고리즘을 사용한다. 하지만 이 모든 히스토그램 역시 픽셀의 양과 밝기라는 단순한 정보의 나열일 뿐이다. 이렇게 생각한다면 더 이상 히스토그램이 어렵지만은 않을 것이다.

히스토그램으로 노출 정보 보는 법 배우기
노출 부족/노출 과다

히스토그램을 제대로 이해하면 히스토그램만 봐도 사진의 노출이 정상적인 것인지 혹은 비정상적인 것인지를 판단할 수 있다. 이제 이론은 충분히 배웠으니 실제 사진에서 히스토그램을 활용하는 방법을 알아보자.

사진을 찍을 때나 후반작업의 보정 과정에서 흔히 모니터의 밝기나 주변 조명에 따라 노출을 판단하는 데 어려움을 겪곤 한다. 그러나 히스토그램의 특성과 의미를 정확하게 파악하면 사진 노출에 대한 객관적인 정보를 얻을 수 있으며, 이 정보를 바탕으로 올바른 노출을 가진 사진을 만들 수 있다. 히스토그램은 촬영 장비와 상관없이 수학적으로 기록되는 디지털 데이터를 가장 직관적으로 알 수 있게 해준다. 따라서 수시로 히스토그램을 체크해 촬영 시에는 최대한의 계조를 확보한 원본 사진을 촬영할 수 있도록 노력해야 하며, 후보정 시에는 자신이 표현하고자 하는 사진의 전체적인 밝기를 조절해야 한다. 각 사진의 히스토그램 모양을 보며 노출이 적정한지, 어떻게 보정해야 할지를 살펴보자.

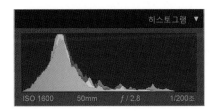

노출 부족_ 사진을 보자. 히스토그램을 보면 극단적으로 어둡거나 밝은 영역은 없지만 어두운 영역인 왼쪽으로 치우쳐 있고, 밝은 영역은 매우 적다는 것을 알 수 있다. 기계적으로 봤을 때 '노출 부족'이라는 말이다.

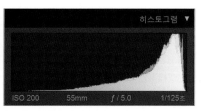

노출 과다_ 히스토그램이 오른쪽으로 치우쳐 있다. 어두운 영역이 없고, 중간명도 역시 희박하며 밝은 영역이 대부분을 차지하고 있다. 기계적으로 봤을 때 분명히 노출이 과다한 사진이라고 말해주고 있다.

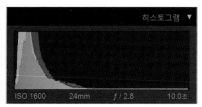

어두워야 하는 사진_ 그러나 모든 사진의 히스토그램이 절대적으로 산 모양으로 고르게 나와야만 좋은 것은 아니다. 야경 사진처럼 원래 어두운 영역이 대부분을 차지하는 사진의 경우, 위와 같이 히스토그램이 왼쪽으로 치우친 것이 올바른 사진이며, 너무 밝게 촬영하면 오히려 야경이 가지고 있는 맛을 잃어버릴 수 있다.

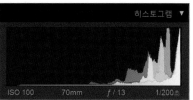

밝아야 하는 사진_ 마찬가지로 제품 사진처럼 밝은 배경에서 비교적 밝은 색깔의 물체를 촬영하면 히스토그램이 오른쪽으로 치우친다. 이렇게 촬영 의도에 따라 히스토그램은 달라진다.

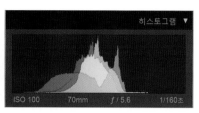

콘트라스트가 낮은 사진_ 원래부터 콘트라스트가 낮은 사진이 있을 수 있다. 의도적으로 미니멀하게 프레이밍해, 디테일이 대부분을 차지하는 사진의 경우 억지로 히스토그램을 벌려 넓은 계조를 표현하면 오히려 어색해진다. 따라서 중간톤 정도에 가장 많은 데이터가 집중해 있는 것이 올바른 사진이 될 수도 있다.

**촬영 즉시 LCD로
사진을 확인할 수 있는데,
왜 히스토그램을 봐야 하는가?**

카메라에 붙어 있는 LCD 창은 외부 환경의 영향을 많이 받는다. 즉, 밝은 대낮의 환경에서는 사진이 잘 안 보이기 때문에 노출 과다로 촬영하기 쉽고, 반대로 밤 같이 어두운 환경에서는 사진이 매우 밝게 보이기 때문에 실제로는 노출 부족이 되기 쉽다. 깜깜한 밤에는 LCD 창이 너무 밝게 보여 자신도 모르게 자꾸 노출을 줄이게 되는데, 나중에 컴퓨터로 확인해보면 노출이 부족한 어두운 사진을 얻게 된다는 말이다.

또 이 책에서 다루는 후반 작업도 마찬가지다. 모니터만 믿고 사진을 보정하면 이 사진이 객관적으로 얼마나 밝고 어두운지에 대해 카메라의 LCD 창과 같은 일이 벌어진다. 자신의 모니터를 매우 밝게 설정하고 주변환경이 어두울 경우, 사진이 너무 밝아 보이니까 자꾸 어둡게 보정하려는 경향이 생긴다. 반대의 환경이라면 사진이 점점 밝게 가는 것이다. 따라서 히스토그램을 보면서 최소한의 객관적 지표를 마련하는 것이 후반 작업의 가장 기초적인 단계다.

히스토그램으로 최대한의 계조를 이끌어내는 클리핑!

히스토그램이 뭔지, 프로그램마다 히스토그램은 어떻게 다른지, 히스토그램으로 사진의 노출 정보를 보는 방법까지 배웠다. 이 모든 과정의 목표는 가장 밝은 부분과 가장 어두운 부분까지를 모두 사용해 풍부한 명도 단계를 가진 인상적인 사진을 얻기 위해서다. 이제 지금까지 배운 내용을 활용해 실제로 계조를 조정하는 방법을 알아보자.

한계값 디지털 사진의 경우 가장 밝은 부분과 가장 어두운 부분을 모두 사용하는 것이 매우 중요하다. 그만큼 표현할 수 있는 명도 단계가 풍부해지기 때문에 인상적인 사진을 만들 수 있다. 가장 밝은 값과 가장 어두운 값을 '한계값'이라고 부른다. 이 한계값은 말 그대로 더 이상 밝아지거나 어두워질 수 없는 값이다.

인쇄를 예로 든다면, 가장 밝은 부분은 아무런 잉크도 묻지 않은 종이 밝기 그대로가 밝음의 한계값이 될 것이다. 모니터라면 스크린의 가장 밝은 능력치가 바로 이런 한계값이 된다. 어둠 역시 마찬가지이다. 인쇄에서는 블랙 잉크가 칠해진 부분이고, 모니터에서는 모든 빛이 차단된 부분이다. 디지털 데이터에서는 8bit 색상심도일 경우 0(가장 어두움)과 255(가장 밝음)로 기록한다. 더 어둡거나 밝은 부분은 기록할 수 있는 데이터 범위를 초과하기 때문에 기록할 수 없다.

계조 '계조'는 이러한 두 양 극단 사이에 얼마나 많은 그러데이션 단계를 가지고 있느냐를 말하는데, 이는 심도(bit)에 따라 결정된다. 라이트룸에서는 일반적으로 실제 사진의 심도와 상관없이 8bit, 256단계로 명도값을 표시하니 이를 기준으로 설명하겠다. Raw로 촬영한다면 보통 12bit에서 14bit의 심도로 기록할 수 있다. 이 책에서 설명한 대로 설정했다면 Raw 파일에서 컨버팅된 사진은 자동으로 16bit 심도의 파일로 기록될 것이다. 컴퓨터에서는 8bit 다음으로 16bit기 때문에 중간인 12, 14bit는 사용하지 않는다.

클리핑 따라서 보정은 사진에서 가장 어두운 부분에서 출발해 가장 밝은 부분까지 가는 256단계를 모두 사용하는 것이 목표다. 또 한계값을 넘어가는, 즉 너무 밝거나 어두워 데이터가 사라지는 부분을 최소화시키는 것을 조건으로 한다는 말이다. 이것을 '클리핑(clipping)' 작업이라고 한다.
초보자들은 사진가의 의도를 살리기 위해 사진의 일부만을 잘라 사용하는 프레이밍 작업, 즉 크롭, 크로핑(crop, cropping)과 헷갈리곤 한다. 이 기회에 확실히 하자. 크로핑은 자르기, 클리핑은 계조 작업이다.

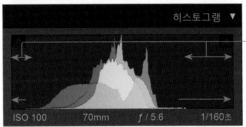

사용하지 않는 명도 단계

히스토그램을 고무줄처럼 늘여 모든 명도 단계를 사용하는 것이 목표!

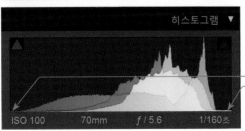

모든 명도 단계를 사용해 계조가 풍부한 사진이 되었다.

그래서 계조를 최대화하는 것이 항상 옳은가?

여기까지 설명하면 모든 사진에서 풍부한 계조를 요구하는가 혹은 모든 사진이 풍부한 계조를 가져야만 하는가라는 질문이 따라올 것이다. 결론부터 말하자면 'No'다.

클리핑 후_ 아침안개가 사방을 가득 채웠을 때 나무를 촬영한 사진이다. 히스토그램을 이용해 클리핑한 것인데, 처음에는 단순히 선명한 나무와 단색의 배경을 가졌다고 보일 것이다. 그러나 조금 더 사진을 자세히 보면 단색의 배경이, 사실은 안개 때문에 생긴 것이라는 것을 느낄 수 있다.

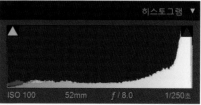

물론 대부분의 사진이 풍부한 명도 단계의 깔끔한 콘트라스트를 가질 때 보기 좋은 것은 사실이다. 하지만 일부의 사진 혹은 자신의 표현 방법에 따라 의도적으로 명도 단계의 사용을 줄일 수 있으며, 사진의 스타일을 만들거나 조금 더 리얼한 표현을 위해서 일부러 의도되기도 한다. 다음 사진들을 보자.

사진은 수학이나 과학에 한 발 걸쳐 있지만, 결국 시각예술이라는 점을 벗어날 수는 없다. 따라서 후반작업에서 히스토그램을 이용한 클리핑이란 사진가의 선택과정 중 하나일 뿐 절대적인 가치나 필수 요소라고 착각해서는 안 된다.

물론 그럼에도 불구하고 계조를 잘 살린 사진은 일반적으로 보기 좋은 사진의 표준으로 자리 잡고 있다. 특히 자신의 사진이 제2, 제3의 가공을 염두에 두고 판매되거나 기고되는 경우, 즉 잡지나 신문, 책 등에 사용될 목적이 있는 경우라면 클리핑하지 않아 풍부한 계조를 가지지 못한 사진은 거부될 수 있다. 내가 찍은 사진을 최종적으로 사용하기 전에 다른 디자이너나 전문 사진편집자가 다시 한 번 목적에 맞도록 보정하는 일은 매우 흔하다.

클리핑 무시_ 이 사진은 '의도적으로' 클리핑을 무시한 후반작업의 결과물이다. 선명하게 보이지 않는 이유는 히스토그램을 보면 금방 알 수 있다. 주어진 명도 단계를 모두 사용하지 않았기 때문이다. 지금까지 배운 히스토그램과 클리핑을 생각하면 잘못된 보정이다. 그러나 필자는 클리핑을 하지 않아서 잃어버리는 콘트라스트와 계조보다 안개가 가득 낀 탁하고 불투명한 현장의 느낌을 보여주고 싶었다. 이렇게 촬영자의 의도에 따라 클리핑 적용 여부는 달라진다.

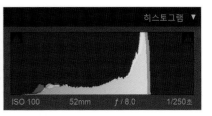

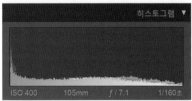

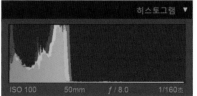

보다 다양한 사진을 보자. 사진의 사용 목적에 따라 히스토그램을 무시하고 편집할 수도 있다. 상
업적 사진에서 많이 사용되는 디자인틱한 사진의 경우 왼쪽처럼 극단적인 히스토그램을 보인다. 이
를 임의로 보정하면 당연히 어색한 사진을 얻을 것이다. 또 오른쪽처럼 상황에 따른 자연스러운 해
석을 위해서 히스토그램을 무시해야 하는 경우도 종종 발생한다. 원본 그 자체로 콘트라스트가 매
우 낮은 사진의 경우 임의로 클리핑하면 표현하고자 하는 바를 제대로 전달하지 못할 수도 있다.

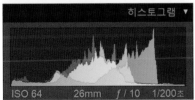

히스토그램을 이용해
풍부한 계조와 콘트라스트를 확보한 사진

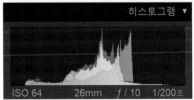

히스토그램을 의도적으로 무시하고,
디테일과 질감을 강조한 사진

위는 클리핑한 사진과 의도적으로 계조를 낭비한 두 장의 사진이다. 많은 사람들이 왼쪽의 클리핑
한 사진을 '올바르다'고 할지 모르지만 오른쪽 사진 역시 나쁜 것은 아니다. 오른쪽 사진에서도 충분
히 모든 상황을 재현하고 있으며, 빈약한 계조 대신 감성적인 느낌을 얻었다. 이는 사진가가 사진을
보는 사람에게 전하고 싶은 감정과 느낌이 무엇인가에 따라 선택할 문제다.

가장 밝은 곳과 가장 어두운 곳을 찾는 클리핑
흰색 계열/검정 계열

라이트룸에서의 클리핑은 매우 쉽다. 또 보정 단계에 들어갔을 때 가장 먼저 해야 할 기초 중의 기초라고 할 수 있다. 대부분의 사진에서는 가장 밝은 부분과 가장 어두운 부분을 최대한 벌려 계조를 풍부하게 가지고 시작해야 그 다음 보정 단계의 결과 역시 좋기 때문이다.

사진 살펴보기

예제사진 Part3\몽골의초원
완성사진 Part3\몽골의초원 완성

예제 파일을 불러온 후 '현상' 모듈을 클릭한다. 먼저 히스토그램을 살펴보자.

풀밭 위의 흰 점은 몽골의 전통주택인 '게르'다. 러시아산 4륜구동 지프차로 한두 시간을 달려 겨우 인기척을 발견했다.
우리의 14년차 운전수는 여기 들러 길을 묻는다. 길이 없는 길을 달리는 재미는 있지만 한번 헤메면 반나절은 기본이다.
– 북부 초원의 풍경, 몽골, 홉스골, 짜간누르

사진에서 가장 밝은 부분은 당연히 화이트다. 히스토그램에서는 맨 오른쪽 끝 부분이다. 가장 어두운 부분은 블랙으로 왼쪽 끝 부분이다. 특별히 의도하지 않는한 왼쪽 끝부터 오른쪽 끝까지, 즉 흰색부터 검은색까지 산 모양 그래프를 그리며 퍼져 있어야 하는데, 이렇게 가운데 몰려 있다는 것은 계조를 제대로 쓰고 있지 않다는 뜻이다. 이럴 때는 일단 사진의 가장 밝은 부분과 가장 어두운 부분을 찾아 전체 계조를 확보한 후보정을 시작해야 한다.

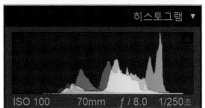

Before_ 사진의 콘트라스트가 너무 낮아 촬영 당시의 맑고 상쾌한 느낌이 전혀 표현되지 않았다. 클리핑을 하고 시선을 화면으로 인도할 명도 그러데이션이 필요하다.

가장 밝은 부분 찾기

'기본' 패널을 클릭한다. '흰색 계열' 슬라이드를 드래그할 때 Alt를 누르면 화면이 검정색으로 바뀌는데, 누른 채 그대로 흰 점이 나타나는 순간까지 '흰색 계열' 슬라이드를 오른쪽(밝은 쪽)으로 천천히 조정한다. (흰색 계열 +47)

가장 어두운 부분 찾기

'검정 계열' 슬라이드를 드래그할 때 Alt를 누르면 화면이 흰색으로 바뀌는데, 누른 채 그대로 검은 점이 나타나는 순간까지 '검정 계열' 슬라이드를 왼쪽(어두운 쪽)으로 천천히 조정한다. (검정 계열 −59)

보정의 시작과 끝은 클리핑!

히스토그램을 비교해보면 양쪽으로 고르게 늘어난 것을 알 수 있다. 이렇게 사용 가능한 계조의 양극단을 찾아 모든 명도 단계를 표현하는 클리핑이 보정의 시작이다. 보정 과정에서 조금씩 계조가 바뀐다. 따라서 시작할 때뿐만 아니라 모든 보정이 끝난 후에도 다시 한번 클리핑해줘야 계조를 최대한 사용하면서도 데이터를 잃지 않을 수 있다.

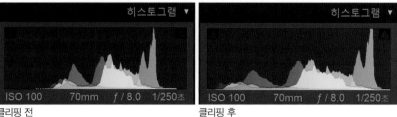

클리핑 전   클리핑 후

포토샵과 라이트룸에서의 클리핑 차이

![Ps]

물론 포토샵에서도 같은 작업을 할 수 있다. 전에는 정밀한 클리핑을 위해 포토샵 작업이 필수였지만, 지금은 매우 빠르고 편리하게 라이트룸에서 한 번에 작업할 수 있다. 얼마나 다른지 비교해보자. 방법은 라이트룸에서와 같다.

1   포토샵을 실행한 후 같은 예제 파일을 불러온다. '이미지 메뉴 – 조정 – 레벨'을 클릭하거나 Ctrl + L 을 누르면 히스토그램을 볼 수 있는 '레벨' 대화상자가 나타난다. 오른쪽 아래에 3가지 스포이트가 있는데, 순서대로 검정색, 중간색, 흰색이다.

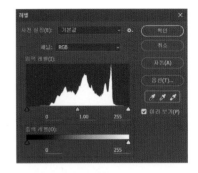

2   가장 밝은 부분 찾기

흰색 스포이트를 클릭한다. Alt 를 누르면 화면이 검정색으로 바뀌는데, 누른 채 그대로 흰 점이 나타나는 순간까지 흰색 조정핸들을 왼쪽으로 천천히 조정한다. (240)

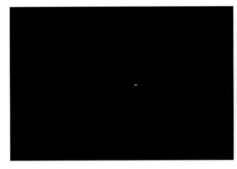

3   가장 어두운 부분 찾기

검정 스포이트를 클릭한다. Alt 를 누르면 화면이 흰색으로 바뀌는데, 누른 채 그대로 검은 점이 나타나는 순간까지 검정색 조정핸들을 오른쪽으로 천천히 조정한다. (−59)

4   라이트룸에서 작업한 결과물과 비교해보면 구분이 힘들 만큼 비슷하다는 것을 알 수 있다. 따라서 굳이 포토샵을 오가지 않아도 충분히 만족스러운 결과물을 얻을 수 있다.

라이트룸에서 클리핑한 결과   포토샵에서 클리핑한 결과

2단계: 클리핑 후 사진가의 개성 표현하기
밝은 영역/어두운 영역

밝은 영역과 어두운 영역을 조절해 밝고 어두운 양을 조정하면 대비, 즉 '콘트라스트'라고 하는 가장 큰 기둥을 살릴 수 있다. 그러나 클리핑만으로는 이 밝은 영역과 어두운 영역을 충분히 살려내지 못한다. 클리핑과 더불어 이 두 부분을 조정해 자신의 개성을 드러내는 방법을 알아보자.

콘트라스트를 어떻게 다루느냐에 따라 결과는 다르지만 어떤 사진이 잘못되었고 어떤 사진이 잘되었다고 말할 수는 없다. 작가의 취향 혹은 감성이 강하게 개입되는 부분이라 경험이나 유행, 혹은 사적인 변화로도 쉽게 변하기 마련이니 정답을 찾아 너무 걱정하지 말자. 자신만의 느낌을 찾아갈 수 있도록 항상 마음을 열어 놓고 다양한 시도를 하는 것이 중요하다. 다만 흐트러진 클리핑을 마지막에 다시 한 번 더 정리해주어야 한다는 건 잊지 말아야 한다.

앙코르와트를 3번째인가 4번째 방문했을 때 촬영한 사진이다. 우기였기 때문에 곧 전 세계 관광객이 감탄을 금치 못하는 멋진 일몰이 펼쳐질 것을 충분히 예상하고 있었는데도, 천 년 전 사람들이 파놓은 해자 위로 떨어지는 일몰의 풍경을 마주하자 나도 모르게 셔터를 누르고 있었다. – 앙코르와트 해자에서 본 일몰, 캄보디아, 씨엠립, 앙코르와트

[기초] 클리핑하기

예제사진 Part3\앙코르와트의일몰
완성사진 Part3\앙코르와트의일몰 완성

원본을 불러온 후 앞에서 배운 방법대로 현상 모듈에서 기본 클리핑을 한 결과다. (흰색 계열 +16, 검정 계열 +4) 클리핑을 했는데도 히스토그램을 보면 밝은 영역과 어두운 영역이 원본값 그대로다. 이 어두운 영역과 밝은 영역을 이용하는 2가지 방법을 더 알아보자.

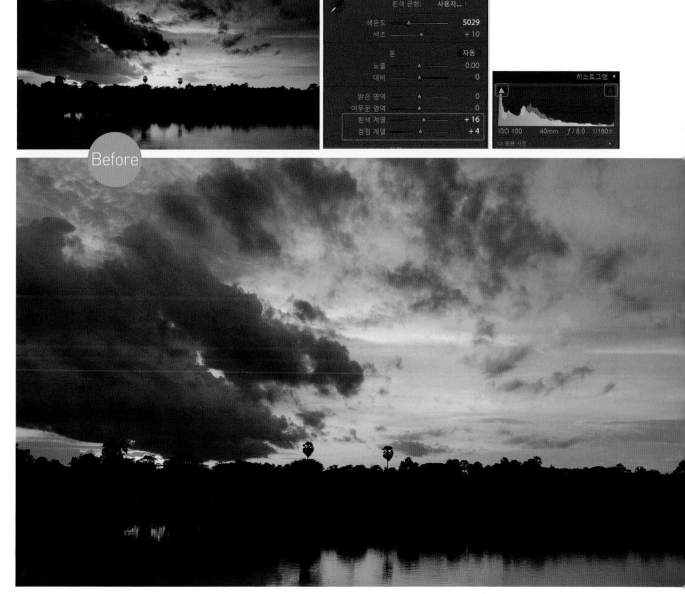

Before_ 하늘과 땅의 밝기 차이가 매우 커 풍경이 이분되었다. 하늘의 구름과 저녁노을의 색상을 강조하고, 땅에 있는 여러 가지 흥미로운 디테일이 좀 더 잘 보이도록 보정해야 한다.

히스토그램에서 클리핑아웃, 즉 데이터가 없는 부분이 시작되면 왼쪽 위의 삼각형에 경고표시가 뜬다. 이때 색깔은 클리핑아웃된 채널의 색상을 표시하며, RGB 모든 채널이 클리핑아웃되면 흑백으로 표시된다. 위의 히스토그램에서 오른쪽 위에 빨간색 경고가 뜬 것은 Red 채널에서 클리핑아웃이 1픽셀 이상이라는 말이다. 왼쪽 경고도 마찬가지다. 이 사진의 경우 이 영역이 매우 작아 무시해도 되는 정도이기 때문에 크게 문제 삼지 않았다.

[방법 1]
고계조의 사진 만들기

이 사진을 마치 HDR 같은 느낌의 고계조 사진으로 바꿔보자. '밝은 영역'은 어둡게 하고, '어두운 영역'은 밝게 되도록 슬라이드를 조정한다. (밝은 영역 −86, 어두운 영역 +95)

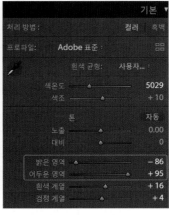

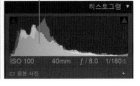
히스토그램에서 보듯이 계조의 중간톤 부분이 상당히 많아졌다.

[방법 2]
극단적인 콘트라스트 만들기

반대로 콘트라스트가 극단적인 사진을 만들려면 '밝은 영역'은 더욱 밝게, '어두운 영역'은 더욱 어둡게 조정한다. (밝은 영역 +79, 어두운 영역 −82)

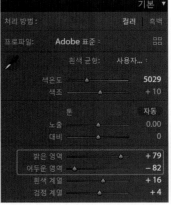

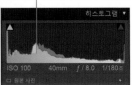
히스토그램을 보면 매우 어두운 영역이 극단적으로 많아졌고, 가장 밝은 부분 역시 증가한 것을 알 수 있다.

3단계: 중간톤으로 전체 밝기 조정하기
노출

밝기, 즉 노출을 조정하기 위해 가장 먼저 할 일은 사진의 가장 밝은 부분과 어두운 부분을 찾아주는 클리핑이다. 그다음 어두운 영역과 밝은 영역을 조정해 개성을 표현한다. 여기까지 진행한 후 전체적으로 밝기를 조정할 때 사용하는 것이 '노출' 슬라이드다. 간단히 말하자면 그렇지만 몇 가지 제대로 알아야 할 부분이 있다. 시작해보자.

독특한 머리장식이 멋진 리수족은 태국 북부지역에 많이 거주하고 있다. 힘들게 찾아간 미얀마 국경을 눈앞에 둔 마을은 특히나 아름다웠는데, 치앙마이 시내에서 리수족 새해를 맞아 고향집을 찾은 젊은 여자의 미모는 마당에 진을 치고 기다리는 수고를 마다하지 않게 만들었다.
– 새해 아침의 리수족 여자, 태국, 치앙마이, 피앙루앙

Before_ 노출 부족으로 촬영되어 전체적으로 어둡다. 설치한 조명의 영향으로 배경으로 빠지는 부분이 주제보다 밝아져 이 부분을 수정해야 하고, 전체적으로 오렌지 기운이 돌아 피부가 너무 붉어 보이는 부분을 수정한다. 더불어 노출을 보기 좋게 맞추어야 한다.

노출 슬라이드의 특성 이해하기

예제사진 Part3\새해아침의리수족여자
완성사진 Part3\새해아침의리수족여자 완성

노출 슬라이드는 전체적인 밝기를 조정하는 매우 유용한 툴이다. 그런데 이 노출 슬라이드만 가지고 노출을 조정하면 자신의 사진이 전체적으로 얼마나 밝은지 혹은 어두운지에 대해서 자칫 둔감해지기 쉽다. 따라서 클리핑과 밝은 영역, 어두운 영역을 먼저 조정해보고 마지막으로 노출 슬라이드를 조정해보는 것을 권한다. 이렇게 하면 클리핑된 부분이 살짝 오버될 수도 있지만, 양 끝단은 최대한 움직이지 않고 중간톤의 값을 크게 움직이는 것이 노출 슬라이드의 특성이기 때문이다.

1 인물의 경우 피부톤 밝기를 기준으로 잡기

예제 사진을 보면 기본적인 작업은 모두 끝났으나 사진이 여전히 매우 어둡다. 이렇게 전체적으로 노출이 부족할 때는 노출 슬라이드를 이용해서 적당한 노출값을 찾아주면 된다. 이때 가장 중요한 기준은 피부톤의 밝기인데, 일반적으로 18% 어둡기의 그레이 정도로 맞추면 된다. 굳이 말로 풀어서 18% 그레이라고 했지만, 숫자를 정확하게 맞출 필요도 없고 방법도 어렵다. 숫자를 맞춘다고 더 좋은 사진이 되는 것도 아니니 그냥 쉽게 화사한 피부 밝기 정도로 생각하면 된다.

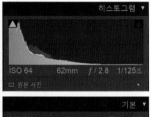

2 노출 슬라이드 조정하기

현상 모듈의 '노출' 슬라이드를 오른쪽으로 드래그하면 사진이 밝아진다. 히스토그램의 분포가 상당히 안정돼 피부톤이 밝은 회색 정도의 밝기로 회복되었다. (노출 +1.71)

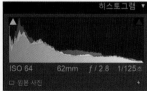
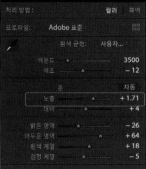

3 클리핑하기

클리핑을 다시 한 번 확인해 조정한다. Alt 를 누른 채 '흰색 계열'과 '검정 계열'의 슬라이드 핸들을 이용해 사진에서 가장 밝은 부분과 가장 어두운 부분을 찾아준다. (흰색 계열 +18에서 +12로 변화, 검정 계열 −5에서 −1로 변화) 노출이 큰 폭으로 변했음에도 불구하고 양 극단의 클리핑 값은 크게 변하지 않았다는 것을 확인할 수 있다.

4 노출 슬라이드의 특성 파악하기

노출 슬라이드 위에 마우스 포인터를 올리고 히스토그램을 보면 어떤 명도값이 가장 크게 영향을 받는지 조금 밝은 회색으로 표시해준다. 이 기능은 밝기에 관한 다른 슬라이드에도 마찬가지로 적용되는데, 노출 슬라이드를 조정한다고 해서 딱 중간 부분의 계조만 조정한다고 생각하지 말고 연속된 계조를 위해 히스토그램이 고무줄처럼 다른 영역과 영향을 주고받는다는 것을 잊지 말자.

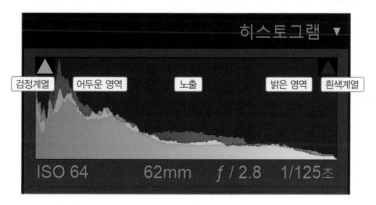

강력하지만 민감한 톤 곡선

초기 버전의 포토샵부터 지금까지 곡선(Curve)은 클래식하다고 표현할 정도로 오랫동안 사랑받아온 톤 보정 기능이다. 지금은 다른 기능들로 충분히 원하는 결과를 얻을 수 있지만, 오랫동안 익숙한 기능을 놓기는 쉽지 않다. 곡선 기능의 올바른 사용법과 의미에 대해 알아보자.

톤 곡선? Tone Curve?

예제사진 Part3\방콕의적란운
완성사진 Part3\방콕의적란운 완성

방콕에서 치앙마이행 비행기를 탔다. 국내선치고는 과하다 싶을 정도로 큰 보잉 747인 데다가 손에 꼽을 만큼 승객이 적어서, 마음 대로 깨끗한 창문을 골라 멋진 항공사진을 촬영할 수 있었다. 이런 행운은 자주 오지 않는다.
–방콕 인근의 적란운, 방콕, 태국

'톤(Tone)'이란 미술에서 대체로 농담이나 명암을 모두 뭉뚱그려 말할 때 쓰는 용어다. 물론 색깔도 톤에 포함될 수 있으나 일반적으로 색깔보다는 명도, 즉 밝기를 의미한다. 어도비에서 한글로 번역할 때 커브(Curve)를 '곡선'으로 번역했지만, 톤은 애매했는지 영어 그대로 두어 이상한 말이 되었다. 아무튼 톤 곡선은 밝기 즉, 노출을 조정하는 곡선이라고 생각하면 크게 틀리지 않을 것이다.

1 톤 곡선 패널 알아보기

예제 파일을 불러온 후 '현상' 모듈 – '톤 곡선' 패널을 클릭한다. 톤 곡선 패널은 포토샵의 곡선(Curve) 기능과 같다고 보면 된다. 흑백 히스토그램을 기준으로 이미지의 톤을 표현하고 보정할 수 있다.

Before_ 광학설계가 전혀 되어 있지 않은 비행기 창문을 통해 촬영했고, 피사체인 구름과의 거리가 있기 때문에 전체적인 콘트라스트가 매우 죽어 있다. 이를 잘 살려내고 저물어 가는 저녁노을의 색감과 그림자 부분의 푸른 기운을 강조해 보색대비로 시선을 끌어 당겨야 한다.

❶ 스위치: 톤 곡선의 모든 효과를 적용하거나 적용 안 함으로 선택한다.

❷ TAT(Targeted Adjustment Tool): 이곳을 클릭한 후 원하는 부분을 클릭하면 지정된 부분을 중심으로 컨트롤할 수 있다.

❹ 점 곡선: 기본적인 '선형'과 미리 세팅된 '강한 대비, 중간대비' 중 선택할 수 있다.

❸ 채널 RGB: 각 채널별 곡선을 선택할 수 있다. (컬러 283쪽 참고)

❺ 점 곡선 편집: 클릭하면 보다 안전하게 곡선을 컨트롤 할 수 있는 슬라이드가 나온다.

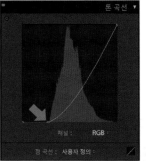

2 클리핑, 가장 어두운 부분 찾기

직선상 한 부분을 클릭하면 조절 핸들이 나타난다. 클릭한 채 드래그하여 왼쪽 아래 부분, 즉 히스토그램에서 가장 어두운 곳으로 이동시킨다. 현재 사진에서 어두운 데이터가 시작하는 부분을 가장 어둡게 만든다는 뜻이다.

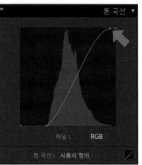

3 클리핑, 가장 밝은 부분 찾기

마찬가지다. 조절 핸들을 하나 더 만든 후 클릭한 채 드래그하여 이번에는 오른쪽 위, 즉 히스토그램이 시작되는 곳으로 이동시킨다. 현재 사진에서 밝은 데이터가 시작하는 부분을 가장 밝은 곳으로 만든다는 뜻이다. 현재 중간톤 부분은 거의 직선이다.

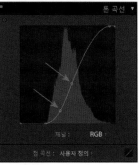

4 중간톤 보정하기

자연스럽게 톤이 이어지도록 하려면 중간 부분에 조절 핸들을 하나 더 만들어 톤 곡선이 자연스럽게 S자로 보이도록 만들면 된다. 사진을 보면서 중간톤 부분의 핸들을 조절하면 전체적인 밝기를 조절할 수 있다. 이때 어두운 영역을 고정하고 싶다면

어두운 영역에 조절 핸들을 하나 더 추가한다. 이렇게 하면 중간톤을 조절해도 어두운 영역이 따라서 밝아지지 않는다. 전체적으로 콘트라스트가 증가했다.

5 점 곡선 편집 아이콘 사용하기

톤 곡선이 너무 민감하게 반응하기 때문에 이를 조금 더 편하게 작업할 수 있는 도우미로 포인터를 설치하고 슬라이드를 작동하기 위해서 점 곡선 편집 아이콘을 사용한다.

점 곡선 편집 아이콘을 클릭한다. 그래프 아래에 3개의 삼각형이 나타나는데, 왼쪽부터 어두운 영역, 중간톤, 밝은 영역의 기준점이다. 어두운 영역의 슬라이드를 드래그해 어두운 부분의 중간쯤으로 이동시킨다. 밝은 영역의 슬라이드도 밝은 부분의 중간쯤으로 이동시킨다. 이렇게 한 후 아래쪽에 있는 밝은 영역, 밝음, 어두움, 어두운 영역의 슬라이드를 조절하면, 각 영역 중 자연스럽게 움직일 수 있는 최대 범위를 표시해준다. 사진을 보면서 원하는 대비가 나타나도록 아래에 있는 4개의 슬라이드를 조정한다.

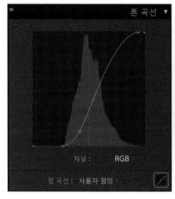
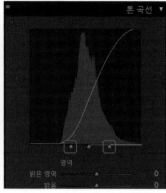
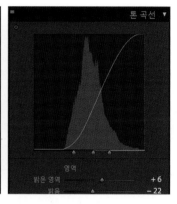

6 톤 곡선과 기본 패널의 보정 결과 비교

결과를 보면 드라마틱하게 다르지는 않다. 기본 패널의 개념과 톤 곡선 패널의 작동 방법이 크게 다르지 않기 때문인데, 무엇을 사용할 것인가는 사용자의 몫이다. 물론 기본 패널의 노출 작업을 보완하기 위한 수단으로 주로 사용되는 톤 곡선의 특성상 없으면 아쉬운 기능인 것은 사실이다.

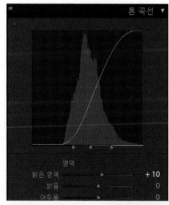
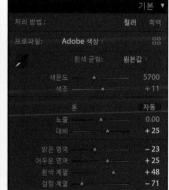

톤 곡선으로 보정한 결과

기본 패널로 보정한 결과

간단하게 느낌을 찾아가는 프로필 브라우저

라이트룸에서는 전체적인 느낌을 간단히 보정할 수 있도록 프로필 브라우저를 제공한다. 포토샵에 익숙한 사람이라면 간단한 보정 필터라고 생각하면 쉽다. 사진에서 효과를 미리 적용한 썸네일을 볼 수 있어 초보자도 원하는 색감이나 톤의 느낌을 쉽게 찾아갈 수 있다.

Before_ 풀밭에서 지는 해를 배경으로 모델을 촬영한 원본 사진이다. 넓은 면적의 팔각 소프트박스를 이용해 인물을 강조했다.
프로필 기본 설정인 'Adobe 색상'은 Raw 파일이 가장 자연스럽게 보이도록 어도비에서 설정해놓은 것이다.

**프로필과 사전 설정
(프리셋 preset)의 차이점**

사전 설정은 만들어진 모든 값을 재조정할 수 있고, 어떻게 만들어졌는지 살펴
보는 데 아무런 제한이 없다. 그러나 프로필 효과는 제작자가 어떻게 보정했는
지 사용자가 알 수 없게 되어 있다. 모든 보정값 역시 재조정되지 않고 고정되
어 있다. 물론 프로필을 적용한 후 다시 보정하는 것은 가능하다. 뭐가 좋고 나
쁘다기보다는 각각의 장단점이기 때문에 자신의 취향이나 보정 스타일에 따라
사용하면 된다.

'Adobe 색상'에 다양한 프로필을 적용한 결과들이다. 간단히 클릭 한 번으로 다양한 느낌을 연출할 수 있으며, 추후 보정 또한
자유롭다.

사전 설정_ '기본' 탭에 모든 보정값이 나타나 어떻게 보정했는지 살펴보면서 추가 보정을 할 수 있다.

프로필_ 효과는 적용되지만 어떻게 만들어졌는지 보정값이 나타나지 않는다. 물론 효과 적용 후 추가 보정은 가능하다.

프로필 브라우저,
프로파일 브라우저?

예제사진 Part3\풀밭의 패션모델
완성사진 Part3\풀밭의 패션모델 완성

보정 전이나 후에 미리 만들어진 보정값을 클릭 한 번으로 쉽게 적용할 수 있도록 만들어진 사전 설정 세트라고 생각하면 쉽다. 보는 방법을 선택하거나 즐겨쓰는 프로필(Profile Browser)을 저장할 수 있는 등 많이 편리해졌다.

1 프로필 브라우저의 위치

기본 패널 두 번째 줄에 있다. 'Adobe 색상' 부분을 클릭하면 바로 적용할 수 있는 즐겨찾기 세트가 나타나는데, 내가 원하는 효과를 따로 등록해서 사용할 수도 있다. 등록된 세트 중 하나를 선택하면 적용된다. 또는 오른쪽 끝에 있는 격자 아이콘을 클릭한다.

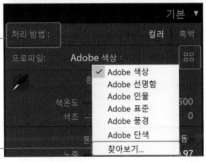

❶ **프로파일**: 클릭하면 즐겨찾기에 등록된 프로필 세트가 나타난다. 프로필 아이콘

❸ **찾아보기**: 직접 프로필을 추가하려면 클릭한 후 추가할 프로필을 선택하면 된다.

2 기본 패널이 프로필 브라우저 패널로 바뀐다.

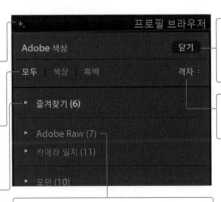

❶ **프로필 가져오기, 프로필 관리**: 외부 프로필을 가져오거나 필요 없는 프로필 목록을 보이거나 감춘다.

❸ **모두, 색상, 흑백**: 색상이나 흑백 효과와 관련된 프로필만을 따로 모아 볼 수 있다.

❺ **즐겨찾기**: 자주 사용하는 프로필 효과나 세트를 모아서 바로 사용할 수 있다.

❷ **닫기**: 프로필 브라우저 패널을 닫고 기본 패널로 돌아간다.

❹ **격자**: 프로필 목록을 보는 방법을 선택한다.

❻ **프로필 목록**: 현재 선택할 수 있는 프로필 목록이다. 왼쪽의 삼각형 아이콘을 클릭하면 자세히 볼 수 있다.

3 프로필 적용하기

프로필 목록 중 마음에 드는 프로필을 클릭하면
적용된다. 여기서는 '모던' 프로필 세트 앞에 있는
삼각형 아이콘을 클릭한 후 '모던01'을 선택한다.

4 프로필 적용 양 설정하기

'양' 슬라이드를 오른쪽으로 드래그한다. 20에 가까울수록 효과가 많이 적용되고, 0에 가까울수록 적게 적용된다.

양 20

양 0

5 즐겨찾기에 추가하기

자주 사용하는 프로필을 즐겨찾기에 추가하면 더 편리하게 선택할 수 있다. 원하는 프로필 위로 마우스 포인터를 가져가면 오른쪽 위에 별 아이콘이 나타난다. 별을 클릭하면 곧바로 즐겨찾기에 추가된다. 즐겨찾기 프로필 숫자가 6에서 7로 늘어난 것을 볼 수 있다. 즐겨찾기를 클릭하면 맨 아래 '모던01'이 추가된 것을 확인할 수 있다.

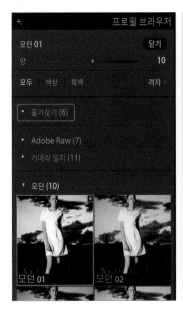  

6 즐겨찾기에서 삭제하기

즐겨찾기를 연 후 삭제하고 싶은 프로필의 별 모양 아이콘을 클릭한다. 또는 해당 프로필이 들어있는 세트를 열어 즐겨찾기되어 있는 별 모양 아이콘을 클릭해도 된다.

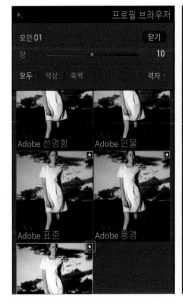 

7 프로필 보기 방법 선택하기

'격자' 부분을 클릭하면 '대'나 '목록'도 선택할 수 있다.

격자: 두 칸으로 보기

대: 한 칸으로 크게 보기

목록: 이미지 없이 프로필 이름으로 보기

8 정렬 방법 선택하기

'모두'를 선택하면 모든 프로필이 나타난다. '색상'을 선택하면 색상을 조정하는 프로필만, '흑백'을
선택하면 흑백사진으로 된 프로필만 보이게 된다.

모두 보기

색상 보기

흑백 보기

188

9 외부 프로필 가져오기

인터넷에서 다운로드받은 프로필 등 다른 사람이 만든 프로필을 불러와 사용할 수 있다. 프로필 브라우저 왼쪽의 + 아이콘을 클릭한다. '프로필 가져오기' 대화상자가 나타나면 다운로드받은 프로필 파일을 선택한 후 '가져오기' 버튼을 클릭한다.

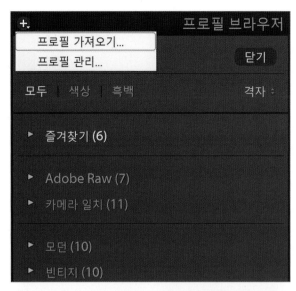

가져오기 대화상자가 나타난다. 프로필이 있는 위치로 이동한 후 가져올 프로필 파일을 선택하고 '가져오기'를 클릭한다.

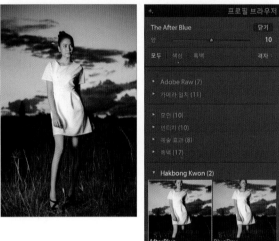

10 프로필 관리

라이트룸에 설치된 프로필을 보이거나 감출 수 있는 관리 기능을 선택할 수 있다. 프로필 브라우저 왼쪽의 + 아이콘을 클릭한다. 프로필 관리 대화상자가 나타나면 원하는 프로필을 선택한 후 '저장'을 클릭한다. 여기에 체크되지 않은 효과는 프로필 브라우저에 나타나지 않는다.

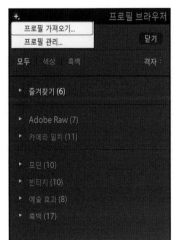

인터넷에서 프로필 효과 파일 구하기

프리셋이나 프로필을 전문적으로 판매하는 freepresets.com을 방문해보자. 샘플로 제공되는 무료 프로필을 다운로드받을 수 있다.

1 freepresent.com에 들어가 여러 효과를 둘러본다.

freepresets.com 프리셋, 프로필 등을 거래하는 사이트

2 마음에 드는 프로필을 선택하고 다운로드를 진행한다.

3 다운로드받은 압축파일을 해제한 후 앞서 설명한 방법으로 라이트룸에 가져오면 된다.

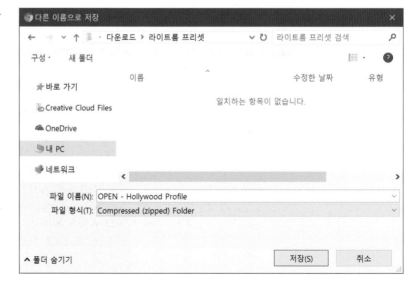

다른 웹사이트에서도 많은 프리셋과 프로필을 얻을 수 있다. 자신의 취향에 맞는 것을 찾아내는 게 더 어렵겠지만 선택의 폭이 넓어지는 것은 언제나 좋은 일이다. 소개된 것보다 다양한 프리셋이나 프로필을 원한다면 구글에서 검색해보면 된다.

무료 프리셋을 다운로드받을 수 있는 사이트
https://freelightroompresets.co/free-lightroom-presets/

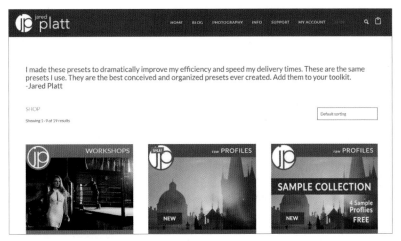

사진작가가 직접 운영하는 프로필/프리셋 사이트
https://jaredplatt.com/shop/

큰 부분이라면 보정 만능키, 점진적 필터 툴 (일명 그러데이션 툴)

라이트룸 한글 버전에서 '점진적 필터' 툴이라는 이름이 붙긴 했지만 포토샵의 그레이디언트 툴과 같은 것이다. 보통 '그러데이션 툴'이라고 부르니 이 책에서도 그렇게 사용하자. 노출 보정부터 색상 보정, 그러데이션 만들기까지 라이트룸에서 가장 많이 사용하는 툴 중 하나로 그만큼 활용도도 높고 효과도 좋다.

3일간 일정을 같이 했던 픽서가 소개해준 박하마을의 뷰포인트다. 플라워 몽족의 고향이기도 한 이 작은 마을은 주변을 탐험하는 베이스캠프의 역할을 했다. 소박한 풍경을 가진 작은 마을이지만 일주일에 한 번 장날이 오면 크리스마스트리보다 화려한 전통복장을 한 몽족들로 활기가 넘친다. — 박하마을의 풍경, 베트남, 라오까이, 박하

그러데이션 툴을 어디에 사용하는가?

그러데이션 툴은 포토샵에서 알파 채널을 이용해 그러데이션을 주는 것과 같은 효과를 가지고 있다. 노출과 색상을 보정하고, 그러데이션을 만들 때 주로 사용한다. 구체적으로는 부분적인 노출의 차이를 메꿔주거나, 색감을 변화시키기도 하며, 부분 대비를 바꾸기도 하는 등 매우 다양하게 활용할 수 있기 때문에 기본 보정에서 그러데이션 툴을 얼마나 잘 사용하는가는 매우 중요하다.

라이트룸의 그러데이션 툴, 방사형 필터 툴, 브러시 툴은 모양만 다를 뿐 모두 동일한 효과를 줄 수 있다. 효과를 적용할 영역의 크기에 따라 선택하면 되는데, 하늘처럼 넓은 영역이나 직선적으로 효과를 줘야 할 때는 그러데이션 툴을, 동그랗게 효과를 줄 때는 방사형 필터 툴을, 얼굴처럼 아주 좁고 디테일한 영역에는 브러시 툴을 주로 사용한다.

세 툴의 옵션은 거의 비슷하다. 옵션을 조정해 사용자가 직접 어떤 효과를 적용할지 선택할 수 있는데, 한 가지 팁을 주자면 한 번에 큰 조정값을 적용하기보다는 조금씩 여러 번 하는 쪽이 더 자연스럽고 조정하기 쉽다. 모든 옵션 슬라이더가 '0'인 경우 사진에 아무런 영향을 미치지 않는다.

Before_ 하늘과 땅의 밝기 차이가 매우 커 풍경이 이분되었다. 하늘의 구름과 저녁노을의 색상을 강조하고, 땅에 있는 여러 가지 흥미로운 디테일이 좀 더 잘 보이도록 보정해야 한다.

그러데이션 툴 옵션 살펴보기 [M]

현상 모듈의 '점진적 필터' 툴을 클릭하면, 아래쪽에 옵션이 나타난다.

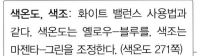

색온도, 색조: 화이트 밸런스 사용법과 같다. 색온도는 옐로우–블루를, 색조는 마젠타–그린을 조정한다. (색온도 271쪽)

텍스처: 선명도와 부분 대비의 중간 정도 질감을 선명하게 하거나 흐리게 한다.

부분 대비: 인근한 픽셀들의 콘트라스트를 높여 선명한 효과를 조정하는 슬라이드

채도: 색의 채도를 높이거나 낮추는 슬라이드 (295쪽)

노이즈: 노이즈를 추가하거나 없앨 수 있는 슬라이드 (361쪽)

노출, 대비, 밝은 영역, 어두운 영역, 흰색 계열, 검정 계열: 기본 패널 사용법과 같다.

디헤이즈: 안개와 같은 연무 효과를 조정하는 슬라이드 (346쪽)

선명도: 사진을 선명하게 하는 샤픈값을 조정하는 슬라이드 (356쪽)

색상: 색상 팔레트가 나타나 원하는 색상을 선택할 수 있다. ⊠ 상태일 때는 색상 효과가 적용되지 않는다.

Moire(모아레): 모아레 현상을 감소시키거나 추가할 수 있는 슬라이드
모아레란 빛이 파동의 성질을 가지기 때문에 생기는 맥놀이 현상으로 발생하는 물결무늬 모양을 말한다. 동일한 패턴이 반복될 때 주로 많이 발생하는데, 최근의 카메라에서는 많이 개선되었으나 직물처럼 매우 촘촘한 패턴의 경우 발생하기도 한다.

언저리 제거: 색수차를 제거할 수 있는 슬라이드 (329, 375쪽)

색수차가 감소한다.

참고 **모든 효과 지우기**

Alt 를 누르면 '효과'라는 말이 '다시 설정'으로 변하는데, 이곳을 클릭하면 모든 설정이 초기화된다.

기본 사용법

그러데이션 툴을 선택한 후 사진을 위에서 아래로 드래그해보면 3줄의 선이 나타난다. 위에서 아래쪽으로 각각 100%, 50%, 0%를 나타낸다. 처음 클릭한 부분이 100%라는 걸 기억하자.

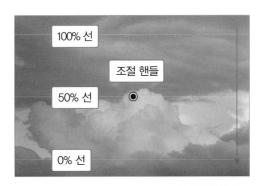

100% 선은 모든 효과가 완전히 적용되기 시작하는 부분을, 0% 선은 효과가 전혀 적용되지 않기 시작하는 부분을 의미한다. 0%와 100% 사이가 넓게 벌어질수록 그러데이션이 부드럽게 적용된다.

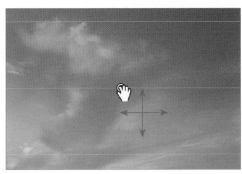

위치 조절 동그란 조절 핸들이 효과가 적용되는 중심 기준점이다. 조절 핸들 위로 마우스 포인터를 가져가면 손 모양으로 변하면서 효과가 적용될 영역이 붉은색으로 표시된다. 클릭한 채 드래그하면 기준점의 위치를 바꿀 수 있다.
(붉은색 표시는 툴바의 '선택한 마스크 오버레이 표시'가 체크되었을 때만 나타난다.)

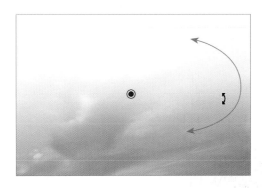

각도 조절 중간에 있는 50% 선 위로 마우스 포인터를 가져가면 상하로 움직이는 화살표가 나타난다. 클릭한 채 드래그하면 그러데이션 각도(기울기)를 조정할 수 있다.

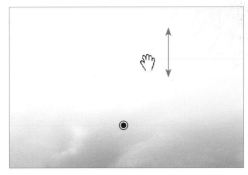

범위 조절 0%, 100% 선 위로 마우스 포인터를 가져가면 손바닥 모양이 나타난다. 클릭한 채 드래그하면 그러데이션 범위를 조정할 수 있다.

그러데이션과 브러시 툴의 조정 핸들이 사라졌다!

편집 핀 표시

라이트룸이나 포토샵에 익숙하지 않은 사용자들이 단축키를 잘못 누르면 조절 핸들이나 핀이 사라지는 경우가 자주 있다. 이를 방지하려면 작업화면 아래쪽의 툴바에서 '편집 핀 표시' 오른쪽에 있는 ▪를 클릭한 후 '항상'을 클릭하면 핸들이 항상 나타난다.

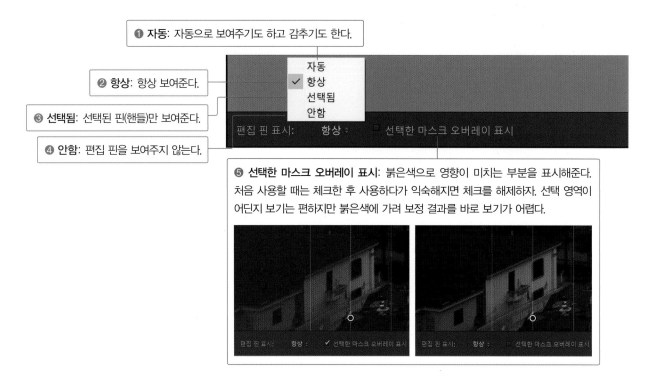

❶ **자동**: 자동으로 보여주기도 하고 감추기도 한다.

❷ **항상**: 항상 보여준다.

❸ **선택됨**: 선택된 핀(핸들)만 보여준다.

❹ **안함**: 편집 핀을 보여주지 않는다.

❺ **선택한 마스크 오버레이 표시**: 붉은색으로 영향이 미치는 부분을 표시해준다. 처음 사용할 때는 체크한 후 사용하다가 익숙해지면 체크를 해제하자. 선택 영역이 어딘지 보기는 편하지만 붉은색에 가려 보정 결과를 바로 보기가 어렵다.

그러데이션 툴로 노출 보정하기

예제사진 Part3\박하마을의풍경
완성사진 Part3\박하마을의풍경 완성

1 라이트룸에서 클리핑과 기본 보정을 한 사진이다. 그러나 여전히 하늘과 땅의 노출 차이가 커 하늘은 너무 밝고 땅은 너무 어두워 보인다.

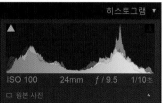

2 하늘의 노출 보정하기

그러데이션 툴을 선택한 후 위에서 아래로 드래그해 하늘 부분을 선택한다. 이때 Shift를 누른 채 드래그하면 정확히 수평으로 맞출 수 있다. 다 선택했으면 하늘의 노출이 상대적으로 밝으니 노출을 줄여 구름의 드라마틱함을 표현해보자. (노출 −0.52, 대비 48)

3 땅 보정하기

이번에는 아래에서 위로 드래그해 땅을 선택한다. 마찬가지로 Shift를 누른 채 드래그한다. 살짝 밝게 표현한다. (노출 0.90, 대비 23)

4　그러데이션 툴을 사용해 하늘과 땅의 노출을 맞추었다. 보정 전에 비해 상당히 안정적인 노출을 보여준다.

그러데이션 툴로
색상 보정하기

예제사진 Part3\타지마할
완성사진 Part3\타지마할 완성

그러데이션 툴로 색상을 조정하는 것도 쉽다. 사용 방법은 앞에서 설명한 것과 같다. 먼저 선택 영역을 잡고, 색상을 조정하면 된다. 색을 조정하는 방법은 2가지가 있다. 첫 번째는 색온도를 조정하는 방법이고, 두 번째는 색상을 임의로 선택해 사진에 오버레이시키는 방법이다. 하나씩 살펴보자.

1 사진 살펴보기

멋진 타지마할에 구경나온 사람들이 관광지의 기분을 고조시키고 있는 예제 사진을 보자. 반영이 멋지긴 하지만 물의 색상이 녹색계열이라 탁해 보이고, 왠지 썩 기분 좋은 색상은 아니다.

2 선택 영역 만들기

물의 색상을 바꿔보자. 현상 모듈의 그러데이션 툴을 클릭한다. 먼저 작업할 영역을 선택해야 한다. 여기서는 물 부분을 선택해야 하니 물 아래쪽을 클릭한 채 위쪽으로 드래그한다.

3 [방법 1] 색온도를 이용한 색상 바꾸기

녹색 기운을 빼고 파란색을 강조하기 위해 색온도는 −12, 색조는 37로 설정했다.

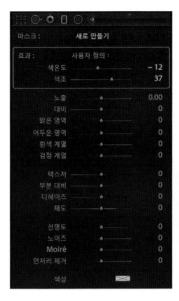

4 [방법 2] 색상 팔레트를 이용한 색상 바꾸기

선택 영역을 만든 후 그러데이션 툴 옵션 중 '색상' 오른쪽의 색상 견본을 클릭한다. '색상 선택' 팔레트가 나타나면 바꾸고 싶은 색상을 선택하면 된다. 여기서는 파란색 계열을 선택한다. 선택한 색은 즉각 반영되니 이 색 저 색 클릭해보며 원하는 색을 찾는다

❶ **색상 선택**: 미리 만들어진 색상 중 선택할 수 있다.
❷ **색상 선택 영역**: 마우스 포인터를 위로 가져가면 스포이트 모양으로 변하는데 원하는 색상을 선택할 수 있다.
❸ **채도 슬라이드**: 선택한 색상에서 채도만 따로 선택할 수 있으며, 채도가 0%가 되면 색상 효과가 적용되지 않는 ✉ 아이콘으로 변한다.

전문가 팁, 점진적 필터 툴의 선택 영역 수정하기

지금까지의 그러데이션 툴은 직선이나 사선으로밖에 적용되지 않아서 산봉우리 같이 툭 튀어나온 부분을 피해 자연스럽게 처리하기가 조금 애매했었다. 그러나 최근 버전이 업그레이드되면서 그러데이션 선택 영역의 일부를 지울 수 있는 기능이 추가되었다. 딱 필요하던 기능이므로 제대로 배워보자.

예제사진 Part3\박하의시골길
완성사진 Part3\박하의시골길 완성

1　**그러데이션 툴로 선택 영역 만들기**

예제를 보자. 그러데이션 툴로 하늘만 선택해서 노출을 어둡게 하고 콘트라스트를 올리고 싶은데, 그러자니 어쩔 수 없이 튀어나와 있는 산봉우리도 같은 값의 영향을 받는다. 이제 브러시 툴을 이용해 효과를 적용하고 싶지 않은 일부 선택 영역을 지울 수 있게 되었다.

2　그러데이션 툴 안에 있는 '브러시'를 클릭한다.

3 브러시 옵션 선택하기

패널 아래쪽에 '브러시' 옵션이 추가로 나타난다. 브
러시는 A, B, 지우기 중 선택할 수 있는데, 특별한
의미는 없다. 자주 사용하는 브러시 2개를 미리 만
들어 놓고 쓸 수 있다고 생각하면 된다. 여기서는
'지우기'를 선택한 후 '페더'와 '플로우'를 '100'으로 설
정한다. (지우기, 페더 100, 플로우 100)

4 지우개 브러시로 지우기

수정할 부분에 따라 마우스 가운데 휠을 돌려 브러시 크기를 조정하면서, 산봉우리 부분의 붉은
색 마스킹을 지운다. 지워진 부분은 선택 영역에서 빠지기 때문에, 그러데이션 툴의 영향을 받지
않고 하늘에만 효과를 적용할 수 있다.

보다 편리해진 선택 영역 수정하기 범위 마스크

라이트룸이 업데이트되면서 선택 영역을 사용하는 툴, 즉 점진적 필터(그러데이션 툴), 방사형 필터, 조정 브러시(브러시 툴)에서 보다 편리하게 선택 영역을 지정할 수 있는 방법이 생겼다. 옵션 중 '깊이'는 아직 불안정하지만 '색상'과 '광도'는 매우 활용도가 높고 쉽게 배울 수 있으니 집중해서 살펴보자.

인도의 힌두교 성지로도 유명한 바라나시 근처에는 불교의 4대 성지 중 하나인 샤르나트가 있다. 이곳은 싯다르타가 처음으로 설법한 곳으로 알려져 후대의 불자들이 탑을 세워 기리고 있다. 한때 번성했던 인도의 불교는 현재 소수 종교의 위치로 전락했으나 옛날 분위기 그대로를 느낄 수 있었다.

범위 마스크 자동 선택의
편리함과 불편함

'범위 마스크'는 자동으로 내가 원하는 부분을 선택하거나 뺄 수 있는 아주 편리한 기능이다. 색상, 밝기(광도), 깊이 중 어떤 기준으로 선택 영역을 정할 것인가를 정해주기만 하면 된다. 그러나 이 말은 바꿔 말하면 사진에 색상, 밝기, 깊이의 차이가 분명할 때만 제대로 작동한다는 뜻이기도 하다. 모든 자동기능들이 그렇듯이 완벽하지 않다는 말을 하고 있는 참이다. 특히 3차원 데이터를 기준으로 하는 '깊이'는 아직 대부분의 카메라가 3차원 데이터를 따로 사용하지 않기 때문에 실제로는 거의 색상과 광도만을 이용하게 될 것이다. 자동기능의 인식 한계를 감안하면서 정확한 사용법을 알고 다양한 시도를 통해 내 작업에 도움이 되게 사용하면 된다.

Before_붉은 벽돌로 만들어진 탑과 푸른 하늘의 대비가 근사하지만 먼지가 자욱한 듯 칙칙한 느낌이다. 더 푸르고 붉게 선명한 색감을 살려주고 싶은데, 이럴 때 하늘 전체를 그러데이션 툴로 선택한 후 범위 마스크의 색상 기능을 이용하면 쉽게 하늘만 따로 보정할 수 있다.

범위 마스크를
사용할 수 있는 툴
점진적 필터, 방사형 필터,
조정 브러시

범위 마스크는 툴바에 있는 점진적 필터, 방사형 필터, 조정 브러시 모두에서 동일하게 사용할 수 있다. 주로 선택 영역을 사용하는 툴들이다. 따라서 툴에 따른 개별 설명은 생략하고 범위 마스크의 사용법에 대해서만 집중해서 살펴보자. 어떤 툴이든 상관없다.

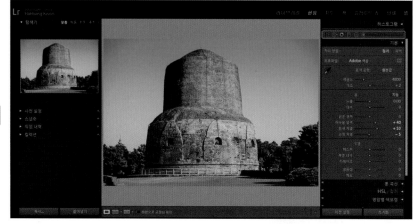

'색상'으로 선택하기

예제사진 Part3\샤르나트
완성사진 Part3\샤르나트 완성

1 먼저 하늘을 전체적으로 자연스럽고 파랗게 보정해보자. 넓은 범위를 자연스럽게 선택할 수 있는 그러데이션 툴로 하늘을 선택한다. 그다음 '색온도'를 '-31'로 설정한다.

2 색온도를 낮추었기 때문에 하늘은 더욱 파랗게 보정되었지만, 그러데이션 범위 안에 있는 붉은 탑 역시 푸른색 쪽으로 바뀌었다. 이럴 때 범위 마스크의 색상을 이용하면 하늘만 보정의 영향을 받도록 마스킹할 수 있다.

3 패널 아래쪽에 있는 '범위 마스크'의 '꺼짐'을 클릭한 후 '색상'을 선택한다. 다양한 옵션이 나타난다.

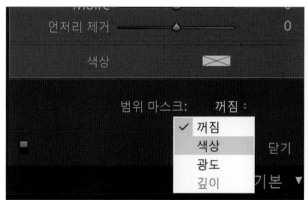

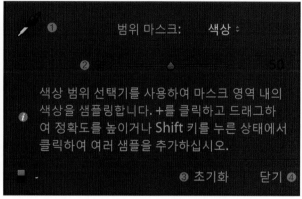

❶ 스포이트 아이콘(색상 범위 선택기): 색상을 선택한다.

❷ 양: 얼마나 넓은 영역의 색상을 선택할지 결정한다. Alt 를 누른 상태에서 슬라이드를 이동하면 선택 부분이 흑백으로 전환되어 쉽게 확인할 수 있다.

❸ 초기화: 모든 설정을 초기화한다.

❹ 닫기: 선택한 툴을 닫는다.

4 **선택 방법 1: 클릭**

여기에서는 하늘만 선택할 것이기 때문에 스포이트 모양의 색상 범위 선택기를 클릭한 후 하늘 부분을 클릭한다. 클릭한 부분에는 스포이트 모양의 아이콘이 나타나 어디를 선택했는지를 알 수 있다.

5 미리보기 창 아래에 있는 '선택한 마스크 오버레이
표시'를 클릭하면 현재 어느 부분이 선택되어 있는지를
붉은색으로 표시해준다. 전체적으로 하늘이 선택되었지
만, 색상 범위 선택기로 선택한 부분과 색상이 조금 다
른 왼쪽 모서리 부분은 선택되지 않았다.

클릭한 곳과 색상이 다른 양쪽
모서리 부분은 선택되지 않았다.

클릭한 부분에는 이렇게 스포이트
아이콘이 표시된다.

6 선택 영역 추가하기: Shift +클릭

이럴 때는 Shift 를 누른 상태에서 범위를 추가하고 싶은 부분을 클릭하면 된다. 이제 하늘의 푸른색 부분이 모두 선택
된 것처럼 보이는데, 자세히 보면 하늘의 푸른색이 그러데이션되기 때문에 중간에 층이 생긴 것을 확인할 수 있다.

7 이 부분 역시 Shift 를 누른 상태에서 다시 한 번 클
릭해준다. 이렇게 하면 색상 차이로 분리되었던 하늘이
매끈하게 모두 선택된다. 스포이트 모양의 색상 범위 선
택기는 모든 툴에서 동일하게 사용할 수 있다.

8 선택 방법 2: 드래그

하늘처럼 점진적으로 색상이 바뀌는 부분을 모두 선택하는 두 번째 방법은 색상 범위 선택기로 하늘 부분을 드래그하는 것이다. 그러면 드래그된 범위 안의 모든 색상을 기준으로 선택하기 때문에 한 번에 하늘을 깔끔하게 선택할 수 있다. 경우에 따라서 하나씩 클릭하는 것보다 빠르게 작업할 수 있다. 드래그한 부분에는 작은 사각형 아이콘이 추가된다. 이 방법 역시 모든 툴에서 동일하게 사용할 수 있다.

9 선택 영역 조정하기

선택 영역이 있는 상태에서 '양' 슬라이드를 0인 왼쪽으로 이동하면 선택범위가 축소되며, 오른쪽으로 이동하면 넓어진다.

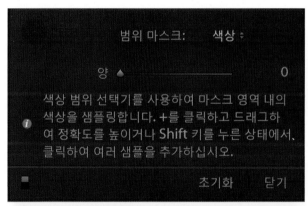 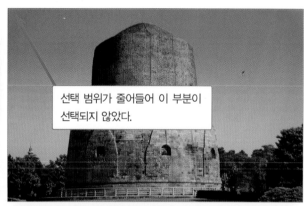

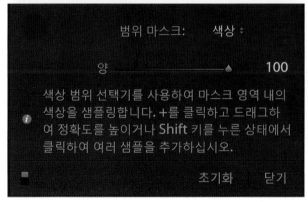 

10 선택 영역 쉽게 보기

Alt 선택 영역을 좀 더 쉽게 보려면 Alt를 누른 상태에서 '양' 슬라이드를 이동해보자. 밝은 부분이 선택된 부분이며, 검정으로 보이는 부분은 선택되지 않은 부분이다.

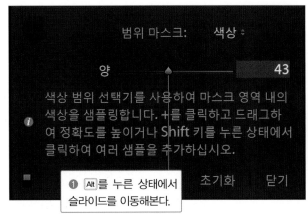

❷ 밝은 부분은 선택된 부분이다.

❸ 어두운 부분은 선택되지 않은 부분이다.

11 선택 영역 삭제하기

Alt 잘못 선택했거나 색상 범위 표시를 없애고 싶을 때는 이미지 위에서 Alt를 누른다. 마우스 포인터가 가위 모양으로 바뀌면 삭제하고 싶은 스포이트 아이콘을 클릭하면 된다.

'광도'로 선택하기

예제사진 Part3\소나무
완성사진 Part3\소나무 완성

이번에는 밝기를 기준으로 범위를 선택해보자. 밝기 차이가 분명한 부분을 선택할 때 매우 유용하다. 이를 라이트룸에서는 '광도'라고 표현한다. 앞서 살펴본 '색상'과 매우 유사한 기능이지만 광도, 즉 밝기를 기준으로 한다는 점이 다르다.

1   가까이 있는 나무들이 매우 어둡게 표현되어 밝게 만들고 싶다. 여러 가지 방법이 있겠지만 브러시 툴로 소나무 주변을 칠해서 선택한 후 노출값을 살짝 올려보자. 브러시로 칠한 부분이 모두 밝아져 원하는 대로 나무는 좀 더 살아났지만 나무와 근접해 있는 하늘 부분까지 밝아져 매우 어색한 사진이 되었다.

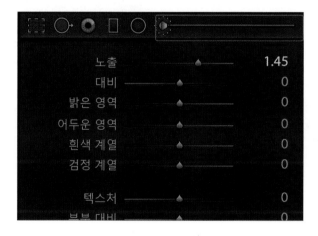

2   '범위 마스크'에서 '광도'를 선택한다.

❶ 스포이트 아이콘(범위 마스크 선택기): 범위를 선택할 수 있다.

❷ 광도 마스크 표시: 현재 선택된 영역을 붉은색으로 표시해 선택 상태를 확인하기 쉽다.

❸ 범위: 양쪽에 핸들이 있다. 오른쪽은 밝은 부분이며, 왼쪽은 어두운 부분이다.

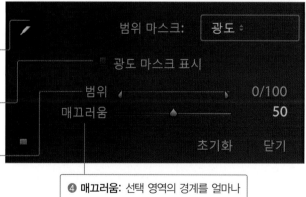

❹ 매끄러움: 선택 영역의 경계를 얼마나 부드럽게 처리할지를 결정한다.

Part3 Exposure_ 노출 이론부터 기초 보정까지 209

3 현재 브러시 툴로 선택 영역을 잡은 상태다. 그대로 스포이트 아이콘을 클릭한 후 나무의 어두운 부분을 클릭해보자. 클릭한 부분과 비슷하게 어두운 부분만 선택 영역이 되어 효과가 적용되었다. 밝기를 기준으로 너무 밝아진 하늘 부분은 선택에서 제외되었기 때문이다.

4 좀 더 정밀한 조정을 위해서 범위 슬라이드를 사용해보자. 왼쪽이 가장 어두운 부분이니 이렇게 15 정도로 조정하면 가장 어두운 부분인 0%부터 15% 정도로 밝은 부분까지만 선택한다는 말이다. 밝은 오른쪽 핸들을 클릭한 후 왼쪽으로 드래그하면 된다. 좀 더 정밀하게 나무만 선택할 수 있다.

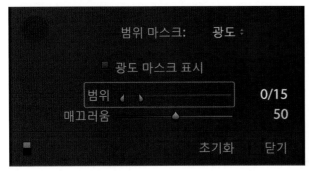

5 **선택 영역 쉽게 보기**

Alt 앞과 마찬가지로 Alt를 누른채 슬라이드를 드래그하면 쉽게 선택 영역을 알 수 있도록 화면이 흑백으로 전환된다. 밝은 부분이 선택된 부분이며, 검정 부분은 선택되지 않은 부분이다.

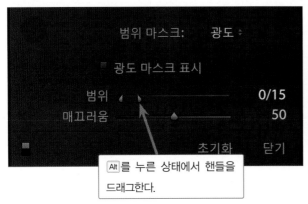

Alt를 누른 상태에서 핸들을 드래그한다.

6 　매끄러움 슬라이드

매끄러움 슬라이드로 선택 영역의 경계를 부드럽거나 날카롭게 조정할 수 있다. 기본값은 50이다. 경계를 너무 날카롭게 하면 선택된 부분과 그렇지 않은 부분이 너무 명확해 이미지가 그림처럼 보이고, 너무 부드러우면 선택하여 적용한 효과가 매우 흐려진다. 마찬가지로 Alt 를 누른 채 슬라이드를 드래그하면 화면이 흑백으로 전환되어 선택 영역 확인이 쉽다.

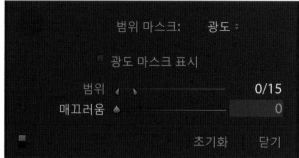

매끄러움 0일 때

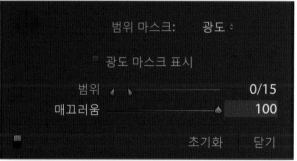

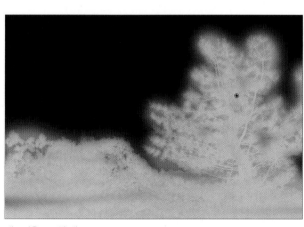

매끄러움 100일 때

7 광도 마스크 표시

'광도 마스크 표시'를 체크하면 현재 선택된 영역을 붉은색으로 표시해주어 선택 상태를 확인하기 쉽다.

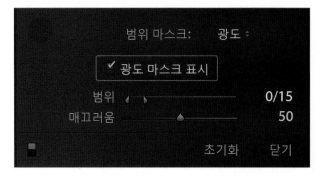

'깊이'로 선택하기

예제사진 Part3\카메라
완성사진 Part3\카메라 완성

깊이로 범위를 선택한다는 말은 사진에 있는 3차원 데이터를 분석해 사물의 위치를 선택한다는, 즉 가까이 있느냐 멀리 있느냐로 선택할 수 있다는 말이다. 이론상으로는 그런데 실제로는 '깊이'라는 3차원 데이터가 있는 사진에만 적용할 수 있어서 안타깝다. 현재 이 데이터를 생성해서 촬영할 수 있는 카메라는 아이폰 중 듀얼 카메라를 사용하고 HEIC 포맷으로 저장하는 모델들뿐이다. 그렇게 촬영된 사진이라면 사용법 자체는 어렵지 않다. 참고로 예제 사진은 아이폰 8+로 촬영되었다.

1   '범위 마스크'에서 '깊이'를 선택한다. 현재 설정값은 모든 깊이를 다 포함하기 때문에 모든 영역이 선택된 상태로 나타난다. 따라서 가까이 있는 카메라와 멀리 있는 바닥 모두가 붉은색으로 선택되어 있다. 미리보기 창 아래쪽의 '선택한 마스크 오버레이 표시'를 체크하면 이렇게 붉은색으로 선택 영역을 볼 수 있다.

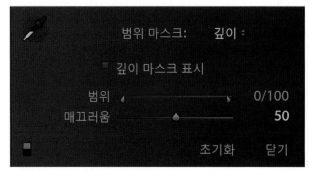

2 범위 슬라이드

"광도'와 옵션값이 같다. '범위'는 깊이, 즉 가깝고 먼 곳으로 선택 영역을 조정한다. 0인 왼쪽이 가장 가까이 있는 것이고, 100인 오른쪽이 가장 멀리 있는 곳이다. 스포이트 아이콘을 클릭한 후 배경을 클릭한다. 멀리 있는 곳을 기준으로 선택 영역이 자동으로 조정되는 것을 알 수 있다.

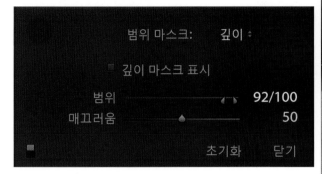

3 깊이 마스크 표시'를 체크하면 깊이를 보다 직관적으로 볼 수 있다.

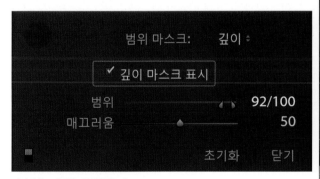

멀리 있는 배경을 선택했을 때

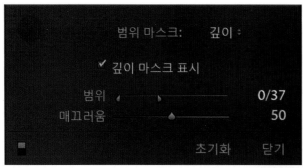

가까이 있는 카메라 헤드 부분을 선택했을 때

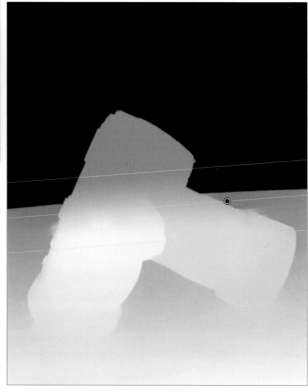

4   매끄러움 슬라이드는 선택의 경계를 얼마나 부드럽
거나 날카롭게 할 것인지를 조정한다.

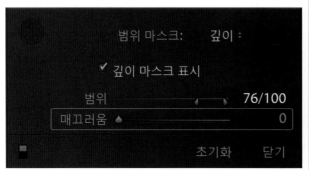

매끄러움을 0으로 했을 때 선택 영역의 경계가 날카로워진다.

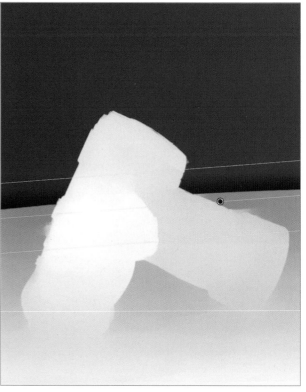

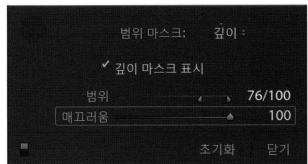

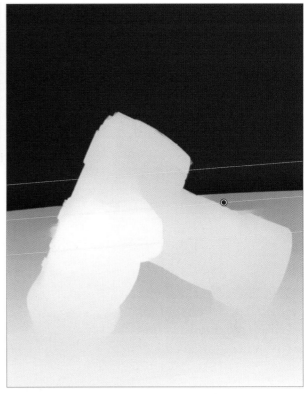

매끄러움을 100으로 했을 때 경계가 부드러워진다.

5 마찬가지로 슬라이드를 움직일 때 `Alt`를 누른 채 드래그하면 시각적으로 선택된 영역을 직접
확인해볼 수 있다. 밝은색이 선택된 곳이며, 검정색은 선택되지 않은 영역을 뜻한다.

`Alt`를 누르고 슬라이드를 이동
하면 선택 영역이 시각화된다.

작은 부분이라면 조정 브러시 툴 닷징/버닝

라이트룸에서 기본 패널과 그러데이션 툴, 브러시 툴 정도만 자유자재로 사용할 수 있다면 웬만한 사진은 거의 다 만질 수 있다. 조정 브러시 툴의 옵션은 그러데이션 툴과 비슷하며, 기능도 비슷하다. 다만 브러시로 그리듯 디테일하게 좁고 작은 부분을 보정할 수 있다는 것만 다르다. 브러시의 크기나 부드러운 정도도 자유롭게 조정할 수 있다.

After

Before

지하에서 100년 동안 불타고 있는 석탄광맥으로 유명한 탄광마을 자리아에서 만난 '소녀'다. 부모를 따라 왔는지 마을 앞 작업장에서 또래의 아이들과 장난을 치고 있는 소녀의 눈이 유난히 빛났다. 겨우 유치원이나 다닐까 싶은 어린 소녀의 눈빛에서 어른의 그것을 보는 것 같아 미안함과 안타까움이 들었다.
– 자리아, 탄광마을 사람들 中 소녀, 인도, 자하르칸트, 단바드, 자리아

Before_ 주인공의 얼굴이 주제다. 얼굴의 표정을 강조하기 위해 풍부한 명도가 필요하니, 버닝과 닷징을 적절히 사용해 얼굴의 입체감을 살린다. 배경의 고채도 녹색도 적당히 가라앉히고, 주제 부분이 살도록 주변부의 명암을 어둡게 처리한다.

조정 브러시 툴 옵션 살펴보기

현상 모듈의 '조정 브러시' 툴을 클릭하면, 아래쪽에 옵션이 나타난다. 위쪽의 옵션은 그러데이션 툴과 같다. (194쪽 참고)

'브러시' 옵션은 A, B, 지우기로 나뉘는데 '지우기' 기능은 패널에서 따로 선택하지 않더라도 브러시 툴 사용 중 Alt 를 누르면 바로 지우기 상태가 된다.

❶ 크기: 브러시 크기를 정한다. 마우스 가운데 휠을 돌려서 조정해도 된다.

❷ 페더: 브러시 끝의 부드러운 정도를 정한다.

❸ 플로우: 한 번 칠할 때 얼마나 진하게 적용할 것인가를 정한다. 100으로 설정하면 한 번에 모두 칠한 것이므로 같은 부분을 여러 번 칠해도 결과는 같다. 플로우 값을 낮추면 1000이 될 때까지 한 번 칠한 것과 여러 번 칠한 것의 중첩효과를 얻을 수 있다.

❹ 자동 마스크: 사진의 내용을 인식해 자동으로 마스킹해준다.

❺ 밀도: 얼마만큼의 양을 적용할 것인가를 선택한다. 100으로 하면 선택한 값을 100% 적용한다.

플로우와 밀도의 차이

닷지(노출+4)와 컬러 브러시로 가로세로 한 번씩 그었다. 가로세로가 겹치는 가운데 부분은 브러시가 2번 칠해진 상태다.

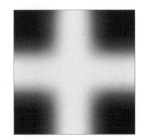

플로우 100, 밀도 100
브러시 효과가 한 번에 모두 적용되어 2번 칠해진 가운데 부분도 다른 곳과 같다.

플로우 70, 밀도 100
플로우 값이 낮으면 브러시가 여러 번 칠해진 곳에 효과가 추가된다. 겹쳐진 플로우 값이 1000이 되면 더 이상 적용되지 않는다.

플로우 100, 밀도 50
밀도 값이 낮으면 효과는 지정한 값만큼 줄어들지만 브러시가 2번 지나가도 결과는 같다. 아무리 여러 번 칠해도 중첩 효과는 없다.

프로들이 실제로 쓰는 브러시 툴 사용법

첫 번째, 브러시 툴을 만들 때 익숙하지 않을수록 간단하게 만들자.

다양한 값을 한꺼번에 적용한 브러시는 결과를 예상하기도 어려울 뿐만 아니라 아무 때나 쓸 수 있는 것도 아니어서 그때그때 너무 많은 브러시를 만들어야 한다. 따라서 한두 가지 정도의 효과만 적용한 브러시를 사용하는 편이 훨씬 편하고 빠르다. 예를 들어 색온도를 올리고 노출을 낮추며 검정 계열을 올린 3가지 효과를 동시에 적용한 브러시보다

는 각각 3개의 브러시로 따로 작업하는 게 낫다. 색온도를 올리는 효과를 적용한 브러시 작업을 하고, 그 다음에 새로운 브러시를 만들어 노출을 낮춘 브러시 작업을 끝낸 후, 검정 계열을 올린 브러시 작업을 하는 식으로 말이다. 이렇게 하면 각 브러시가 어떤 역할을 하는지 분명해 고치기도 쉽고 필요 없는 부분을 찾아서 지우기도 쉽다.

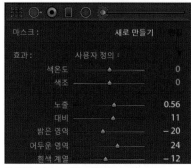
한 번에 여러 효과를 적용한 브러시보다는

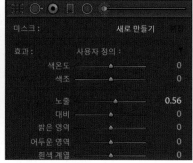
한 번에 하나의 효과를 적용하는 것을 추천한다.

두 번째, 한 브러시에서 너무 많은 값을 조정해 한 번에 처리하려고 하지 말자.

만약 노출을 1단계 낮추고 싶다면 1/4단계 브러시를 4번 사용해 같은 처리를 하는 게 낫다. 시간이야 조금 더 걸리겠지만 브러시가 중첩되지 않는 영역이 부드럽게 그러데이션되어 더욱 자연스러운 사진을 얻을 수 있다.

한 번에 너무 큰 효과를 적용하기보다는

값을 작게 해서 여러 번 적용하는 게 낫다.

이 사진의 회색 동그라미들은 보정 작업이 들어간 곳이라는 뜻이다. 큰 브러시로 한 번에 대충 쓱 칠하는 게 아니라 이렇게 부분 부분마다 브러시 크기와 효과를 조정해가며 디테일하게 작업해야 한다.

세 번째, 지평선을 따라 브러시로 선을 긋고 싶다든지 할 경우 직선도 그릴 수 있다. 브러시 툴이 선택된 상태에서 Shift를 누른 채 그리면 직선으로 그려진다.

❶ 클릭   ❷ Shift + 드래그

닷징과 버닝은
어떤 때 사용하는가?

예제사진 Part3\자리아의소녀
완성사진 Part3\자리아의소녀 완성

그러데이션 툴 다음으로 많이 사용하는 툴이 바로 조정 브러시 툴(이하 브러시 툴)이다. 사용하기에 따라 그러데이션 툴처럼 효과를 만들 수도 있고, 단순한 브러시로 쓸 수도 있다. 처음부터 큰 효과를 보려고 무리하게 사용하면 매우 어색한 사진이 되기 쉬우니, 거듭 말하지만 조금씩 여러 번 하는 쪽이 더 자연스럽다는 것을 잊지 말자. 그러데이션 툴이 넓은 영역을 보정할 때 효율적이라면, 브러시 툴은 좀 더 디테일하고 좁은 영역에 적합하다.

닷지(dodge)는 사진을 부분적으로 밝게, 번(burn)은 어둡게 하는 것을 말하는데 이런 작업을 '닷징, 버닝'이라고 한다. 브러시 툴에 노출 효과를 적용해 원하는 대로 만들 수 있으며, '사용자 정의'의 사전 설정으로 미리 만들어져 있는 '닷지'와 '번' 툴을 사용할 수도 있다.

구체적으로 보면 부분 명도를 조정해 보다 입체감 있는 사진을 만들거나 주제 부분의 명도 대비를 높여 시선을 집중시킬 때 등 강조할 때 많이 사용한다. 또 부분적인 노출 차이 때문에 강조하고자 하는 것이 묻히거나 너무 드러날 때 보정하기 위해서도 사용한다.

1 번 툴을 만들어 어둡게 보정하기

번 툴이 따로 있는 게 아니라 브러시 툴에 어두워지는 효과를 적용해 쓰는 것이다. 현상 모듈의 조정 브러시 툴을 클릭한 후 '노출'을 '-0.20'으로 조정한다.

값을 작게 해서 여러 번 칠하는 쪽의 결과물이 더 자연스럽다는 것을 기억하자. 얼굴의 모양을 따라 지금보다 좀 더 어두워져야 할 얼굴의 그림자 부분과 빛을 받지 않은 머리카락의 어두운 부분을 칠한다. 마우스 가운데 휠을 돌리면 브러시 크기를 바로 조정할 수 있는데, 작업할 영역의 크기에 따라 그때그때 바꿔가며 작업한다.

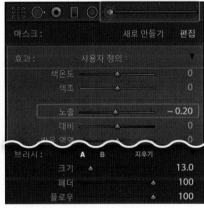

2 직전에 사용한 같은 옵션의 브러시 다시 꺼내기

K 다른 작업을 하다가 직전에 사용했던 설정값의 브러시 툴을 한 번 더 꺼낼 때는 단축키 K
를 사용하면 편하다. 원하는 작업을 하고 다시 K를 누르면 사용이 완료된다. 물론 새로운
브러시를 만들려면 설정값을 초기화한 후 다시 선택해야 한다. 그래서 브러시 A, B로 자주 쓰는
브러시를 만들어두고 사용하는 것이다. Alt를 누른 후 패널에 나타난 '다시 설정'을 클릭하면 간단
히 초기화된다.

브러시를 좀 더 크게 만든 후 주변부와 소녀의 손 부분을 칠해준다. 방금 작업한 부분에는 검정색
점이, 이전에 작업했던 부분에는 회색 점이 나타난다. 이 점을 클릭한 후 드래그하면 효과를 이동
시키거나 수정할 수 있다.

 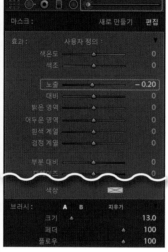

3 닷지 툴을 만들어 밝게 보정하기

이번에는 '노출'을 '+0.20'으로 설정한다. 입체감을 강조하기 위해 조금 더 밝아져야 할 부분, 즉 얼
굴과 머리카락의 밝은 부분을 적당한 크기의 브러시로 칠해준다.

4 지나친 채도 가라앉히기

이번에는 눈에 띄는 녹색 배경의 채도를 빼보자. 색온도와 색조로 보색을 만들고, 채도를 −60으로 낮추어 색감을 뺀 브러시를 만든 후 배경 부분을 칠한다. 지나치게 회색톤으로 보이지 않고 사진의 흐름에 맞도록 설정한다. (색온도 30, 색조 30, 채도 −60)

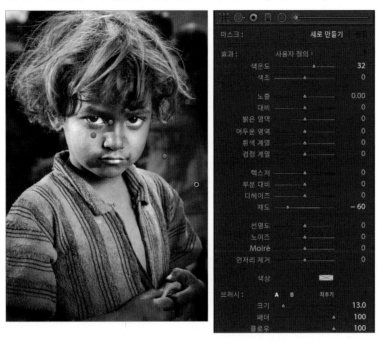

5 이런 식으로 필요한 만큼 브러시의 옵션과 크기를 바꿔가며 작업하면 된다. 작업 전후를 비교해 보면 사진의 품질이 달라진 것을 확인할 수 있다.

원형이라면 방사형 필터 툴

방사형 필터 역시 그러데이션 툴과 비슷하고, 모양만 다르다고 생각하면 쉽다. '방사형'이라는 말이 조금 어색한 사람도
있겠는데, '타원형 또는 원형 필터'라고 했으면 조금 더 직관적으로 이해될지도 모르겠다. 아무튼 원형의 모양을 가진 그
러데이션 툴인데 브러시와 다른 점은 타원처럼 다양한 모양의 원형을 만들 수 있고, 크기에 제약이 적다는 점이다. 사용
빈도로만 보자면 그렇게 자주 쓰진 않지만 풍경이나 특수한 상황에서는 매우 요긴하다.

**방사형 필터는
언제 사용하는가?**

방사형 필터의 기능 자체는 그러데이션 툴이나 브러시 툴과 같다. 다만 모양이
원형 또는 타원형이기 때문에 이런 모양이 잘 어울리는 부분의 노출이나 색상
을 보정할 때 효과적이다. 전구에서 빛이 나는 느낌이나 태양 주변을 강조하거
나 너무 튀지 않도록 만들 때 사용하면 좋다. 또는 보다 자유로운 비네팅 표현을 위해서 사용하기도 한다.

힌두교에서 신에게 드리는 제사를 '푸자'라고 하는데, 이곳 갠지스 강에서 진행하는 아르띠 푸자는 특별히 시바 신에게 바치는
제사로 유명하다. 제사 기간 동안 매일 하루도 빼놓지 않고 동일한 의식을 하는데 익숙한 손놀림과 브라만들의 포즈에서 자긍
심을 읽을 수 있다. – 아르띠 푸자 중 불꽃의식, 인도, 바라나시

방사형 필터 툴의 옵션 살펴보기 |

현상 모듈의 '방사형 필터' 툴을 클릭하면, 아래쪽에 '페더' 옵션이 추가된다. 위쪽의 옵션은 그러데이션 툴, 조정 브러시 툴과 같다. (194쪽) 페더 옵션의 구성은 매우 간단하지만 '반전'은 꼭 기억해야 한다.

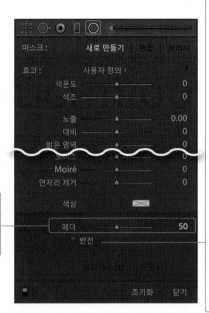

❶ 페더: 얼마나 부드럽게 끝단을 처리할 것인지를 선택한다. 기본값은 100으로 가장자리가 최대한 부드럽게 적용된다.

❷ 반전: 적용된 값을 방사형 필터 내부로 적용할 것인지, 외부로 적용할 것인지를 선택한다.

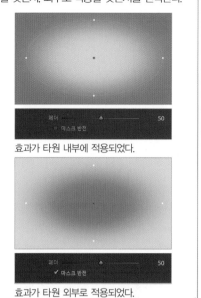

효과가 타원 내부에 적용되었다.

효과가 타원 외부로 적용되었다.

Before_ 전체적으로 무난하지만 색온도가 하나라 단조롭고 답답하다. 또 불꽃의 강렬함이 부족해 시선을 잡아끌지 못하고 있다. 이 불꽃들에게 생명을 불어넣어 보자.

기본 사용법

예제사진 Part3\아르띠푸자
완성사진 Part3\아르띠푸자 완성

방사형 필터 툴을 선택한 후 사진 위를 드래그하면 동그란 조절 영역이 나타난다. 정원으로 적용하려면 Shift를 누른 채 드래그하면 된다.

가운데 핸들 효과가 적용되는 중심점이다. 마우스 포인터를 가져가면 손 모양으로 변하는데 클릭하면 효과 적용 범위를 보여주는 오버레이 마스크가 나타난다. 클릭한 채 드래그하면 위치를 바꿀 수 있다.

사방의 핸들 각 핸들을 클릭한 채 위아래나 좌우로 드래그하면 크기와 찌그러짐(모양), 기울기를 조정할 수 있다.

1 사진 살펴보기

예제의 사진은 밤의 불꽃을 촬영한 것이다. 사실적인 분위기는 좋지만 색온도가 단조로워 불꽃의 화려함과 화끈거리는 열기가 사진에서 전혀 보이지 않는다. 색온도와 노출값을 조정하는 방사형 필터를 사용해보자. '현상' 모듈의 방사형 필터 툴을 클릭한 후 노출을 '0.52'로 살짝 올리고, 선택 영역의 경계가 부드러워지도록 페더를 '50'으로 조정한다.

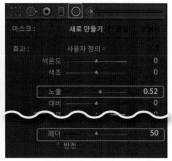

224

2 방사형 필터 사용하기

이제 효과를 적용할 영역을 선택할
차례다. 첫 번째 사제의 불꽃을 클릭
한 후 Shift를 누른 상태에서 드래그
한다. 불꽃의 빛은 기본적으로 방사
형으로 나가기 때문에 정원 모양으
로 선택하는 것이 자연스럽다. 만약
정원이 마음에 들지 않는다면 조절
핸들을 이용해서 다른 모양을 만들
어도 좋다.

3 옵션 설정하기

색온도와 색조는 등불의 따뜻한 색
감을 만들어주고, 노출값은 등불에
서 나온 빛을 표현할 정도로 조정한
다. (색온도 80, 색조 50, 노출 1.50)
그런데 효과가 원형 외부에만 적용되
었다.

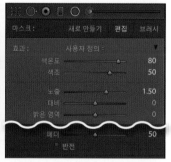

4 효과 반전시키기

사진의 중심인 안쪽이 빛나야 하므
로 '반전'에 체크한다. 효과 적용 범
위가 반전되어 원형 내부에 효과가
적용된다.

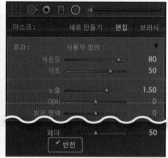

5 자연스럽게 등불에서 나온 듯한 불빛이 만들어졌다.

6 방사형 필터 복제하기

만약 비슷한 등불이 하나가 아니라 여러 개일 경우 똑같은 효과의 방사형 필터를 만들려고 할 때 일일이 새로운 방사형 필터를 만드는 건 매우 귀찮은 작업이다. 이럴 때 가운데 핸들을 마우스 오른쪽 버튼으로 클릭한 후 '복제'를 선택한다.

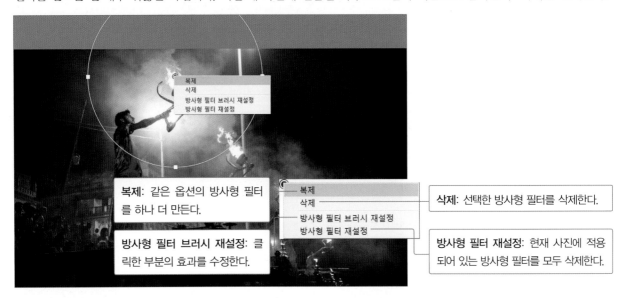

복제: 같은 옵션의 방사형 필터를 하나 더 만든다.

방사형 필터 브러시 재설정: 클릭한 부분의 효과를 수정한다.

삭제: 선택한 방사형 필터를 삭제한다.

방사형 필터 재설정: 현재 사진에 적용되어 있는 방사형 필터를 모두 삭제한다.

7

동일한 위치에 만들어진 또 하나의 방사형 필터를 두 번째 사제의 불꽃에 가져다 놓는다. 크기를 조절하려면 Shift 를 누른 채 조절 핸들을 드래그해 조금 작게 만들어주면 된다. 같은 방법으로 이 방사형 필터를 복제해 나머지 3명의 사제에게도 멋진 불꽃을 만들어주자. 멀리 있는 불꽃이 약간 어두워져야 하니 오른쪽 끝으로 갈수록 노출값과 색온도를 조금씩만 줄여주면 더욱 좋다.

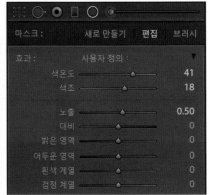

의외로 쓸 만한 사전 설정 이용하기

그러데이션 툴, 방사형 필터 툴, 브러시 툴이 제공하는 옵션의 내용과 사용법은 대부분 비슷하다. 라이트룸에서는 이 툴들에 자주 쓰일 만한 효과들을 미리 세팅해 사전 설정으로 만들어두었다. 사용자가 일일이 옵션 슬라이드를 조정하지 않아도 바로 사용할 수 있어 편리하고, 몇 가지는 정말 유용하니 빠른 작업을 위해 배워두자.

사용자 정의 옵션

각 툴을 선택하면 아래쪽에 나타나는 옵션 중 '사용자 정의'를 클릭한다. 여러 가지 사전 설정이 나타나며, 각 사전 설정은 라이트룸에서 미리 조정해 놓은 값으로 지정되어 있다.

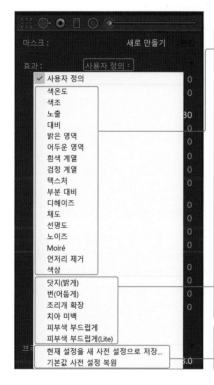

❶ 기본 옵션에서도 바로 사용할 수 있기 때문에 굳이 여기서 쓸 필요가 없다.

❷ 주목할 부분은 이 5가지 옵션이다. 각각이 하나의 툴처럼 사용할 수 있어 쓸모가 많다.
- **닷지**: 밝게 만든다. (노출 +0.25)
- **번**: 어둡게 만든다. (노출 −0.30)
- **조리개 확장**: 조리개를 확장해서 촬영한 효과를 적용한 것으로, 좀 더 밝고 선명한 느낌을 준다. (노출 +0.35, 부분대비 +10 , 채도 +40)
- **치아 미백**: 치아를 밝고 하얗게 만든다. (노출 +0.40, 채도 −60)
- **피부색 부드럽게**: 소프트스킨 효과를 만든다. (부분대비 −100, 선명도 +25)
- **피부색 부드럽게(Lite)**: 보다 효과가 적지만 효과로 인한 변형도 적어 자연스럽게 보이는 소프트스킨 효과 (텍스처 −35, 부분 대비 −15)

❸ 위의 사전 설정 외에 사전 설정을 내 맘대로 만들어 저장하거나 기본값으로 복원시킬 때 사용한다.

▶ 조리개 확장 효과
노출을 추가하고, 채도를 증가시킨다.
(노출 +0.35, 부분대비 +10 , 채도 +40)

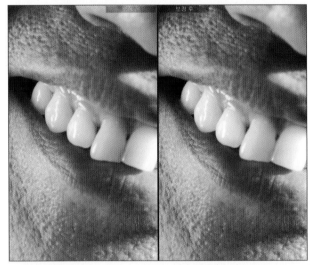

▶ 치아미백 효과
누런 치아가 하얗게 변한다.
(노출 +0.40, 채도 −60)

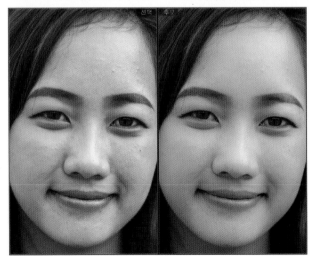

▶ 피부색 부드럽게
피부의 잡티가 없어졌다. 피부 보정을 가볍게
빨리 하고 싶을 때 주로 사용한다.
(부분대비 −100, 선명도 +25)

**내 맘에 꼭 드는
사전 설정 만들기**

라이트룸에 익숙해지면 하나의 사진에 여러 가지 효과를 적용해야 할 때가 있다. 그때마다 옵션을 새로 설정하는 것도 일이라 몹시 귀찮다. 이럴 때 자신이 자주 쓰는 효과 조합을 사전 설정으로 저장해두면 필요할 때마다 꺼내 쓰기만 하면 된다. 그러데이션, 방사형 필터나 브러시 툴에서 등 언제든지 불러 사용할 수 있으며, 개수 제한 없이 여러 개를 만들 수 있다.

1   원하는 툴을 선택한 후 아래의 옵션에서 효과 값을 설정한다.

2   '사용자 정의 – 현재 설정을 새 사전 설정으로 저장'을 클릭한다.

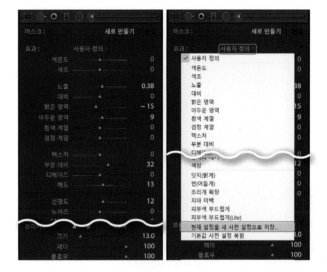

3   '새 사전 설정' 대화상자가 나타나면 이름을 입력한 후 '만들기'를 클릭한다. 여기서는 위의 효과 값을 적용하면 밝고 강렬한 대비가 이루어지기 때문에 '고선명 주제부분용'이라고 입력했다.

4   **사전 설정 삭제하기, 이름 바꾸기**
사전 설정에 방금 만든 '고선명 주제부분용'이라는 옵션이 추가된다. 각 사전 설정을 클릭하면 아래쪽에 삭제하거나 이름을 바꿀 수 있는 기능을 제공하니 필요한 작업을 하면 된다. 정렬은 가나다순이다.

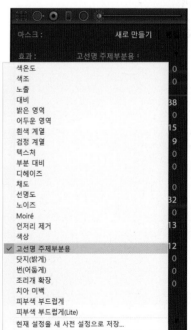

노출의 한계를 극복하는 HDR 사진 만들기

HDR 사진이라고 하면 한때 유행했던, 지금은 사용하지 않는 과한 기능처럼 느끼는 사람도 있을 것이다. 그러나 한때 유행하던 그 HDR 사진은 초기 버전의 과도한 느낌의 사진이었고, 이제야 비로소 HDR 사진을 제대로 다루기 시작했다고 볼 수 있다. HDR 사진에 대한 편견은 접어두고 제대로 활용하는 방법을 알아보자

라오스를 여행하던 도중 이름 모를 산 언덕에 올랐다가 멋진 일몰을 감상할 수 있었다. 해가 구름 뒤로 넘어가면서 열대 정글 특유의 화려한 구름을 돋보이게 만들어주었다. - 라오스 열대의 일몰, 라오스, 루앙프라방 주

HDR 사진을 만드는
진짜 이유

예제사진 Part3\라오스의 일몰 1~3
완성사진 Part3\라오스의 일몰 1~3 완성

HDR은 고계조 사진으로 High Dynamic Range Imaging의 약자다. 사진에서는 노출이 다른 여러 장의 사진을 톤 매핑해서 높은 계조를 가진 사진으로 만드는 방법을 말한다. HDR 사진을 만드는 이유가 있다. 밝고 어두움의 대비가 강한 경우 양 끝의 계조가 극단적으로 저하되는데, 그러다보니 어두운 부분과 밝은 부분의 데이터양이 적어 노이즈가 심하게 생기거나 아예 데이터가 없는 부분도 있다. 이런 상황을 보완하기 위한 것이 HDR 사진이다.

라이트룸 HDR 병합의 장점은 Raw 파일을 그대로 합칠 수 있으며, 'HDR 사진' 하면 떠오르는 과도한 느낌을 만들지 않아도 풍부한 데이터를 이용해 넓은 범위의 보정이 가능하다는 점이다. 라이트룸의 HDR 기능은 포토샵이나 전문 HDR 툴 못지않은 멋진 성능을 보여준다. 그러면서도 매우 쉽고 빠르다. 쓰지 않을 이유가 없다.

Before_ 이렇게 멋진 풍경임에도 불구하고 밝은 부분과 어두운 부분의 차이가 너무 크기 때문에 한 장에 모두 담는 것은 불가능에 가깝다. 이럴 때는 다양한 노출로 촬영한 사진을 HDR로 병합해 부족한 부분을 메꾸어주면 실제 우리 눈으로 보는 것과 비슷한 느낌의 사진으로 연출할 수 있다.

1 HDR 사진으로 병합하기

라이브러리 모듈에서 하나로 병합할 노출이 다른 사진을 모두 선택한다. 사진 위에서 마우스 오른쪽 버튼을 클릭한 후 '사진 병합 – HDR 병합'을 클릭한다. 예제에서는 3장의 사진을 병합하지만, 이론상으로는 사진이 많을수록 좋은 결과를 얻을 수 있다. 다만 시간도 오래 걸리고 나뭇잎 등에 생기는 고스트 현상이 발행할 수도 있어 실제로는 3장(노출 부족, 적정, 과다인 사진) 또는 5장(노출이 많이 부족, 부족, 적정, 과다, 매우 과다인 사진) 정도가 일반적이다.

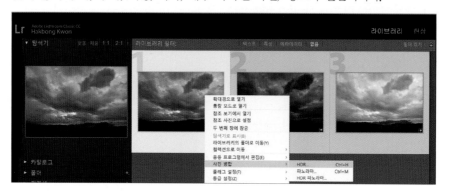

2 추천하는 옵션은 이것!

'HDR 병합 미리 보기'가 나타나면 옵션을 설정한다. '자동 정렬'은 필수고, '자동 톤'은 쓸모없다. 고스트는 이미지에 치명적이므로 '고'를 선택하고, 고스트가 발생하는지 화면에서 체크해야 하니 '디고스트 오버레이 보기'에 체크한다. 미리보기 창을 보고 별 이상이 없다 싶으면 '병합'을 클릭한다.

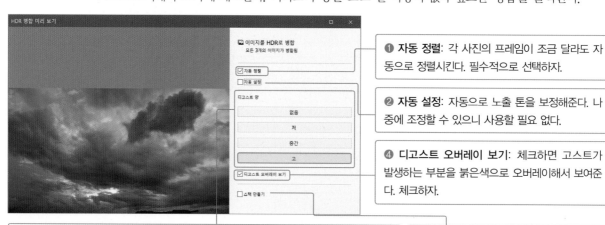

❶ **자동 정렬**: 각 사진의 프레임이 조금 달라도 자동으로 정렬시킨다. 필수적으로 선택하자.

❷ **자동 설정**: 자동으로 노출 톤을 보정해준다. 나중에 조정할 수 있으니 사용할 필요 없다.

❹ **디고스트 오버레이 보기**: 체크하면 고스트가 발생하는 부분을 붉은색으로 오버레이해서 보여준다. 체크하자.

❸ **디고스트 양**: 바람에 움직이는 나뭇잎 같은 물체일 경우 시간에 따라 위치가 변한다. 이런 이미지들은 HDR 병합 과정에서 마치 고스트 이미지 같은 중첩 현상이 발생한다. 이미지 중첩에 따른 결과인데, 이 양을 얼마나 허용할 것인가를 결정하는 옵션이다.
– 없음: 고스트를 100% 허용한다.
– 저/중간/고: '고'일 경우 최대한 고스트를 없애는 방향으로 병합한다. '고'로 선택한다.

디고스트 양을 '없음'으로 선택한 결과

❺ **스택 만들기**: 만들어진 HDR 병합 사진을 기준으로 나머지 재료로 사용된 3장의 사진을 스택모드로 합쳐서 보여준다. 스택을 풀어서 원본 사진을 개별적으로 확인하거나 수정할 수 있고, 하나로 뭉쳐서 보기 쉽게 관리할 수도 있다.

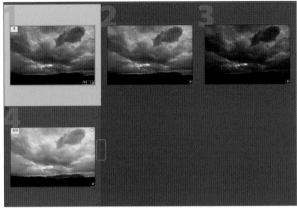

3 HDR 병합된 사진 찾기

병합 과정이 진행된 후 원본 사진들 옆에 결과물이 나타난다. HDR 병합된 사진에는 자동으로 파일이름에 'HDR'이 들어가므로 검색 시 기준으로 이용할 수 있다.

4 HDR의 장점

보정 가능한 범위가 비약적으로 증가하며 같은 값을 수정했을 경우 이미지의 열화가 최소한으로 억제된다. 결과적으로 이미지의 데이터가 매우 풍부한 슈퍼 이미지가 되는 것이다. 큰 의미는 없지만 노출을 조정할 때 일반 사진의 경우 '±5'까지만 조정할 수 있으나, HDR로 만들면 '±10'까지 가능해진다. 또 어두운 영역이나 밝은 영역을 극단적으로 조정했을 때 보이는 계단 현상이나 노이즈가 크게 감소해 이미지의 품질이 매우 좋아진다.

일반 이미지

HDR로 병합한 이미지

멋진 파노라마 사진 만들기

전통적인 파노라마 사진은 렌즈가 회전하면서 슬릿을 통해 필름의 긴 면적에 노출시켜 촬영하는데, 디지털로 넘어 오면서 이런 파노라마 사진의 촬영이 매우 간편해졌다. 앞서 알아본 HDR과 응용해서 각 소스 사진을 HDR로 만든 다음 파노라마로 합치면 슈퍼 디테일을 가진 파노라마 사진을 만들 수 있다. 사용법은 다양하니 여기에서는 기본적으로 라이트룸에서 어떻게 파노라마 사진을 만드는지에 대해서 알아보자.

예제사진 Part3\파노라마1~7
완성사진 Part3\파노라마 완성

Before_ 7장의 사진을 촬영해서 파노라마로 엮을 준비를 했다. 촬영할 때 최대한 수평을 움직이지 않도록 주의하고, 각 사진이 충분히 겹쳐지도록 천천히 프레임을 옮겨 촬영하면 나중에 훌륭한 파노라마 사진을 만들 수 있다.

잠시 쉬려고 들렀던 휴게소의 날씨가 생각지도 못했던 풍경을 보여주는 바람에 다시 카메라를 가지고 왔다. 일몰 햇살과 구름의 시원한 풍경이 너무 아름다웠던 이요시의 일몰 풍경을 파노라마로 담아 보았다. – 이요시의 파노라마, 일본, 시코쿠, 일본

1　HDR 파노라마로 병합할 사진을 모
두 선택한다. 사진 위에서 마우스 오른쪽
버튼을 클릭한 후 '사진 병합 – 파노라마'
를 선택한다.

2　'파노라마 병합 미리 보기' 대화상자
가 나타난다. 병합하기 전에 여러 가지 옵
션을 선택할 수 있다.

❷ **경계 변형**: 사진을 임의로 변형해 가장 크
　게 보일 수 있도록 병합한다.
　(최소 0, 최대 100)
❸ **자동 자르기**: 손으로 촬영한 경우 각 사진
　에서 필요 없는 부분을 자동으로 잘라낸다.
❹ **스택 만들기**: 완성된 파노라마 사진이 대
　표로 사용된 사진을 스택모드로 모아서 관
　리한다. HDR에서와 같은 기능이다.

---

❶ **투영 선택**: 3가지 투시도 중 하나를 선택한다.

원통형: 수직 방향의 투시를 무시하고 수평적으로 인식한다.

원근: 원근을 적용해 파노라마를 인식한다.

3 여기서는 수평적인 이동을 강조하고 너무 길어지지 않도록 '원통형'을 선택했다. 최대한 외곽부분을 이용할 수 있도록 경계변형 값을 '65'로 지정한다. 모든 옵션을 결정한 후 다시 자를 필요 없도록 '자동 자르기'에 체크하고 '병합'을 클릭한다.

4 스택 만들기에 체크했기 때문에 한 장의 사진으로 나타난다. 사진 왼쪽 위에 '8'이라는 숫자는 파노라마로 만든 사진을 포함해 사용된 사진 7장이 더 있다는 의미다. 스택 펼쳐보기 아이콘을 클릭하면 사용된 사진 하나하나를 모두 볼 수 있다.

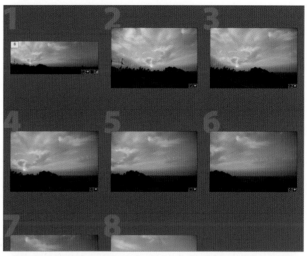

5 스택으로 합쳐진 첫 번째 사진을 클릭한 후 '현상' 모듈을 클릭하면 대표 이미지인 파노라마 이미지만 보정할 수 있다. 스택을 풀어서 볼 경우 이렇게 완성된 파노라마 사진을 선택하고 '현상' 모듈로 이동해 보정하면 된다. '현상' 모듈에서 적당한 보정을 거치면 멋진 파노라마 사진이 완성된다.

번거로운 작업을 편리하게 만드는
HDR 파노라마 기능

더욱 완벽하고 멋진 파노라마 사진을 만들기 위해 각 사진의 노출값을 달리 해서 같은 장면을 여러 장 촬영하기도 한다. 이전에는 각 소스 세트를 일일이 HDR 사진으로 만든 다음 다시 한번 파노라마로 만들어야 했는데, 이제 컴퓨터가 알아서 한 번의 클릭으로 해결해준다.

After

예제사진 Part3\마차푸차레 1~15
완성사진 Part3\마차푸차레 완성

세트 1: 3장의 사진을 1장의 HDR로 만든다.

세트 2

세트 3

세트 4

세트 5

Before

Before_ 같은 장면을 3장씩 다른 노출값으로 촬영된 5세트의 소스 사진이 있다. 3개씩 하나로 합쳐서 5개의 HDR 사진으로 만든 후 파노라마로 이어붙여 하나의 커다란 HDR 파노라마 사진으로 만든다. 이 모든 과정을 한 번에!

담푸스는 안나푸르나를 전체적으로 조망할 수 있는 매우 멋진 장소다. 예전에는 걸어서 올라가야 했지만 이제 자동차도 갈 수 있어 훨씬 쉽게 멋진 풍경을 즐길 수 있다. 가운데 삼각형으로 보이는 마차푸차레를 중심으로 쭈욱 둘러싸고 있는 설산들이 안나푸르나다.
– 마차푸차레와 안나푸르나, 네팔, 포카라, 담푸스

1 같은 장면을 3장씩 다른 노출값으로 촬영한 소스 5세트, 즉 15장의 사진이 있다. HDR 파노라마로 병합할 사진을 모두 선택한 후 사진 위에 마우스 오른쪽 버튼을 클릭하고 '사진 병합 – HDR 파노라마'를 선택한다. 원본 파일의 크기나 컴퓨터의 성능에 따라 시간이 많이 걸릴 수도 있으니 느긋하게 기다리자.

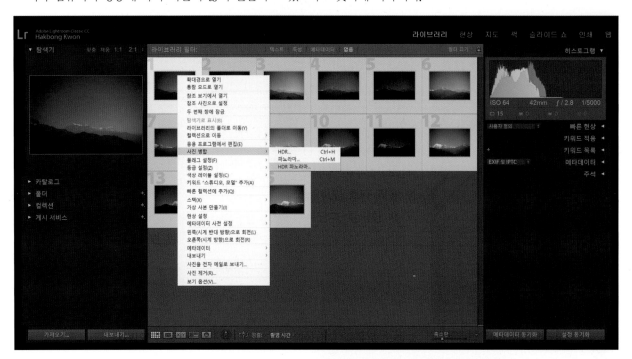

2 'HDR 파노라마 병합 미리 보기' 대화상자가 나타난다. 나머지 모든 옵션은 일반적인 파노라마 만들 때와 같다. 경고 메시지는 HDR 파일이 어떻게 만들어지는지를 알려주고, 혹시 결과가 마음에 들지 않는다면 이전 방법대로 하나씩 HDR 파일을 만들라는 말이다.

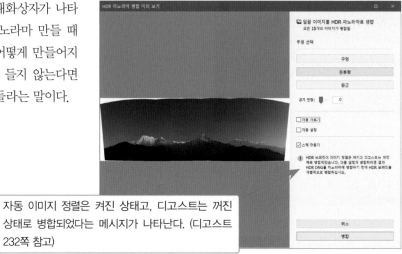

자동 이미지 정렬은 켜진 상태고, 디고스트는 꺼진 상태로 병합되었다는 메시지가 나타난다. (디고스트 232쪽 참고)

3   HDR 이미지에 아무런 문제가 없어 보이므로 '투영 선택'은 '원통형'으로 선택한다. '자동 자르기'에 체크한 후 '경계 변형'을 '65' 정도로 설정하고 '병합'을 클릭한다.

4   '스택 만들기'에 체크했기 때문에 15장의 소스 사진과 1장의 파노라마 사진이 스택으로 만들어진 것을 확인할 수 있다. '현상' 모듈로 가서 기본적인 보정을 마치면 멋진 고품질의 사진을 만들 수 있다.

HDR 촬영을 할 때는 셔터 속도에 주의하자

HDR 촬영을 할 때는 주로 자동 브라케팅 모드를 사용한다. 설정한 값에 따라 3장의 노출을 자동으로 촬영해주어 별 신경을 쓰지 않아도 HDR 사진을 만들 수 있는 촬영법이다. 이때 단 하나 주의할 것이 있는데 바로 '셔터 속도'다.

카메라는 적정 노출에서 조리개를 사용하지 않고 셔터 속도를 이용해서 노출의 차이를 만든다. 조리개를 이용하면 심도가 다른 사진이 촬영되기 때문에 HDR의 재료로서 좋지 못하기 때문이다. 따라서 적정 노출의 사진을 촬영할 때 밝아질 노출을 감안해 생각보다 빠른 셔터 스피드로 촬영해야 한다. 다음 사진들은 각 2스텝 노출 차이에서 촬영한 것이다. 적정 노출에서는 빠른 1/500초였지만, 노출 과다 사진의 경우 1/125초로 셔터스피드가 거의 한계값에 다가갔다. 1스텝의 노출 차이로 3장을 촬영하는 세팅이라면 촬영할 때 적정 노출이 1/250초 이하로 떨어지지 않도록 주의하고, 2스텝이라면 1/500초 이하로 떨어지지 않도록 촬영한다.

적정 노출 1/500s 0EV

노출 부족 1/2000s −2EV

노출 과다 1/125s +2EV

위의 3장을 HDR로 합쳐 보정한 결과

예제사진 Part3\HDR주의 1~3
완성사진 Part3\HDR주의 완성

디지털 사진의 색은 각 원색 채널의 명암이 서로 섞이면서 만들어진다.
색이란 명암부터 디테일까지 사진에서 다루는 모든 것이라고 말해도
과하지 않을 정도다. 애매하던 각 용어와 개념을 깨끗이 정리해보자.
그것만으로도 색에 대한 고민이 훨씬 덜어질 것이라 확신한다.

PART 4   컬러
이론부터 색상 보정까지

우리가 보는 색은 진짜 그 색일까?

사진 보정하려고 이 책을 보고 있는데, 뜬금없이 '색' 공부를 하자고 할 참이다. 대체 왜? 색이 색이지 뭔 공부씩이나?
결론부터 말하면 우리 눈은 색을 정확하게 보지 못하기 때문이다. 분명히 오렌지색과 갈색이었는데 사실은 같은 색이란
다. 이러면 어떻게 보정을 할 수 있을까? 그래서 객관적인 '색'이 필요하다.

색에 대한 공부를 시작하기 전에 머리를 식힐 겸 '본다'는 것에 대해 생각해보자. 우리가 사과를 본다. 학교에서 배운
대로 말하자면 사과에 반사된 빛이 안구를 통과하고 망막에 초점이 맞아 시세포를 자극해 우리는 본다고 '생각'한다.
하지만 우리가 보는 것이 정말 이렇게 객관적인 것일까?
다음 예제의 왼쪽 그림을 보자. 위쪽과 아래쪽 회색 중 어느 쪽이 더 어두운가? 대부분 위쪽이라고 대답할 것이다. 그
러나 오른쪽 그림에서 알 수 있듯이 위아래 모두 정확히 같은 회색이다. 재밌는 것은 정답을 알고 나서도 여전히 위쪽
회색이 어둡게 보인다는 점이다. 이렇게 우리 눈은 사진 찍듯이 있는 그대로를 객관적으로 보지 않는다. 우리는 눈으
로 본다고 생각하지만, 사실은 뒤통수에 있는 시각영역을 담당하는 뇌가 해석한 정보를 '믿고' 있는 것일 뿐이다.

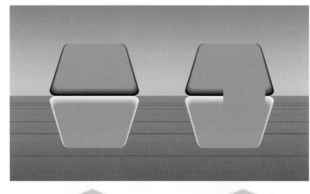

믿기지 않는다고? 다음 예제의 왼쪽 그림을 보면 윗
면에는 갈색이, 왼쪽 면에는 오렌지색이 있다. 분명
히 그렇지 않은가? 그러나 오른쪽 그림을 보면 정확
히 같은 색이라는 걸 알 수 있다.

왼쪽 큐브에서 갈색과 오렌지색으로 다르게 보이는
이유는 왼쪽 면이 어둠 속에 있기 때문이다. 우리
의 뇌는 주변의 상황을 인식해, 이 정도 어둠 속에
있는 갈색의 경우 오렌지색으로 보인다는 경험적인
해석을 하기 때문이다.

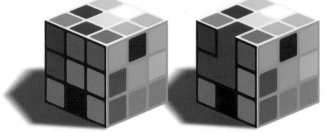

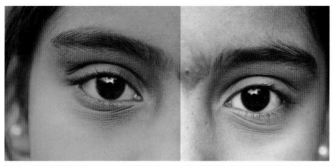

이런 식으로 '본다는 것'은 눈이 뭔가 부정확한 데이터를 뇌에 전달해주면, 뇌가 이 데이터를 이전의 경험과 주변의 상황에 따라 적당히 보정해서 우리에게 보여주는 것이다. 상당히 주관적이고 의식적으로 말이다. 이 사실을 명확히 인식해야 색을 이해하는 게 왜 이렇게 어려운지를 공감할 수 있다.

이 소녀의 눈동자를 보자. 푸른색 쪽 눈동자는 갈색조로 보일 것이다. 이미 눈치 챘듯이 두 눈동자 역시 같은 색이다. 눈동자만 정확히 떼어서 보면 왼쪽과 같다.

정확히 같은 색이다. 하지만 우리의 뇌는 아무리 갈색이 아니라고 주입해주어도 지금까지의 경험으로 축적된 어마어마한 양의 데이터가 인간의 피부가 파랄 리 없고, 그렇다면 뭔가 푸른빛이 껴 있기 때문에 파랗게 보일 것이라고 해석한다. 따라서 파랑색을 흰색이라는 기준으로 잡고, 그에 따라 실제로는 무채색인 눈동자가 파란색의 반대쪽인 갈색조로 보이게 된다. 이처럼 우리의 눈은 카메라와 달리 색이나 심지어 모양까지도 객관적으로 인지할 수 없다. 우리가 본다는 건 지금까지 경험으로 쌓아온 모든 데이터를 이용해서 자동으로 해석한 결과를 인지하는 행위임을 잊지 말자.

색이라는 것도 사실 과학적으로는 존재하지 않는다. 색이 있다고 우리가 착각하는 것은 빛의 파장 길이별로 감지하는 세포가 따로 있어 이 세포들이 전해주는 신호의 세기를 조합해 색으로 해석하기 때문에 색이 존재하는 것처럼 '느껴질' 뿐이다. 인접해 있는 두 색의 차이를 구별하는 능력은 기계보다 뛰어날 수 있어도, 오늘 본 색을 내일 기억해서 정확히 집어내는 것은 불가능에 가깝다.

따라서 거칠게 말한다면 지극히 객관적인 카메라가 내 놓는 색이 우리 마음에 들 리 없다. 카메라는 눈까지만 있고 뇌가 없기 때문이다. 당시에는 너무나 아름다웠던 그날의 일몰풍경이 모니터 속에서는 유치하게 보인다. '이건 아니지.' 하는 마음으로 내 모니터를 통해 그날 내가 봤던 그 풍경과 유사하게 보정했는데, 그걸 본 다른 사람들은 내가 느낀 그 느낌이 아닌 것 같다. 심지어 다른 사람 모니터로 내가 봐도 뭔가 이상해 보인다. 인쇄소에 출력을 맡겼더니 아예 쓰레기통에 집어 던지고 싶은 생각이 들 정도로 형편없다. 왜 이럴까? 왜 내 눈으로 본 것과 모니터로 보는 것, 다른 사람의 모니터로 보는 것, 인쇄해서 보는 것이 다 다를까? 어떻게 하면 내 눈으로 봤던 그 색을 그대로 재현해낼 수 있을까?

계속 이렇게 헛다리만 짚을 수는 없다. 이제부터 사진가에게 필요한 색에 대해 제대로 알아보자. 이해를 쉽게 하기 위해 설명에 과장된 부분이 있을 수 있음을 미리 밝힌다. 보다 깊은 지식을 원한다면 컬러 매니지먼트나 색 이론에 관한 전문 서적을 따로 보기를 권한다.

한계를 메꾸기 위한 우리의 노력,
색공간, 색역, 캘리브레이션

우리 눈이 색을 '제대로' 보지 못한다는 것은 이해했을 것이다. 이런 눈의 한계를 극복하고자 여러 시도를 해왔고, 그래서 만든 것이 색공간, 색역, 캘리브레이션, sRGB, Adobe RGB 등이다. 앞으로 자세히 살펴볼 테니 여기서는 뭐가 뭔지 얼추 감만 잡고 가보자.

카메라와 모니터에서 '총천연색'이라고 말하는 풀컬러(Full Color)의 세상이다. 하지만 우리가 다룰 수 있는 색은 이 세상의 모든 색에 비교한다면 절반도 되지 않는다. 아름다운 대자연을 향해 카메라 렌즈를 들이 밀고는 있지만, 거기에서 가져올 수 있는 것은 절반밖에 안 되는 빈약한 세계를 이야기하고 있다는 말이다. 이유는 간단하다. 21세기의 기술력이 가진 한계 때문이다. 하지만 인간의 욕심은 끝이 없고 어떻게든 이 좁은 세계에 자연을 모방하고 싶어서 몇 가지 시도를 해왔다.

첫 번째, 색공간
그 첫걸음으로 우리가 사용할 수 있는 색의 표현 수단에 집중하기 시작했다. 그렇게 만들어진 것이 '색공간'인데, 간단히 말하면 색의 재료가 빛이냐 잉크냐에 따라 분류한다. 이 큰 틀을 이해하면 이 재료로 인해 생기는 문제를 어떻게 감수하고 이용할 것인지를 알 수 있게 되는데, 예를 들면 모니터에 보이는 그대로 인쇄하겠다고 하는 것이 얼마나 부질없는 짓인지를 깨닫고 더 이상 이런 '이상한' 질문을 하지 않게 된다. 대신 내가 모니터로 보는 것과 최대한 비슷하게 인쇄할 수 있는 방법을 찾고, 내가 원하는 것과 버려도 되는 것을 구분할 수 있게 된다.

두 번째, 색역
그 색공간 안에서 표현할 수 있는 한계점을 지정해 놓은 울타리 안쪽 세계를 '색역'이라고 하는데, '색을 표현할 수 있는 영역'이라고 이해하자. sRGB니 Adobe RGB니 하는 것들이 정확하게 무엇을 의미하는지 이해한다면 "Pro Photo RGB가 제일 좋은 것이고, sRGB가 가장 나쁜 것이다."라는 이상한 소리를 하지 않게 된다. 또 왜 Adobe RGB로 저장한 사진이 인터넷에서는 이상하게 보이고 색이 탁해지는지, 그럼 어떤 것을 선택해야 하는지를 알 수 있다.

세 번째, 캘리브레이션
너와 나의 장치가 동일하게 색을 표현해주길 바랐고, 이를 해결하기 위해 '캘리브레이션'이라는 기준을 만들었다. 제대로 알게 되면 "내가 보는 색이 실제로는 그 색이 아닐 수도 있다."고 어디선가 듣기는 했지만 사진을 잘 찍고 싶어 하면서도 색에 무관심했던 자신을 돌아보고, 인터넷에서 미세한 색감 조정을 한 다음 "A가 좋아요, B가 좋아요?"라고 묻는 게 얼마나 부질없는지도 깨닫게 될 것이다.

색의 재료는 무엇인가? 색공간

색을 만드는 재료에 관한 이야기다. 앞에서 색을 무엇으로 만들었는가가 바로 '색공간'이라고 했었다. 여기서는 색공간이 뭔지, 어떤 종류가 있는지, 각 색공간의 특징은 무엇인지를 알아보자. 기억해야 할 것은 딱 3가지다. RGB, CMYK, Lab!

RGB, CMYK, 그리고 이것만으로 부족한 이유

색을 빛의 삼원색인 빨강(Red), 초록(Green), 파랑(Blue)으로 만들었다면 모니터에서 볼 수 있는 RGB 색공간이 된다. 잉크의 삼원색인 청색(Cyan), 자색(Magenta), 황색(Yellow)으로 만들었다면 인쇄에서 사용하는 CMYK 색공간이 된다. 이론적으로는 잉크의 삼원색을 섞으면 검정이 나오지만 현실은 칙칙한 검정인 데다가 보통 글씨에 검정을 많이 사용하는데 세 가지 색을 섞어 쓰는 게 비효율적이라 검정(blacK)을 따로 추가해 4색으로 인쇄한다.

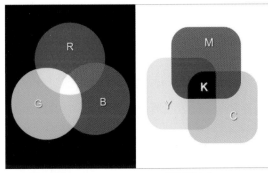

RGB 색공간(빛)   CMYK 색공간(잉크)

여기에 무시무시한 수학을 이용해서 색을 만들기도 한다. 과학의 언어가 수학이라는 건 모두 알고 있을 것이다. 수학으로 만든 색공간을 '이론적'이라고 말하기도 하지만 그만큼 완벽하고 절대적이며 오류가 없다. 왜 이런 절대적인 색공간이 필요할까?

RGB 색공간의 대표는 모니터다. 모니터의 작동원리를 보면 뒤에서 흰색 빛을 쏴주고 앞에 있는 3가지 색의 셀로판지 같은 것을 열었다 닫았다 하면서 색을 표현한다. 여기서 많은 문제가 발생한다. 뒤에서 쏘는 빛은 얼마나 흰색인가? 앞에서 열었다 닫았다 하는 3가지 색은 얼마나 정확한가? 등 수없이 많은 문제와 모호함으로 뒤죽박죽이다. 따라서 RGB 색공간으로 색 전체를 말하기엔 따질 게 너무 많다. 뭔가 절대적이고 객관적인 기준이 필요하다.

좀 더 예를 들어보자. 길이를 재려면 자가 필요하다. 자는 길이가 변하지 않는 걸로 만들어야 쓸모가 있을 것이다. 고무줄로 만든 자라니 도무지 신뢰가 가지 않는데, 고무줄로 만든 자가 RGB나 CMYK 같은 색공간이고 스테인레스로 만든 튼튼한 자가 바로 수학으로 만든 색공간, 즉 Lab 색공간이다.

수학으로 색공간을 만들면 정말 많은 색공간이 등장한다. 대표적인 것만 봐도 YIQ라는 색공간이 있고, 이 그래프를 30도 살짝 돌리면 YUV가 되기도 하며, 이 모든 근간을 만들어 놓은 XYZ도 있다. 영상을 전문적으로 만지는 사람이라면 YCbCr 색공간에 익숙할 것이고, Lab 색공간과 비슷한 HSV도 있다. 너무 복잡하고 의미도 없으니 여기에서는 RGB와 Lab 색공간만 다루도록 하자.

수학으로 만든 절대 기준, Lab 색공간

이야기는 미국의 미술학교 교사로 일하던 '먼셀(Albert Henry munsell)'로부터 시작한다. 아이들의 교육을 위해 무지개 색을 둥글게 이어 붙여 순환하는 원형 모양의 색상환을 만들었다. 무지개를 이어 붙인 게 대단한 게 아니라, 색을 체계적으로 정리할 아이디어를 준 것이 중요하다.

색은 밝기를 나타내는 '명도', 색의 진하기를 나타내는 '채도', 그리고 색 그 자체를 이야기하는 '색상'으로 구별할 수 있다. 3가지다. 그래서 종이나 모니터 같은 2차원 평면으로 색 전체를 표현할 수 없어 3차원으로 표현하게 되었다. 그래야 명도, 채도, 색상을 모두 표현할 수 있다.

왼쪽과 같은 원형의 색상이 있을 때, 위로 갈수록 밝아지고 아래로 갈수록 어두워지며(명도), 원의 중심축으로 갈수록 회색에 가까운 색을 표시하면(채도) 오른쪽처럼 될 것이다. 이렇게 색은 입체적인 모형으

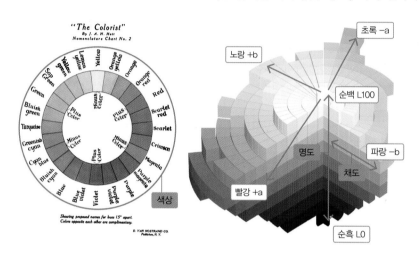

로 나타낼 수 있으며, 이를 수학적인 기호로 표시해 Lab 색공간을 만들었다. 밝기를 나타내는 수직축을 L이라고 하고, 빨강과 초록으로 이어지는 세로축을 a, 파랑과 노랑으로 이어지는 가로축을 b로 해서 만든 입체적인 그래프다. 이를 좀 더 다듬은 'CIE 1976 L*a*b*' 색공간이 우리가 이야기하는 Lab 색공간이다.

이런 분류는 우리의 시각인지 체계와 매우 비슷하면서, 세상의 모든 색을 수학적으로 표현할 수 있게 한다. 심지어 눈에 보이지 않는 색까지도 표시할 수 있다. 따라서 빛의 종류나 센서에 따라 마음대로 바뀌는 RGB나 잉크나 종이의 종류에 따라 바뀌는 CMYK 색공간을 이해하는 기준으로서 매우 적합하다.

이런 절대적인 특성 때문에 공장에 컬러 제품을 주문하면 대부분 이 Lab 색공간을 사용해 색을 만든다. 우리가 상상하듯이 R244 G200 B60 같은 RGB를 사용하지 않는다는 말이다. 실제로 조색 과정을 보면 적당히 색을 만들어서 시제품을 제작한 후 아래에 보이는 기계로 정확한 Lab값을 체크하고 색조정을 거듭해 주문한 색을 맞춘다.

Lab 컬러값을 알려주는 코니카 미놀타의
CM-3700A SPECTROPHOTOMETER

색공간 중 우리가 표현할 수 있는 범위, 색역
(=색의 표현 영역)

'색공간, 색역, 게멋, sRGB, Adobe RGB'에 대한 말을 할 차례다. 어디서 많이 들어본 이 단어들의 차이를 구분할 수 있을까? 대부분의 사람들은 색공간과 색역을 같은 것이라고 알고 있고 그렇다 보니 헷갈려서 색을 다루는 것이 점점 더 어려워진다. 한 번만 정확히 정리하고 넘어가면 된다. 제대로 정리해보자.

색역과 게멋은 같지만, 색공간은 다르다

흔히들 sRGB나 Adobe RGB 등을 '색공간'이라고 표현하는데, 정확한 의미로 본다면 색을 재현하는 영역, 즉 '색역(Color Gamut)'이라고 하는 것이 올바르다. 왜냐하면 색공간과 색역을 같이 섞어 쓰면 정확한 개념을 파악하기 힘들어 점점 더 색을 다루는 것이 어려워지기 때문이다.

'색역'이라는 말 자체를 처음 듣는 사람도 있을 것이다. 생소한 개념이 나왔는데, 간단히 정리하자면 '현재의 기술로는 자연계의 모든 색을 표현할 수 없으니 여기까지만 사용하자'고 범위를 정해 놓은 것이 바로 색역이다. 예를 들어 가장 선명한 녹색이 어떤 녹색인지와 같이 RGB 각각의 가장 선명한 색상을 정해 놓는다는 말이다. 즉 RGB에서 표현할 수 있는 색상의 한계값을 규정해 놓고 거기에 맞추겠다는 규정이다. 우리의 기술적인 한계를 무시하고 마냥 진한 색을 사용하자고 하는 것은 의미가 없기 때문에, '기계의 성능을 고려해 이 정도면 총천연색이라고 말할 수 있다'고 정해 놓은 기준일 뿐이다. 기술의 발전에 따라 다양한 변화가 있었으며 앞으로도 변할 것이다.

복습하자면 '색공간'은 색의 재료, 즉 빛이나 잉크 등 색을 무엇으로 만들었는가에 따라 색을 구분한 것이다. '색역'은 이 색공간 중 우리가 표현할 수 있는 범위를 말한다. 앞에서 말한 것처럼 자연계의 색 중 우리가 표현할 수 있는 색은 절반이 안 된다.

sRGB, Adobe RGB 1998, DCI-P3, Pro Photo RGB의 정의와 차이

sRGB   1996년 마이크로소프트(MS)와 HP가 NTSC 72%를 재현하는 것으로 협의해서 만들어놓은 색 표현 영역에 대한 규정, 즉 '색역'이다. NTSC는 National Television System Committee(미국 텔레비전 방송표준 위원회)의 약자로 당시 기술로는 표현할 수 없는 거대한 색역을 지정해 놓았다. sRGB는 처음부터 텔레비전뿐만 아니라 모니터와 프린터 등에서 두루 사용하기 위해서 만들었고, 현재 디지털 텔레비전이나 대부분의 모니터 등 우리나라의 사진 출력환경에서 거의 표준으로 자리 잡고 있다.

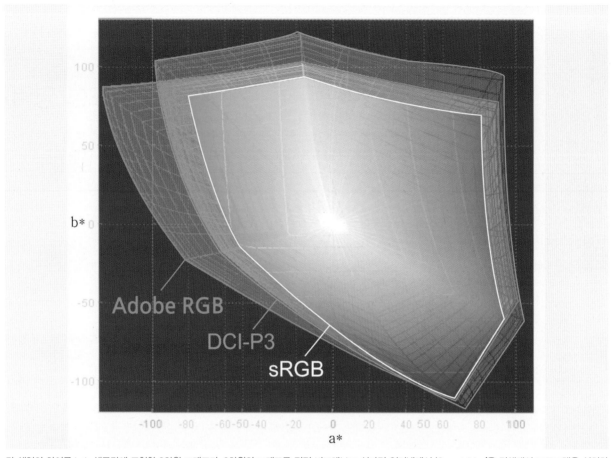

각 색역의 차이를 Lab 색공간에 표현한 2차원 그래프다. 3차원의 그래프를 직접 비교해보고 싶다면 인터넷에서 'Gamutvision'을 검색해서 프로그램을 설치하면 된다. 무료이기 때문에 바로 설치가 가능하다.

Adobe RGB 1998 말 그대로 1998년 sRGB에 불만을 가진 어도비가 인쇄물의 컬러를 보다 잘 표현하기 위해서 더 넓은 색 표현 영역을 지정해 만든 색역이다.

DCI-P3 미국의 영화업계 Digital Cinema Initiatives에서 기준으로 정한 색역이 바로 DCI-P3 혹은 DCI/P3다. 사진 작업에서 중요한 Adobe RGB와 함께 sRGB보다 훨씬 더 넓은 색 표현 영역을 가지고 있다. 영상 작업을 위해 만들어진 색역이기 때문에 적색 쪽은 Adobe RGB보다 넓은 범위를 가지고 있지만 녹색과 청색 쪽은 좁다.

Pro Photo RGB 가장 넓은 색역을 가진 것으로 필름회사인 코닥이 1980년에 만든 것이다. 무려 Lab 컬러의 90%를 포함하는 거대한 색역으로, 이것을 제대로 표현하는 기기만 있다면 최고의 자리를 차지할 것이 분명하지만 아직도 먼 미래의 이야기다. 하지만 라이트룸의 현상 모듈에서는 내부적으로 충분한 계조 확보 및 보정을 위해 이 Pro Photo RGB에서 감마값을 수정한 멜리사 RGB(Melissa RGB)를 사용한다. 크게 체감할 수 없으니 상식으로만 알아두자.

오른쪽 그림은 절대 색공간인 Lab상에서 각 색역의 범위를 나타낸 그래프다. 언급한 모든 색역은 RGB 색공간에 존재하기 때문에 편의상 8bit라고 치면, 가장 진한 녹색은 R0, G255, B0일 것이다. 하지만 색역상으로 규정된 각각의 가장 진한 녹색은 모두 다른 색을 지칭한다. 앞서 말한 대로 얼마나 진한 색을 표현할 것인지 그 한계 영역을 설정한 것이 바로 '색역'이기 때문이다.

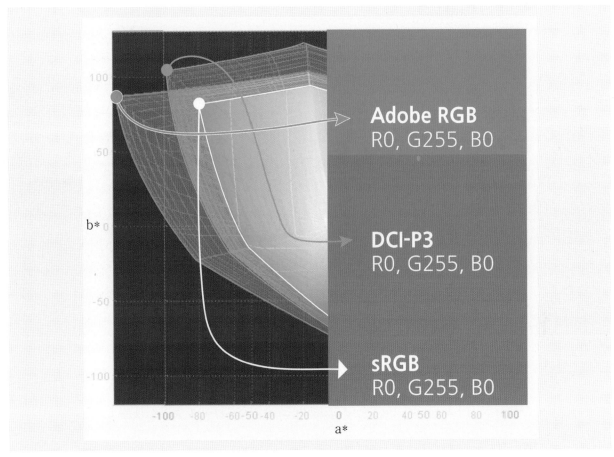

Adobe RGB
R0, G255, B0

DCI-P3
R0, G255, B0

sRGB
R0, G255, B0

절대 색공간인 Lab상에서 각 색역의 범위를 나타낸 그래프

상황 1_
sRGB 사진을 각각 다른
색역의 모니터에서 본다면?

조금만 더 깊이 생각해보자. 여기 녹색 숲을 촬영한 sRGB 사진이 있다. 이 사진을 Adobe RGB 100% 색역을 가진 모니터에서 본다면, 컴퓨터는 당연히 sRGB 사진이기 때문에 sRGB에서 가장 진한 녹색을 출력하기 위해 실제로 Adobe RGB의 녹색보다 좀 더 탁한 녹색으로 출력할 것이다.

이렇게 생각하는 게 상식이지만 실제로는 그렇지 않다. 많은 윈도우 기반 소프트웨어가 사진 파일 내에 있는 색역 정보를 무시하고 RGB값만 따져 Adobe RGB에서의 가장 진한 녹색을 출력한다. 그래서 Adobe RGB 모니터를 사용하면 색감이 오버되어 보인다는 불평이 나오는 것이다. 물론 이 부분은 컴퓨터 내의 색상을 보다 전문적으로 관리하는 컬러 매니지먼트를 고려하지 않는 윈도우의 문제다. 하지만 윈도우에서도 포토샵이나 우리가 사용하는 라이트룸 같은 일부 소프트웨어에서는 파일 내 색역을 읽어들여 제대로 출력한다. 윈도우 기본 웹브라우저인 인터넷 익스플로러 같은 경우에는 색역을 완전히 무시하지만, 크롬이나 파이어폭스는 설정에 따라 색역을 불러와 제대로 된 색감으로 출력해준다.

이렇게 어떤 소프트웨어를 사용하는지에 따라 색을 제멋대로 표현해주는 컴퓨터가 싫다면 시스템에서 컬러 매니지먼트가 적용되는 맥 OS를 사용하는 게 대안이 된다. 아무튼 윈도우에서도 라이트룸 같은 전문 프로그램은 색역을 꼼꼼히 따져서 최대한 제대로 된 색을 표현하려고 하니 윈도우를 사용한다고 해서 사진 작업을 못 하는 것은 아니다.

원본 sRGB 사진   sRGB 모니터   DCI-P3 모니터   Adobe RGB 모니터

익스플로러처럼 컬러 매니지먼트가 되지 않는 소프트웨어로 사진을 보면 원본 사진과 다른 색상을 보여준다.

원본 sRGB 사진   sRGB 모니터   DCI-P3 모니터   Adobe RGB 모니터

라이트룸처럼 컬러 매니지먼트가 지원되는 소프트웨어에서 보면 원본의 sRGB를 인식해 모두 동일한 색감을 보여준다.

상황 2_
Adobe RGB 모니터 + 컬러 매니지먼트가 지원되지 않는 소프트웨어에서 보정한다면?

내가 작업하는 모니터가 Adobe RGB 색역을 100% 지원하는데, 컬러 매니지먼트가 지원되지 않는 소프트웨어에서 사진을 보정한다면 어떤 일이 벌어질까? 예를 들어 작업하는 사진이 sRGB 색역의 사진이지만 컴퓨터는 이 색역을 무시하고 모니터가 보여줄 수 있는 최대한의 진한 색으로 보여줄 것이다. 따라서 사진을 보정하는 사람 입장에서는 자꾸 채도를 낮추고 탁하게 보정하게 된다. 그렇게 보정된 사진의 경우 사용자의 모니터에서는 원하는 느낌의 정상적인 사진이 되겠지만 다른 사람의 모니터에서 보면 채도가 낮은 사진이 되곤 한다.

여기서 다른 사람 A와 C는 자신의 sRGB를 정확하게 표현하는 모니터에서 볼 때 잘못된 사진으로 보인다. 하지만 같은 장비를 사용하고 컬러 관리를 하지 못하는 B의 경우 비슷하게 보인다. 틀린 답이지만 같은 번호를 찍은 두 명이 만나면 선생님이 알려주기 전까지 그것이 정답이라고 서로 믿는 것과 다르지 않다.

내가 원하는 색감. 하지만 컬러 매니지먼트가 지원되지 않는 소프트웨어에서 작업했다.

다른 사람 A의 sRGB 모니터에서 본 사진

다른 사람 B의 컬러 매니지먼트가 지원되지 않은 Adobe RGB 모니터에서 본 사진

다른 사람 C의 컬러 매니지먼트가 지원되는 Adobe RGB 모니터에서 본 사진

상황 3_
Adobe RGB 모니터 + 라이트룸에서 보정한다면?

자, 그렇다면 이런 경우는 어떨까? 내 모니터는 Adobe RGB를 100% 지원하고, 컬러 매니지먼트를 지원하는 라이트룸에서 작업을 했다. 내 모니터에서 예쁘고 화려한 Adobe RGB 색역을 가진 사진을 만들어서 인터넷에 올렸다고 생각해보자. 이 경우 보는 사람들에 따라 다양한 색상으로 보일 것이다. 과연 어떻게 보일까?

첫 번째, 나처럼 Adobe RGB 모니터를 사용하고, 컬러 매니지먼트가 되는 소프트웨어로 보는 사람이라면 내가 보는 것과 동일하게 보일 것이다.

두 번째, sRGB 모니터를 사용하고, 컬러 매니지먼트가 되는 소프트웨어로 본다면 미리 정해 놓은 방식에 따라 Adobe RGB 색상을 sRGB 색상으로 변경해서 보여줄 것이다. 실제로 sRGB 모니터에서 이보다 넓은 Adobe RGB 사진을 보여줄 수 있는 최상의 방법이기도 하다. 이렇게 큰 색역을 작은 색역으로 쑤셔넣는 방법을 '인텐트'라고 한다.

세 번째, sRGB 모니터이고 컬러 매니지먼트가 되지 않는 모니터일 경우라면 경우의 수가 너무 많아 예측할 수 없지만 일반적으로 탁하고 흐리게 보일 것이다. 불행해도 내 사진을 보는 대부분의 사람들이 이 환경에서 볼 확률이 매우 높다. 사진에 특히 관심을 가진 이들이 아니라면 말이다.

Adobe RGB 모니터와 전문 프로그램으로 작업한 원본 사진

첫 번째, 동일한 환경의 전문가가 전문 프로그램으로 본 사진

두 번째, sRGB 모니터에서 컬러 매니지먼트가 되는 전문 프로그램이 sRGB 컬러로 변경한 사진

세 번째, sRGB 모니터에서 컬러 매니지먼트가 안 되는 프로그램으로 본 사진. 예측 불가

우리는 RGB 색공간에 있는 모니터로 작업하기 때문에 절대적 표준이 없이 서로 다른 각각의 색역을 이용해야만 하는 것이 현실이다. 먼 미래에 기술이 발전해 모든 모니터가 Adobe RGB 이상의 색역을 가지고, 모든 디지털 기기에서 컬러 매니지먼트를 기본 바탕에 깔아둔다면 조금 덜 불편할 수도 있을 것이다. 아무튼 우리가 반드시 알아야 할 것은 같은 데이터값을 가지고 있는 RGB 색공간의 사진 파일이라도 기준으로 정해 놓은 색역 정보 없이는 작가가 의도한 색상이 어떤 것인지 전혀 알 수가 없다는 점이다. 참고로 색역 정보는 jpg나 TIFF 파일 등에서 '컬러 프로파일'이라는 말로 따로 저장된다. 조금 더 구체적으로 어떻게 이런 색상을 다룰 것인지에 대해서 알아보자.

그래서 결론은?
화면으로 교정쇄 확인!

대부분의 사람들이 세 번째 케이스일 텐데 어떻게 하는 것이 가장 좋을까? 내 모니터가 Adobe RGB를 모두 보여준다고 하더라도 사진을 Adobe RGB 색역으로 내보내면 보는 사람들이 나와 같은 느낌으로 볼 수 있을 리 없다. 최선은 Adobe RGB에서 작업한 후 sRGB 모니터에서 어떻게 보이는지를 미리 확인하고 거기에 맞추어 보정하는 것이다. 이를 라이트룸에서는 '화면으로 교정쇄 확인'이라는 기능을 활용하면 편하다.

현상 모듈에서 화면 아래쪽을 보면 보면 '화면으로 교정쇄 확인'이라는 체크박스가 있다. 이 체크박스에 체크한 후 히스토그램 부분을 보면 다양한 색역일 때 어떻게 보이는지를 미리 확인하고 색역을 선택해 저장할 수 있다.

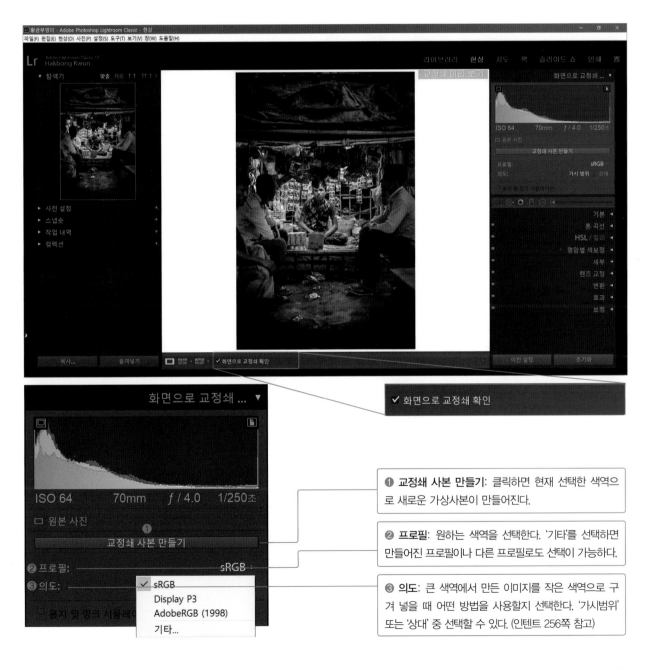

❶ **교정쇄 사본 만들기:** 클릭하면 현재 선택한 색역으로 새로운 가상사본이 만들어진다.

❷ **프로필:** 원하는 색역을 선택한다. '기타'를 선택하면 만들어진 프로필이나 다른 프로필로도 선택이 가능하다.

❸ **의도:** 큰 색역에서 만든 이미지를 작은 색역으로 구겨 넣을 때 어떤 방법을 사용할지 선택한다. '가시범위' 또는 '상대' 중 선택할 수 있다. (인텐트 256쪽 참고)

**실제로는 필요에 따라
색역을 조정할 수 있다**

빛으로 만들어진 RGB 색공간에서 색역이란 표현할 수 있는 한계색상을 어떻게
정할지를 규정하는 것이다. 자, 여기까지 설명한 내용이 사진에서 어떻게 적용되
는지를 생각해보자. 우선 사진을 촬영했다. 카메라에서는 RGB 색공간에 지정된
비트심도로 데이터를 기록한다. 이를 'Raw 파일'이라고 부르는 건 알고 있을 것이다. 이 Raw 파일을
우리가 볼 수 있도록 각 색깔 데이터에 실제로 어떤 색을 사용할지 결정해주는 것이 바로 '색역'이다.

러시아의 유명한 인형 마트료시카를 보자. 전부 비슷하게 생겼지만 사이즈가 다 달라서 작은 사이
즈의 인형은 큰 인형 속으로 쏙 들어간다. 색역도 마찬가지로 가장 큰 Pro Photo RGB에 Adobe
RGB와 sRGB가 차례로 들어간다고 보면 된다. 이처럼 색역이란 색상을 얼마만큼 표현할 것인지를
규정하는 일종의 약속이고, 이 약속을 따르는 회사의 입장에서 볼 때 합리적이라고 생각하기 때문
에 널리 사용된다고 보면 된다.

예를 들어 우리가 보는 평면 디지털 텔레비전의 경우 NTSC 72% 색역을 가진 sRGB를 표준으로
채택하고 있다. 이 말은 모든 텔레비전이 sRGB를 정확하게 표현하고 있다는 의미는 아니다. 단지
그것을 기준으로 생산하고, 최종 소비자인 가정의 TV에서 정확한 색상이 표현되게 하는 것을 목표
로 하고 있다는 말이다. 당연히 방송국에서도 sRGB 색상범위를 염두에 두고 콘텐츠를 제작한다.

사진에서는 비교적 좁은 색역인 sRGB를 기본으로 한 JPEG 포맷 대신, 이러한 색역을 미리 정하지
않고 센서의 신호 세기만 기록한 정보가 들어 있는 Raw 파일을 제공한다. 이는 다양한 목적에 따
라 사진가가 색역을 선택해 사용할 수 있도록 배려한 것이다. 따라서 사진가는 각 색역의 개념을 정
확하게 파악하고 필요에 따라 Raw 데이터를 여러 가지 색역으로 그때그때 변환해 사용하면 된다.

**더 큰 색역을 더 작은 색역에
쑤셔 넣는 인텐트!**

색역이 작은 곳에서 큰 곳으로 이동할 때는 크게 문제가 발생하지 않는다. 적어
도 데이터를 잃어버리거나 포기해야 하는 것은 아니다. 하지만 큰 색역에서 작은
색역으로 이동할 때는 많은 문제가 발생한다. 이 문제는 물리적으로 극복할 수
없다. 그럼 이제 무엇을 남기고, 무엇을 버릴 것인가를 선택해야 한다. 포토샵이나 라이트룸에서는
자동으로 이 문제를 해결하고 가장 그럴 듯하게 보이도록 처리해준다.

이렇게 큰 색역 간의 이동, 즉 색역 사이를 이동할 때 무엇을 남기고, 무엇을 버릴 것인가를 결정하는 것을 '색역 매핑(Gamut Mapping)'이라고 부르고, 작은 색역에 쑤셔 넣는 것을 '인텐트(Intent)'라고 한다. 이런 작업은 프로그램마다 미리 설정된 값에 따라 우리가 인지하지 못하는 사이에도 수없이 많이 일어난다고 생각해도 된다. 그럼 어떻게 더 큰 인형을 더 작은 인형으로 만들면서도 겉으로는 비슷하게 보이도록 만들 수 있는지를 생각해보자. 좀 더 정확하게 말하면 무엇을 중요하게 생각하고, 무엇을 버릴 것인가를 결정하는 기준이다. 다음은 sRGB에서 더 작은 색역으로 이미지를 쑤셔 넣는(인텐트) 방법인데, 각 흰점은 해당 픽셀의 색상을 의미한다.

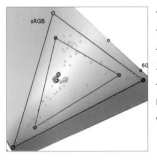

원본 사진
원본 사진을 보면 sRGB 색역에 분포된 색상들이 흰점으로 표시되어 있다. 각 점은 사진의 각 픽셀들로 대략적인 분포를 보여준다. 제일 작은 삼각형이 목표 색역이라고 가정해보자.

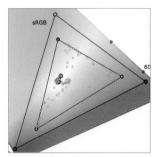

절대 색도(Absolute Colorimetric) 인텐트
표현 영역 밖의 모든 픽셀들을 표현 가능한 영역 안의 가장 가까운 곳으로 이동시킨다.

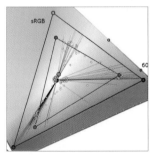

상대 색도(Relative Colorimetric) 인텐트
표현 영역 밖의 모든 픽셀들을 색공간의 순백색 지점인 화이트 포인트를 기준으로, 각 색에 가까운 표현 가능한 범위로 이동시킨다.

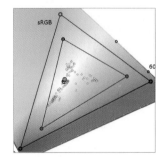

지각(Perceptual) 인텐트
전체적으로 모든 픽셀을 표현 가능한 범위 안으로 축소하듯 불러들인다. 마지막 한 픽셀까지 표현 가능한 범위가 되도록 축소시킨다.

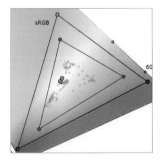

채도(Saturation) 인텐트
표현 가능한 범위로 전체 픽셀을 축소하듯 불러오지만, 다른 데이터보다 채도를 우선적으로 고려해 새로운 색역에 배치시킨다.

> **참고**
>
> 애니메이션 액션으로 보면 좀 더 명확하게 이해할 수 있다. 스텐포드 대학교에서 만든 Gamut Mapping이라는 웹페이지를 방문해보자. https://graphics.stanford.edu/courses/cs178/applets/gamutmapping.html-

▶ 인텐트의 종류(이미지: 스텐포드 대학교 웹사이트 Applet: Nora Willett, Text: Marc Levoy, Technical assistance: Andrew Adams)

이 책의 초반에서 설정한 작업 색상영역이 Adobe RGB였다는 것을 기억할 것이다. 그럼 만약 더 큰 색역을 가진 Pro Photo RGB라는 색역의 사진을 불러올 때는 어떤 과정을 거치는 것일까?

이 문제를 제대로 이해해야 좁은 색역으로 데이터가 이동할 때 발생하는 문제를 미리 알고 대처할 수 있으며, 내 사진이 왜 다른 곳에서는 다른 색감으로 보이거나 칙칙하게 보이는지를 이해할 수 있다. 인쇄했을 때 모니터에서 보는 것처럼 화사하게 표현되지 않고, 뭔가 물이 빠진 듯 보이는 이유 역시도 알 수 있을 것이다.

포토샵의 인텐트 사실 이미 어떻게 처리할지 결정되어 있다. 포토샵 '편집 메뉴 – 색상변환'을 클릭하면 나타나는 '색상 설정' 대화상자에서 확인할 수 있고, 원하는 방법을 선택할 수도 있다. 기본값은 '상대 색도계', 즉 어도비에서 만든 색상 변환 엔진을 이용해 상대 색도 인텐트로 변환하겠다는 말이다. '가시 범위'는 지각 인텐트를 말한다.

라이트룸의 인텐트 현상 모듈 툴바에 있는 '화면으로 교정쇄 확인'을 체크하면 작업 화면이 흰색으로 밝아지면서 오른쪽 패널에서 설정한 값으로 인텐트된 결과물을 확인할 수 있다. 이 기능의 의도는 최종 출력하는 색역을 미리 시뮬레이션해서 사진가의 의도에 맞도록 색을 조정할 수 있는 미리보기를 제공하는 것이다.

인텐트를 신경 쓰지 않았을 때 생기는 일 몰라서, 혹은 귀찮아서 이런 인텐트 작업을 염두에 두지 않고 무작정 자신이 설정한 Pro Photo RGB에서만 작업한 결과물을 sRGB로 인텐트된 인쇄물로 받아보거나 웹에 올리면 당연히 의도한 색이 아닐 것이다. 처음부터 sRGB에서 보정했다면 색역 인텐트로 잃어버리는 색감을 최소화할 수 있다. 최종 결과물의 목적에 맞게 보정해야 한다.

Pro Photo RGB에서 원하는 색감 (원본)

sRGB로 상대 색도 인텐트를 거치면 채도와 계조의 손실이 발생한다.

sRGB로 절대 색도 인텐트를 거치면 채도 오버와 계조 손실이 발생한다.

그래서 여러 작업에 가장 합리적인 최선의 색역은 Adobe RGB 앞서 말한 대로 색은 예측이 불가능하고 우리 눈도 절대적이지 않다. 하지만 최소한 예측 가능한 범위 안에서 움직이는 것이 좋기 때문에, 이 책을 처음 시작할 때 환경설정에서 포토샵과 라이트룸에 Adobe RGB 색역을 기본 작업 색역을 설정하도록 한 것이다. 현재 기술로 가장 적합하다고 생각하는 이유가 있다.

Adobe RGB는 sRGB보다 넓은 색역을 가지고 있어 진한 색상을 표현할 수 있고, 과거에 비해 아주 저렴한 가격으로 Adobe RGB의 색감을 100% 표현해주는 모니터도 구입할 수 있다. 인쇄 작업을 할 때도 CMYK 4도(색) 인쇄를 넘어서는 수많은 잉크를 추가로 사용할 수 있는 포토 프린터가 많아져, 모니터에서 본 색을 거의 비슷하게 프린터로도 표현할 수 있게 되었다. 또 사진판매를 중계하는 Alamy나 Getty images 같은 대형 스톡사진 회사에서도 표준으로 Adobe RGB를 채택하고 있다. 회사의 단순한 선택이라기보다는 사진을 이용하는 수없이 많은 기업과 미디어업체들의 요구가 반영된 증거라고 생각할 수 있는 부분이다.

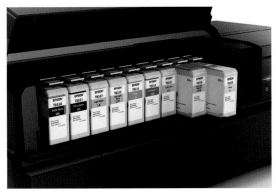

Epson SureColor® P800
다양한 멀티 컬러 잉크 카트리지

색역을 풍부하게 만드는 비트심도

색역이 넓은 Pro Photo RGB와 색역이 좁은 sRGB에서 표현하는 색의 총 숫자는 같다. 만약 10개의 색연필로 표현되는 비트심도를 가진 색역이라고 할 때, 두 색역의 연필 개수는 같다는 말이다. 똑같은 빨강이라도 Pro Photo RGB에서는 매우 진한 빨강이고, sRGB에서는 조금 칙칙한 빨강일 뿐 색연필의 개수는 같다.

**비트심도는 같고
색역만 다를 경우**

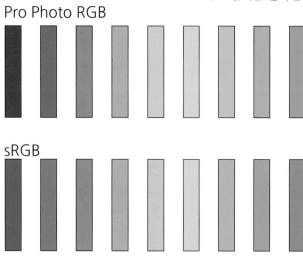

Pro Photo RGB

sRGB

표현할 수 있는 색의 개수를 결정짓는 것은 비트심도고, 가장 진한 색을 결정하는 것은 색역이다. 따라서 채널별로 8bit 심도를 가진 사진의 색상 개수는 똑같이 약 1천 6백만 개지만, 각 색상의 진하기를 결정하는 것은 색역에 따라 왼쪽 그림처럼 달라진다.

색역과 상관없이 표현할 수 있는 색의 가지 수 자체는 '비트심도'로만 결정된다. 이 말은 같은 비트심도를 가진 색역의 경우 색역이 넓으면 넓을수록 인접한 색상 간의 차이가 심해진다는 뜻이기도 하다. 따라서 인터넷 표준으로 자리 잡고 있는 sRGB 8bit 심도는 사진 보정에서 거의 사용되지 않으며, Adobe RGB의 경우라도 16bit 심도를 추천하는 이유이기도 하다. 앞서 알아본 대로 8bit에서 표현할 수 있는 색의 총 개수와 16bit에서 표현하는 색의 총 개수는 2배가 아니라 엄청나게 차이가 난다.

2의 8승 × RGB 3채널 = 16,777,216개
2의 16승 × RGB 3채널 = 281,474,976,710,656개

색역은 같으나 비트심도가 다른 경우

색연필 세트가 있다. A 세트는 빨강에서 시작해 노랑, 녹색으로 구성되어 있다. A 세트에서 표현할 수 있는 색상의 범위 즉 색역을 a라고 할 때, B 세트와 동일한 색역이라고 말할 수 있다. 표현할 수 있는 한계값 즉 가장 빨강과 가장 녹색이 얼마나 진할 것인가를 지정한 것이 색역이니까. 비트는 색과 색 사이에 얼마나 많은 단계를 표현할 수 있느냐를 결정한다. 즉 B 세트는 A 세트보다 심도가 깊다고 말할 수 있다. 같은 색역이라도 8bit와 16bit의 차이는 이런 차이가 있다는 것을 이해하면 된다.

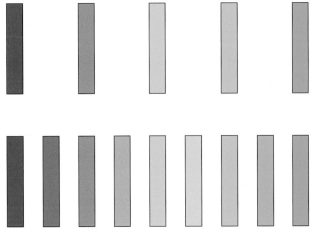

색연필 세트 위 A, 아래 B

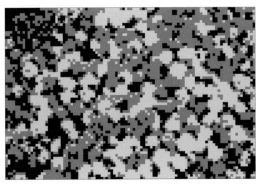

3개의 색연필로 표현

7개의 색연필로 표현 (색역은 왼쪽과 같다)

비트심도가 낮으면 낮을수록 비슷한 색은 하나의 색으로 묶일 수밖에 없다. 동일한 색역이라고 하더라도 말이다. 그래서 비슷한 색상의 디테일이 뭉개져 한 덩어리도 보이는 현상을 종종 볼 수 있다. 위의 그림은 색연필 3개와 7개로 그릴 때의 차이를 보여준 것이다. 3개의 색연필로 처리한 그림에서는 꽃송이의 모든 디테일이 사라졌지만, 7개로 묘사하면 어느 정도 디테일을 찾을 수 있다. 이처럼 표현할 수 있는 색이 많다는 것은 그만큼 사진이 디테일해진다는 것과 같은 말이며, 색역이 넓다는 것은 그만큼 진한 색을 표현할 수 있다는 말이다.

선글라스를 끼고 색 보정을 하고 싶은가?
캘리브레이션

드디어 색공간과 색역을 거쳐 캘리브레이션에 도착했다. 포토샵과 라이트룸에서 아무리 적합한 색을 만들어주더라도 결과물을 보여주는 모니터가 제대로 보여주지 않으면 다 헛일이다. 그래서 색을 정확히 잡아주는 모니터 캘리브레이션이 중요한 것이다.

어떤 모니터를 구입해야 하는가?

마찬가지 이유로 모니터와 우리가 작업하는 색역에 대해 고민해봐야 한다. 본인의 모니터가 sRGB 색역을 표현할 수 있는지 Adobe RGB를 표현할 수 있는지 말이다. 대부분의 광고에서 'sRGB 100%'라고 표현하는데 무작정 믿지 말자. sRGB를 포함하지 않은 다른 부분, 즉 쓸데없는 위치의 색상을 표현하고 있어도 색역의 크기만 가지고 sRGB 100%라고 표기하는 경우도 많다. 정확히 'sRGB 100% 커버리지'라고 표현하는 모니터를 구입해야 한다. 무슨 차이가 있는지 아래 그림을 보면 좀 더 명확하게 이해할 수 있을 것이다.

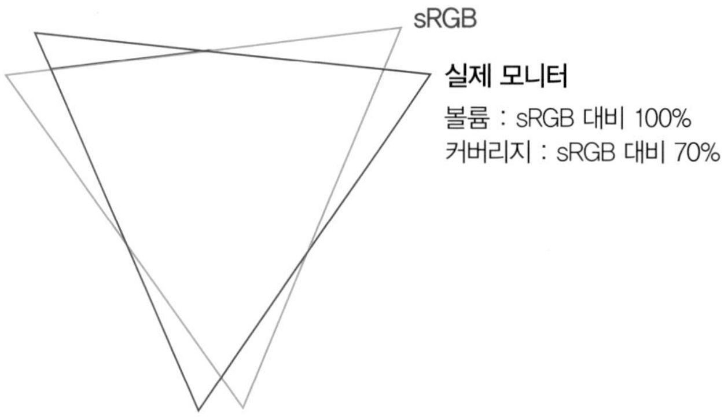

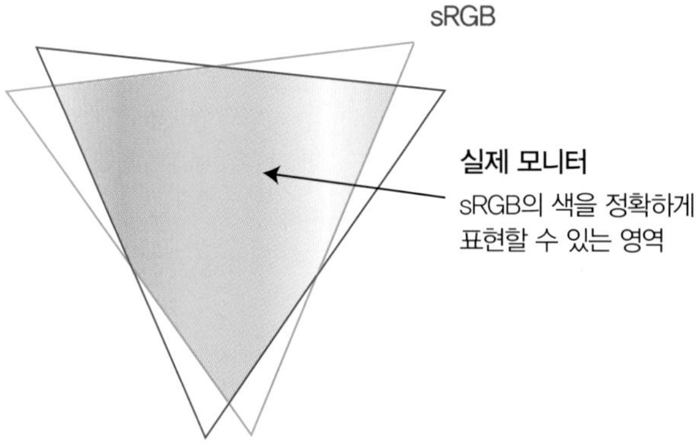

'Adobe RGB'나 'sRGB 대비' 같은 말 없이 '72% 색재현율'이라고만 광고하는 모니터는 일반적으로 NTSC 색역을 기준으로 한다. 참고로 sRGB는 NTSC 색역의 72% 정도만을 표현한다.

디지털 사진에서 모니터가 차지하는 부분은 절대적이다. 반드시 'Adobe RGB 커버리지 100%'에 근접한 모니터를 구입하도록 노력하자. 지금 당장은 아니더라도 언젠가 새로 모니터를 구입해야 할 때를 위해 꼭 기억해두길 바란다. 그래야 기본 설정된 Adobe RGB 색역으로 작업하는 게 의미가 있다.

sRGB

실제 모니터
볼륨 : sRGB 대비 100%
커버리지 : sRGB 대비 70%

sRGB

실제 모니터
← sRGB의 색을 정확하게 표현할 수 있는 영역

모니터 구입 후 맨 처음 할 일, 프로파일 등록

sRGB 색역보다 넓은 범위의 색역을 가진 모니터를 '광 색역 모니터'라고 한다. 이런 모니터를 구입해도 설치하는 것으로 끝내면 무용지물이다. 컴퓨터에게 "지금 사용하는 모니터는 광 색역 모니터입니다."라고 알려줘야 모니터가 정상적으로 작동한다. sRGB 사진을 보여줄 때 광 색역 모니터인지도 모르고 빨강이나 초록을 sRGB에 있는 최대값 그대로 모니터에 쏴줘라 하면, 광 색역 모니터는 Adobe RGB에 있는 빨강과 초록의 최대값을 쏴준다.

최소한 모니터 제조사가 제공하는 프로파일이나 광 색역 프로파일을 찾아서 시스템에 알려주는 것을 잊지 말자. 광 색역 모니터를 sRGB 프로파일로 사용하면 모든 사진이 오버된 진한 색감으로 보일 것이 뻔하다. '프로파일'은 내 장비가 어떤 특성을 가지고 색깔을 출력해주는지 알려주는 정보를 모아 놓은 파일로, 시스템에서 사용된다. 좀 더 공부한 후 정확한 프로파일에 대해 이야기해보자.

이건 sRGB인데 모니터는 뭔지 모르니…

난 Adobe RGB 모니터야.

sRGB G255,R0B0

가장 진한 녹색을 출력해라!

sRGB G255,R0B0

짜잔 가장 진한 녹색 대령이요.

내가 원하는 색 ≠ 표시되는 색

Adobe RGB 모니터구나.

프로파일: Adobe RGB 모니터입니다.

넌 광 색역이니 힘 조절해서 출력해!

sRGB G255,R0B0

sRGB에서 최대 녹색입니다!

내가 원하는 색 = 표시되는 색

모니터 심도와 디더링

일부 저가형 모니터의 경우 아직도 6bit 심도를 가진 모니터가 많고, 전문가용이라고 하더라도 대부분 8bit 심도를 가지고 있다. 아주 고가의 전문용 모니터가 10bit를 지원하는데 다행히 어도비 포토샵과 라이트룸은 CC 버전에서 10bit 모니터 출력을 지원한다. 그래픽카드 VGA 역시 10bit 심도 출력이 가능한 제품을 구입해야 한다. 하나 또 알아두어야 할 것이 있는데 바로 '디더(Dither)'라는 말이다. 심도상 표현할 수 없는 명도 단계(RGB 채널의 경우 색상)를 억지로 표현하기 위한 방법을 말하는데, 포토샵 인텐트 과정에서 압축되는 심도를 디더로 보상할지 말지 물어보기도 하니 작동 방법만 간단히 알아보자. 옆 그림에서처럼 모니터가 3단계의 명도를 표현할 수 있다면 아무런 문제가 되지 않는다. 하지만 2단계밖에 표현하지 못하면 회색을 표현하기 위해 근처의 검정과 흰색을 반씩 섞어서 멀리서 봤을 때 마치 회색처럼 보이게 하는 방법을 쓰는데, 이것을 '디더링(Dithering)'이라고 한다. 6비트 모니터에서 8비트의 색을 보여주려고 할 때 출력할 수 없는 색은 이렇게 비슷한 색을 섞어 표현한다. 대충 보면 넘어갈 수 있지만 자세히 보면 당연히 품질이 떨어질 수밖에 없다.

3단계를 표현할 수 있는 모니터

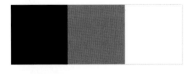

2단계밖에 표현할 수 없는 모니터

포토샵의 경우 색상이 압축되는 색역 인텐트 과정에서도 표현할 수 없는 색상이 나오기 마련인데, 이를 자연스럽게 보이도록 처리하는 디더를 사용할 것인지 체크하는 옵션이 있다. 포토샵 '편집 메뉴 – 색상변환'을 클릭하면 나타나는 '색상 설정' 대화상자에서 선택할 수 있다.

모니터의 감마 2.2

모니터에서 출력하는 밝기의 단계를 인위적으로 변환시켜 인간의 인지와 조화를 이루도록 하는 보정을 '감마 보정'이라고 한다. 인간의 눈은 어둠에 매우 민감해서 어두운 부분이 조금만 밝아져도 쉽게 인지하지만, 반대로 밝은 부분에서는 더 밝아져도 쉽게 인지하지 못한다. 따라서 데이터상으로는 동일한 밝기의 변화이지만 어두울 때 더욱 민감하게 반응하니, 이를 보정해서 보여주기 위한 설정이라고 생각하면 된다. 예를 들면 밝기 단계로 봤을 때 어두운 22와 23은 쉽게 인지하지만, 밝은 240과 241은 인지하기 힘들다는 말이다. 따라서 감마 보정으로 실제 데이터는 22와 23이지만 22 다음으로 22.5를 보여주는 식으로 보정하는 것이다.

예전 Mac OS에서는 표준감마값 1.8을 사용했지만 최근 들어서는 Windows처럼 2.2를 표준으로 받아들였다. 따라서 대부분의 OS에서는 표준 감마를 2.2로 설정해야 한다. 참고로 포토샵에서는 애플의 옛날 감마값을 따르는 것을 'Apple RGB'로 표기하기도 한다.

가끔 이 감마값을 바꿔 자신이 보기 편하게 만드는 사람들이 있는데, 사진을 다룬다면 절대 만져서는 안 되고, 이미 만졌다면 초기값으로 돌리는 것이 맞다. 밝기가 마음에 들지 않을 경우 아래에서 다루는 캘리브레이션을 이용해서 조정해야지 감마를 흩뜨릴 경우 모든 명도값이 흔들리는 매우 부적절한 결과를 가져온다는 것을 다시 한 번 강조한다.

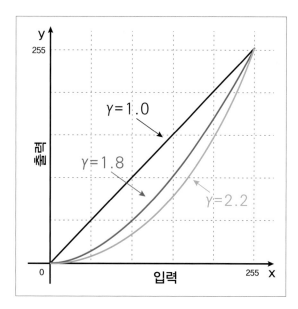

감마 1.0에서 입력된 밝기가 125라고 하면, 출력도 그대로 125로 된다. 하지만 앞서 설명한 대로 사람의 눈은 어둠에 더욱 민감하고 밝기에는 둔감하기 때문에 감마 보정 후 실제로 모니터에 출력하게 되는데, 예전 애플에서 사용하던 감마 1.8과 최근 표준으로 자리 잡은 감마 2.2를 비교해서 보여주고 있다.

모니터에게 눈을 달아주다!
영점 조정 캘리브레이션과 장비

"자, 열심히 공부했고 마침내 돈을 투자해 'Adobe RGB 100% 커버리지'의 모니터를 구입했다. 제조사의 프로파일을 다운로드받아 설치까지 마쳤다. 이제 완벽하다!'일까? 아쉽지만 아직 아니다. 캘리브레이션이 남아 있다. 모니터가 표현하는 색상이 데이터상의 색상과 정확히 일치하는지에 대한 문제다. 각 모니터 브랜드별로, 심지어 같은 모델, 같은 날짜에 생산되었다 할지라도 모니터의 색은 모두 다르다. 이는 근본적으로 모니터가 자신이 표현하는 색상을 볼 '눈'이 없기 때문에 자신이 무슨 색상을 표현하는지 정확하게 알지 못해 일어나는 일이다.

해결할 수 있는 방법은 사실 '눈'을 달아주는 것 말고는 없다. 모니터 제조사가 제공하는 프로파일을 사용해도 정확도는 하나 마나에 가깝다. 앞서 이야기한 것처럼 고무줄로 만든 자 같은 우리 눈으로 뭔가를 정확히 본다는 것은 의미 없는 짓이다. 따라서 들어온 정보 그대로를 인식할 수 있는 카메라 같은 눈이 필요하다.

모니터의 색상을 정확하게 교정하는 작업을 '캘리브레이션(calibration)'이라고 하고, 이 캘리브레이션한 데이터를 '색상 ICC 프로파일'이라고 한다. 어디서 많이 듣던 말일 것이다. 정확한 의미는 국제 컬러 협회(INTERNATIONAL COLOR CONSORTIUM)에서 정한 컬러를 기준으로 맞춘 프로파일(profile)이라는 말이다.

Xrite i1 Display Pro의 캘리브레이션하는 모습

캘리브레이션 툴을 자세히 살펴보면 렌즈가 달려 있고 속에는 빛을 감지할 수 있는 센서가 있다. 색을 잘 구별할 수 있도록 특화된 소형카메라라고 생각하면 쉽다. 이 카메라와 소프트웨어가 연결되어 작동한다. 작동 원리를 간단히 보자. 일단 소프트웨어에서 최대값인 빨강을 모니터로 쏘면, 카메라로 이 최대값 빨강의 값을 정확하게 읽어낸다. 그다음 ICC에서 규정한 컬러값과 비교해서 '이 모니터는 빨강이 좀 부족하군.' 또는 '빨강이 좀 넘치는군.' 하는 정보를 모아 최대한 정확한 색상을 모니터에서 표현할 수 있도록 교정된 값을 하나의 파일로 만들어 시스템에 알려준다. 시스템은 이 파일을 참고해 앞으로 모니터로 표현하는 모든 색상을 교정해 출력하기로 한다는 말이다.

이런 툴로는 '스파이더'와 '엑스레이트'가 유명하다. 제품을 구입하고 간단한 소프트웨어만 설치하면 누구나 손쉽게 모니터를 캘리브레이션할 수 있다. 한 번쯤 들어는 봤지만 실제로 이 장비를 구입하는 게 망설여지는 이유는 자주 사용하지 않을 것 같다는 선입견 때문일 것이다. 그러나 경험자로서 단호히 말할 수 있다. "모니터의 색상은 주기적으로 바뀐다. 가능하다면 일주일에 한 번씩 캘리브레이션하는 것이 좋으며, 사진가라면 최소 한 달에 한 번은 꼭 해주어야 한다. 캘리브레이션되지 않은 모니터를 보면서 사진의 색감을 보정한다는 건 컬러 선글라스를 쓰고 색칠을 하는 것만큼 무모하다."

xrite i1 Display Pro   Datacolor Spyder4ELITE

더불어 이렇게 캘리브레이션한 정보는 Windows 같은 OS의 시스템상에서 같이 작동하며 다른 프로그램들에서도 자동으로 이 정보를 불러와 정확한 색상을 보여준다. 어도비 프로그램만 이 프로파일을 쓰는 게 아니라 OS 시스템에서 사용한다는 말이다. 가격이 조금 부담스럽다면 저렴한 것으로 구입하자. '있고 없고'의 차이가 '좋고 나쁨'보다 훨씬 더 중요하다. 해외 구매가 가능하다면 더욱 저렴한 제품도 많다. Windows의 '제어판 – 색 관리'에서 보면 캘리브레이션 데이터가 프로파일로 저장된 것을 확인할 수 있다.

다른 사람의 프로파일이나 제조사의 프로파일을 다운로드받아서 설치하는 것은 실제로 아무런 의미가 없다는 것을 잊지 말자. 내 모니터의 색상 재현 특성은 그 누구도 알지 못한다. 여기까지 말하면 이런 질문을 하곤 한다. "그럼 내가 아무리 정확하게 색을 맞추어 작업해도 보는 사람들의 모니터가 모두 캘리브레이션되었다고 확신할 수 없으니 무의미한 것 아닌가요?" 물론 자신의 모니터에서 정확한 색 표현을 하더라도 보는 사람들의 모니터가 부정확하면 당연히 다르게 보일 수밖에 없다. 하지만 바꿔 말하면 전체적인 오차의 분포를 생각할 때 내가 정확한 중심에 있으면 다른 사람들의 모니터가 캘리브레이션되어 있지 않더라도 그 차이를 최소화할 수 있다는 말이기도 하다. 그래프로 표현하자면 아래와 같다. 내가 중심에 있다면 어디 있을지 모를 각 모니터와의 거리는 가장 가까울 수 있다. 0점을 벗어난 경우 다른 모니터와의 차이가 더 많이 벌어진다. 하지만 자신의 모니터가 0점에 있는 경우 보다 많은 모니터와의 오차는 줄어들게 된다는 말이다.

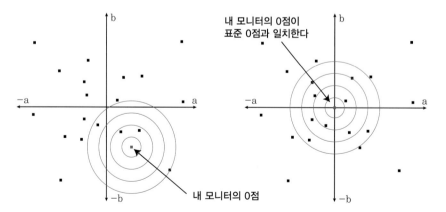

그래서 내 사진의 색을 살리기 위해 해야 할 일,
총정리!

자, 이제 본격적으로 사진에 대한 색 이야기를 할 수 있다. 지금까지 배운 카메라부터 최종 결과물까지 색상을 어떻게 다룰 것인가에 대한 내용을 여기서 순서대로 한 번에 정리해보자. 이 내용을 바탕으로 본인의 환경과 용도에 따라 스스로 합리적이라고 생각하는 방법을 선택하면 된다.

1. 카메라 세팅

카메라의 매뉴얼을 잘 살펴보면 비트심도와 색공간을 세팅할 수 있는 부분이 나온다. 이 부분에서는 카메라가 제공하는 최대의 비트심도, 예를 들어 니콘의 D810의 경우 14bit를 선택한다. 색공간은 물론 색역을 말하는 부분인데 Raw로만 촬영한다면 크게 신경 쓰지 않아도 된다. 하지만 언제 JPG로 촬영할지 모르니 유용한 'Adobe RGB'로 세팅한다.

비트심도: 최대값으로 설정	색역: Adobe RGB로 설정

2. Raw 파일

사진을 촬영하면 카메라에 자동으로 Raw 파일이 만들어진다. 색역이 설정되지 않은 그냥 RGB 데이터만 해당 비트심도로 기록되어 있는데, 예를 들어 빨강색이라면 카메라의 센서에 빨강 빛이 닿은 강도만 기록되어 있고 이를 보기 위해서는 색역을 설정해야 된다. 이 책의 맨 앞에서 라이트룸과 포토샵 기본 색상을 Adobe RGB로 설정했다는 것을 기억할 것이다. Raw 파일을 다루는 기본 색역 역시 'Adobe RGB'로 사용한다. 사실 Raw 파일이 사진의 원시 데이터만 가지고 있는 것은 아니다. 탐색기나 기타 프로그램에서 쉽게 사진을 확인할 수 있도록 미리보기용 JPG 파일과 촬영 당시의 정보를 담은 메타데이터도 기록되어 있다. 라이트룸의 경우 사진을 카메라에서 가져올 때 JPG 미리보기 파일을 가져올 것인지 아니면 Raw 데이터를 컨버팅해서 볼 것인지를 결정할 수 있다. (86쪽 참고)

카메라에서 만드는 Raw 파일

메타데이터 파일

JPG 미리보기 파일

Raw 데이터

포토샵과 라이트룸(Raw 파일 색역): Adobe RGB로 설정

3. 모니터

'Adobe RGB 커버리지 100%'에 근접한 모니터를 구입하자. 카메라 가격에 비해서 그리 비싼 편이 아니며, 촬영대비 후반작업이 훨씬 많은 시간을 차지한다는 점을 떠올리자. 우리가 사진을 다루는 데 소비하는 시간은 모니터 앞에서가 훨씬 더 많다. 현재 자신의 모니터가 sRGB 색역이라면 소프트웨어적으로 인텐트된 Adobe RGB 색역을 보고 있다고 생각하면 된다. 우리의 눈은 앞서 설명한 대로 굉장히 상대적이며 고무줄로 된 자와 같기 때문에, 이것이 진짜 색감이라고 착각해서는 안 된다는 말이다.

sRGB 100%를 보여줄 수 있는 모니터에서 sRGB로 된 사진을 볼 경우와 Adobe RGB 100%를 보여줄 수 있는 모니터에서 sRGB로 된 사진을 볼 경우 똑같이 보여야 정상이다. 만약 Adobe RGB 100%를 보여주는 모니터에서 sRGB의 사진이 더욱 진한 색감으로 보인다면 시스템에서 어떤 모니터를 사용하고 있는지 모른다는 뜻이다. 따라서 모니터 프로파일에서 모니터의 특성을 선택해준다. 반대로 Adobe RGB로 된 사진을 sRGB 100% 모니터에서 볼때와 Adobe RGB 100% 모니터에서 볼 때는 다르다. sRGB 100% 모니터에서는 출력할 수 없는 색상이 포함되어 있기 때문에 어떻게던 인텐트과정을 거쳐서 보여줄 수 밖에 없고 이는 색상에 영향을 미친다.

> Adobe RGB 커버리지 100% 모니터 구입, 프로파일 설정

4. 캘리브레이션

캘리브레이션 장비를 하나 꼭 구입하자. 이것을 통해서 우리는 사진의 진짜 색을 볼 수 있다. 바꿔 말하면 한 번도 캘리브레이션하지 않은 모니터를 쓰고 있다면, 아직 한 번도 제대로 된 색을 본 적이 없다는 말과 같다. 집에서 전문가용 프린터로 인쇄하지 않는다면 저렴한 모니터 전용으로 구입하는 것도 좋다. 나중에 프린터와 색상 싱크가 필요할 때 그때 다시 좋은 것을 구입해도 늦지 않다. 하지만 사진을 한다면 꼭 하나는 구입해야 한다. 최소 한 달에 한 번, 가능하면 일주일에 한 번 이상 캘리브레이션하기를 추천한다.

5. 최종 파일

용도에 따라 인터넷용으로 사용할 최종 JPG 파일은 반드시 sRGB 색역으로 출력하고, 인쇄용이나 기타 다른 용도로 사용할 파일은 Adobe RGB로 출력해주는 걸 잊지 말자. 이렇게 용도에 따라 다른 색역의 파일을 만들어주는 것은 라이트룸에서 매우 쉽고 한 번의 클릭으로도 가능하다. 이 부분은 Part6 내보내기를 참조하도록 한다.

6. 사진가 Q&A_
색

Q. 카메라에서 볼 때와 라이트룸에서 볼 때 색감이 달라요.

카메라의 LCD에 보이는 사진은 Raw 파일이 생성될 때 만들어지는 미리보기용 JPG 파일이다. Raw 파일은 색역조차 부여되지 않은 것이고, JPG에는 카메라에서 설정한 색역이 들어가 있다. 더불어 카메라에 달린 LCD가 표현할 수 있는 색역 또한 다르다. 이런 상황에서 라이트룸에 가져온 사진의 색이 다른 것은 너무나 당연한 것이다. Raw 파일을 라이트룸으로 가져와 당신이 보정한 색이 진짜 그 사진의 색이다.

Q. 캐논의 색감이 좋은가요? 니콘의 색감이 좋은가요?

카메라 브랜드별로 생성하는 JPG의 색감은 다를 수 있다. 하지만 Raw 파일을 다룰 때 이런 미세한 색감의 문제는 아무런 제약이나 매력 포인트가 되지 않는다. 대부분의 전문가들이 브랜드에 따른 색감 논쟁을 무시하는 이유도 이런 이유에서다. Raw 파일을 불러와 자신이 원하는 색감으로 간단히 보정할 수 있는데, 왜 카메라 브랜드에서 만들어 놓은 이상한 JPG 파일에 집착해야 하는가?

Q. 인화업체에 맡겼더니 사진의 색이 이상해졌어요. 인화업체 잘못인가요?

우리나라 인화업체에서는 아직도 대부분 sRGB를 표준 색역으로 사용한다. 따라서 사진을 보낼 때 sRGB에 맞추어 보내는 것이 아무래도 안전하다. 또 인쇄는 CMYK라는 전혀 새로운 색공간으로 변환되기 때문에 모니터에서와 완벽히 같은 색이 될 수는 없는 태생적 한계가 있다. 게다가 잉크나 인화지의 특성, 기기의 노출 정도에 따라 모두 다를 수밖에 없다. 그 프로세서를 모두 관리하지 않는 이상 모니터에 보이는 색을 그대로 인화업체에서 구현하기란 불가능에 가깝다.

Q. 이런 색감을 내려면 어떤 카메라를 사야 되나요?

요즘 나오는 Raw 파일이 지원되는 카메라라면 어떤 색감도 만들어낼 수 있다. 인터넷이나 기타 매체에서 볼 수 있는 대부분의 사진은 후반작업으로 색감을 보정한 결과물이지 카메라가 만들어 놓은 JPG 그대로가 아니다. 물론 JPG 그대로 올리면 그 카메라의 특성이지 않을까 생각할 수도 있지만 촬영 당시의 날씨와 광조건 등에 따라 변하는 폭이 카메라 브랜드 차이에 따라 변하는 폭보다 크다. 따라서 후반작업을 통해 원하는 색감을 만들 수 있도록 노력하는 것이 훨씬 빠르고 올바른 길이다.

Q. 내 사진을 스마트폰에서 보면 다르게 보여요.

컴퓨터에 연결된 모니터의 색역과 모바일기기에서 사용하는 색역에 차이가 있기 때문이다. 더불어 모바일기기는 아예 캘리브레이션이 되지 않기 때문에 0점이 흐트러져 있어 다르게 보일 수밖에 없다. 또 사진을 보는 프로그램이 sRGB나 Adobe RGB를 사용하는지 아니면 무시하는지에 따라서도 매우 다를 수 있다.

Q. 이미지 뷰어에서 보는 색과 포토샵이나 라이트룸에서 보는 색이 달라요.

첫 번째로 시스템의 기본 색상 프로필 관리가 제대로 되어 있는지부터 살펴본다. '제어판-색 관리'로 들어가서 자신의 모니터에 맞는 색역이 설정되어 있는지 확인하면 된다. 일반적인 모니터인 경우 sRGB로 설정해주면 대부분의 문제는 해결된다. 이미지 뷰어에 따라 사진의 색역을 무시하거나 색역을 사용해도 제대로 표현하지 못하는 경우도 있기 때문에 다르게 보일 수 있다. 정확하게 설정된 포토샵이 있고, 색상 프로파일이 들어 있는 사진이라면 포토샵에서 보는 색감이 정확할 확률이 높다.

모든 색의 기준을 잡고 시작한다

화이트 밸런스, 색온도

색에 대한 복잡한 이론은 다 끝났다. 이제 라이트룸에서 색을 보정해보자. 사진의 색을 제대로 표현하기 위해 가장 먼저
하는 작업은 화이트 밸런스, 즉 모든 색의 기준을 잡아주는 것이다.

화이트 밸런스?

질문 하나! 이 접시의 색은 무엇일까? 대부분 "흰색"이라고 대답했을 것이다. 정답이다. 하지만 사진에서는 보다시피 황토색에 가깝다. 왜냐하면 촬영 당시의 빛이 백색광이 아니었고, 카메라는 보이는 대로 기록할 뿐 현재 어떤 색상의 빛이 있는지 알지 못한다. 따라서 촬영 당시에 모든 사진의 색을 정확히 표현한다는 것은 불가능에 가깝다.

그래서 라이트룸에서 색온도를 조정했더니 같은 부분이 회색으로 변했다. 사실 이 접시는 흰색인데 사진에서는 회색으로 표현된 것이다. 흰색이란, 빛을 많이 받으면 하얗게 표현되고, 빛을 덜 받은 만큼 회색으로 변한다. 이 사진에서 진짜 흰색(R255, G255, B255)은 A 지점이다. 빛이 집중된 하이라이트 부분이기 때문에 사진에서 완벽한 흰색으로 표현된 것이다.

보정 전

A

보정 후

여기서 한 가지! 접시가 흰색이라 흰색으로 표현된 게 아니라 어떤 색의 물체든 빛이 집중되면 완벽한 흰색으로 표현된다. 사진에서 이런 곳은 '화이트 홀' 즉 데이터가 없는 부분이기 때문에 모든 색의 기준인 흰색이라고 볼 수 없다.

따라서 화이트 밸런스에서 이야기하는 '흰색'이란 기계적으로 말하면 '회색'이다. '화이트 밸런스를 잡는다'는 말은 사진 속의 '흰색이었을' 물체를 기준으로 클릭한 지점이 흰색으로 느껴질 수 있도록 전체적인 색상을 재조정한다는 말이다. 라이트룸에서 화이트 밸런스를 잡을 때는 사진 안에 있는 흰색 부분을 찾는 것이 아니라 사진 안의 물체들 중 '실제로는 흰색이었던' 것을 찾아서 클릭하는 것이라고 생각하면 된다.

색온도?

사진에서의 색온도 기준은 5500k(캘빈)로 이론적으로는 태양광과 같은 흰색 조명이다. 사진 조명 장비는 대부분 5500k를 기준으로 오차범위가 ±200k이 넘지 않도록 제작된다. 따라서 사진용 조명을 이용해 촬영한 경우 라이트룸에서 후반작업을 할 때 '기본' 패널에서 색온도 5500k, 색조 0으로 맞춰주면 된다.

하지만 일반적인 스냅 촬영의 경우 빛의 정확한 캘빈값을 측정하기가 어려울 뿐만 아니라 일일이 재고 있다가는 촬영을 하지도 못할 것이다. 따라서 촬영 후 후보정에 의지해야 하는데, 이때 화이트 밸런스를 잡아준다. '기본' 패널의 스포이트 툴을 사용해 사진 내에 있는 무채색 물체를 기준으로 잡아주는데 이런 물체가 사진에 있으면 좀 더 수월하고, 그렇지 않을 경우 사람의 피부톤을 기준으로 색온도와 색조 슬라이드를 조정해 가장 자연스럽게 보이는 값으로 결정하면 된다.

라이트룸 '기본' 패널의 색온도와 화이트 밸런스를 잡는 스포이트

라이트룸에서는 실제와 반대로 캘빈값이 올라갈수록 사진이 노란색으로 변한다. 보정을 목적으로 만들어진 프로그램답게 캘빈값이 높은, 즉 파랑색으로 촬영된 사진을 노란색으로 바꿔야지 원하는 흰색빛이 되기 때문이다. 따라서 색온도 숫자(캘빈값)가 높아질수록 사진이 따뜻한 색감이 되고, 반대는 차가운 색이 된다.

사진가 Q&A
화이트 밸런스

Q. 수많은 색 중 왜 흰색을 기준으로 잡나요?

흰색을 기준으로 잡는 이유는 다른 색상은 기준이 될 수 없기 때문이다. 예를 들어 오렌지 껍질과 같은 색이 얼마나 오렌지여야만 화이트 밸런스가 맞을지 누구도 알 수 없다. 하지만 흰색은 RGB값이 각각 동일하게 딱 정해져 있으니 기준으로서 적합하다.

Q. 화이트 밸런스라면서 왜 흰색이 아니라 회색 지점을 클릭해요?

이런 질문을 자주 듣는데 흰색은 무채색이다. 색깔이 없기 때문에 흰색 물체 어디를 클릭해도 무채색으로 표현되어야 하는 것이 맞다. 하지만 화이트 밸런스를 잡을 때 사진 안에서 진짜 흰색 부분을 클릭하면 안 되는데, 이런 부분은 빛이 집중된 하이라이트 부분일 가능성이 높기 때문이다. 어떤 색상의 물체라도 빛이 집중되면 결국 흰색으로 보이니 기준이 될 수 없다. 또 앞에서 설명한 것처럼 사진에서 완벽한 흰색은 '화이트 홀' 즉, 뭔가 잘못돼서 데이터가 없는 부분이라고 판단하고 그냥 무시하기 때문이기도 하다.

가장 밝은 하이라이트 부분을 스포이트로 클릭하면 화이트 홀로 인식해 데이터가 없다고 말한다.

[방법 1]
스포이트를 이용해 무채색을 기준으로 화이트 밸런스 찾기

예제사진 Part4\리수족여자
완성사진 Part4\리수족 여자 완성

라이트룸에서의 화이트 밸런스를 찾는 방법은 3가지가 있다. 화이트 밸런스에 준비된 스포이트를 가지고 가장 회색톤(무채색)이라고 생각하는 지점을 클릭만 하면 된다. 또는 수동으로 '색온도'와 '색조'의 슬라이드를 이동해서 찾아내는 방법, 그리고 미리 만들어진 프리셋을 이용하는 방법이 있다. 하나씩 알아보자.

1 현상 모듈의 '기본' 패널에서 '흰색 균형 선택' 툴을 클릭한다. 일명 '스포이트 툴'이다.

2 마우스 포인터가 스포이트 모양으로 바뀌면 사진 속에서 실제로는 흰색이었어야 할 회색 부분을 찾아 클릭한다. 클릭 하자마자 즉시 클릭한 부분을 기준으로 사진의 모든 색감을 재조정한다. 믿을 만한 무채색 대상을 찾는 게 중요하다. 예를 들어 종이나 흰 접시, 벽 같은 건 대부분 흰색의 무채색 물체다.

[방법 2]
피부톤으로 화이트 밸런스 찾기

예제사진 Part4\플라워몽족여자
완성사진 Part4\플라워몽족여자 완성

사진 안에 무채색 물건이 없을 때는 어쩔 수 없이 수동으로 화이트 밸런스를 맞추어야 한다. '색온도'와 '색조'의 슬라이드를 임의로 조정해 찾아내는데, 이 작업에서 기준으로 삼는 것은 '사람의 피부색'이다. 보통 얼굴을 기준으로 하는데 우리에게 가장 익숙하기도 하지만, 다른 물체들은 화이트 밸런스가 약간 어긋나도 별다른 표가 나지 않는데 인간의 피부색은 약간만 달라져도 금방 알아챌 수 있기 때문이다.

1 현상 모듈의 '기본' 패널에서 '흰색 균형'의 '색온도' 슬라이드를 클릭한 후 드래그한다. 얼굴의 피부색을 보면서 바로 드래그해도 되지만, 마우스 가운데 휠을 돌려가며 값을 조금씩 조정해 원하는 색감을 찾는 게 좋다. 키보드의 화살표 키를 사용해도 된다.

[방법 3]
미리 세팅된 프리셋으로
화이트 밸런스 찾기

예제사진 Part4\씨엠립샐러드
완성사진 Part4\씨엠립샐러드 완성

화이트 밸런스를 맞추지 않고 보정한 경우

화이트 밸런스를 맞추고 보정한 경우

라이트룸에는 미리 세팅된 화이트 밸런스 프리셋이 있다. 카메라에서 설정하는 것과 동일하게 작동하며, 화이트 밸런스가 애매하다 싶으면 일단 프리셋을 이용해 가장 비슷한 결과값을 찾은 후 색온도 슬라이드로 미세하게 조정하는 쪽이 더 쉽고 정확하다.

1 　현상 모듈의 '기본' 패널에서 '흰색 균형' 오른쪽에 있는 '원본값'을 클릭한다. 여러 프리셋이 나타나는데, 각 옵션의 숫자는 색온도와 색조값이다.

원본값: 촬영 시 설정값

자동: 자동으로 조정

일광: 5500, +10

흐림: 6500, +10

그늘: 7500, +10

텅스텐: 2850, 0

형광: 3800, +21

플래시: 5500, 0

2 　적당하다 싶은 프리셋을 선택한다. 여기서는 백열 전구의 색감을 보여주는 '텅스텐'을 선택한 후 수동으로 색온도와 색조를 미세하게 추가로 조정했다. (색온도 3206) 이렇게 화이트 밸런스를 맞춘 후 다음 보정을 진행하면 된다.

전체적인 색감 보정하기 생동감/채도

라이트룸에서 전체적인 색감을 조정하는 기능으로는 '생동감'과 '채도'가 있다. 초보들이 가장 많이 하는 질문은 이 2가지 옵션이 무슨 차이가 있는가인데, 비슷한 듯 다른 이 슬라이드들에 대해 정확히 알아보자.

예제사진 Part4\파롱족새댁

태국으로 이주해온 파롱족의 어린 새댁이다. 난민 신분이라 아직 국적이 없어 야간통행이 금지되는 등 살기 어려운 형편인데, 허름한 주변환경과 대비 되는 화려한 그녀의 전통복장이 왠지 애잔하다.
– 아이를 안고 있는 파롱족 새댁,
　태국, 치앙마이, 치앙다오

1 생동감을 극단적으로 조정해보기

현상 모듈의 '기본' 패널에서 '생동감' 슬라이더를 조정한다. 생동감을 이해하기 위해 극단적으로 값을 올리거나 내려보자. 피부톤에 가까운 색상들은 상대적으로 영향을 덜 받고, 하늘색처럼 피부톤과 먼 색상은 많은 영향을 받는 것을 알 수 있다. 이처럼 생동감은 피부톤에서 먼 색상에 큰 영향을 주는 특성이 있다.

2 채도를 극단적으로 조정해보기

생동감과 달리 채도는 모든 색상에 영향을 미친다. 생동감과 달리 채도를 극단적으로 올리면 피부톤까지 매우 강렬한 오렌지색으로 변하고, 극단적으로 내리면 색상이 전혀 없는 흑백사진이 된다.

3 생동감, 채도를 전문가 수준으로 이해하기

보다 정확하게 생동감과 채도의 차이를 설명하자면 다음과 같다. 지금 당장 알아야 할 필요는 없지만 궁금할 때 한번쯤 읽어보면 좋을 것이다. 먼셀의 색상환표 위에 가, 나, 다라는 3개의 픽셀이 있다고 가정하자. 채도별로 가는 10번, 나는 6번, 다는 2번에 있다.

첫 번째, 채도부터 보자.

채도를 최대한 높이면 '가'와 '나'가 똑같이 최대 채도 지점인 12번으로 바뀐다. 이 말은 두 픽셀의 색이 똑같아져서 각 픽셀이 표현하는 디테일이 사라졌다는 뜻이다. 원본 상태에서는 분명히 가, 나, 다라는 3단계의 계조가 있는 사진이었지만, 채도를 최대로 올리면 가, 나가 똑같이 바뀌어 2단계만 남는다. 이처럼 채도를 극단적으로 증가시키면 사진의 계조(색상 차이)를 파괴하고 최대 채도로 픽셀값을 몰아붙인다. 따라서 이미지의 열화와 함께 계단 현상이 발생하는 것이다. 또 모든 픽셀값이 동일한 양으로 바뀐다.

두 번째, 생동감을 최대한 올려보자.

채도와 달리 하나로 합쳐지는 게 아니라 각 픽셀 간의 상대 거리를 고려한 채 움직인다. 따라서 계조를 유지하면서 조정할 수 있고, 저채도의 색이 고채도의 색보다 더 많은 영향을 받는다는 것을 알 수 있다. 또 색조에 따라 이동 폭이 다르게 적용되기 때문에 피부톤 같은 경우 과하게 적용되지 않는 것이다.

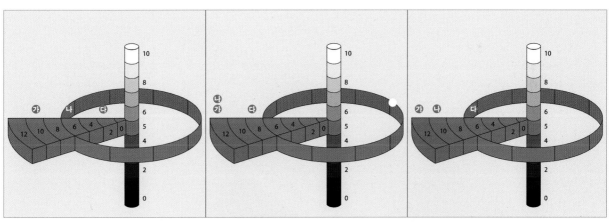

원본 사진
가 10 나 6 다 2
채도가 다른 3가지 색

채도를 최대로 올렸을 때
가 12 나 12 다 8
가, 나가 같은 색으로 바뀌어
사진에 계단현상 발생!

생동감을 최대로 올렸을 때
가 12 나 10 다 6
3색이 간격을 유지하며 골고루 상승!

색상별로 보정하기 | HSL 패널

라이트룸의 강력한 색상 조정 기능 중 하나인 HSL이다. 용어 그대로 색조, 채도, 밝기(광도)를 색상별로 조정할 수 있다. 특정한 한 색의 농도와 느낌을 변화시켜 원하는 색감으로 부분 조정할 수 있는 기능이 모아져 있는 패널이다. TAT 툴이 있어 클릭만 하면 그 부분에 해당하는 HSL을 조정할 수도 있다. 무슨 말인지 직접 해보자.

낯선 방문객들을 반갑게 맞아주던 미엔족 마을. 샤먼 할아버지는 이제 나이가 많아서 대신 제자가 전통 샤먼복장을 하고 간단한 의식을 보여주었다. 뒷산을 넘어가면 라오스 땅인 이 마을에는 종종 사냥을 나갔다가 곰의 습격을 받고 목숨을 잃는 경우가 있어 의식을 치른다고 한다. - 미엔족의 젊은 샤먼, 반 훼이 뽀, 치앙라이, 태국

색은 3가지 속성을 가지고 있다

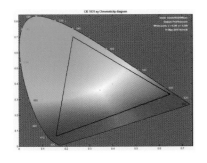

흔히들 이런 그래프가 모든 색을 표현한다는 고정관념을 가지고 있는데, 이런 생각은 색을 이해하는 데 하나도 도움이 되지 않는다. 왜냐하면 색은 3가지의 속성을 가지고 있어서 2차원 그래프로는 표현할 수 없는 입체적 공간, 즉 3차원 그래프이기 때문이다.

더 쉽게 말하자면 색을 볼 때는 3가지로 나누어서 이해해야 한다. 빨주노초파남보처럼 어떤 색을 가지고 있는지를 말하는 '색상', 색이 얼마나 선명한지 혹은 탁한지를 표현하는 '채도', 마지막으로 그 색이 어두운 것인지 밝은 것인지를 말하는 '밝기'다. 이 3가지 요소를 평면 그래프로 표현하기란 매우 힘들기 때문에 이를 보다 직관적으로 표현하기 위해서 라이트룸은 3가지 속성을 색상별로 따로 조정하는 기능을 만들어두었다. 이것이 'HSL 패널'이다.

Before_ 얼굴 부분이 너무 어두워 표정을 읽기 힘들다. 적당한 노출을 주어 보정하고, 복장의 화려한 색감을 강조한다. 조명 때문에 오른쪽 땅이 너무 밝아 쓸데없이 시선을 끌어당기므로 이 부분을 눌러준다.

HSL 탭 살펴보기

H는 색상을 뜻하는 Hue, S는 채도를 뜻하는 Saturation, 그리고 L은 밝기를 뜻하는 Lightness를 말한다. 패널을 'HSL'과 '컬러'로 구분해 놓기는 했지만 사실상 같은 기능으로 보는 방법만 다를 뿐이다.

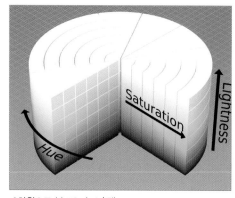

3차원으로 본 HSL 'HSL' 탭

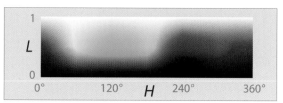

채도를 빼고 평면으로 표현한 HSL '컬러' 탭

라이트룸과 포토샵 등에서는 색공간 중 하나인 HSV 중 Value를 Lightness로 바꾼 색상을 사용한다. 먼셀의 색상환을 가로로 펼쳐 놓은 모습이라 색상을 선택하기 쉽고, 채도나 밝기를 조정해 색감을 조정하기에도 편하다. 기준이 3가지라 당연히 3차원 그래프로 표현해야 하지만, 색조와 밝기를 모으고 채도를 따로, 혹은 채도와 밝기를 모으고 색상을 따로 빼는 등의 방법으로 우리가 인지하기에 가장 쉽게 표현해 놓았다. 색조는 색상환에서 왔기 때문에 원형에서 각 색조의 지정된 각 도로 표시해 360도가 된다. 라이트룸에서는 풀어서 볼 수도 있고 모아서 볼 수도 있는 다양한 보기 옵션을 제공하고 있다.

HSL 패널은 색상의 색조를 조정하는 '색조' 탭, 색상의 채도를 조정하는 '채도' 탭, 색상의 밝기를 조정하는 '광도' 탭 3가지로 구성되어 있다. '모두'를 선택하면 세로로 모든 항목이 나타난다. 사용법은 간단하다. 이미지를 불러온 후 각 색상의 슬라이드를 드래그하면 바로 조정된다.

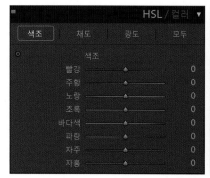

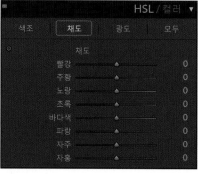

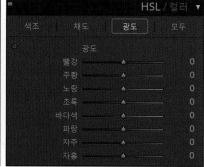

컬러 탭

예제사진 Part4\미옌족젊은샤먼
완성사진 Part4\미옌족젊은샤먼 완성

'컬러' 탭은 'HSL' 탭의 내용을 색상별로 정리해 놓았을 뿐 기능은 같다. 빨강색을 선택하면 색조, 채도, 광도 슬라이드가 나타나고 '모두'를 선택하면 색상별로 색조, 채도, 광도 슬라이드가 모두 나타난다. 사용방법이나 효과는 HSL과 동일하다.

1 원본 사진

'현상' 모듈의 'HSL' 패널에서 'HSL' 탭을 클릭한다. 초기값은 모두 '0'으로 맞춰져 있고, 사진에 들어간 색 중 하나의 색만을 콕 짚어 보정할 수 있다. 변화를 확실하게 보기 위해 작업 후에는 Ctrl + Z 를 눌러 원본으로 돌아가 따라하기 바란다.

 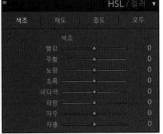

2 색조 조정

'빨강'의 슬라이드를 최대로 조정해본다. 색조를 조정하면 해당색이 조정한 색으로 색상 자체가 바뀌게 된다. 원본의 빨강색이 오렌지로 바뀔 정도다. Ctrl + Z 를 누른다.

3 채도 조정

해당 색상의 채도를 조정하면 색상의 연하고 진한 정도가 바뀐다. 파랑색의 채도를 극단적으로 증가시켜 보았다. 파랑이 주를 이루는 하늘과 조끼 부분이 강조되었다. Ctrl + Z 를 누른다.

4 광도 조정

해당 색상의 광도를 조정하면 밝기가 바뀐다. 노란색의 광도를 극단적으로 밝게 조정해보았다. 노랑이 많이 들어간 치마 부분이 빛날 정도로 바뀐다. 인쇄물인 책으로 보는 것보다 사진을 가지고 모니터를 통해 직접 해보면 얼마나 바뀌는지 바로 알 수 있다.

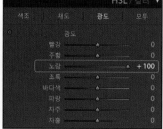

흑백 탭

'기본' 패널에서 사진을 흑백으로 전환하면 이 'HSL/컬러' 탭이 자동으로 '흑백'으로 바뀌면서 이미지도 흑백으로 바뀐다. 원래 사진의 컬러 데이터를 기반으로 명도를 자동 조정한다. 이렇게 바꾼 후 '흑백' 탭에서 각 색상 슬라이드를 조정하면 보다 풍부한 색감과 명암을 표현할 수 있다.

컬러값을 모두 버리고 만든 흑백사진

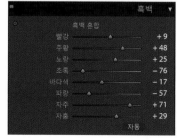

흑백 탭에서 각 색상을 조정해 만든 흑백사진

색상 채널별로 보정하기 톤 곡선

Part3 노출에서 다룬 톤 곡선과 사용법은 같다. 다만 RGB 색상 채널별로 조정할 수 있다는 게 다르다. 포토샵처럼 RGB 채널을 분리한 톤 곡선을 만질 수 있는데 민감한 만큼 강력한 기능이 매력적이다. HSL 패널에서와 비슷하다 느낄 수 있지만, 특정한 색상이 아니라 색상 채널 전체에 영향을 주기 때문에 훨씬 자연스럽게 전체적인 분위기를 만들 수 있다.

방글라데시의 자랑인, 세계에서 가장 긴 모래사장 해변이라는 콕스바자르 해변가 도로 풍경이다. 뱅골 지역 특유의 고기잡이 배와 현지의 3륜 오토바이의 색상이 맑은 하늘과 대비된다. – 100마일 비치, 방글라데시, 콕스바자르

Before_ 단순한 구성으로 하늘의 푸른 색감과 3륜 오토바이의 붉은색이 크게 대비되는 사진이다. 무심하게 느껴질 만큼 심심하니 좀 더 필름 느낌의 컬러로 바꾸어보자.

점 곡선으로 RGB 채널별로
색상 보정하기

예제사진 Part4\백마일비치
완성사진 Part4\백마일비치 완성

1   점 곡선 편집 모드를 이용해 RGB 채널별로 분리된 곡선을 조정할 수 있다. 톤 점 곡선으로 색감을 조정할 때는 너무 과해지지 않도록 변화를 지켜보면서 색온도에 거부감을 느끼지 않도록 조금씩 조정해야 한다. 현상 모듈의 '톤 곡선' 패널에서 점 곡선 편집 아이콘을 클릭한다.

2   점 곡선 편집 모드로 바뀌면 'RGB'를 클릭한 후 편집하고 싶은 색상 채널을 선택한다.

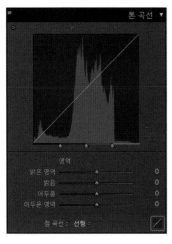

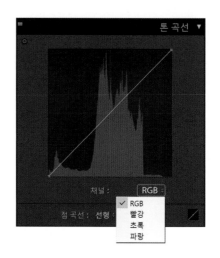

3   빨강 채널 조정해보기

이제 사진을 보면서 선을 클릭한 후 드래그하여 조정하면 된다. 채널별 편집으로 사진의 전체적인 색감을 시네마톤으로 바꿔보자. 여기서는 빨강 채널을 선택해서 밝은 부분의 노출을 증가시키고 어두운 부분은 밝게 설정했다.
어두운 부분은 빨강색이 줄어든 만큼 녹색 기운이 돌고, 밝은 부분은 빨강이 증가해 붉은 기운이 돈다. 표시된 부분을 보면 차이가 바로 보일 것이다.

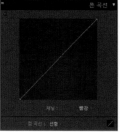

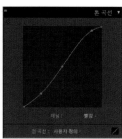

4 파랑 채널 조정해보기

이번에는 파랑 채널을 선택해 밝은 영역에서는 노출을 빼주고, 어두운 영역에는 추가한다. 밝은 부분, 즉 피부톤은 더욱 따뜻한 색감으로 바뀌고, 어두운 부분은 더욱 차가운 색감으로 변했다.
어두운 부분에는 푸른 기운이 많이 추가되었고, 밝은 부분에서는 푸른 기운이 많이 빠졌다.

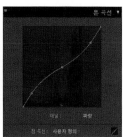

5 전체적으로 색온도가 흐트러지지는 않았지만 어두웠던 부분들은 좀 더 차가운 색감으로, 밝은 영역은 따뜻한 색감으로 바뀌었다. 마치 예전 필름을 현상한 듯한 느낌인데, 인물이 따뜻한 색감으로 표현되어 콘트라스트가 생기니 배경에 묻히지 않고 돋보인다.

톤 곡선 보정 전

톤 곡선 보정 후

밝은, 어두운 2단계로 나누어 보정하기
명암별 색보정

사진이 너무 밋밋해 보일 때 특정 색상을 추가해 활력을 추가하고 싶다면 명암별 색보정을 사용한다. 명암별 색보정은 밝은 영역과 어두운 영역으로 나누어 특정한 색을 추가해 색감을 살리는 기능이다. 포토샵에서도 RGB 곡선으로도 같은 느낌을 표현할 수 있지만 명암별 색보정을 사용하면 보다 정밀하고 다양한 조정이 가능하다.

로힝야 난민촌의 아이들이 간식거리로 주로 먹는 사탕수수 줄기를 자르고 있다. 소수민족에 대한 정치적 압박으로 고생스러운 삶을 살고 있지만 아이들은 언제나 밝다. ─ 로힝야 캠프의 아이들, 방글라데시, 콕스바자르

명암별 색보정 패널 살펴보기

예제사진 Part4\로힝야아이들
완성사진 Part4\로힝야아이들 완성

패널을 보면 크게 밝은 영역과 어두운 영역으로 나눠진다. '색조'는 색상을, '채도'는 색의 진하기를 결정한다. '균형'은 밝은 부분과 어두운 부분의 비율을 결정한다.

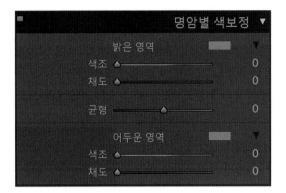

Before_ 사실적인 색감이 나쁘진 않지만 아이들이 주제인 만큼 좀 더 밝고 생동감이 생기도록 명암별 색보정을 통해 밝은 톤과 어두운 톤의 색감을 강하게 대비시켜 보자.

1 밝은 영역 보정하기

현상 모듈에서 '명암별 색보정' 패널을 클릭한다. '밝은 영역' 오른쪽의 색상칩을 클릭한다.

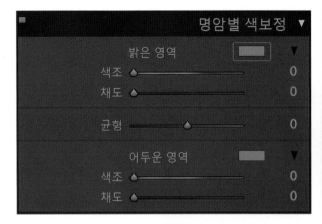

2

색상 팔레트가 나타나면 밝은 영역에 적용할 색을 선택한다. 여기서는 좀 더 따뜻한 색감을 선택했는데, 사진에 적용된 색감을 보면서 아래쪽의 채도(S) 슬라이드를 조정하면 같은 색조에서 채도만 변화된다.

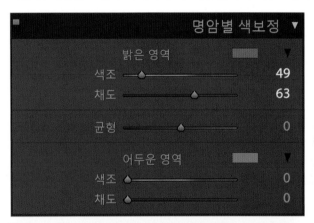

3 어두운 영역 보정하기

같은 방법으로 어두운 영역의 푸른색을 강조하기 위해 파랑색 계열의 색을 선택한다. (색조 227, 채도 75)

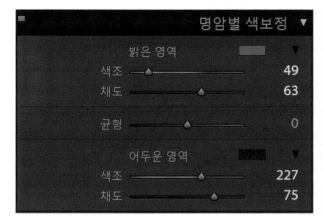

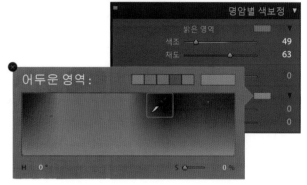

4 균형

밝은 영역과 어두운 부분의 비율을 조정하기 위해 '균형' 슬라이드를 좌우로 드래그하면서 가장 마음에 든다고 생각하는 균형을 찾아준다. (균형 +52) 색감이 추가되면 보다 풍부한 느낌의 사진이 된다.

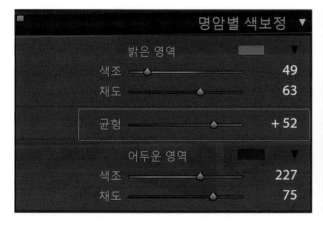

밝은, 중간, 어두운 3단계로 디테일하게 보정하기
색상 균형(포토샵)

라이트룸은 사진가를 위해 만들어진 프로그램이다. 그러나 모든 기능이 들어 있는 것은 아니라서 특정한 보정이 필요할 때는 포토샵을 이용해 마무리해야 한다. 바로 앞에서 배운 명암별 색보정도 유용하지만, 포토샵의 색상 균형을 이용하면 더 디테일한 표현이 가능하다. 영역별로 나누어 색을 보정하는 라이트룸과 포토샵의 기능을 비교하며 따라해보자.

맑은 날 일몰이나 일출의 노을은 정말이지 장관이다. 지나가던 바쁜 길에 잠시 차를 멈추고 계획에도 없던 촬영을 할 만큼 말이다.
우기의 동남아시아는 비가 오기 때문에 불편함도 있지만 깨끗하게 씻겨나간 먼지 덕분에 더욱 투명한 노을을 감상할 수 있다.
– 시골 마을의 일몰, 치앙라이, 태국

라이트룸 '명암별 색보정'의 업그레이드 버전? 포토샵 '색상 균형'

예제사진 Part4\시골마을의 일몰
완성사진 Part4\시골마을의 일몰 완성

명암별 색보정 기능이 사진의 명도 단계를 기준으로 단순히 밝고, 어두운 영역 2단계로 나누어 지정한 색을 섞어 보여주는 기능이라면, 포토샵의 색상 균형은 밝은, 중간, 어두운 영역, 3단계로 보정할 수 있어 보다 강력하고 섬세하다. 사진가에게 중심은 항상 라이트룸이니 먼저 라이트룸에서 보정한 후 추가 보정이 필요할 때 포토샵으로 가져가는 방법까지 알아보자.

Before_ 맑고 투명한 대기와 멋진 구름이 만들어 놓은 다양한 색감의 하늘은 언제봐도 매력적이다. 하지만 카메라 센서가 담을 수 있는 색감은 실제보다 많이 죽어 있기 때문에 후보정을 통해 당시 느꼈던 감정을 사진에 불어넣어보자. 밝기를 3단계로 나누어 각각의 색상을 물들여주는 포토샵의 '색상 균형'을 사용하면 완벽하다.

1 포토샵으로 이동하기

라이트룸에서 기본 보정을 한 사진을 마우스 오른쪽
버튼으로 클릭한 후 '응용 프로그램에서 편집-Adobe
Photoshop CC에서 편집'을 클릭한다.

2 자동으로 포토샵이 실행되면서 라이트룸에서 작업하던 사진이 바로 나타난다. 이때 라이트룸은 종료하지 말고 그대로 두자.

3 레이어 팔레트의 조정 레이어 아이콘 ●을 클릭한 후 '색상 균형'을 클릭한다.

4 색상 균형 옵션 살펴보기

색상 균형 조정 레이어가 만들어지면서 옵션이 나타난다. 색상 균형 옵션이 바로 나타나지 않을 경우 조정 레이어 아이콘을 더블클릭한다.

❶ **톤**: 명도를 기준으로 어두운 영역, 중간 영역, 밝은 영역 중 색감을 조정할 영역을 선택할 수 있다.

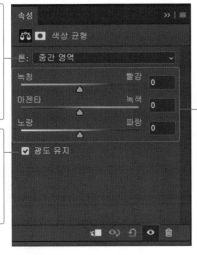

❸ **광도 유지**: 체크하면 색감이 변하면서 어두워지거나 밝아지는 것을 방지한다.

❷ 선택한 영역의 색감을 조정한다. 녹청-빨강, 마젠타-녹색, 노랑-파랑 사이의 색감을 조정하는데, 자세히 보면 왼쪽은 인쇄의 3원색이며, 오른쪽은 빛의 3원색이다. 서로 보색 영역에 속한다.

5 중간 영역 보정하기

이제 예제 사진을 더욱 드라마틱한 느낌으로 보정해보자. 전체적인 중간톤은 저녁노을을 강조하기 위해 따뜻한 마젠타 느낌을 강하게 주어 보정했다. 밝은 영역과 어두운 영역이 그대로 남아 있으니 조금 과감하게 조정해도 된다. (빨강 +83, 녹색 +13, 파랑 +13)

6   어두운 영역 보정하기

어두운 영역은 색감의 콘트라스트를 위해서 기본적으로 차가운 느낌으로 보정했다. 전체적으로 균형이 잡히면서 노란색과 밝은 파랑의 강렬한 보색대비가 돋보인다. (빨강 −51, 녹색 +30, 파랑 +53)

7   밝은 영역 보정하기

밝은 영역은 태양의 느낌을 강조한다. 하이라이트 부분이 저녁노을의 태양빛을 받은 것처럼 굉장히 따뜻한 색감으로 바뀐다. 결과적으로 어두운 부분의 밝은 파랑과 극적인 보색대비가 생겨 사진을 돋보이게 만든다. 녹색을 살짝 빼면 전경의 풀밭이 그럴 듯한 녹색으로 바뀌어 전체적인 리얼리티를 해치지 않는다. (빨강 +47, 녹색 −29, 파랑 −42)

색상 균형 조정에 익숙하지 않다면 자신만의 느낌을 찾기 위해 다양한 시도를 해보는 것이 필요하다. 처음에는 어색해도 여러 번 하다 보면 특별히 좋아하는 느낌의 색감을 발견할 수 있을 것이다.

원하는 색만 콕 짚어 보정하기 색조/채도(포토샵)

포토샵 초기 버전부터 활약해 온, 그러면서도 여전히 매우 유용한 컬러 조정 툴을 꼽자면 '색조/채도(Hue/Saturation)' 를 빼놓을 수 없다. 최근에는 놀라운 타기팅 기능까지 추가되었다. 색을 기준으로 일부 영역만을 선택할 수 있는 기능인 데, 악성 여드름의 붉은 기를 보정하거나 선택하기 어려운 부분을 정밀하게 선택하는 등 활용도가 높다.

After

몽족은 다양한 갈래가 있다. 각 갈래마다 독특한 전통의상이 있어 쉽게 구분되는데, 최근에는 이동이 많아서인지 자신의 취향에 맞 는 디자인을 선택해 전통의상을 만든다고 한다. 설빔을 입은 꼬마들에게서 다양한 갈래의 혼합된 흔적을 발견한다.
– 설날 아침 몽족 아이들, 무앙싱, 루앙남타, 라오스

색조/채도 살펴보기

예제사진 Part4\몽족꼬마아이들
완성사진 Part4\몽족꼬마아이들 완성

여기서는 색을 기준으로 네 번째 핑크색 옷 부분만을
선택한 후 보라색으로 색상을 바꾸는 연습을 해보자.

1 포토샵으로 이동하기

라이트룸에서 기본 보정을 한 사진을 마우스 오른쪽
버튼으로 클릭한 후 '응용 프로그램에서 편집-Adobe
Photoshop CC에서 편집'을 클릭한다. 자동으로 포토
샵이 실행되면서 라이트룸에서 작업하던 사진이 바로
나타난다. '레이어' 팔레트의 '조정 레이어' 아이콘을 클
릭한 후 '색조/채도'를 클릭한다.

2 색조/채도 옵션

색조/채도 조정 레이어가 만들어지면서 옵션이 나타난
다. 옵션이 바로 나타나지 않을 경우 조정 레이어 아이
콘 ◑을 더블클릭하면 된다.

❶ **사전 설정**: 자주 사용되는 효과를 프리셋으로 준비해두었다.

❷ **마스터**: CMY나 RGB 중 선택할 수 있다. 마스터는 모든 색을 선택한 것이다.

❸ **색조**: 색상을 바꾸는 슬라이드
❹ **채도**: 색의 연하고, 진한 정도를 바꾸는 슬라이드
❺ **명도**: 밝기를 바꾸는 슬라이드

❻ **색상화**: 체크하면 사진이 가진 원래의 색상을 무시하고 지정한 색조로만 표현한다.

✎ 타깃 스포이트: 지정하려는 색상을 선택한다.
✎ 타깃 + 스포이트: 지정하려는 색에 추가한다.
✎ 타깃 − 스포이트: 지정한 색에서 빼고 싶은 색을 선택한다.

❼ **타깃 슬라이드**: 선택한 타깃의 색상 위치를 표시한다.
❽ **교정 슬라이드**: 선택한 색상을 지정한 색상으로 바꾼다.

3 색조를 극단적으로 조정해보기

재미삼아 아이들을 아바타 종족으로 바꿔보자. 색조를 극단적으로 조정하면 피부톤이 에메랄드 색으로 변한다. 이때 피부뿐만 아니라 옷이며 배경까지 모든 색이 바뀌는 것이 보일 것이다. 선택 영역이 없기 때문에 사진의 모든 색상이 동일하게 바뀌어 리얼리티를 상실했기 때문이다. (색조 +180, 채도 +31, 명도 0)

색조/채도 살펴보기

1 색상 타기팅하기

모든 값을 다시 초기화시킨 후 좀 더 정밀하게 제어하는 방법을 배워보자. 모든 값을 0으로 놓는다.

2 핑크색 옷을 입은 소녀의 옷만을 선택해 색상을 바꿔보자. 핑크색은 마젠타의 영향을 많이 받으니 작업할 영역을 '마스터'에서 '마젠타 계열'로 바꾼다.

3 타깃 스포이트와 타깃 슬라이드가 활성화된다. 타깃 스포이트  로 작업하고 싶은 핑크색 옷 부분을 클릭한다.

4 타깃 슬라이드 보는 법

핑크색 옷을 클릭하면 클릭한 위치의 대략적인 색상이 슬라이드에 나타난다. 위와 아래 슬라이드의 색상이 같다는 것은 아직 아무런 색변화가 없다는 말이다.

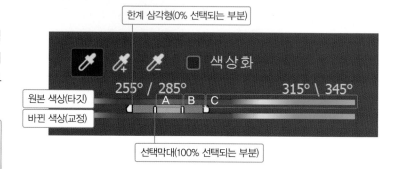

❶ **A 영역**: 선택 막대 사이의 색상들은 100% 선택된 작업영역이다.

❷ **B 영역**: 선택 막대와 한계 삼각형 사이의 색상은 그러데이션되면서 자연스럽게 선택된다.

❸ **C 영역**: 한계 삼각형 바깥쪽은 선택되지 않는다.

5 색조를 최대로 올려 선택범위 확인하기

'색조' 슬라이드를 최대한으로 올리면 색이 크게 변해, 쉽게 어떤 부분이 선택되었는지를 쉽게 확인할 수 있다. 아래쪽 교정 슬라이드에 바뀐 색이 표시된다. 클릭했던 부분이 핑크색이었는데, 교정 슬라이드의 색은 녹색으로 변했다.

6   색 선택범위 조정하기

이제 소녀를 보면서 선택막대와 한계 삼각형을 조정해 가장 깔끔하게 녹색으로 변환되는 범위를 찾아가자. 그러데이션의 폭이 너무 좁으면 색변환 부분에 계단 현상이 생기고, 너무 넓으면 다른 색에까지 바뀐다. 정답은 없으니 자신이 만족할 때까지 영역을 찾아보자.

7   슬라이드 크기 조절하기

슬라이드가 너무 작아 조정하기 불편하면 패널 왼쪽 끝선에 마우스 포인터를 가져간다. 양쪽 화살표 모양이 나타나면 클릭한 후 드래그해 원하는 크기로 조정할 수 있다.

8   다시 색조를 원래대로 '0'으로 바꾼다. 숫자를 클릭한 후 키보드로 입력해도 된다. 모든 색이 제자리로 돌아온다.

9   타기팅된 영역의 색상 조정하기

이제 핑크를 선택 영역으로 잡는 작업은 모두 끝났으니 다른 색으로 바꾸어보자. '색조' 슬라이드를 조금씩 드래그하면서 원하는 색으로 바꾸면 된다. 여기서는 보라색으로 바꿔보았다. (색조 −38)

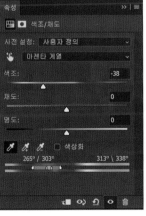

색조/채도(Hue/Saturation) 기능은 인물의 피부를 보정할 때 몹시 유용하다. 다음 예제는 여드름의 붉은색만 타기팅해서 붉은 기운을 제거한 것인데, 이렇게 피부트러블이 심한 경우에는 바로 보정에 들어가는 것이 아니라 먼저 여드름의 색감을 일반적인 피부톤으로 교정해준다. 붉은 얼룩을 없앤 후 소프트 스킨이나 도장 툴, 스팟 복구 브러시 툴을 이용한 보정 작업을 하면 훨씬 좋은 결과를 얻을 수 있다. 자주 사용하니 다음 타기팅 요령을 제대로 배워두기 바란다.

❶ **타기팅**: 원하는 색이 있는 곳만을 쉽게 선택하기 위해 '색조' 슬라이더를 극단적으로 조정한다.
❷ **색조 조정**: 선택하고 싶은 부분만 타기팅되었으면 원래 색으로 돌린 후 원하는 색감으로 조정한다.

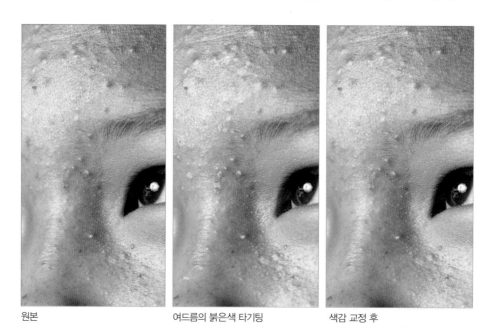

원본   여드름의 붉은색 타기팅   색감 교정 후

색이란 뭘까? 어떻게 만들어지지? 채널의 이해

'디지털 공간에서는 R, G, B 즉 빨강 Red, 녹색 Green, 파랑 Blue의 혼합으로 모든 색을 표현한다.' 대부분 이렇게 알고 있을 것이다. 여기서부터 출발해보자. 왜냐하면 채널 혼합은 데이터 손실 없이 색상을 원하는 대로 바꿀 수 있는 가장 훌륭한 방법이지만 색에 대한 이해가 없으면 처음에는 이해하기 정말 어렵기 때문이다. 그래서 색에 대한 이해가 먼저다.

빨강 원피스를 입고 있는 모델의 의상을 보색에 가까운 파랑으로 바꿔보았다. 이렇게 색을 바꾸는 방법으로 바로 앞에서 '색조/채도'를 배웠는데, 데이터 손실 없이 보정하는 가장 완벽한 방법은 각 색상 채널의 데이터를 바꾸는 채널 혼합이다. – 빨간 원피스 소녀, 람빵, 태국

포토샵에서 색상 채널
보는 방법

예제사진 Part4\빨간 원피스 소녀
완성사진 Part4\빨간 원피스 소녀 완성

1　먼저 포토샵으로 사진을 불러온 다음 각 채널별 데이터를 보는 방법부터 알아보자. 레이어 패널 바로 옆에 '채널'이라는 탭이 있다. 이 탭을 클릭한다.

2　'채널' 패널이 나타난다. 맨 위에 있는 'RGB' 레이어에 있는 사진만 컬러고, 아래쪽은 흑백인 상태로 보일 것이다. 왜냐하면 우리가 현재 보고 있는 사진은 RGB 즉 3가지 채널을 모두 한꺼번에 섞은 결과이기 때문이다. 그래서 RGB 레이어를 선택하면 아래쪽에 있는 나머지 '빨강, 녹색, 파랑' 채널 역시 모두 선택된 상태로 나타난다. 여기서 주목해야 할 점은 각 채널이 흑백사진으로 표현되어 있다는 점이다. 왜일까? 각 채널에 있는 사진을 비교해보자.

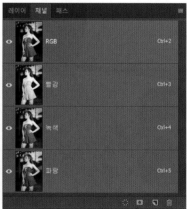

302

3 '채널' 패널에서 각 색상 이름을 클릭하면 데이터를 흑백으로 표현한 사진을 볼 수 있다. 치마 색상을 주의 깊게 살펴보자. 빨강 채널 사진에서는 치마가 매우 밝게 보인다. 반대로 녹색과 파랑 채널의 치마는 상당히 어둡다. 이것은 이 치마에 빨강색이 매우 많고, 녹색이나 파랑색은 거의 없다는 말이다. 밝다는 것은 그 색이 많이 들어가 있다는 뜻이다. 이렇게 채널은 명도 단계, 즉 밝고 어두운 정도로 각 색을 표현한다.

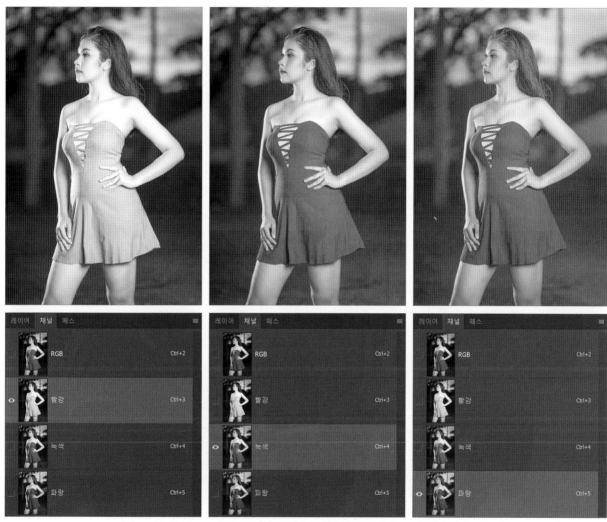

빨강 Red 채널   녹색 Green 채널   파랑 Blue 채널

4   이해를 좀 더 쉽게 하기 위해 투명한 빨강, 초록, 파랑 셀로판지를 준비한 후 각 채널을 셀로판지에 인쇄한다고 가정해보자.

5   3개의 셀로판지를 하나로 대충 겹쳐 보면 제대로 겹쳐진 부분은 다음 그림처럼 완벽한 빨강색으로 보인다. 이때 서로 엇갈린 부분을 주의해서 보자. 맨 오른쪽에 있는 파랑 채널 치마는 매우 어두운 파랑이고, 중간의 녹색 채널은 어두운 녹색으로만 보인다. 맨 왼쪽은 모든 채널이 겹쳐졌기 때문에 원본 사진처럼 선명한 빨강색으로 보인다.

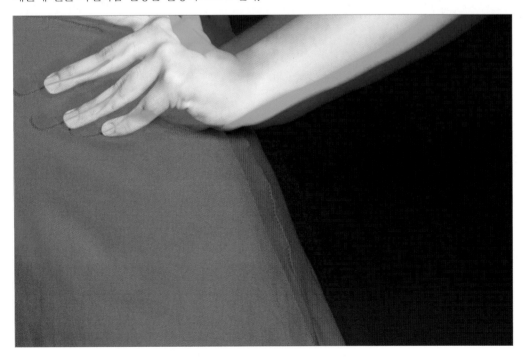

수동으로 채널값 바꾸기

1   자, 그럼 다시 처음으로 돌아와 각 채널을 보자. 이제 각 채널은 각 색상값의 농도를 흑백으로 표현한 것이라는 것을 알았을 것이다. 여기서 질문 하나. 만약 빨강 채널과 파랑 채널의 사진을 바꾸면 어떻게 될까?

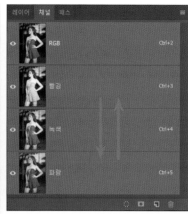

2   해보자. 빨강 채널을 복사한 후 파랑 채널에 붙이고, 파랑 채널을 복사해서 빨강 채널에 붙였더니 치마색이 파랑이 되었다. 당연히 빨강과 파랑 채널의 명도가 바뀌었기 때문에 다른 부분의 색도 모두 바뀌었다. 여기서 주목해야 할 점이 또 하나 있다. 원본 사진에서 바뀐 것은 각 채널의 명도, 즉 진하고 연한 농도밖에 없기 때문에 어떠한 데이터의 손실도 일어나지 않아 색이 바뀌었을망정 사진의 화질 열화가 일어나지 않았다는 점이다. 이런 특성 때문에 채널 혼합으로 색상을 바꾸는 게 가장 훌륭한 품질을 유지한다고 말하는 것이다.

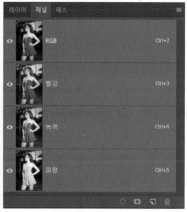

혹시 포토샵에 익숙하지 않은 사람이 있을까? 채널 레이어도 복제된다는 것을 기억하자. 복제한 후 전체를 선택해 복사해서 붙이면 간단히 바꿀 수 있다.

채널 혼합으로 채널값 바꾸기 |

1 하지만 색상을 조정하기 위해 일일이 손으로 각 채널의 데이터를 옮기는 것은 생각보다 귀찮고, 각 채널의 농도를 정확히 조정하는 것 역시 많은 훈련이 필요하다. 그래서 '채널 혼합'이라는 기능을 만들어 쉽게 사용할 수 있게 한 것이다. '레이어' 탭을 클릭한다. 조정 레이어 아이콘을 클릭한 후 '채널 혼합'을 선택한다.

2 우선 채널 혼합에 사용되는 속성 패널부터 자세히 살펴보자.

3 '출력 채널'에서 '빨강'을 선택하면 기본 값으로 빨강만 100%로 나타난다. 이 말은 현재 빨강 채널의 데이터를 모두 보여준다는 말이다. 즉 원본과 동일하다는 뜻이다.

4 앞에서 수동으로 한 것처럼 빨강 채널 데이터를 파랑 채널로 바꿔보자. 먼저 빨강 슬라이드를 드래그해 0으로, 파랑 슬라이드를 100으로 조정한다. 빨강 채널이 가진 데이터는 다 숨기고, 파랑 채널의 데이터를 모두 가져와 쓴다는 말이다. 실제로 색이 변하는 것을 볼 수 있다.

5 이제 파랑 채널을 빨강 채널로 바꿀 차례다. '출력 채널'에서 '파랑'을 선택한다. 파랑 슬라이드를 0으로, 빨강 슬라이드를 100으로 조정한다. 파랑 채널이 가진 데이터는 다 숨기고, 빨강 채널의 데이터를 모두 가져와 쓴다는 말이다.

6 결과 비교하기

앞에서 수동으로 빨강과 파랑을 서로 맞바꾼 사진과 채널 혼합 기능으로 바꾼 사진을 비교해보면 완벽하게 같다는 걸 알 수 있다.

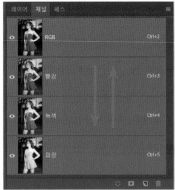

수동으로 빨강과 파랑 채널을 복사해서 바꾼 경우

채널 혼합으로 빨강과 파랑 채널의 값을 바꾼 경우

7 색을 바꾸고 싶은 치마 부분에만 효과가 적용되도록 치마만 잘 선택해서 마스킹하면 완성이다. 마스킹된 사진을 보려면 다운로드받은 샘플 파일 중 '빨간 원피스소녀 완성.psd'를 '원본편집'으로 포토샵에 가져가면 된다. (마스킹 536쪽 참고)

각 채널의 명도가 바로 색이다
채널 혼합(포토샵)

Part4를 통해 지금까지 좋은 사진을 위한 컬러 이론부터 명도를 기준으로, 색상을 기준으로, 색상 채널을 기준으로 색을 바꾸거나 추가하고 빼는 다양한 방법을 배웠다. 그러나 손실 없이 색상을 바꾸는 가장 좋은 방법은 '채널 혼합'이라고 말해도 과언이 아니다.

Before_ 강렬한 노란색 택시를 운전하는 인도의 운전사를 잘 표현하고 싶었다. 전체적인 노출과 클리핑이 되지 않아 탁해 보인다. 택시가 한 덩어리의 노란색으로 보일 수 있도록 어두워지는 부분을 좀 더 밝게 보정한다. 얼굴이 잘 보이도록 닷징 처리하고, 택시 뒷좌석에 보이는 빨간색 물체의 채도를 줄여 시선을 빼앗기지 않도록 한다. 완성 파일의 '작업내역' 패널에서 이 모든 과정을 확인할 수 있다.

색조/채도로 색을 바꾸면
쉬운데, 왜 이렇게 복잡한 짓을?

예제사진 Part4\노란택시, 노란택시마스킹.psd, 흑백필터예제, 채널혼합.psd
완성사진 Part4\노란택시마스킹.psd

앞에서 배웠던 색조/채도를 이용해서 색을 바꾸는 것과 무슨 차이가 있을까 생각할지도 모르겠다. 색조/채도는 색상을 선택해 강제로 바꾸는 것이지만 채널 혼합은 컬러 채널을 서로 교환해 색을 바꾼다. 결과적으로 색조/채도는 명도값마저 색으로 인식해 밝은 부분을 더 밝은 색으로 표현해 오렌지색이 나온다. 즉, 색조는 가만히 있고 명도만 바뀌어야 하는데, 색조가 변해버린다는 말이다. 실제로 빨간색 차에서 오렌지색이 나올 수는 없기 때문에 리얼리티가 떨어진다. 반면에 채널 혼합은 밝은 부분까지 오렌지색으로 바뀌지는 않는다.

극단적으로 차량 색상을 검정으로 만들어보면 더 명확하게 알 수 있다. 색조/채도가 데이터 손실이 많은 것에 비해, 채널 혼합은 거의 대부분의 데이터를 잃어버리지 않고 자연스럽게 색이 바뀌는 것을 확인할 수 있다.

색조/채도

채널 혼합

가장 완벽하게 색을 바꾸는 '채널 혼합'

디지털 사진에서 모든 색은 명도 단계만 가진 RGB 각 채널의 혼합값으로 결정된다는 것은 알고 있을 것이다. 그 결과로 나온 사진을 흔히 '컬러사진'이라고 하는데, 각 채널의 비율을 일정하게 조정해 마치 채널이 바뀐 듯한 효과를 주는 것이 바로 '채널 혼합'이다. 예를 들면 빨강 채널이 파랑 채널로 바뀌는 식으로 작동한다. 채널 혼합을 잘 사용하면 데이터를 잃어버리거나 열화시키지 않고도 완벽하게 색을 바꿀 수 있으며, 흑백사진을 만들 때 각 채널의 특성을 활용해서 옛날 컬러 필터(컬러 필터는 주로 흑백사진에 사용했었다) 효과를 만들거나 특수한 콘트라스트 효과를 낼 수 있다.

흑백사진에 특수한 콘트라스트를 표현하기 위해 사용하는 Hoya 컬러 필터

실습! 채널 혼합으로 느낌 있는 흑백사진 만들기

컬러사진을 흑백사진으로 만드는 것이라 당연히 각 색이 밝고 어두운 명도 단계로만 표현된다. 그러나 컬러 원본에 있는 색을 기준으로 필터를 씌워 더 밝거나 어둡게 만들어 강조할 수 있기 때문에, 흑백사진에 개성과 느낌을 담을 때 유용하게 사용할 수 있다.

1 포토샵으로 이동하기

라이트룸에서 기본 보정을 한 사진을 마우스 오른쪽 버튼으로 클릭한 후 '응용 프로그램에서 편집-Adobe Photoshop CC에서 편집'을 클릭한다. 자동으로 포토샵이 실행되면서 라이트룸에서 작업하던 사진이 바로 나타난다. '레이어' 팔레트의 조정 레이어 아이콘을 클릭한 후 '채널 혼합'을 클릭한다.

2 채널 혼합 옵션 살펴보기

채널 혼합 조정 레이어가 만들어지면서 속성이 나타난다.

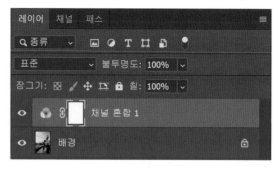

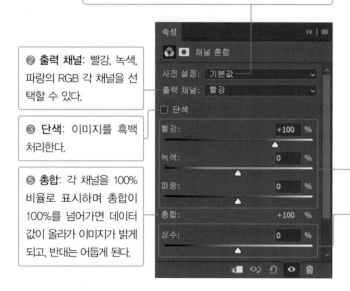

❶ **사전 설정**: 흑백사진을 만들 때 사용하는 각종 필터 효과를 미리 만들어진 프리셋으로 저장해두었다. (기본값: 아무런 변경을 하지 않은 기본 상태)

❷ **출력 채널**: 빨강, 녹색, 파랑의 RGB 각 채널을 선택할 수 있다.

❸ **단색**: 이미지를 흑백 처리한다.

❺ **총합**: 각 채널을 100% 비율로 표시하며 총합이 100%를 넘어가면 데이터 값이 올라가 이미지가 밝게 되고, 반대는 어둡게 된다.

❹ **RGB 조정 슬라이드**: 출력 채널을 선택하면 해당 채널의 기본값이 표시된다. RGB 각 슬라이드를 조정해 새로운 채널값을 정의한다.

❻ **상수**: 조정값의 비율을 임의로 변환한다.

3 사전 설정의 파랑 필터 적용해보기

'사전 설정'에서 '파랑 필터가 적용된 흑백(RGB)'을 선택한다. 파랑은 노랑의 보색이므로 노란색이 거의 보이지 않는 검은 톤으로 표현된다.

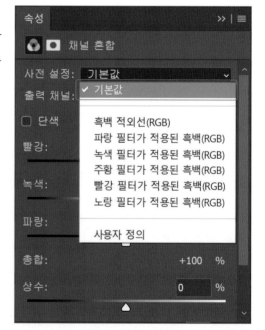

4 사진이 흑백으로 바뀐다. 그런데 그냥 흑백이 아니라 자세히 보면 컬러 사진일 때 파랑색이었던 부분들은 매우 밝게 표현되고, 상대적으로 보색인 노랑이나 피부톤 같은 경우 매우 어둡게 표현된다. 왜 그럴까?
카메라의 렌즈 앞에 파랑색 필터를 붙였다고 생각해보면 쉽다. 파랑색 빛은 필터를 통과하기 때문에 필름에 잘 노출되지만 다른 색들은 보색에 가까울수록 이 파랑색 필터를 통과하지 못하기 때문에 필름에 노출되지 않는다. 따라서 파랑색을 보다 밝게 표현하고, 보색 쪽을 어둡게 표현하고 싶을 때 이 효과를 선택하면 된다.

5 '단색'의 체크박스를 해제해보면 색상별 '출력 채널'을 볼 수 있다. 단색 옵션을 해제해도 사진에는 아무런 변화가 없는데, 다음에서 보는 것처럼 각 채널에서 파랑 채널의 데이터만 사용했기 때문이다. 따라서 모든 픽셀의 RGB값이 동일하기 때문에 무채색인 흑백으로 표현되는 것이다.

6 사전 설정 빨강 필터 적용하기

이번에는 '빨강 필터가 적용된 흑백'을 선택해보자. 그럼 반대로 빨강 채널의 데이터만 모두 사용한 사진이 된다. 따라서 얼굴이나 빨강색 쪽이 이전에 비해서 매우 밝아진 것을 알 수 있다. 물론 파랑이나 녹색 쪽은 많이 어두워진다.

7

다른 필터들도 마찬가지로 렌즈 앞에 컬러 필터를 부착하고 흑백필름으로 촬영했을 때를 시뮬레이션한다고 생각하면 된다.

흑백 적외선(RGB)　　파랑　　녹색

주황　　빨강　　노랑

실습! 채널 혼합으로 손실 없이 색 바꾸기

디지털 사진에서 모든 색은 명도 단계만 가진 RGB 각 채널의 혼합값으로 결정된다는 것은 알고 있을 것이다. 그 결과로 나온 사진을 흔히 '컬러사진'이라고 하는데, 각 채널의 비율을 일정하게 조정해 마치 채널이 바뀐 듯한 효과를 주는 것이 바로 '채널 혼합'이다. 예를 들면 빨강 채널이 파랑 채널로 바뀌는 식으로 작동한다.

채널 혼합을 잘 사용하면 데이터를 잃어버리거나 열화시키지 않고도 완벽하게 색을 바꿀 수 있으며, 흑백사진을 만들 때 각 채널의 특성을 활용해서 옛날 컬러 필터(컬러 필터는 주로 흑백사진에 사용했었다) 효과를 만들거나 특수한 콘트라스트 효과를 낼 수 있다.

1 자동차 색 바꾸기

Ctrl + J를 눌러 이미지를 복제해 새 레이어를 만든 후 노란색 자동차를 마스킹한다. 귀찮다면 샘플 예제에서 'Part4\노란택시마스킹.psd' 파일을 불러온다. 채널 혼합 레이어가 선택된 상태에서 Alt를 누른 후 아래 레이어 경계 부분으로 마우스 포인터를 옮기면 '아래 레이어에 적용' 아이콘이 나타난다. 이때 클릭한다. (마스킹 536쪽 참고)

2

'속성' 패널의 '출력 채널'을 '녹색'으로 선택한다. '녹색' 슬라이드를 '0'으로, '파랑'은 '100'으로 조정한다. 녹색 100 → 0, 파랑 0 → 100은 Green 채널값을 버리고 Blue 채널로 바꾼다는 뜻이다. 노란색은 파랑, 즉 Blue 채널에 거의 데이터가 없어 Green 채널만 버리면 빨강이 된다. 하지만 Green 채널이 완전히 사라지면 디테일이 손상될 수 있기 때문에 Blue 채널을 그대로 불러와 적용해야 자연스러운 빨강색 자동차가 되는 것이다.

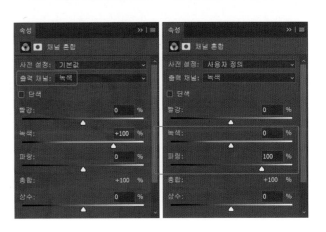

3 다른 색으로도 만들어보자. RGB 각 채널의 총합이 100%가 되도록 섞어주면 명도를 유지한 채 다양한 색을 만들 수 있다는 것을 기억하자. 실험을 통해 익숙해지도록 연습해야 한다.

출발색	목적 색	출력채널: 빨강	출력채널: 녹색	출력채널: 파랑
노란색	빨강	기본값(R만 100)	R0, G0, B100	기본값
	녹색	R0, G0, B100	기본값(G만 100)	기본값
	흰색	R100, G0, B0	R100, G0, B0	R100, G0, B0
	검정	R0, G0, B100	R0, G0, B100	R0, G0, B100
	파랑	R0, G0, B100	R0, G0, B100	R0, G100, B0

채널 혼합으로 색 만들기가 너무 어려워!
채널 혼합의 구조 이해

채널의 색상 이름이 여러 번 반복되면서 각 슬라이드가 하는 역할이 헷갈릴 것이다. RGB 색 혼합에 익숙하지 않은 사용자라면 더욱 그럴 것이고, 익숙하다고 하더라도 수없이 반복되는 빨강, 녹색, 파랑 등 같은 말로 써놓은 부분은 더 혼란스럽다. 그래서 채널 혼합의 구조에 대한 이해를 돕고자 빨강, 녹색, 파랑에 각각 이름을 붙여주었다. 그야말로 '궁여지책'이다.

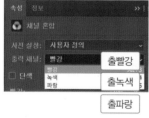 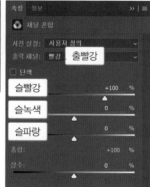 

출력 채널: 출빨강, 출녹색, 출파랑
각 채널의 슬라이드 색상: 슬빨강, 슬녹색, 슬파랑
RGB 채널상의 데이터: 채빨강, 채녹색, 채파랑

출력 채널_ 이 출력 채널에서 말하는 빨강, 녹색, 파랑은 실제 채널을 가리킨다. 다시 말해서 출력채널 '빨강'을 선택했다는 말은 채널의 채빨강을 선택했다는 말이다. 따라서 출력채널의 출빨강을 선택하고 슬라이드를 조정하면 즉시 채빨강의 명도값이 변한다. (출빨강=채빨강)

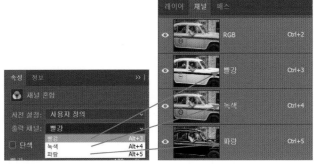

출력 채널: 출빨강,출녹색,출파랑   RGB 채널상의 데이터 :
                                     채빨강, 채녹색, 채파랑

슬라이드 슬빨강, 슬녹색, 슬파랑_ 출빨강을 선택하고 보면 슬빨강이 100%라고 되어 있다. 이 말은 채빨강을 100% 보여준다는 말이다. 이 상태가 기본값인 이유는 채빨강+채녹색+채파랑의 합이 바로 우리가 보는 사진의 색이기 때문에 각 채빨강, 채녹색, 채파랑은 각각 슬빨강, 슬녹색, 슬파랑을 100% 보여주는 것으로 기본값이 잡혀 있다. 출빨강을 선택했다는 말은 채빨강을 조정한다는 말이며, 기본값인 슬빨강 100%는 원래 있던 R 데이터를 100% 보여준다.

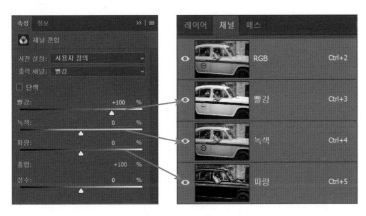

슬녹색이 0%라는 말은 채녹색의 데이터를 하나도 가져오지 않았다는 말이다. 마찬가지로 슬파랑 0%이라는 말은 채파랑의 데이터를 하나도 가져오지 않았다는 말이다. 만약 각 슬라이드를 + 쪽으로 이동시킨다면 채녹색이나 채파랑의 데이터를 가지고와 채빨강과 합쳐서 R 데이터로 출력해준다는 말이다.

출빨강을 선택한 상태에서 슬빨강을 0%로 바꾸면 채빨강은 완전히 검정으로, 즉 데이터가 사라진다. 빨강 채널이 삭제된 상태와 같다. 이때 슬파랑을 100%로 해주면 채파랑의 데이터를 100% 복사해와 채빨강인 척 보여준다는 말이 된다.

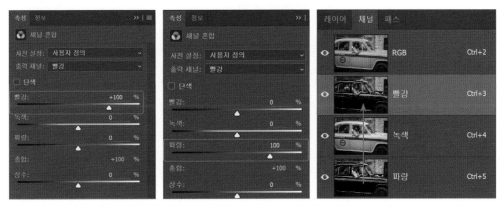

슬빨강이 100%에서 0%로 바뀌었다. 기존의 채빨강 데이터를 버리겠다는 말이다. 또 슬파랑이 0%에서 100%로 바뀌었는데, 채파랑의 데이터를 그대로 가져와 채빨강으로 출력해주겠다는 말이다. 다만 이 사진의 예제에서는 마스킹이 선택되었기 때문에 선택된 부분만 그대로 복사되어 채파랑의 데이터가 채빨강으로 보여진다. 빨강+녹색=노랑인데 빨강이 사라지니 녹색만 남게 되어 자동차가 녹색으로 보이는 것이다.

보면서 이해하기_ 채널 혼합은 이런 방식으로 작동하며, 잘 사용하면 데이터 자체를 잃어버리지 않고 열화 없이 색상을 조정할 수 있다.

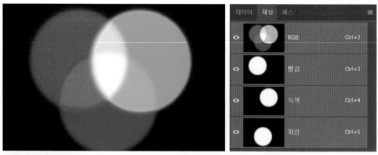

우리가 보는 색 　　　　　　　　실제 RGB 채널의 색

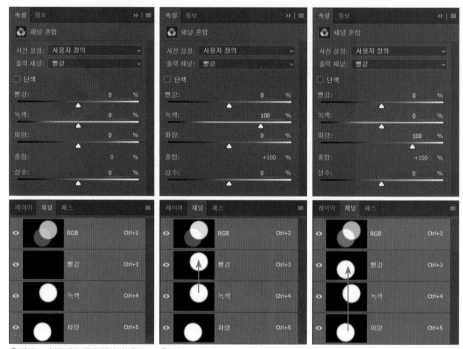

출빨강 – 슬빨강0 채빨강(사라짐)　　출빨강–슬녹색100–채녹색이 복사됨　　출빨강–슬파랑100–채파랑이 복사됨

실습 하나! 채널 혼합으로 색 바꾸기

그렇다면 자기 마음대로 색을 바꾸고 싶을 때는 어떻게 할까? 채널 혼합으로 빨강색을 하늘색으로 바꿔보자. 책으로 쓱 한 번 읽어본 후 포토샵에서 직접 해보면 훨씬 쉽게 이해할 것이다.

1 　 출발색의 RGB값을 스포이트로 찍어본다. 예를 들어 빨강색이 있다고 하자. R255, G0, B0일 것이다.

2 　 그 다음 바꾸고 싶은 목적색의 RGB값을 찍어보자. 예를 들어 회색조의 하늘색이라면 R136, G204, B214다.

3 　 여기서 약간 문제가 생긴다. RGB값은 0~255로 표시되고, 채널 혼합에서는 %로 값을 지정하기 때문에 단위가 다르니, 어느 정도인지 바로 알 수가 없다. 이때는 계산기를 옆에 두고 RGB값 나누기 256을 해 %값으로 계산하면 된다. 이렇게 하면 원하는 회색조의 하늘색은 아래 표처럼 %로 변환할 수 있다.

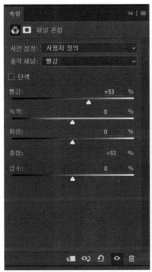

R	136	약 53%	136÷256=0.53125
G	204	약 79%	204÷256=0.796
B	214	약 83%	214÷256=0.835

새
출발색
목표색
현재

- H: 188 °
- S: 36 %
- B: 84 %
- R: 136
- G: 204
- B: 214

4   출발색인 빨간색에서 데이터가 있는 채널은 빨강밖에 없기 때문에, 이 빨간색 채널을 각 채널에서 어떻게 불러오는지에 따라 원하는 색을 만들 수 있다. 3번에서 변환한 %값대로 조정한다.

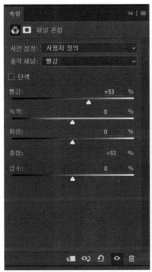

빨강 채널: 빨강 채널의 출력을 100%에서 53%로 변환했다.

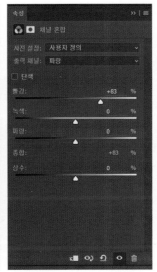

파랑 채널: 파랑 채널의 '파랑'은 0%다. 파랑 채널을 사용하지 않는 대신, 빨강의 데이터를 가지고와서 파랑 채널로 83%만큼 출력하겠다는 말이다.

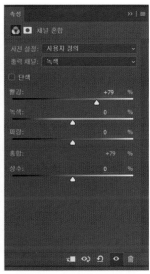

녹색 채널: 녹색 채널의 '녹색'은 0%다. 녹색 채널을 사용하지 않는 대신, 빨강의 데이터를 가지고와서 녹색 채널로 79%만큼 출력하겠다는 말이다.

5   결과를 보자. 채널 혼합이 적용되기 전에는 빨강색이었지만, 채널 혼합의 값을 회색조의 하늘색으로 설정해주었더니 바뀌었다.

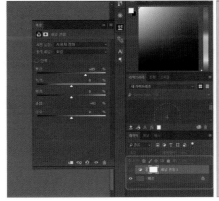

6　변환된 색을 스포이트로 찍어서 RGB값을 보면 원했던 색과 거의 동일하며 약간의 차이는 %로 변환하는 과정에서 반올림되어진 정도라는 것을 알 수 있다. 따라서 채널 혼합으로 정밀하게 색을 바꾸려고 한다면 출발색의 RGB값과 목적색의 RGB값을 알아야 하고, 이 값의 차이를 %로 바꿔 채널 혼합에서 조정해주면 된다.

목표색

현재 만들어진 색

실습 둘! 채널 혼합으로 RGB값이 모두 포함된 색 바꾸기

앞에서는 출발색이 단 1개의 채널만 100%여서 쉽게 변환할 수 있었다고 치자. 그럼 복잡한 색 즉 RGB 모두 데이터를 가지고 있는 색일 경우에는 어떻게 해야 하냐고 물을 수 있다. 다음의 예제를 따라해보자. 갈색을 핑크 계열로 바꾸는 거다.

예제사진 Part4\채널혼합.psd

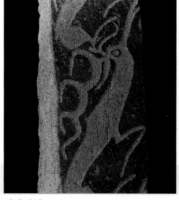

예제 사진

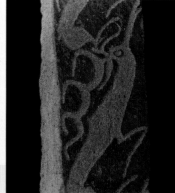

핑크색으로 바꾼 사진

1　예제 사진에서 색상 보기

스포이트 툴을 이용해 타깃의 색상을 전체적으로 훑어보면서 색상의 RGB값에 주목한다. 대표적인 색상을 선택해 RGB값을 기록해둔다.

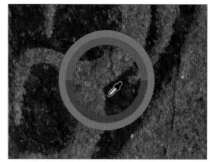

R	145	약 56%	145÷256=0.566
G	99	약 38%	99÷256=0.386
B	59	약 23%	59÷256=0.230

320

2 원하는 색상을 선택한다. 색상 팔레트를 꺼내 스포이트 툴로 원하는 색상을 선택하고, RGB 값을 기록해둔다. 계산 방법은 위와 같다.

R186 / 256 = 72%
G53 / 256 = 20%
B206 / 256 = 83%

3 두 색상을 비교해 슬라이드 조정하기

두 색상 중 비슷한 %값을 가진 채널은 서로 바꿔주고 부족한 부분은 살짝 보완해주면 된다.

– 목표색으로 가기 위해서 빨강은 16% 정도 부족하다.
– 녹색은 38%에서 20%가 되어야 하니 23%인 파랑과 3% 부족하게 교체해준다.
– 파랑은 23%에서 83%로 증가되어야 하니 빨강값을 60% 가져와 부족한 부분을 메운다.

디지털에서 흑백사진은 어떻게 만들어질까?

흑백사진은 몇 개의 채널이 있을까? 간단히 대답하면 하나의 채널만으로 충분하다. 3개의 채널이 있다고 하더라도 각 채널의 데이터값이 모두 같아야만 RGB 색공간에서 무채색으로 표현할 수 있기 때문이다. 예를 들어 중간 회색인 R125, G125, B125처럼 모두 같은 RGB값이어야만 정확한 무채색으로 표현된다. 만약 하나라도 숫자가 다르면 무채색에 가깝긴 하지만 엄격하게 말하면 컬러다.

그렇다면 라이트룸에서 흑백사진으로 내보내면 어떻게 될지 궁금할 것이다. 결론부터 말하면 라이트룸에는 특별히 흑백사진으로 내보내는 방법이 없다. 다른 컬러 사진과 마찬가지로 RGB 3개의 채널을 가지는 일반 사진으로 출력한다. 흑백사진을 포토샵 채널로 봐도 각 채널의 데이터값은 모두 같다. RGB 채널 중 나머지 두 개를 버리고 하나의 채널만 가지고 있는 '그레이스케일' 모드로 변환해도 모니터에서 표현되는 사진은 완벽하게 같다.

RGB 채널 보기

빨강 R 채널

녹색 G 채널

파랑 B 채널

보다시피 모든 채널의 데이터는 같다. 이렇게 각 채널이 모두 같을 때 흑백으로 표현된다.

그렇다고 흑백사진을 굳이 그레이스케일(회색 음영)로 만들 필요는 없다. 채널 하나만 사용하면 데이터 용량이야 줄어들겠지만 많은 웹사이트나 일부 소프트웨어에서 정상적으로 표현되지 않을 뿐만 아니라, 인쇄 출력 등 자동으로 분판되는 과정에서 CMYK 모든 색을 섞어 표현하는 게 아니라 검정 잉크로만 출력되기 때문에 콘트라스트가 적은 흐릿한 사진이 될 수도 있다.

또 흑백에서는 채널뿐만 아니라 비트심도의 영향을 매우 크게 받는다. 8비트 심도의 컬러사진일 경우 약 1677만 개의 색상을 표현한다. 그러나 RGB 데이터가 모두 같은 흑백사진의 경우는 256개의 밝고 어두운 단계만 존재할 뿐이다. 즉 컬러사진을 흑백으로 변환하면 8비트인 경우 256단계만 존재하기 때문에 사진에서 계단현상이 쉽게 발생하게 된다. 따라서 전문적인 출력이 필요하다면 되도록 16비트 심도로 흑백사진을 만드는 것이 좋다.

결함을 보정한다는 것은 사진가의 첫 번째 의무다.
의도하지 않은 효과들이 사진에 포함된다는 것은
게으르다는 반증이기도 하니까 말이다.
불필요한 것들을 제거하는 라이트룸과 포토샵의 기능들을 알아보자.

PART 5
결함을
날리는 특수 기능들

센서 먼지, 전기선, 점, 기미 모두 책임진다!
얼룩 제거 툴

디지털 사진에서 센서 먼지나 얼룩은 언제나 문제가 된다. 렌즈를 교환할 수 있도록 설계된 DSLR의 특성상 촬영 시 센서의 이물질을 완벽하게 제거할 수 없기 때문에, 후보정 과정에서 유용한 것이 바로 이 얼룩 제거 툴이다. 포토샵의 힐링 툴이나 도장 툴과 비슷한 기능이며, 얼룩뿐 아니라 보기 싫은 부분을 감쪽같이 없앨 때도 자주 사용한다.

시간의 흐름이든 지나간 시간과의 연결이든 뭔가 의미를 붙이고 싶어 하는 우리 속성 때문일까? 왜인지는 모르겠지만 오래되었다는 것뿐 아름답지도 웅장하지도 않은 이런 오래된 다리는 잘 팔리는 주제 중 하나다. 단지 그 이유 하나로 더운 땡볕에 1시간이나 기차가 오기를 기다리고 있었다. – 태국 북부의 철교 '사판담', 람빵, 태국

얼룩 제거 툴 옵션 살펴보기

예제사진 Part5\태국북부의철교
완성사진 Part5\태국북부의철교 완성.jpg

❷ **복제**: 대상을 그대로 복제해 원하는 위치로 이동시킨다. 포토샵의 도장 툴과 비슷하다.

❶ **브러시**: 브러시 크기와 모양을 정한다.

❺ **페더**: 브러시의 외곽 부분을 얼마나 부드럽게 처리할지 설정한다.

❸ **복구**: 대상의 주변을 자동으로 파악해 얼룩 부분을 보정한다. 포토샵의 힐링 툴과 비슷하다.

❹ **크기**: 브러시의 크기를 조정한다. 굳이 여기서 정하지 않아도 작업 도중 마우스 가운데 휠을 돌리면 쉽게 크거나 작게 조정할 수 있다.

❻ **불투명도**: 복제해온 이미지를 얼마나 투명하게 만들지 설정한다.

브러시 : 복제 복구

크기 75
페더 0
불투명도 100

초기화 닫기

Before

Before_ 노출 클리핑이 되지 않아 전반적으로 탁해 보인다. 주제가 되는 기차와 다리의 색감을 살려내고, 파란 하늘과 땅의 색이 보색 대비를 이루도록 보정한다. 외곽으로 빠지는 부분에 그러데이션을 넣어 자연스럽게 주제로 시선이 가도록 유도한다. 물론 여기서 따라해볼 부분인 센서 얼룩 제거는 기본이다.

1 작업할 부분 찾기

센서 얼룩이 잘 보이도록 원본에서 기본 보정을 한 상태의 사진이다. 현상 모듈을 클릭한 후 얼룩을 제거할 부분이 있는지를 찾는다. 사진 위로 마우스 포인터를 가져가면 자동으로 돋보기 툴로 바뀌므로 클릭하면 바로 크게 확대해서 볼 수 있다. 이 사진의 경우 왼쪽 윗부분에 얼룩이 보인다.

2 얼룩 제거 툴 선택하기

현상 모듈 오른쪽 패널에 있는 툴박스에서 얼룩 제거 툴을 클릭한 후 원하는 옵션을 선택한다. 일반적으로 센서 먼지 같은 얼룩은 '복구'로 처리하면 되고, 브러시 크기는 얼룩의 크기에 따라 그때그때 마우스 가운데 휠로 조정할 수 있으니 대충 선택하면 된다. (복구, 크기 75, 페더 0, 불투명도 100)

3 얼룩 제거하기

얼룩 부분을 클릭해 확대한다. 얼룩보다 조금 더 큰 브러시를 선택한 후 얼룩 부분을 클릭하면 컴퓨터가 클릭한 부분과 비슷한 다른 부분의 데이터를 이용해 제거한다. 중간에 취소하려면 Esc를 누른다.

제거할 얼룩

클릭한다.

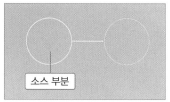

복구에 사용할 소스 부분이 표시되면서 얼룩이 제거된다.

4 소스 부분 직접 지정하기

만약 컴퓨터가 제대로 된 소스 데이터를 찾지 못할 경우 복제해올 소스 부분을 직접 선택할 수 있다. 소스 부분의 동그라미 안쪽으로 마우스 포인터를 가져가면 손 모양으로 변하는데, 이때 클릭한 후 드래그해서 원하는 위치로 이동시키면 된다.

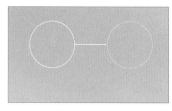

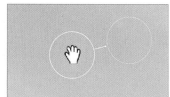

5 소스 부분 크기 바꾸기

원형의 테두리 위로 마우스 포인터를 가져가면 화살표 모양으로 변하는데, 이때 클릭한 후 드래그하면 원하는 크기로 바꿀 수 있다.

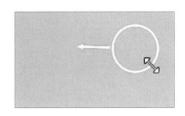

6 자동으로 얼룩 찾기

사진이 너무 밝거나 어두우면 센서 얼룩 등이 잘 보이지 않는다. 이때는 작업화면 아래의 툴바에서 '얼룩 시각화'를 클릭한다. 사진이 한계값으로 바뀌면서 찾기 힘들던 얼룩이 바로 드러난다.

7 얼룩 시각화 옵션 슬라이드

상황에 따라 얼룩이 너무 잘 보여 다른 디테일과 혼돈될 수도 있고, 또는 너무 안 보일 수도 있다. 그럴 때는 얼룩 시각화 슬라이드를 조정해서 가장 잘 보이도록 설정해주면 된다.

색수차, 왜곡 등 렌즈 오류를 바로잡는 첫 번째 방법
렌즈 교정 패널

렌즈 교정 패널에서는 모든 렌즈에서 흔히 발생하는 색수차를 간단히 제거할 수 있으며, 프로파일을 사용해 렌즈나 카메라의 여러 가지 오류를 손쉽게 수정할 수 있다.

첫눈은 나이가 들어도 설레는 풍경을 안겨준다. 간밤에 내린 눈으로 세상이 하얗게 변하고, 눈이 먼지까지 씻어갔는지 대기는 정말로 투명해졌다. 아침노을이 다른 계절보다 깨끗하게 보여서 지나던 길을 멈추고 얼어붙은 카메라를 다시 들게 하기 충분한, 그런 아침이었다. – 눈 온 날의 달천, 충주, 충북, 한국

얼룩 제거 툴 옵션 살펴보기

'색수차(Chromatic Aberration)'란 빛의 파장이 색에 따라 꺾이는 각도, 즉 굴절률이 다르기 때문에 생기는 오차다. 흔히 콘트라스트가 강한, 어둡고 밝은 사물이 대비되는 부분에서 많이 발생하는데, 색이 번지거나 흔들린 것처럼 보인다. 최신 설계된 카메라 렌즈에서는 잘 억제되어 있지만 물리적으로 완벽히 제거하기는 불가능에 가깝다. 이 현상을 라이트룸에서 쉽게 보정할 수 있다.

색수차가 발생하지 않았다

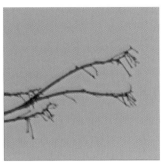

색수차의 일반적인 모습

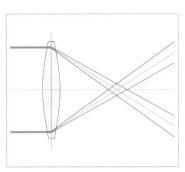

색에 따라 꺾이는 각도가 다르다.

Before

Before_ 전체적으로 색온도가 너무 차가운 색을 띠고 있어 보정이 필요하다. 아침노을의 색감을 살리고, 붉은 하늘을 반사하는 물의 색을 강조하는 게 포인트다. 여기서는 촬영 시 발생하는 렌즈의 색수차를 줄이는 부분만 해보자. 라이트룸의 완성 파일을 보면 원본부터 위와 같은 최종 완성까지의 과정을 모두 볼 수 있다.

렌즈 교정 패널 살펴보기 | 현상 모듈의 '렌즈 교정' 패널을 클릭한다.

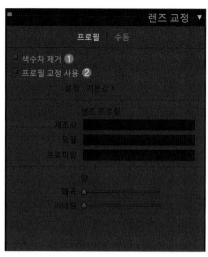
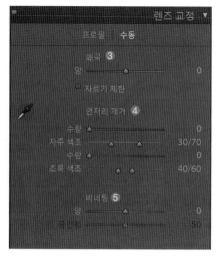

'프로필' 탭: 자동으로 색수차와 프로필을 교정한다. 대부분의 경우 자동기능만으로도 쉽게 교정된다.

❶ **색수차 제거**: 자동으로 색수차를 검색해 제거한다.

❷ **프로필 교정 사용**: 메타데이터상의 카메라와 렌즈 정보를 바탕으로 만들어진 여러 가지 오류를 자동으로 보완한다.

'수동' 탭: 직접 값을 입력해 색수차와 프로필을 교정한다.

❸ **왜곡**: 광각이나 망원렌즈의 특성상 나타나는 왜곡현상을 수동으로 교정한다.

❹ **언저리 제거**: 색수차를 수동으로 제거한다. 자동제거가 되지 않을 때 사용한다.

❺ **비네팅**: 주변부 광량 저하 현상을 보정할 수 있다.

색수차 제거와 프로필 사용하기

예제사진 Part5\눈온날의달천
완성사진 Part5\눈온날의달천 완성

1   현상 모듈에서 왼쪽 위에 있는 나뭇가지를 확대해서 자세히 보자. 사진 위로 마우스 포인터를 가져가면 돋보기 모양이 나타나는데, 이때 클릭하면 된다.

2 흔들린 것처럼 번져 보이는데, 색수차 때문이다. '렌즈 교정' 패널의 '프로필' 탭을 클릭한 후 '색수차 제거'를 클릭한다. 바로 색수차가 제거된다. 간단히 매우 좋은 효과를 얻을 수 있으니 모든 보정 작업을 할 때 반드시 체크할 것을 권한다. 전에는 포토샵에서 일일이 제거했었는데, 상당히 고난이도의 작업이었다.

3 프로필 교정 사용하기

이번에는 '프로필 교정 사용'을 클릭한다. 메타데이터를 이용해 자동으로 이 사진을 촬영할 때 사용한 렌즈의 제조사와 모델, 이 모델에서 자주 나타나는 렌즈의 오류를 교정해줄 프로파일이 패널에 나타난다. 주로 비네팅과 왜곡 현상을 자동으로 보정하는데, 라이트룸에는 거의 대부분의 시판 렌즈 프로파일이 모두 들어 있어 간단히 '프로필 교정 사용'을 체크만 해주면 된다.

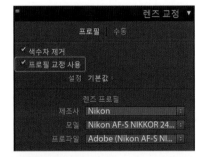

Before

After

예제 사진이 광각으로 촬영되면서 생긴 술통형 왜곡이 자동 보정되면서 살짝 잘려나갔고, 비네팅 효과가 적용되어 주변부의 광량이 증가했다. 책에서는 잘 느껴지지 않겠지만 실제로 라이트룸에서 불러와 적용해보면 그 차이가 바로 느껴질 정도다.

왜곡에 특화된 렌즈 오류를 바로잡는 두 번째 방법
변환 패널

사진을 찍다 보면 촬영 시 카메라의 각도 때문에 찌그러져 왜곡되는 경우가 생긴다. 이 부분을 바로 잡는 라이트룸의 보정 기능은 2가지가 있다. 하나는 렌즈 교정 패널의 '프로필 교정'이고, 또 하나는 변환 패널이다.

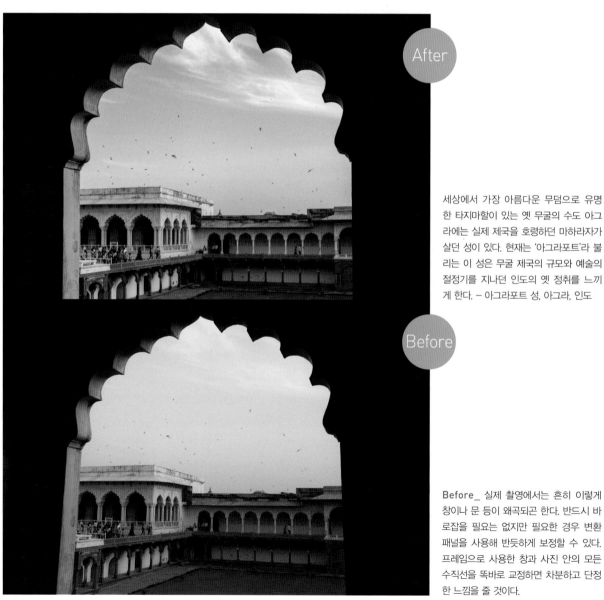

세상에서 가장 아름다운 무덤으로 유명한 타지마할이 있는 옛 무굴의 수도 아그라에는 실제 제국을 호령하던 마하라자가 살던 성이 있다. 현재는 '아그라포트'라 불리는 이 성은 무굴 제국의 규모와 예술의 절정기를 지나던 인도의 옛 정취를 느끼게 한다. – 아그라포트 성, 아그라, 인도

Before_ 실제 촬영에서는 흔히 이렇게 창이나 문 등이 왜곡되곤 한다. 반드시 바로잡을 필요는 없지만 필요한 경우 변환 패널을 사용해 반듯하게 보정할 수 있다. 프레임으로 사용한 창과 사진 안의 모든 수직선을 똑바로 교정하면 차분하고 단정한 느낌을 줄 것이다.

얼룩 제거 툴 옵션 살펴보기

예제사진 Part5\아그라포트
완성사진 Part5\아그라포트 완성

변환 패널은 이전 버전에서 렌즈 교정 패널의 옵션으로 들어가 있던 기능인데, 최신 버전에서 패널로 따로 분리되어 나왔다. 수동으로도 왜곡을 보정하는 게 가능하지만, 라이트룸에 미리 등록되어 있는 카메라 프로파일로 교정한 후 보정했을 때 최상의 결과를 얻을 수 있기 때문에, 렌즈 교정 패널의 '프로필 적용'을 체크하지 않았을 경우 변환 패널에 안내 메시지가 나타난다. 사진에 왜곡이 있다면 수동으로 하기 전에 먼저 '프로필 교정 사용'에 체크되어 있는지를 확인하고, 반드시 체크하자.

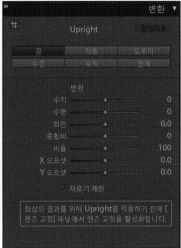

원본 그림

프로필 교정 사용에 체크한 경우_
약간의 왜곡과 비네팅이 없어졌다.

변환 패널 살펴보기 | 현상 모듈의 '변환' 패널을 클릭한다.

❶ 자동변환 버튼

6개 중 하나만 선택할 수 있다. '도우미'만 수동이고, 나머지는 다 자동 기능이다.

– 끔: 변환 기능을 사용하지 않는다.

– 자동: 자동으로 수직과 수평, 비율, 기울기를 맞춘다.

– 도우미: 사용자가 직접 사진 위에 기준이 되는 수직과 수평선을 4개까지 그릴 수 있다.

– 수준: 수평을 자동으로 맞춘다. ('수준'이라는 용어는 영문 'Level'의 우리 말 번역이다. 수평
   선 또는 수평면을 구할 때 사용하는 기구인 '수준기'라는 의미로 번역한 듯싶다.)

– 수직: 수직을 자동으로 맞춘다.

– 전체: 모든 자동 기능을 활성화해 수직과 수평, 비율, 기울기를 자동으로 맞춘다.

끔: 변환 옵션이 적용되지 않는다.

자동: 자동으로 수직, 수평 비율, 기울기가 최적화
된다.

도우미: 수동으로 상하좌우에 도우미선을 그린 후
보정한 결과

수준: 수평을 자동으로 맞춘다.

수직: 수직을 자동으로 맞춘다.

전체: 위의 모든 옵션을 고려해 자동으로 보정한다.

❷ 수동으로 조절하는 '변환' 슬라이드

– 수직, 수평, 회전: 기울기나 회전 각도를 수동으로 조절한다.

– 종횡비: 가로세로 비율을 수동으로 조절한다.

– 비율: 사진을 확대나 축소하여 잘라낸 수 있다.

– X 오프셋, Y 오프셋: 사진을 좌우로, 상하로 이동시킨다.

❸ 자르기 제한: 왜곡된 사진을 자동 기능으로 바로 잡으면서 사진의 일부가 잘라지거나 비게
   되는데, 이런 빈 공간을 자동으로 잘라내는 크로핑 기능이다. 체크하면 자동으로 잘라준다.

수동으로 왜곡을 보정하는 도우미 기능 사용하기 Shift + T

1 현상 모듈의 '변환' 패널에서 '도 우미' 버튼을 클릭한다. 도우미 선 을 4개까지 직접 그려 사용자가 원 하는 대로 수정할 수 있는 옵션이다. 'Upright 도구' 아이콘을 클릭한다.

2 수직선 기준 잡기

먼저 수직으로 보정하고 싶은 부분을 클릭한 후 드래그한다. 자동으로 보 조용 확대 창이 나타나 정밀한 선택이 가능하다. 최소 2개 이상의 도우미 선 을 그려줘야 효과가 적용되기 때문에 첫 번째 선을 그었을 때는 아무런 반 응이 나타나지 않는다.

3 사진의 왼쪽 부분에도 수직이 되 어야 한다고 생각하는 부분을 그려준 다. 두 번째 선을 그리면 효과가 바로 적용된다.

4 수정하기

효과가 적용된 후 다시 수정할 수도 있다. 마우스 포인터를 도우미 선 시작점이나 끝점 위로 가져가면 보조선이 나타나면서 마우스 포인터가 손 모양으로 변하는데, 이때 클릭한 후 드래그하면 수정할 수 있다. Delete 을 누르면 삭제된다.

5 수평선 기준 잡기

예제 사진에서는 수평선을 군이 찾아줄 필요가 없으나 수평까지 찾아주고 싶다면 수직선을 교정했던 것과 같은 방법으로 2개의 수평선을 찾아서 잡아주면 된다.

자르기 제한과 원본 상태로 되돌리기

'도우미' 모드에서 '자르기 제한'을 체크하면 효과가 적용된 후 원본 이미지 영역이 화면에 꽉 차도록 자동으로 잘라준다(크로핑). 수동으로 슬라이드를 조정하더라도 이 옵션이 체크되어 있으면 항상 자동으로 크로핑되는데, 일단 잘라진 후에는 '자르기 제한'의 체크 표시를 해제하는 것으로는 원래대로 돌아가지 않는다. 이럴 때는 '작업 내역' 패널에서 자르기 이전으로 돌아가거나 오버레이 자르기 툴의 옵션을 사용하면 된다. 또 변환 패널과 오버레이 자르기 툴의 '자르기 제한'이 연동된다는 것도 기억하자.

336

1　원래 상태로 돌아가기 – 오버레이 자르기 툴

R　현상 모듈의 '오버레이 자르기' 툴을 클릭한다. 옵션이 나타나면 '이미지 제한' 체크박스가 연동되어 이미 체크되어 있는 것을 확인할 수 있다. 아래쪽에 있는 '초기화'를 클릭한다.

2　'이미지 제한'이 자동으로 풀리며 사진이 원본으로 돌아간다. 다시 한 번 오버레이 자르기 아이콘을 클릭하거나 R을 눌러 자르기 모드를 빠져나온다.

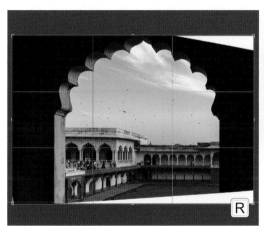

기울고 찌그러진 왜곡을 보정하는 가장 강력한 한 수!
응용 광각 필터(포토샵)

라이트룸의 '렌즈 교정'이 왜곡 보정 작업을 빨리 하는데 매우 유용하다면, 포토샵의 왜곡 보정 기능인 '응용 광각'은 보다 정밀한 작업이 가능한 툴이라고 생각하면 될 것 같다. 어떻게 다른지 직접 해보자.

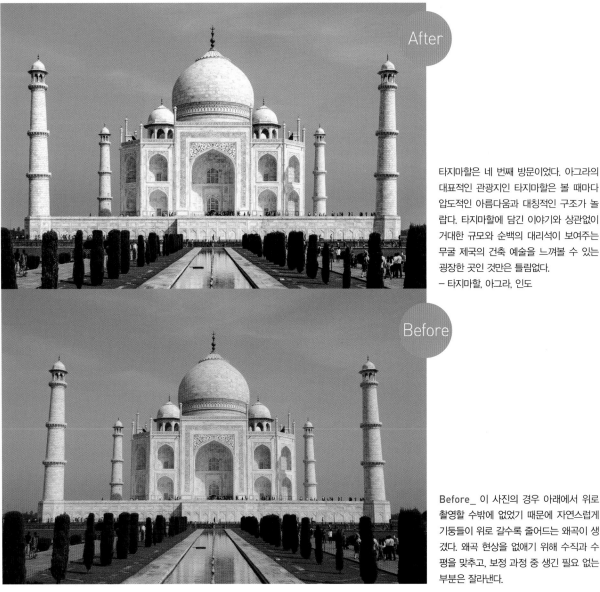

After

타지마할은 네 번째 방문이었다. 아그라의 대표적인 관광지인 타지마할은 볼 때마다 압도적인 아름다움과 대칭적인 구조가 놀랍다. 타지마할에 담긴 이야기와 상관없이 거대한 규모와 순백의 대리석이 보여주는 무굴 제국의 건축 예술을 느껴볼 수 있는 광장한 곳인 것만은 틀림없다.
– 타지마할, 아그라, 인도

Before

Before_ 이 사진의 경우 아래에서 위로 촬영할 수밖에 없었기 때문에 자연스럽게 기둥들이 위로 갈수록 줄어드는 왜곡이 생겼다. 왜곡 현상을 없애기 위해 수직과 수평을 맞추고, 보정 과정 중 생긴 필요 없는 부분은 잘라낸다.

포토샵의 응용 광각 필터

예제사진 Part5\타지마할
완성사진 Part5\타지마할 완성

포토샵의 이 기능은 틸트앤시프트(TS) 렌즈의 효과를 더욱 정밀하게 보정하거나, 일반적인 광각렌즈로 촬영된 사진을 마치 TS로 촬영한 것 같은 효과를 표현하기에도 좋다. 실제 TS 렌즈로 촬영한 것과는 약간의 화질 차이가 있을 수밖에 없지만, 그 정도 손실로 편안하게 사진을 보정할 수 있다는 것은 분명한 장점이다.

니콘의 틸트앤시프트(TS) 렌즈

캐논의 틸트앤시프트 렌즈

응용 광각 필터 대화상자 살펴보기

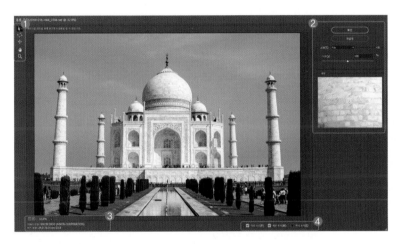

❷ 오른쪽 옵션

확인/취소 버튼: 설정한 값을 실제로 적용하거나 취소한다.
고정: 미리보기 사진의 기본 퍼스펙티브(어안, 원근, 자동, 전체구형)를 설정한다.
비율: 사진의 비율을 설정한다.
세부: 확대된 사진의 일부를 확대하여 보여준다.

❶ 왼쪽 툴박스

제한 도구: 선택한 선을 직선 형태로 바꾼다. 수직 또는 수평으로 설정할 수도 있다.
다각형 제한 도구: 선택한 다각형을 직선 형태의 다각형으로 바꾼다.
이동 도구: 사진의 위치를 이동해 잘라낸다.
손 도구: 보고 싶은 부분으로 이동한다.
확대/축소 도구: 사진을 확대/축소한다.

❸ 확대/축소 배율과 촬영한 카메라의 모델과 렌즈 정보를 보여준다.

❹ 미리보기: 설정값을 미리 보여준다.

제한 표시: 제한 도구를 사용한 안내선을 보여준다.
메시 표시: 그물 형태의 메시를 표시한다.

1 응용 광각 필터 사용하기 `Alt` + `Shift` + `Ctrl` + `A`

포토샵을 실행한 후 '필터 메뉴 – 응용광각'을 클릭한다.

2 응용 광각 필터 옵션

'응용 광각' 대화상자가 나타난다.

3 수평 설정하기

툴박스에서 '제한 도구'를 클릭한 후 사진에서
수평으로 보여야 할 부분에 선을 그린다. 클릭
한 후 드래그하면 된다. 그려진 선을 마우스 오
른쪽 버튼으로 클릭한 후 '수평'을 선택한다. 제
한선이 수평을 의미하는 노란색으로 바뀌면서
바로 조정된다. 수평으로 보여야 할 부분에 이
작업을 반복한다.

4   수직 설정하기

다시 '제한 도구'를 클릭한 후 이번에는 사진에서 수직으로 보여야 할 부분에 선을 그린다. 그려진 선을 마우스 오른쪽 버튼으로 클릭한 후 '수직'을 선택한다. 제한선이 수직을 의미하는 마젠타 색으로 바뀌면서 바로 조정된다. 수직으로 보여야 할 부분에 이 작업을 반복한다. 수평과 수직이 조정되면서 이미지 외곽에 빈 부분이 나타난다.

5   크로핑하기

비율을 '103%'로 조정해서 이미지가 없는 부분을 잘라내 깨끗하게 마무리한 후 '확인'을 클릭한다. 프레임 안에 이미지가 없는 부분이 생겼기 때문에 그 부분을 잘라버리기 위해 103%로 확대한 것이다.

6   TS 렌즈를 사용한 것 같은 완벽한 수직과 수평을 맞춘 사진이 된다.

이렇게 포토샵을 이용해 TS 효과를 줄 사진을 촬영할 때는 사방으로 이미지 손실이 생긴다는 점을 감안해 여유롭게 프레이밍하는 것이 중요하다. 더불어 광각렌즈로 건물이나 도시풍경 같은 사진을 촬영할 때는 의식적으로 사방에 여유를 준 사진을 한두 장 더 촬영해 나중에 효과를 비교해보고 결정하는 습관을 기르도록 하자.

외곽을 어둡게 만들기 비네팅

'비네팅'은 원래 촬영 시 광학렌즈의 특성상 중심부에서 주변부로 갈수록 광량이 감소해 어둡게 보이는 현상을 말한다. 요즘 대부분의 렌즈가 이 비네팅 현상을 개선했다고 자랑하지만, 아직까지 비네팅 현상이 완전히 없어진 렌즈는 찾아보기 힘들다. 오래된 옛날 렌즈일수록 이런 비네팅 현상이 심해진다. 굳이 해상력이 부족한 옛날 렌즈로 촬영하지 않아도 필요에 따라 매우 훌륭한 품질로 추가하거나 제거할 수 있다. 주제나 주인공을 돋보이게 하기 위해 일부러 추가하기도 한다.

Before & After 일본인 친구의 아들인 '토라지로' 군이다. 조그만 과자 한두 개에 자존심을 버릴 정도로 남자다운 구석은 아직 없지만, 건강하고 씩씩하게 울어 젖히니 부모의 손발이 보이지 않을 정도로 열심히 움직여야 한다. 주제 부분이 아이의 얼굴에 시선이 머물도록 주변에 비네팅 처리를 한다. – 토라지로 10개월 아기, 시만토, 에히메, 시코쿠, 일본

효과 패널 살펴보기

예제사진 Part5\토라지로
완성사진 Part5\토라지로 완성

❶ **스타일**: 비네팅 스타일을 결정한다. 가장 필름스러운 효과는 '밝은 영역 우선 순위'다.

❸ **중간점**: 비네팅의 영향을 받지 않는 중간 부분의 크기를 설정한다.

❺ **페더**: 비네팅의 그러데이션을 얼마나 부드럽게 만들 것인지를 설정한다.

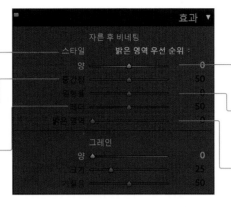

❷ **양**: 비네팅의 양, 즉 얼마나 어둡게 할 것인가를 결정한다. +로 설정하면 밝아진다.

❹ **원형률**: 비네팅의 모양이 얼마나 원형에 가까울 것인지를 설정한다.

❻ **밝은 영역**: 비네팅으로 노출이 감소한 부분 중 밝은 영역만 따로 얼마나 밝게 할 것인지를 결정한다.

1 비네팅 적용하기

현상 모듈의 '효과' 패널을 클릭한다. '자른 후 비네팅'의 '양' 슬라이드를 조정해 주인공을 돋보이게 할 수 있는 비네팅 양을 설정한다(양 −35). 옵션값을 주자마자 바로 적용되니 이미지를 보면서 여러 가지 값을 바꿔가며 적절한 양을 찾는다. 목표는 주변부를 어둡게 만들어 가운데 있는 주인공이나 주제에 시선이 집중되도록 하는 것이다.

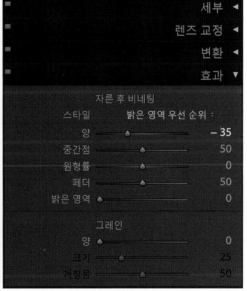

필름 느낌의 노이즈 추가하기
그레인

'그레인(grain)'은 고ISO 필름의 화학 입자감을 인위적으로 만들어주는 것이다. 그레인의 느낌을 활용해 필름으로 작업한 듯한 효과를 주는 등 사진가의 감성을 표현하는 중요한 표현도구로 사용되기도 한다.

버마 문명의 중심을 관통하고 있는 이라와디 강 중부지역은 대나무와 진흙, 그리고 다양한 색조의 돌가루를 이용한 칠기 공예로도 유명하다. 금가루를 섞은 고급 제품부터 색색의 돌가루를 칠하는 일반용까지 많은 제품이 생산되는데, 일가친척이 가족 단위로 작은 공방을 운영하고 있다.
– 칠기공예 작업자, 바간, 미얀마

Before 낡은 백열등 하나에 의지해 작업을 이어가고 있는 어두운 작업장에서는 추가적인 조명의 도움이 없이는 좋은 품질의 사진을 얻기가 힘들다. 이미 밖에서 들어오는 빛과 백열등의 색온도가 달라 작업자의 진지함이 반감되기 때문에 차라리 거친 흑백사진으로 바꾸는 게 좋은 선택인지도 모른다.

효과 패널의 그레인 살펴보기

예제사진 Part5\칠기공예 작업자
완성사진 Part5\칠기공예 작업자 완성

출하를 준비하는 캔디드(candid) 스타일의 사진을 이용해 그레인을 거칠게 적용해 일상의 무미건조한 고단함을 표현해보았다. 그레인을 극단적으로 사용했더니 예전 T–MAX ISO 3600 필름으로 촬영한 것 같은 느낌이 든다. (비네팅 –46, 양 63, 크기 80, 거칠음 89)

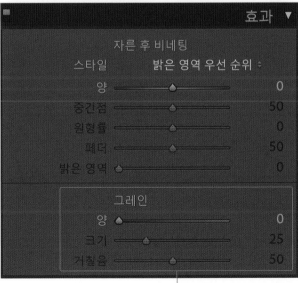
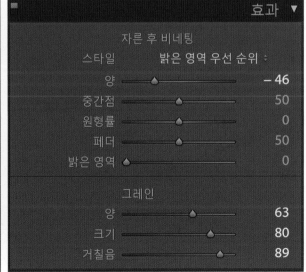

❶ **양**: 그레인의 양을 결정한다.
❷ **크기**: 그레인의 크기를 결정한다.
❸ **거칠음**: 그레인이 얼마나 거친지를 결정한다.

안개 효과를 넣거나 빼기 디헤이즈

'헤이즈(haze)'란 연무나 안개 같이 공기 중의 입자로 시야가 부옇게 변하는 현상을 모두 싸잡아 일컫는 말이다. '디헤이즈(Dehaze)'는 말 그대로 안개 같은 느낌을 제거해주는 기능인데, 최근 새로 추가되었다. 효과적으로 안개 효과를 제거하거나 안개 같은 느낌을 강조할 때 주로 사용한다. 사진의 특성상 자연현상을 통제하기란 불가능하기 때문에 약간은 불완전하더라도 잘 활용해보자.

Before & After_ 시골의 조그만 댐인데 작은 수상주택을 지어 놓고는 놀러오는 사람들을 기다리고 있었다. 건기에는 산불이 많아 이 사진을 찍을 당시 물 주변까지 불이 붙어 뿌옇지만, 일상인지 누구 하나 관심을 갖지 않았다. 산불로 연무가 가득 차 콘트라스트가 전체적으로 떨어진다. 연무를 걷고, 건기에 타들어간 나무의 색감을 살린다.
– 수상주택, 람빵, 태국

기본 패널의 디헤이즈 살펴보기

예제사진 Part5\수상주택
완성사진 Part5\수상주택 완성

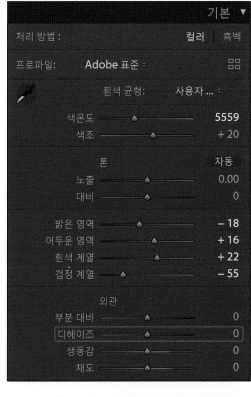

기능을 적용하는 것은 간단하다. '기본' 패널의 '디헤이즈' 슬라이드를 좌우로 드래그해 뿌옇게 만드는 양을 추가하거나 제거해주면 된다. +쪽으로 조정하면 안개가 제거되고, −쪽으로 조정하면 안개가 추가된다. 바로바로 결과가 적용되어 나타나므로 사진의 상태를 보면서 적당한 양을 찾는다.

안개 제거하기(디헤이즈 +80)

안개 추가하기(디헤이즈 −40)

햇빛을 듬뿍 머금은 효과 만들기
렌즈 플레어(포토샵)

렌즈 플레어 필터를 이용하면 할레이션과 플레어를 추가해 낭만적인 분위기를 연출할 수 있다. 촬영 시 광원을 어느 정도 화면에 포함시키면 효과는 더욱 사실적으로 보인다. 과하게 렌즈 플레어 필터를 사용하면 인위적으로 보이기 쉬우니 적절한 사진을 선택할 수 있는 안목이 필요하다.

리수족 마을에 살고 있지만 시내에 직장을 다니고 있는 젊은 새댁이 모델을 해주었다. 요청에 따라 전통복장 중 평상복에 해당하는 옷을 입고 뒷산에 올랐다. 떨어지는 햇살에 풍성하게 빛나는 강아지풀들을 촬영하기 위해 대광량 조명을 2세트 설치해 하나는 태양의 흉내를 내고, 다른 하나는 자연스러운 반사광을 흉내 냈다. – 리수족 새댁 팡마파, 메홍손, 태국

할레이션? 렌즈 플레어?

예제사진 Part5\강아지풀밭리수족
완성사진 Part5\강아지풀밭리수족 완성

'할레이션(halation)'은 직사광선이 렌즈의 경통으로 바로 들어와 난반사를 일으켜 화질 저하를 일으키는 현상을 말한다. '렌즈 플레어(lens flare)' 역시 직사광선이 여러 장의 렌즈를 통과하면서 조리개 모양의 특별한 패턴을 보이는 결함을 말한다.

이런 결함들은 때때로 사진에 특별한 느낌을 만드는데, 태양을 똑바로 바라보는 느낌이나 역광 촬영될 때의 흐릿하지만 감성적인 느낌을 표현하기에 효과적이다. 최근에 발전된 렌즈들은 다양한 코팅 방법을 이용하거나 렌즈 설계 방법을 개선해 이런 단점을 최소화하고 있기 때문에, 예전처럼 이런 화질 저하 현상이 자주 나타나지 않는다. 필요한 경우 후반작업에서 손쉽게 이런 효과를 추가할 수 있으니 크게 개의치 말고 촬영한 후 나중에 넣거나 빼면 된다.

1 렌즈 플레어 만들기

효과를 적용하는 것은 간단하다. 포토샵을 실행한 후 '필터 메뉴 – 렌더 – 렌즈 플레어'를 클릭한다.

2 '렌즈 플레어' 대화상자가 나타난다. 렌즈 종류를 선택한다. 렌즈의 종류에 따라 조리개 모양이나 크기가 달라지니 여러 가지를 클릭해 보고 가장 마음에 드는 것을 선택한다.

❶ **명도**: 렌즈 플레어의 밝기를 조정한다.

❷ **렌즈 유형**: 렌즈 종류에 따라 플레어를 선택할 수 있다.

3 미리보기 이미지 위에서 광원을 넣을 위치를 정해 클릭한다. 정해진 규칙은 없으니 이미지를 보면서 원하는 효과를 가장 잘 표현하는 방법을 선택하면 된다. 여기서는 35mm 프라임, 명도 161로 설정했다. 다 되었으면 '확인'을 클릭한다. 같은 과정을 거쳐 수정도 가능하다.

4 각 렌즈 유형별 플레어

렌즈 유형별 플레어의 모양은 다음과 같다. 초보자라면 '빛의 크기가 다르구나' 정도의 느낌일 것이다. 참조해서 원하는 스타일의 플레어 느낌을 선택한 후 명도값을 조정해 목표하는 분위기를 만든다.

50–300mm 확대/축소	35mm 프라임	105mm 프라임	동영상 프라임
일반적인 줌렌즈의 플레어 느낌을 재현한다.	표준영역의 단순한 렌즈에서 만들어지는 플레어의 느낌을 재현한다.	망원렌즈의 플레어 느낌을 재현한다.	마치 저가의 캠코더에서 촬영한 것 같은 플레어 느낌을 재현한다.

선명하거나 흐리게 만드는 3가지 기능의 차이
선명하게 하기 / 텍스처 / 부분 대비

라이트룸은 편하면서도 효과적인 방법으로 사진을 매우 뚜렷하게 보이거나 흐리게 만드는 3가지 방법을 제공한다. 각 기능이 어떻게 다르고 어떻게 사용해야 하는지 알아보자.

태국의 유명한 회화작가 찰름차이가 만든 백색사원은 이제 치앙라이의 유명한 관광지가 되었다. 어느 날 꿈에 고통 끝에 돌아가신 어머님이 나와서 불공으로 도움을 드리기 위해 사비를 털어 만들었다고 한다.

Before_ 어떤 사진은 색감, 어떤 사진은 구도 등 각 사진마다 특징적인 모습을 찾아 강조하는 것이 중요하다. 백색사원의 이 무시무시한 분수대의 경우 질감을 살리고 싶어서 부분 대비와 텍스처를 적당히 올리고, 색온도를 맞춰주었다.

라이트룸에서는 선명하거나 흐리게 하는 데 3가지 방법을 제공한다. 각각의 사용법도 중요하지만 서로 어떻게 작동하는지 구체적으로 이해하고 넘어가는 것이 무엇보다 중요할 것이다. 첫 번째는 전통적으로 매우 세부적인 부분을 다루는 샤픈, 즉 선명하게 하기가 있다. 두 번째는 상대적으로 큰 영역의 대비를 증가시키거나 감소시킬 수 있는 부분 대비가 있다. 세 번째는 중간 정도의 영역을 선명하게 하거나 흐리게 하는 텍스처가 있다. 각각의 특징과 효과를 알아보자.

부분 대비

부분 대비는 사진에서 가장 큰 효과를 보이는 선명 효과다. 부분 대비는 두 콘트라스트가 다른 면의 밝기를 조정해서 더욱 선명하게 보여주는데 이때 얼마나 넓은 면적의 밝기를 조정하는가, 얼마나 강하게 조정하는가에 주목해야 한다.

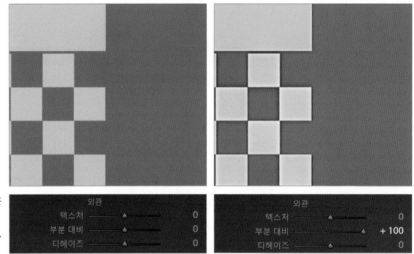

왼쪽 밝은 회색은 밝기가 78%고, 오른쪽의 어두운 회색은 밝기가 45%인 상태다.
경계면 주위로 어두운 회색은 더욱 어둡게 처리하고, 밝은 회색은 더욱 밝게 처리하는 것을 확인할 수 있다.

텍스처

텍스처는 부분 대비보다는 거칠지 않게 선명한 효과를 주지만, 선명하게 하기보다는 넓은 범위로 그 값이 적용된다. 그러나 주변의 밝기를 변화시키는 범위는 부분 대비보다 넓다.

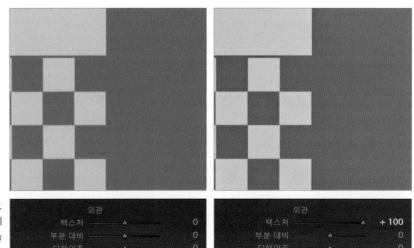

마찬가지로 아무런 효과가 적용되지 않는 모습이다. 텍스처 효과를 최대로 적용하면 밝은 부분은 밝아지고 어두운 부분은 어두워지지만 그 적용 범위는 늘어났고 적용된 효과는 부분 대비에 비해 크지 않다.

선명하게 하기(샤픈) | 선명하게 하기는 가장 작은 부분의 선명한 효과를 위해 사용된다. 따라서 밝은 부분은 밝아지고 어두운 부분은 더욱 어둡게 하지만 그 효과가 전체적인 면적에는 적용되지 않고, 경계 부분에 집중된다.

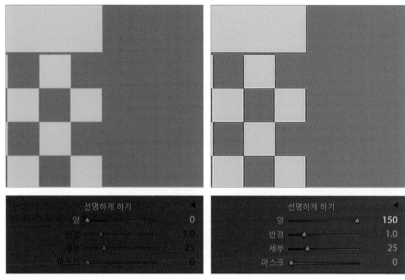

선명하게 하기가 적용되지 않은 비교 대상   선명하게 하기 효과가 최댓값으로 적용된 모습

모아서 비교하기 | 이렇게 모아서 비교해보면 각각의 특징이 확연히 드러난다. 즉 부분 대비는 경계의 차이점을 가장 확실히 부각시키기 위해 최대한의 밝기 차이를 벌리는 데 집중하지만 그 범위는 텍스처보다는 작다. 텍스처의 경우 부분 대비에 비해 밝기를 아주 많이 변화시키지는 않지만 적용 범위가 넓다. 선명하게 하기는 밝기의 변화를 주는 범위는 매우 좁지만 경계면의 차이를 최대한 벌리기 위해 밝기 차이를 크게 준다.

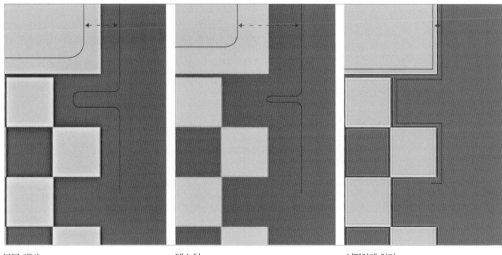

부분 대비   텍스처   선명하게 하기

그래프로 살펴보면 차이점을 훨씬 명확하게 구분할 수 있다. 세로축이 밝기, 가로축이 거리라고 한다면 부분 대비는 그렇게 넓지 않은 범위 안에 명도를 매우 극적으로 변화시킨다. 텍스처의 경우 밝기의 변화는 그리 크지 않지만 부분 대비보다 훨씬 넓은 영역을 자연스럽게 변화시킨다. 마지막으로 선명하게 하기는 명도의 변화 폭은 매우 큰 반면 그 범위가 아주 좁게 만들어진다.

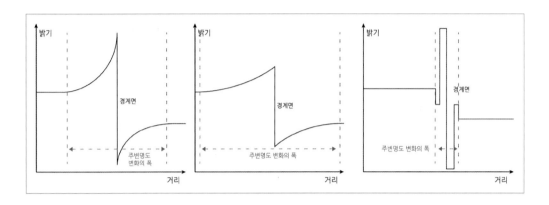

실제 사진에서는 어떤 차이가 있을까?
디테일의 크기에 따라 적용 범위가 다르다!

예제사진 Part5\백색사원
완성사진 Part5\백색사원 완성

사진에 각각의 값을 최대치로 적용해보았다. 아마도 책에서 다음 사진들을 보며 차이점과 특징을 파악하기는 힘들 것이다. 인쇄된 사진인 것도 있고, 큰 사진을 매우 작게 줄여서 보기 때문이다. 그러니 일부분만 확대해서 살펴보자.

부분 대비

텍스처

선명하게 하기

확대한 그림을 보면 좀 더 잘 보인다. 이 툴들을 활용하려면 이론이 아니라 직관적인 이해가 필요하다. 부분 대비는 큰 디테일 부분에서 가장 크게 이미지를 변화시키고 과장시킨다. 그에 반해 텍스처는 중간 정도의 디테일을 강조하며 효과 역시 중간 정도라는 걸 확인할 수 있다. 선명하게 하기의 경우 가장 자잘하고 작은 디테일에 효과적이다. 또 다른 두 개와 다르게 사진의 콘트라스트에 깊이 관여하지는 않는 모습을 확인할 수 있다.

부분 대비

텍스처

선명하게 하기

원하는 부분만 선명하게 만들기 선명하게 하기

선명도는 사진에서 매우 중요한 포인트가 되는데, 카메라에서 적용할 수 있는 일괄적인 선명도 추가하기는 정밀도가 떨어지니 후반작업에서 보정하는 게 훨씬 낫다. '선명하게 하기'는 사진의 사용목적에 맞게 조절하는 게 중요한데, 화면용이 아니라 인쇄용으로 사용할 경우 설정값을 조금 더 많이 잡아야 모니터로 보던 것과 비슷한 느낌으로 맞출 수 있다.

After

Before

인도의 바라나시는 사두라고 부르는 힌두교 수행자를 만나기에 가장 좋은 장소 중 하나다. 흰색 옷을 입은 잘생긴 중년의 사두에게서 인생을 신에게 바친 남자의 얼굴이 보였다. 간단하게 설치한 조명으로 그의 진지한 눈빛을 전하고 싶었다.
– 흰옷을 입은 사두, 바라나시, 우타르프라데시, 인도

Before_ 전체적으로 노출이 부족해 사진이 어둡고, 색온도가 맞지 않아 붉은 기가 강하다. 조명 때문에 어색해진 바닥의 밝기를 자연스럽게 만들고, 옷의 주름을 강조해 명암의 진행을 흥미롭게 만든다. 주제의 디테일을 살리고 반사광 처리로 입체감을 준다. 여기서는 하늘을 제외한 인물 부분 선명하게 만드는 방법을 알아본다.

선명하게 하기 옵션 살펴보기

예제사진 Part5\흰옷을입은사두
완성사진 Part5\흰옷을입은사두 완성

라이트룸에서는 기본적으로 원하는 부분에만 선명도를 높일 수 있는 마스킹 기능이 들어 있다. 또 '선명하게 하기'와 '노이즈 감소'가 같은 패널 안에 있는데, 어도비가 실수한 게 아니라 선명도와 노이즈가 매우 밀접한 상관관계를 가지고 있기 때문이다. 선명하게 만들면 동시에 노이즈가 증가하기 때문에 이를 감쇄시키는 노이즈 감소 기능은 필수다. 선명도 작업을 할 때 노이즈 감소를 함께 만져주어 최상의 결과를 끌어내자.

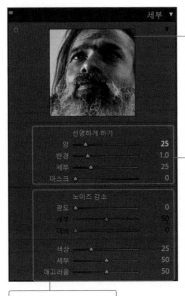

❶ **미리보기 창**: 아래쪽에 설정한 값을 미리 볼 수 있다.

❷ **선명하게 하기**
- 양: 선명하게 만들 강도를 조정한다.
- 반경: 양에서 결정한 디테일의 강도를 얼마나 큰 픽셀 묶음으로 할지를 결정한다. 값은 픽셀 단위로 표시되고, 클수록 효과는 강력하지만 섬세함은 떨어진다.
- 세부: 양에서 결정한 디테일의 강도를 얼마나 작은 픽셀까지 적용해서 디테일을 찾을 것인지를 결정한다. 양이 클수록 효과는 강하지만 노이즈처럼 보일수도 있다.
- 마스크: 효과가 적용되지 않을 부분을 선택한다.

❸ **노이즈 감소**(361쪽)

1 현상 모듈의 '세부' 패널을 클릭한다.

2 선명하게 하기의 단점

사진을 보면서 '선명하게 하기'의 각 옵션을 설정한다. 너무 과도하게 적용할 경우 아래 사진처럼 선명하게 하기 특유의 노이즈가 발생한다. 이렇게 보기 싫은 인위적인 노이즈가 발생하지 않는 부분까지만 적용해야 한다.

3   마스크 사용하기

마스크는 이 예제의 하늘처럼 선명하게 만들 필요가 전혀 없는 부분에 마스크를 씌워 효과가 적용되지 않도록 만드는 기능이다. Alt 를 누른 상태에서 '마스크' 슬라이드를 좌우로 드래그해보자. 이때 검은색으로 나타나는 부분이 효과가 적용되지 않는 부분이다. (마스크 71)

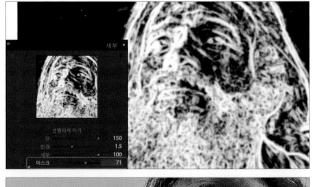

하늘에 마스킹을 하지 않고 효과를 적용한 결과

하늘에 마스킹을 하고 효과를 적용한 결과

4   Alt 로 시각적 가이드 사용하기

각 옵션의 슬라이드를 조정할 때 Alt 를 누르면 흑백으로 바뀌면서 각 옵션에 따라 어느 정도로 효과가 적용되는지를 바로 알 수 있다. (반경 1.6)

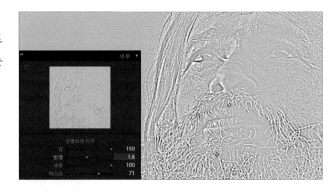

5   예제 보정하기

Alt 를 이용해 억지 노이즈가 생기기지 않을 정도로 슬라이드를 조정한다. 하늘은 선명하게 만들 필요가 없으니 마스킹해서 디테일이 있는 부분에만 적용되도록 설정했다. (양 64, 반경 1.0, 세부 36, 마스크 51)

적용 전

적용 후

각 툴에서도 사용할 수 있는
선명하게 하기 옵션들
텍스처, 부분 대비, 선명도

세부 패널에서처럼 다양한 옵션은 없지만 그러데이션 툴이나 방사형 필터 툴, 혹은 조정 브러시 툴에서도 세부 패널의 선명하게 하기와 같은 기능을 사용할 수 있다. '선명도' 값을 적용하면 같은 효과를 얻는다. 이 외에도 부분 대비나 텍스처 역시 가능하다. 툴을 이용하면 정확히 원하는 부분에만 효과를 줄 수 있기 때문에 사진에서는 매우 효율적인 보정방법이다. 각 슬라이드 값을 적당하게 조정해서 원하는 효과를 만들어보자. 세부 패널에서처럼 다양한 옵션은 없지만 그러데이션 툴이나 방사형 필터 툴, 혹은 조정 브러시 툴에서도 세부 패널의 선명하게 하기와 같은 기능을 사용할 수 있다. '선명도' 값을 적용하면 같은 효과를 얻는다. 이 외에도 부분 대비나 텍스처 역시 가능하다. 툴을 이용하면 정확히 원하는 부분에만 효과를 줄 수 있기 때문에 사진에서는 매우 효율적인 보정방법이다. 각 슬라이드 값을 적당하게 조정해서 원하는 효과를 만들어보자.

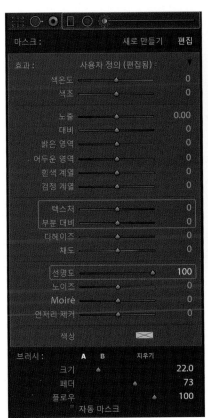

브러시로 칠한 부분에만 선명하게 하기 효과가 적용된다.

몽골의 북부 지역은 주택이 거의 없다 보니 공해나 오염원이 없어 은하수를 보기에 최적의 장소다. 청동기 시대에 만들어졌다는 순록 조각상이 은하수를 향하고 있는 장소를 찾아 해가 지기를 기다렸다. 저녁 11시가 다 되어서야 고위도의 여름밤이 찾아온다. 순록 조각상에 조명을 처리해 은하수와 노출을 맞추고 촬영했다.
– 순록조각상과 은하수, 모런, 홉스골, 몽골

프로 사진가들이 사용하는 테크닉을 그대로!
노이즈 제거

디지털사진에서 고ISO를 사용할 때 가장 문제가 되는 것이 노이즈다. 노이즈는 사진의 품질을 떨어뜨리며 용도에 따라서는 치명적일 때도 있다. 일부러 필름의 노이즈를 흉내내 인위적으로 만들기도 하지만, 의도하지 않은 노이즈를 가능한 한 감소시키는 것은 디지털 사진에서 매우 중요한 작업이다.

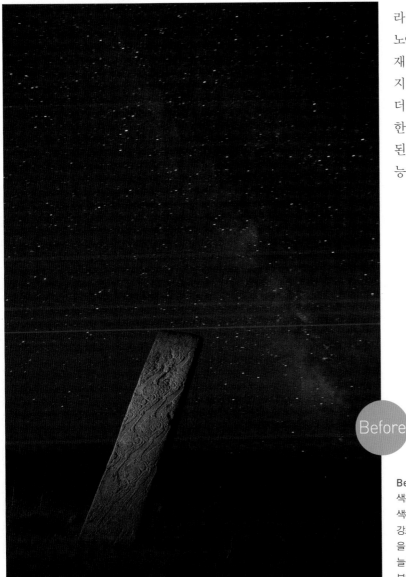

라이트룸은 업그레이드를 통해 꾸준히 노이즈 감소 알고리즘을 개선해왔고, 현재 버전에서는 다른 소프트웨어에 뒤지지 않는 훌륭한 성능을 보여준다. 이제 더 이상 노이즈를 제거하기 위해서 특별한 플러그인이 필요하거나 카메라에 내장된 조그만 CPU의 디노이즈(denoise) 기능에 의존하지 않아도 된다.

Before_ 전체적으로 노출이 부족해 사진이 어둡고, 색온도가 맞지 않아 붉은 기가 강하다. 조명 때문에 어색해진 바닥의 밝기를 자연스럽게 만들고, 옷의 주름을 강조해 명암의 진행을 흥미롭게 만든다. 주제의 디테일을 살리고 반사광 처리로 입체감을 준다. 여기서는 하늘을 제외한 인물 부분만 선명하게 만드는 방법을 알아본다.

노이즈 감소 옵션 살펴보기

예제사진 Part5\순록조각상과은하수
완성사진 Part5\순록조각상과은하수 완성

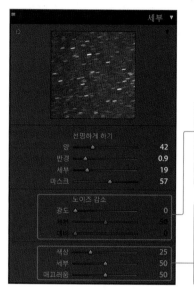

현상 모듈의 '세부' 패널을 클릭한다. '노이즈 감소'와 '선명하게 하기'가 같은 패널에 있는데, 앞서 설명했듯이 서로 연관되어 있는 하나의 짝이기 때문에 이렇게 구성되어 있는 것이다. 선명하게 만들면 동시에 노이즈가 증가하기 때문에 이를 감쇄시키는 노이즈 감소 기능은 필수다.

❶ 밝기에 따른 노이즈
광도: 노이즈 감소 양을 정한다.
세부: 노이즈 감소로 잃어버린 디테일을 복구한다.
대비: 노이즈 감소로 잃어버린 콘트라스트를 복구한다.

❷ 색상에 따른 노이즈
색상: 색상이 들어간 컬러 노이즈를 감소시킨다.
세부: 컬러 노이즈 감소로 잃어버린 디테일을 복구한다.
매끄러움: 노이즈 감소로 잃어버린 연속성을 복구한다.

1 광도를 이용해 노이즈 제거하기

원본에서 색감을 조정한 부분까지의 사진이다. 가장 먼저 '광도' 슬라이드를 조정한다. 광도, 즉 밝기를 이용하면 노이즈는 효과적으로 제거되지만, 디테일이 뭉개져 사진이 마치 플라스틱 덩어리가 녹은 느낌으로 바뀐다. (광도 50)

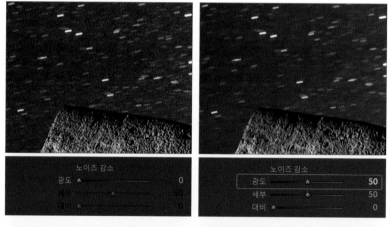

2 광도 – 세부와 대비를 이용해 디테일 찾기

두 번째는 '세부'와 '대비'를 이용해 디테일을 찾아준다. '세부' 슬라이드를 조정하면 광도 노이즈 제거로 잃어버린 픽셀값의 디테일을 복원해준다. '대비' 슬라이드는 각 픽셀의 미세한 콘트라스트를 조정해주지만 효과가 미미해 알아차리기 쉽지 않다. (세부 84, 대비 61)

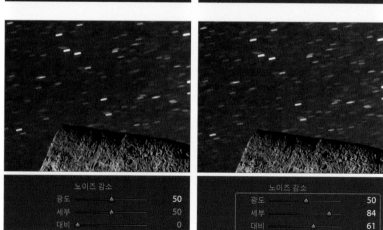

3　색상을 이용해 노이즈 제거하기

마지막으로 색상 노이즈를 제거한다. 색상 노이즈는 같은 명도를 가지고 있지만 컬러만 다른 노이즈인데, 광도 슬라이드로는 쉽게 제거되지 않는다. 색상 노이즈의 기본값은 25인데, 각각 최소값인 0과 최대값인 100으로 설정한 후 비교해보면 어떤 효과인지 쉽게 알수 있다. 하늘의 얼룩덜룩하던 색감이 오른쪽 그림에서처럼 깨끗이 정리된 것이 보일 것이다.

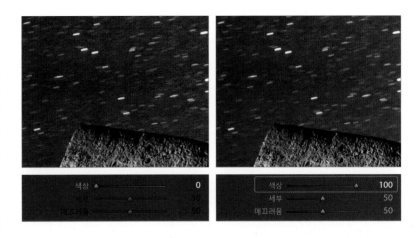

4　색상 – 세부 슬라이드로 디테일 찾기

'세부' 슬라이드는 색상 노이즈를 제거하면서 잃어버린 색상 픽셀의 디테일을 살려준다. 과하게 적용하면 애써 지운 색상 노이즈 픽셀까지 다시 살아나니 이런 현상이 일어나기 직전까지만 적용한다.

5　색상 – 매끄러움 슬라이드로 디테일 찾기

'매끄러움' 슬라이드는 광도의 대비와 비슷하게 '색상' 슬라이드로 제거된 각 픽셀들의 색 콘트라스트를 조정해준다. 하지만 효과가 매우 미미해 알아차리기가 쉽지 않다. 100으로 설정하면 각 픽셀의 색상값을 최대로 찾아주며, 0으로 설정하면 각 픽셀의 색상값을 거의 복구하지 않는다.

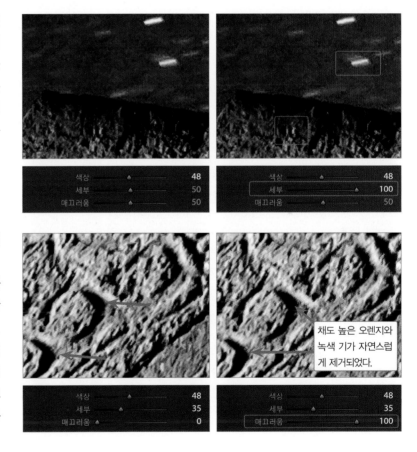

6   언제나 통하는 노이즈 제거 방법, 정리!

노이즈를 제거할 때는 우선 광도 슬라이드를 이용한 후 세부와 대비로 잃어버린 디테일을 살린다. 다음에는 색상 노이즈를 이용해 광도로 제거하지 못하는 색상 노이즈를 제거한 후 세부와 매끄러움으로 잃어버린 색상 디테일을 살리는 순서로 작업하면 된다.

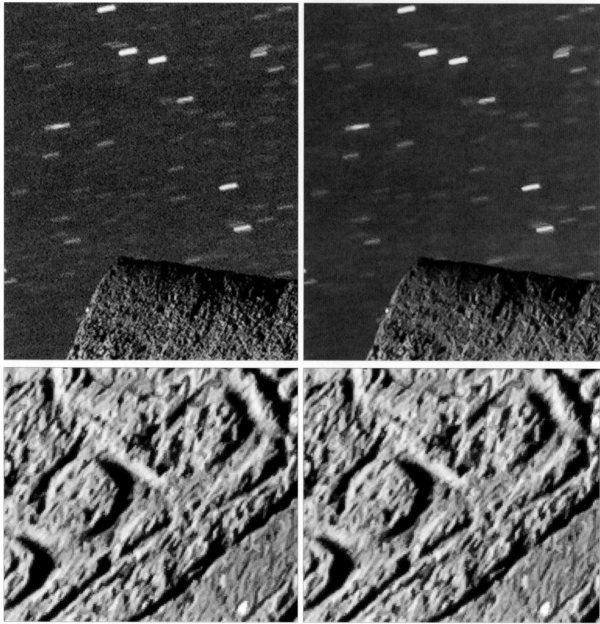

노이즈 감소 적용 전   노이즈 감소 적용 후

초점이 다른 여러 장을 모아 완벽하게 만들기
레이어 자동 혼합(포토샵)

작은 물체를 접사로 촬영할 때 가장 문제가 되는 것은 심도다. '심도'란 초점이 선명하게 맞을 수 있는 렌즈에서부터의 거리를 말한다. 아무리 조리개를 조여도 접사촬영의 특성상 깊은 심도를 가지기가 어렵다. 다중초점으로 촬영한 여러 장의 사진을 이용해 깊은 심도를 표현하는 방법을 알아보자. 사진가들은 많이 사용해오던 기능이기 때문에, 포토샵에서 완전히 자동화되어 있다.

예제사진 Part5\매빅프로 1~4
완성사진 Part5\매빅프로 완성

Before & After_ 반지, 목걸이, 컴퓨터 칩처럼 물체가 작아 정확한 초점을 모두 잡아 촬영하기 어려울 때 후반작업으로 깨끗한 사진을 만드는 방법이다.

1 라이트룸에서 포토샵 레이어로 내보내기

라이트룸에서 포토샵으로 가져갈 파일을 모두 선택한 후 마우스 오른쪽 버튼을 클릭하고 '응용 프로그램에서 편집 − Photoshop에서 레이어로 열기'를 클릭한다.

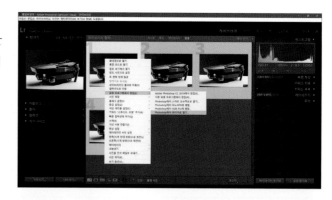

2 레이어 정렬하기

포토샵이 자동으로 실행되면서 레이어 팔레트에 각각 다른 레이어 상태로 사진들이 나타난다. 맨 위에 있는 레이어를 클릭한 후 Shift를 누른 채 맨 아래 있는 레이어를 클릭해 모든 레이어를 선택하고 '편집 메뉴 − 레이어 자동 정렬'을 클릭한다.

3

'레이어 자동 정렬' 대화상자가 나타난다. 기본값인 '자동'을 선택한 후 '확인'을 클릭한다. 작업이 진행 중임을 알리는 대화상자가 나타나면서 적용된다.

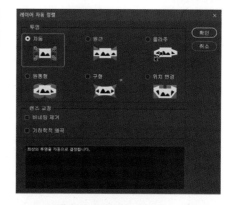

4 레이어 자동 혼합하기

레이어 팔레트에 모든 레이어가 선택되어 있는지 확인한 후 다시 '편집 메뉴 − 레이어 자동 혼합'을 클릭한다. '레이어 자동 혼합' 대화상자가 나타나면, 혼합 방법을 '이미지 스택'으로 선택하고, '연속 톤 및 색상'과 '내용 인식 채우기 투명 영역'을 클릭해 체크표시가 나타나게 한 후 '확인'을 클릭한다.

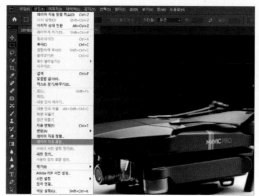

5 완성된 이미지

이렇게 설정만 하면 자동으로 각 레이어에서 초점이 맞지 않는 부분은 마스킹을 걸고, 초점이 맞는 부분만을 추출해 병합하여 하나의 이미지로 만들어준다. 레이어 팔레트 맨 위에 병합된 이미지가 들어 있는 새 레이어가 만들어진다. 초점이 맞는 부분만을 모두 합쳐 하나의 사진으로 만든 결과다. 마지막으로 쓸데없는 외곽 부분을 살짝 크로핑해서 잘라주면 된다.

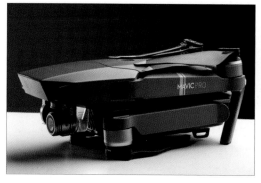

각각 초점이 다른 원본 사진	포토샵에서 자동으로 추출한 초점이 맞는 부분

참고 **접사에 유용한 장비**

반지나 목걸이 등 매우 작은 정물을 전문적으로 촬영할 때 아래 그림과 같은 마이크로 포지셔닝 슬라이드를 삼각대 헤드에 추가하면, 카메라 슬라이드의 손잡이를 돌려 앞뒤로 정밀하게 움직이면서 초점 포인트가 각기 다른 사진을 여러 장 찍을 수 있다.

4 Way Macro Focusing Rail Slider 다양한 브랜드와 이름으로 판매되는 중국산 저가형 포커스 레일은 맛보기용으로 사용하기에 좋다. 조금 더 신뢰도가 높은 제품을 원한다면 맨프로토 454로 검색해 두세 개 정도 조합해서 사용하면 된다.

폼 잡고 감성 사진 만들기
조리개 흐림 효과(포토샵)

부분적으로 흐림 효과를 이용하면 보다 감성적이고 주관적인 느낌으로 표현할 수 있다. 흐림 효과의 알고리즘이 상당히
개선되어 실제 렌즈의 조리개에서 일어나는 일을 그럴싸하게 흉내 내기 때문에 이 기능은 생각보다 쓰임새가 많다. 일명
'감성 사진'을 만들 때 많이 사용한다.

Before & After_ 음악을 무척 좋아하는 친구에게 카메라 앞에서 폼을 잡아볼 것을 주문했다. 역시 공연 좀 해본 친구답게 익숙한 것 같다. 3점 조명으로 무
대와 비슷한 느낌을 주려고 했고, 주변을 블러와 비네팅 처리해 주제에 시선이 바로 향하도록 했다. 색온도와 명암별 색보정으로 색의 콘트라스트를 강조한다.
기울기가 맞지 않아 배경의 직선이 기울어져 있으니 이것도 잡아야 한다. 여기서는 블러 효과를 만드는 부분만 따라해보자.

조리개 흐림 효과 옵션 살펴보기

예제사진 Part5\뮤지션
완성사진 Part5\뮤지션 완성

❶ 조리개 흐림 효과
흐림 효과: 흐림의 양을 조정한다. 중심 핸들에서
바로 조정할 수도 있다.

❷ 효과 탭
뿌연 조명: 조리개 흐림으로 생기는 조명의 효과를 조정한다.
뿌연 색상: 조리개 흐림으로 생기는 색상의 효과를 조정한다.
조명 범위: 0(검정)~255(흰색) 사이의 범위를 설정할 수 있다.
해당 범위의 밝기에서만 위의 효과가 적용된다.

1 포토샵을 실행한 후 '필터 메뉴 – 흐림 효과 갤러
리 – 조리개 흐림 효과'를 클릭한다.

2 흐림 효과 갤러리 화면으로 바뀐다. 사진 가운데
흐림 효과가 적용된 기본 원 모양이 나타나고, 위쪽에는
옵션바, 오른쪽에는 옵션 패널이 있다. 원 모양 안으로
마우스 포인터를 가져가면 흐림 효과를 적용할 수 있는
여러 개의 조정핸들이 나타난다.

❶ **중심 핸들:** 흐림 효과를 넣는 기준 위치. 중심의 검은 원을 클릭한 후 드래그하면 다른 위치로 이동시킬 수 있고, 바깥쪽 테두리 부분의 조정 핸들을 클릭한 후 드래그하면 흐림 효과 정도를 바로 조정할 수 있다. 이미지의 다른 부분을 클릭하면 중심 핸들이 하나 더 나타나 다양한 블러 효과를 적용할 수도 있다.

❷ **원형률:** 핸들을 드래그하면 네 모서리를 부드러운 네모에서 원형으로 바꿀 수 있다.

❸ **시작점:** 여기서부터 흐림 효과가 적용되기 시작하며, 100% 라인까지 그러데이션된다. 클릭한 후 드래그하여 위치를 조정할 수 있다.

❹ **100% 라인:** 여기부터는 100%로 적용된다.

❺ **크기 핸들:** 원의 크기와 모양, 기울기를 바꿀 수 있다.

3   조리개 흐림 효과 적용하기

각 핸들과 흐림 효과 슬라이드를 이용해 조리개 흐림 효과를 표현해보자. 가운데 조정 핸들을 클릭한 후 얼굴 부분으로 드래그하여 얼굴에 초점이 맞도록 한다. 그 다음 크기 핸들을 클릭한 후 드래그해 초점이 맞아야 하는 부분이 포함되도록 크기를 키운다. (흐림 효과 27)

4 극적인 효과를 위해 조리개 흐림 효과 추가하기

처음 적용했던 부분 바깥쪽을 클릭해 새로운 흐림 효과를 하나 더 추가한다. 적당한 위치로 이동시킨 후 기존의 흐림 효과를 모두 커버하는 크기로 조정해 외곽 부분이 더 부드럽게 흐려지도록 조정한다. (흐림 효과 44) 다 되었으면 Enter 를 누르거나 위쪽 옵션바에서 '확인'을 클릭한다.

효과가 적용된 부분은 이런 동그라미로 표시된다. 이 부분을 더블클릭하면 다시 수정할 수 있다.

언제나 쓸모 있는 리얼한 보케 만들기
필드 흐림 효과(포토샵)

빛망울 같이 사진 속에서 조리개 모양으로 착란원이 생기는 것을 '보케(Bokeh, 貔ぼけ)'라고 한다. 사실 쓰나미처럼 일본어가 공식 용어로 굳어진 경우다. 달무리 해무리 같은 현상을 가리킬 때 쓰는 한자라는 걸 보면 꽤 잘 지은 이름이다. 아무튼 포토샵에서는 제법 그럴싸하게 이 보케를 인위적으로 만들 수 있다.

Before & After_ 조명이 있는 사진을 이용해 배경이 되는 보케를 만들고, 색감이 비슷한 사진의 필요한 부분만 잘라서 위에 얹으면 이런 분위기 있는 사진을 얻을 수 있다. 간단하고도 효과적이다.

필드 흐림 효과 옵션 살펴보기

예제사진 Part5\보케, 보케 소스 샘플
완성사진 Part5\보케 완성

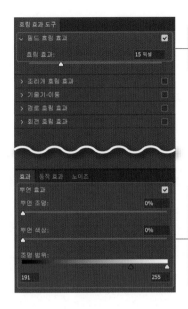

❶ 필드 흐림 효과
흐림 효과: 흐림의 양을 조정한다.

❷ 효과 탭
뿌연 조명: 조리개 흐림으로 생기는 조명의 효과를 조정한다.
뿌연 색상: 조리개 흐림으로 생기는 색상의 효과를 조정한다.
조명 범위: 0(검정)~255(흰색) 사이의 범위를 설정할 수 있다.
해당 범위의 밝기에서만 위의 효과가 적용된다.

1 포토샵을 실행한 후 '필터 메뉴 – 흐림 효과 갤러리 – 필드 흐림 효과'를 클릭한다.

2 흐림 효과 갤러리 화면으로 바뀐다. 위쪽에는 옵션 바가, 오른쪽에는 흐림 효과를 적용할 수 있는 옵션 패널이 나타난다. 필드 흐림 효과는 전체 이미지에 영향을 주기 때문에 별다른 조정 툴은 따로 없다.

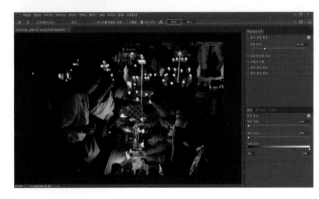

3 필드 흐림 효과 적용하기

보케의 배경을 만들 것이니 흐림 효과의 양을 극단적으로 주자. 400픽셀 정도 주면 이미지가 완전히 알아 볼 수 없게 바뀐다. 흐림의 양은 이미지 크기에 따라 다르니 적용해보면서 적당하게 주는데, '이미지를 완전히 알아 볼 수 없을 정도로'가 포인트다.

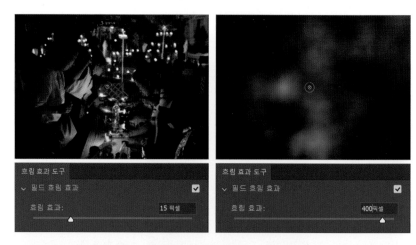

4

오른쪽의 옵션 패널 중 '효과' 탭에서 뿌연 조명과 뿌연 색상값을 조정한다. (뿌연 조명 46%, 뿌연 색상 31%)

5

조명 범위를 설정해 더욱 많은 보케를 만든다. 여기서는 152~255의 명도 범위를 선택했다. 사진으로 촬영한 듯한 보케가 만들어진다. 어떤 사진으로도 보케를 만들 수 있지만 원본에 작은 불빛이 있으면 더 자연스럽다.

6

이렇게 만들어진 배경 이미지 위에 다른 이미지를 얹으면 마치 초망원 렌즈로 촬영한 듯한 효과를 낼 수도 있다. 배경과 색감이 비슷한 사진을 선택하는 것이 요령이다.

렌즈의 대표적인 문제점들 알아보기
사진 상식

렌즈는 빛을 물리적으로 어떻게든 한 점에 모아서 또렷한 상을 만든다. 이때 여러 가지 자연의 법칙이 우리가 원하는 완벽한 렌즈가 되지 못하도록 방해하는데, 우주를 지배하는 자연의 법칙인 만큼 완벽하게 극복한 렌즈는 지구상에 존재하지 않는다.

이런 오류를 얼마나 교정하고 보완할 수 있는가에 따라 고급과 보급형 렌즈로 나뉘는데, 이 단 1%의 단점 보완을 위해 5~10배의 금액을 투자해야 한다. 따라서 소프트웨어적으로 보정할 수 있는 방법을 개발하기 위해 많은 노력을 해왔고, 그 결과 현재의 포토샵과 라이트룸은 과거에는 상상할 수도 없었던 놀라운 성능을 보여주고 있다. 물론 아직 해결할 수 없는 문제점들이 많은 것은 사실이다. 대표적인 렌즈의 문제점과 해결 방법에 대한 큰 그림을 살펴보자.

렌즈의 한계 1:

색수차
Chromatic Aberration
(소프트웨어 교정 가능)

'색수차(Chromatic Aberration)'란 빛의 파장이 유리 같은 매질을 통과할 때 색에 따라 꺾이는 각도가 달라 생기는 문제다. 이때 상이 흐려지는데 색깔에 따라 초점이 맞지 않은 듯한 모습을 보이게 된다. 이미지 중앙부보다는 외곽에서 주로 발생하며 콘트라스트가 큰 부분에서 특히 눈에 띈다.

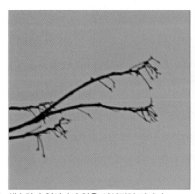
색수차가 일어나지 않은 이상적인 이미지

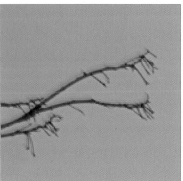
색수차가 일어난 일반적인 이미지

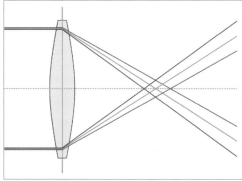
카메라 렌즈에서 보면 색에 따라 초점이 맺히는 거리가 달라지는데, 이것이 바로 색수차다.

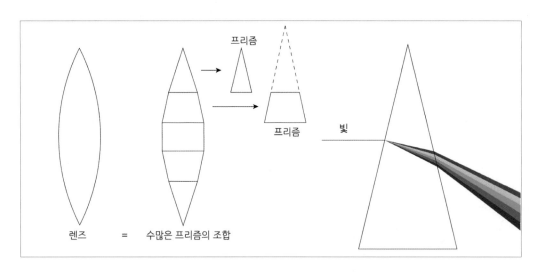

볼록렌즈 원리를 살펴보면 좀 더 쉽게 이해할 수 있을 것이다. 볼록렌즈란 결국 수없이 많은 프리즘이 연속적으로 이어 붙어 있는 것과 같은데, 각 프리즘은 빛의 파장에 따른 굴절률의 차이로 무지개 같은 스펙트럼을 만들어낸다. 이것이 바로 색수차의 원인이 된다.

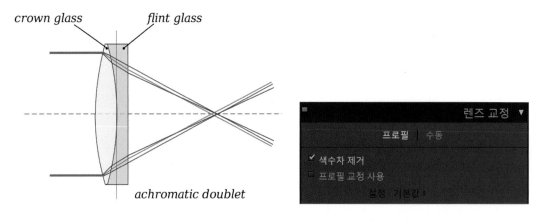

사진에 사용되는 렌즈의 경우 이런 색수차를 억제하기 위해 많은 방법을 사용하고 있다. 플린트 글라스(Flint Glass)를 붙여서 색수차를 억제한 아크로맷(Achromat) 렌즈를 주로 사용한다. 하지만 많은 노력에도 불구하고 물리법칙상 이런 색수차는 계속 발생할 수밖에 없다. 사진에서 보면 중심부의 경우 어느 정도 극복한 고급렌즈가 많지만, 주변부에서는 여전히 어느 정도 색수차가 발생한다. 다행히 요즘은 소프트웨어 기술이 많이 발전해 각 렌즈의 특징을 모두 파악해놓은 렌즈 프로파일 정보를 바탕으로 자동으로 사진에서 색수차를 제거할 수 있다. 몇 년 전만 하더라도 이런 색수차를 전문가 수준으로 없애기 위해서는 엄청난 실력의 포토샵 능력이 필요했지만 말이다.

렌즈의 한계 2:
구면수차
Spherical Aberration
(소프트웨어 교정 불가)

'구면수차(Spherical Aberration)'란 렌즈가 구면으로 깎여 만들어진 경우 렌즈의 중심에서 외곽으로 갈수록 굴절률이 다르게 나타나 상이 한 점에 모이지 않는 문제를 말한다. 조리개를 조이면 렌즈 외곽을 사용하지 않기 때문에 구면수차가 큰 렌즈의 경우 완전 개방과 조리개를 조였을 때의 화질 차이가 확연하다.

상이 뿌옇게 흐려진다.

상이 잘 표현되지 않는다.

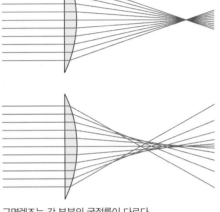
구면렌즈는 각 부분의 굴절률이 다르다.

'구면수차(Spherical Aberration)'란 렌즈가 구면으로 깎여 만들어진 경우 렌즈의 중심에서 외곽으로 갈수록 굴절률이 다르게 나타나 상이 한 점에 모이지 않는 문제를 말한다. 조리개를 조이면 렌즈 외곽을 사용하지 않기 때문에 구면수차가 큰 렌즈의 경우 완전 개방과 조리개를 조였을 때의 화질 차이가 확연하다.

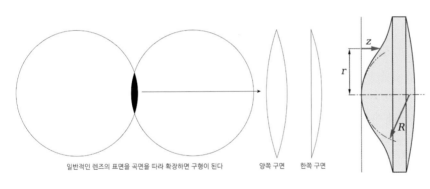
일반적인 렌즈의 표면을 곡면을 따라 확장하면 구형이 된다   양쪽 구면   한쪽 구면

일반적인 렌즈의 경우 렌즈의 곡면을 따라서 무한히 확장하면 완전한 구 형태가 된다. 이런 구면렌즈는 중심부와 외곽부의 굴절률이 달라 상이 한 점으로 모이지 않는다. 오래전부터 알려진 문제지만 제조상 저렴한 생산단가를 위해 아직도 구면렌즈가 많이 사용되고 있다.

구면수차를 줄이기 위한 노력으로 비구면 렌즈(Aspherical Lens)가 생산되고 비싼 렌즈일수록 비구면 렌즈를 사용한다. 모양을 자세히 보면 쉽게 알 수 있지만 외곽부로 갈수록 굴절률을 줄여 상이 한 곳에 모일 수 있도록 디자인된 렌즈다. 이런 구면수차는 이미지 자체의 품질을 좌우하기 때문에 후반작업에서 소프웨어적인 보정이 거의 불가능하다.

렌즈의 한계 3:
코마수차
Coma Aberration
(소프트웨어 교정 불가)

구면수차가 렌즈와 평행하게 들어오는 빛 때문에 생기는 문제였다면 '코마수차 (Coma Aberration)'는 렌즈를 사선으로 통과하는 빛의 초점이 맞지 않아 마치 혜성의 꼬리처럼 늘어지는 문제를 말한다. 렌즈의 중심부를 통과한 빛과 주변부를 통과한 빛의 방향성이 서로 다르기 때문에 일어난다. 즉, 구면수차가 초점의 거리가 달라 발생한다면, 코마수차는 상의 위치가 달라 일어나는 수차라고 이해하면 쉽다. 저가의 렌즈에서 주로 나타나며 별 사진처럼 한 점으로 보이는 피사체를 촬영할 때 쉽게 볼 수 있는 오류다. 마찬가지로 렌즈 자체의 성능이라 추후 보완이나 보정이 매우 어렵다.

코마수차가 적은 예

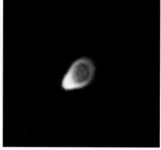
별을 촬영한 코마수차의 모습

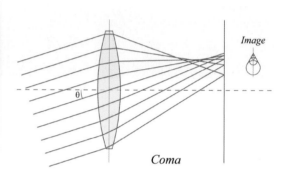
비스듬히 들어온 빛의 굴절률이 달라진다.

렌즈의 한계 4:
비점수차
(소프트웨어 교정 불가)

'비점수차(Astigmatism Aberration)'란 렌즈의 가로와 세로의 굴절률이 달라 상이 정확하게 맺히지 않는 문제를 말한다. 아무리 정밀하게 가공한 렌즈라도 가로와 세로의 곡률을 정확하게 일치시키는 것은 매우 힘든 일이며, 이렇게 다른 곡률 때문에 상의 초점상 가로세로가 맞지 않아서 일어난다. 이런 현상은 코마수차와 마찬가지로 광축에서 평행하게 들어온 빛이 아닌 사선으로 들어온 빛에서 주로 관찰된다. 비점수차는 고급렌즈에서 눈에 띄게 감소하지만 완전히 제거할 수는 없다. 조리개를 조이면 상당 부분 개선되지만 역시 완전히 사라지지는 않는다. 비점수차와 코마수차는 렌즈의 한계인 게 맞지만 재미있게도 방향성과 관련된 이 특성들을 이용하면 엉성한 합성으로 만들어진 사진인지 아니면 실제로 촬영된 것인지를 어느 정도 구별할 수 있다.

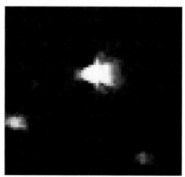
별을 촬영한 비점수차의 예

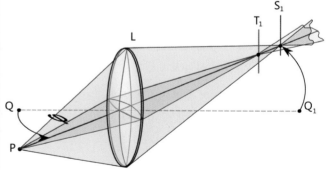
비스듬히 들어온 빛이 렌즈의 상하좌우에서 다른 굴절률을 보인다.

동심원방향

방사형방향

원본사진

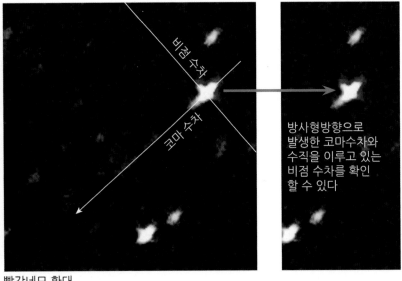

비점 수차

코마 수차

방사형방향으로
발생한 코마수차와
수직을 이루고 있는
비점 수차를 확인
할 수 있다

빨강네모 확대

코마수차가 광축의 중심에서 방사형으로 뻗어가는 데 비해, 비점수차는 동심원
방향으로 나타나기 때문에 코마수차와 정확하게 90도 방향으로 일어난다. 대체
로 코마수차와 함께 나타나며 사진의 주변부에서 매우 쉽게 확인할 수 있다.

렌즈의 한계 3:
상면만곡
Curvature of field
(촬영에 따라 교정 가능)

상면만곡이란 렌즈에서 상이 맺히는 초점이 광축을 중심으로 동일한 거리상에
있기 때문에, 평면의 피사체를 평면인 센서에서 초점을 잡을 수 없는 현상을 말
한다. 이런 현상은 렌즈의 센서와 평면인 피사체를 접사에 가깝게 가까이 놓고
얕은 심도로 촬영할 때 생기는데, 이론적으로는 모든 부분이 초점이 맞아야 되
지만 중앙부를 제외한 주변부의 초점이 맞지 않게 된다. 주변에 초점을 맞추면
중앙부 초점이 맞지 않는다. 이런 현상은 수정될 수 없으며 카메라의 센서를 곡
면으로 디자인하지 않는 이상 보정하기 힘들다. 하지만 초점이 맞은 여러 장의
사진을 합쳐서 초점이 맞는 부분만 포토샵에서 자동으로 추출해 처리할 수 있
다. (365쪽)

상면만곡이 발생한 모습을 보여준다.

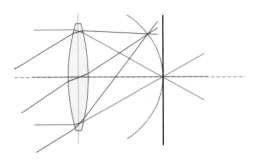

평면의 피사체는 초점거리가 같아 곡면으로 초점이 맞는다.

렌즈의 한계 6:
왜곡 Distortion
(소프트웨어 교정 가능)

왜곡은 전체적으로는 초점이 맞지만 이미지 자체가 변형되는 렌즈의 특성을 말한다. 주로 광각계의 렌즈가 볼록하게 보이는 술통형(Barrel) 왜곡을 일으키고, 망원렌즈의 경우 상이 오목하게 보이는 바늘꽂이형(Pincushion) 왜곡을 일으킨다. 또는 이 둘이 복합적으로 들어 있는 콧수염형(Mustache) 왜곡이 주로 발생하는 줌렌즈 등이 있다. 라이트룸에서는 렌즈의 이러한 왜곡정보 프로파일을 이용해 실제와 비슷하게 왜곡현상을 보정할 수 있다.

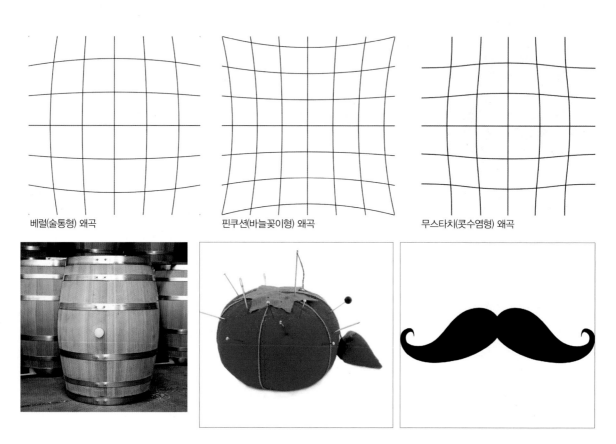

베럴(술통형) 왜곡   핀쿠션(바늘꽂이형) 왜곡   무스타치(콧수염형) 왜곡

문화가 다르기 때문에 붙여진 이름이 쉽게 와 닿지 않을 것이다. 그래도 통은 해적들이 나오는 영화에서 많이 등장해 익숙한 편이다. 핀쿠션, 즉 바늘꽂이형 왜곡은 우리나라에서는 실패형이라고 많이들 번역하곤 하는데, 추측으로는 쿠션에 바늘을 꽂으면 그 부분이 오목하게 들어가기 때문에 붙여진 이름인 듯하다. 비록 사진의 토마토형 핀쿠션과는 거리가 있지만 단순한 방석 같은 모양의 작은 쿠션이라고 생각해보자. 마지막으로 콧수염형 또한 우리에게는 어색하기 짝이 없지만 일반적인 서양의 그것을 떠올릴 때 바늘꽂이처럼 거리가 느껴지지는 않는다.

사진을 완성하는 후반작업의 끝은 공유나 인쇄 등 목적에 따라 최적화된
최종 파일로 만드는 일일 것이다. 문제는 내가 작업한 시스템과
이 사진을 볼 사람들, 혹은 출력할 시스템이 서로 다르다는 점이다.
따라서 어떤 환경에서든 최적의 결과물을 보여줄 수 있는 방법을 찾아야
한다. 웹용, 인쇄용, 판매용 등 목적에 따른 설정 방법을 알아보자.

PART 6   그 결과
완성된 이 한 장의 사진!

다른 이름으로 저장하기? 아니, 내보내기!
라이트룸 내보내기 기능의 장점

라이트룸을 처음 접하는 사람들이 가장 당황하는 것 중 하나가 저장하기가 없다는 것이다. 그래서 라이트룸을 종료하면 내가 작업한 것들이 사라질 것 같고, 다른 곳으로 파일을 보내려면 어떻게 해야 할지 막막하다. 걱정하지 말자. 라이트룸에는 저장 대신 '내보내기'라는 기능이 있다. '다른 이름으로 저장'이라는 익숙한 용어를 두고 왜 굳이 '내보내기'라는 기능을 사용할까?

**첫 번째,
그때그때 다양한 포맷으로
만들 수 있다.**

라이트룸은 Raw 파일을 이용해서 별점을 매기고, 쓸 사진과 쓸모없는 사진을 구별하는 관리 기능이 있다. 이렇게 모아진 쓸 만한 사진을 현상 모듈에서 사진가의 의도에 맞도록 잘 보정하면 자동으로 저장된다. 그런데 이 Raw 파일과 라이트룸에서 사용하는 보정 데이터를 그대로 사용하기에는 몇 가지 문제가 있다. 다른 사람이 라이트룸을 사용하지 않으면 거의 무용지물에 가깝고, 사진 전문가가 아니라면 여러 가지 설정을 잘못 만지다 의도하지 않은 결과물이 될 수도 있기 때문이다. 그래서 Raw 파일을 변환해 다양한 목적에 맞도록 그때그때 필요한 포맷의 사진을 만들기 위해 따로 준비한 기능이 '내보내기'다.

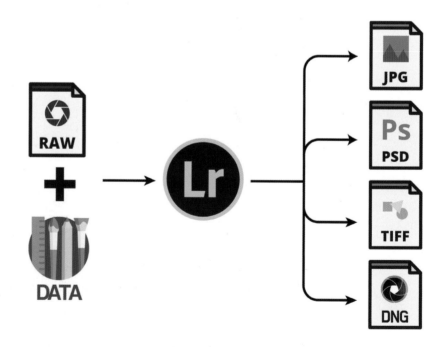

앞에서 여러 번 라이트룸에는 저장하기 기능이 없다고 설명했었다. 왜냐하면 카탈로그가 있어 저장할 필요 없이 자동으로 저장이 되기 때문이다. 그러나 다른 곳으로 보정한 파일을 보내려면? 그때는 '내보내기' 기능을 사용하면 된다. 포토샵 등 다른 프로그램과 매우 다른 점 중 하나인데, 라이트룸을 만든 사람이 잊어버린 게 아니라 다 이유가 있어서 이렇게 만든 것이다. 라이트룸의 내보내기 기능이 가진 장점을 알아보자.

두 번째, 많은 파일을 한 번에 다양한 크기나 형식으로 만들 수 있다. 빠르고, 정확하게!

사진을 그때그때 다른 크기나 형식으로 만들어야 하는 경우가 많기 때문이다. 예를 들어서 긴 축이 7000픽셀인 사진인데, 바로 인터넷에 올려야 하니 긴 축을 1000픽셀로 만들어 달라는 요청을 받았다고 가정해보자. 포토샵에서라면 해당 파일을 찾아서 열고 이미지 크기 변경을 클릭한 다음 긴 축을 찾아서 1000으로 입력하고 확인 버튼을 클릭한 후 다른 이름으로 저장해야 한다. 만약 실수로 그냥 원래 이름 그대로 저장해버리면 해당 사진은 7000픽셀이 아니라 1000픽셀로 영영 바뀌어버린다. 사진이 한두 장이라면 다시 원본을 찾아 작업하면 되겠지만, 수십 수백 장이라면 얘기가 다르다. 포토샵 일괄처리 기능을 사용한다 해도 매번 신경 써야 할 부분이 있기 마련이다.

여기까지는 그나마 괜찮다. 갑자기 급하게 연락이 오더니 1050픽셀이 가장 좋으니 다시 1050픽셀로 만들어 달라고 하는 경우도 있다. 말만 들어도 짜증이 확 밀려오는 것을 느낄 수 있을 것이다. 하지만 이 모든 과정을 라이트룸에서 한다면 얘기가 다르다. 원본과 보정한 데이터가 다 따로 저장되어 있기 때문에 파일만 선택한 후 내보내기를 한 번 더 실행하는 것으로 끝이다. 내보내기에서 긴 축을 1050픽셀이라고 한 번만 입력하면 모든 사진이 1050픽셀로 딱 저장되는 것이다. 이런 경우가 있겠나 싶겠지만 실제로는 더한 일도 많다. 색역을 sRGB로 만들어서 보냈더니 인쇄를 위한 Adobe RGB 색역으로 바꿔 달라고 하기도 하고, 갑자기 TIFF 파일로 보내 달라고 하기도 한다. 이런 여러 요청이 있거나 바뀔 때마다 포토샵 등 기존의 프로그램으로 일일이 대응하기란 정말 어렵다.

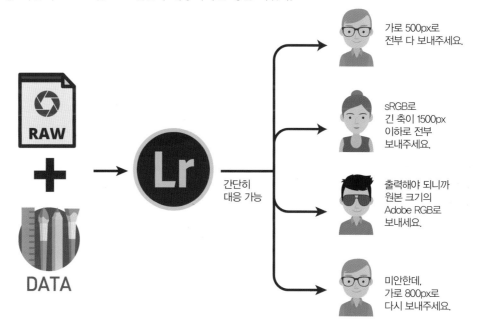

**세 번째, 자주 쓰는 복잡한
옵션을 클릭 한 번으로
해결할 수 있다.
사전 설정!**

자주 사용하는 내보내기 방법을 '사전 설정'으로 세팅해두면 클릭 한 번으로 바로 내보내는 것이 가능하다. 사진을 파일로 이용해야 하는 경우의 수가 수백 가지인 것은 아니다. 자신이 주로 사진을 업로드하는 사이트에 맞게 미리 설정된 값을 '사전 설정'으로 저장해두고, 필요할 때마다 클릭 한 번으로 내보내면 된다.

예를 들어 자신이 페이스북에 올리는 최적화된 내보내기 값을 알고 있다면 '페이스북용'이라는 이름의 사전 설정을 만들자. 클릭 한 번으로 바로 내보내기가 가능하다. 뿐만 아니라 라이트룸의 다양한 플러그인을 통해 페이스북에 직접 업로드하고 댓글이나 좋아요를 관리하는 것 역시 가능하다. 이렇게 사진을 관리하고 공유하며 최종적으로 배포하기까지 모든 일의 중심에 라이트룸을 사용하면 그만큼 편리하고 빠르다는 장점이 있다. 일단 이 기능들에 익숙해지면 포토샵이나 기타 프로그램의 '저장' 방식이 얼마나 불편한지 뼈저리게 느끼게 될 것이다.

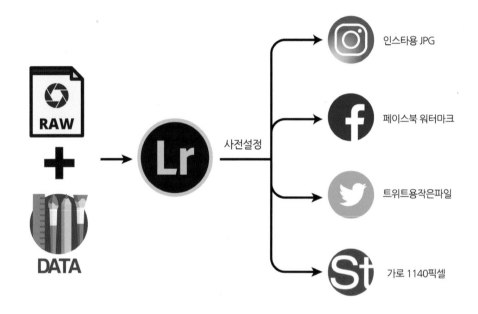

**네 번째, 지오태깅,
슬라이드쇼, 책, PDF 파일로
만들기**

앞에서 말한 3가지 이유로도 라이트룸의 내보내기가 가진 장점을 이해하기는 충분하지만, 이밖에도 사용자의 편의를 위한 소소한 기능이 준비되어 있다. GPS 데이터를 이용해 지오태깅된 사진을 지도에서 바로 볼 수 있는 기능, 정해진 포맷의 사진책 만들기, 간단한 프리젠테이션을 위한 슬라이드 쇼, PDF 파일 만들기, 웹서버가 있다면 갤러리 페이지를 생성해 웹상에 바로 공개할 수도 있는 등 다양한 기능을 제공한다. 그러나 일부 기능은 한국에서 이용하기에는 힘든 것이 사실이다.

궁금할 때 찾아보는 내보내기 옵션의 모든 것

내보내기는 라이트룸에서 사진을 완성해 최종적으로 사용하려는 목적에 맞도록 파일을 가공하는 매우 중요한 기능 중 하나다. 다양한 옵션이 있어 자신의 목적에 맞게 선택할 수 있다.

1 '라이브러리' 모듈에서 내보낼 사진을 선택한 후 마우스 오른쪽 버튼을 클릭하고 '내보내기 – 내보내기' 를 클릭한다.

2 '파일 내보내기' 대화상자가 나타난다. 자주 사용하는 중요한 부분이니 사용하는 순서 그대로 하나씩 차근차근 보기로 하자.

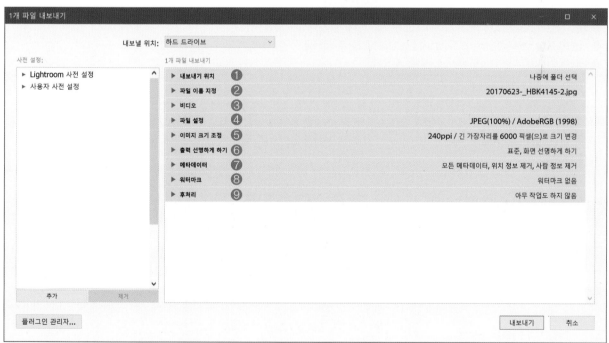

1 내보내기 위치

말 그대로 선택한 파일을 어디로 어떻게 내보낼 것인지를 설정한다. 내보낼 위치는 그때그때 달라지니 '나중에 폴더 선택'으로 해두고, 내보낼 때 저장 위치를 결정하는 게 편하다. 또 '이 카탈로그에 추가'를 선택하면 원본 사진과 내보내기 한 사진이 중복되어 헷갈리기 쉽다. 특별한 목적이 없다면 선택하지 않는 편이 좋다. '스택에 추가' 역시 선택하지 않는 것이 낫다.

❶ 내보낼 위치: 클릭하면 다양한 옵션이 나타나는데 이 중 하나를 선택하면 된다.

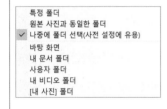

❶ 특정 폴더: 클릭하면 내보낼 위치를 선택할 수 있는 '선택' 버튼이 나타나 원하는 위치로 이동해 특정한 폴더에 저장할 수 있다. 만약 새로 폴더를 만들어 넣고 싶으면 원하는 위치로 이동한 후 '하위 폴더에 넣기'에 체크하고 빈칸에 폴더 이름을 입력하면 된다.

❷ 원본 사진과 동일한 폴더: 원본 사진이 저장된 위치에 내보내기 파일도 함께 저장된다.
❸ 나중에 폴더 선택(사전 설정에 유용): 사진을 내보내기할 때 폴더를 선택하는 창이 떠서 그때 선택할 수 있다.
❹ 윈도우 기본 폴더 중 하나를 빠르게 선택할 수 있다.

❷ 이 카탈로그에 추가: 내보낸 파일을 바로 카탈로그에도 추가해 라이브러리에서 확인할 수 있도록 하는 기능이다. 특별한 이유가 없는 한 체크하지 말자.

❸ 스택에 추가: 원본 사진에 이어진 스택 사진으로 추가하는 기능이다. '원본 사진과 동일한 폴더'에 저장할 때 '이 카탈로그에 추가'를 체크하면 활성화되며, 내보낸 사진을 원본 위에 넣을 것인지 아래에 넣을 것인지 결정하는 옵션을 제공한다.

❹ 기존 파일: 내보낼 위치에 같은 이름을 가진 파일이 있을 경우 어떻게 처리할지를 설정한다. '수행할 작업 확인'을 권한다.

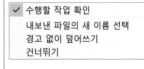

❶ 수행할 작업 확인: 중복 파일 처리 방법을 그때그때 대화상자를 통해 묻는다.
❷ 내보낸 파일의 새 이름 선택: '파일 내보내기 문제' 대화상자가 나타나 파일을 어떻게 처리할지 선택할 수 있다. '고유한 이름 사용'은 파일명이 중복되지 않도록 라이트룸에서 파일명 뒤에 자동으로 숫자 등을 붙여 다른 이름으로 저장한다. '취소'는 내보내기를 취소한다.
❸ 경고 없이 덮어쓰기: 기존 파일에 덮어써 기존의 파일을 없애고 새로운 파일로 만든다.
❹ 건너뛰기: 중복된 파일은 내보내지 않고 건너뛴다.

2 파일 이름 지정 – 파일 이름 내 맘대로 편집하기 노하우!

별 생각 없이 원본 파일 이름 그대로를 사용하는 경우가 많은데 추후 어떤 일이 벌어질지 모르기 때문에 그런 습관은 좋지 않다. 컴퓨터에서는 기본적으로 파일 이름을 이용해서 검색하니 신중하게 자신만의 규칙을 정하자. 라이트룸에서는 사진가가 파일 이름을 설정할 수 있는 매우 자세한 옵션을 제공하니 이참에 알아두면 여러모로 잘 써먹을 수 있을 것이다.

바꿀 이름: 원본 파일명을 그대로 사용할 게 아니라면 체크하자. 자주 사용되는 유형의 파일명 중 선택하거나 임의로 파일명을 만들 수 있다.

확장자: 확장자를 소문자로 할 것인지 대문자로 할 것인지 결정한다. 소문자로 지정하면 대부분 문제없다.

✔ 소문자
대문자

방법 1: 자주 사용하는 유형 중 선택하기

❶ 날짜 - 파일 이름
❷ 사용자 정의 이름 - 시퀀스
❸ 사용자 정의 이름 - 원본 파일 번호
❹ 사용자 정의 이름(x - y)
❺ 사용자 정의 이름
❻ 파일 이름 - 시퀀스
❼ 파일 이름
　편집...

❶ 촬영된 날짜와 원본 파일 이름이 함께 표기된다.

❷ 사용자가 지정한 이름과 함께 처음부터 하나씩 번호를 붙인다. 시작번호를 지정할 수 있다.

❸ 사용자가 지정한 이름과 함께 처음부터 하나씩 번호를 붙인다. 시작번호를 지정할 수 있다.

❹ 사용자가 지정한 이름과 함께 x에는 시퀀스 번호가 붙고, y에는 전체 번호가 붙는다.

❺ 사용자 정의 텍스트 안에 있는 것만 사용해 파일명을 만든다. 하나 이상의 파일을 내보내기하면 앞서 살펴본대로 다음 파일이 이미 존재한다는 경고가 뜬다.

❻ 원본 파일 이름에 시퀀스 번호가 추가된다. 시작번호를 지정할 수 있다.

❼ 원본 파일 이름과 같지만 '파일 설정'에서 설정한 확장자가 붙는다.

방법 2: 파일 이름 내 맘대로 편집하기

날짜 - 파일 이름
사용자 정의 이름 - 시퀀스
사용자 정의 이름 - 원본 파일 번호
사용자 정의 이름(x - y)
사용자 정의 이름
파일 이름 - 시퀀스
✓ 파일 이름
편집...

'파일 이름'에서 '편집'을 클릭하면 '파일 이름 템플릿 편집기'가 나타나 사용자 임의로 원하는 파일명을 만들 수 있다. 각 메뉴에 원하는 데이터값을 선택하고 '삽입'을 클릭하면 자동으로 수식이 만들어져 해당 이름으로 파일명을 저장한다. 거의 모든 데이터를 이용해서 굉장히 다양한 조합의 파일명을 만들 수 있는 데다가 일일이 파일명을 수정하는 수고를 덜어줘 유용하다.

옵션은 너무 많은데 파일명을 어떻게 정하는 게 좋을지 몰라 헷갈릴 수도 있을 것이다. 경험상 기본적으로 원본 파일의 숫자값은 반드시 넣는 게 좋은데, 나중에 사진을 보낸 사람이 숫자만 불러주면 라이트룸에서 쉽게 해당 사진을 찾을 수 있기 때문이다. 촬영날짜 역시 넣는 게 좋다. 즉 '날짜–파일 이름'을 선택하면 웬만해서는 중복되는 일이 없고 나중에 빠르게 찾을 수 있어 편리하다.

공모전이나 일부 연속된 시리즈물 같은 경우 순서에 맞도록 파일명에 시퀀스를 요구하기도 하고, 일부 전시나 기타 필요에 따라 파일명에 파일 사이즈를 파일명에 요구하기도 한다. 또 여러 명이 같이 하는 공동작업인 경우에는 촬영자의 이름을 파일명에 넣어 달라는 요구를 받기도 한다. 이럴 때 '편집' 기능을 이용하면 거의 대부분의 요구에 간단히 맞출 수 있다.

❶ **사전 설정**: 미리 정해진 사전 설정을 불러오거나 새로 만든 사진 설정을 저장한다.

❷ **예**: 아래 설정에 따라 최종 파일명이 어떻게 나타날 것인지를 미리 확인할 수 있다. 미리보기 상자를 클릭한 후 수식을 직접 입력하거나 아래쪽에 있는 '삽입' 버튼을 클릭해 추가할 수 있다. 입력했다가 지우고 싶은 옵션이 있으면 선택한 후 Delete 를 누르면 된다.

❸ **이미지 이름**: 원본 이름을 이용한 옵션을 선택할 수 있다.

❹ **시퀀스 및 날짜**: 일관된 번호를 붙이거나 날짜 표기 방법 등을 선택할 수 있다.

❺ **메타데이터**: 메타데이터에 있는 정보를 파일 제목으로 사용할 수 있는 많은 옵션들 중 선택할 수 있다.

❻ **사용자 정의**: 사용자가 임의로 이름을 입력한다.

파일 이름 템플릿 편집기   ✕

❶ 사전 설정: 파일 이름   ⌄

    ❷ 예: _HBK6043.jpg
{파일 이름»}

❸ 이미지 이름
        파일 이름   ⌄   삽입
        원본 파일 이름 ⌄   삽입

❹ 시퀀스 및 날짜
        시퀀스 번호   ⌄   삽입
        날짜 (YYYY)   ⌄   삽입

❺ 메타데이터
        제목   ⌄   삽입
        치수   ⌄   삽입

❻ 사용자 정의
        사용자 정의 텍스트   삽입

                              완료   취소

예: 7360 x 4912HAKBONG Kwon6043.jpg

{치수»}{작성자»}{파일 이름 숫자 접미어»}

사진의 가로세로 픽셀 치수가 입력되고, 작성자 본인의 이름 뒤에 원본 파일의 넘버가 붙도록 만든 파일명이다.

3 파일 설정

파일 포맷과 색상 공간을 결정하는 매우 중요한 부분이다. 어떤 설정이 좋고 나쁜 게 아니라 어디에 어떻게 사용하는지, 즉 사용 목적에 따라 결정해야 한다는 것을 잊지 말자.

❶ **이미지 형식:** JPG나 PSD 파일 등 내보낼 이미지 형식을 결정한다. 사진 이미지를 내보내는 가장 일반적인 방법은 손실압축 포맷인 JPEG로 내보내는 것이다. 무손실 압축 포맷에 비해 매우 작은 용량을 가지고 있지만 품질을 조정하면 원본에 가까운 품질로 만들 수도 있다.

❷ **품질:** 품질 0이 가장 낮은 화질이며, 가장 작은 파일을 만든다. 품질 100은 거의 원본에 가까운 고품질의 화질을 만들지만, 가장 큰 용량의 파일이 된다.

❸ **색상 공간:** 색역을 결정한다. 일반적인 용도로 많이 사용되는 sRGB뿐만 아니라 보다 넓은 Adobe RGB, 더욱 넓은 Pro Photo RGB 등을 선택할 수 있다. 고해상도 영상에 많이 사용되는 DCI-P3 색역으로도 내보내거나 사용자가 만든 인쇄 프로파일 등도 적용할 수 있다. (색역 249쪽 참고)

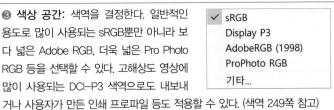

❹ **다음으로 파일 크기 제한:** 체크하면 '품질'에서 설정한 값은 무시되며 지정한 용량 그대로의 파일을 만든다. 정확한 용량의 사진 파일을 만들 때 사용되는데 그리 자주 쓰는 기능은 아니다. K의 의미는 킬로바이트다.

4 이미지 크기 조정

흔히 '리사이징 작업'이라고 하는데, 라이트룸에서는 리사이징을 해서 저장하는 게 아니라 원하는 크기를 지정해 내보내면 된다. 예전에 리사이징 알고리듬의 성능이 부족할 때는 직접 여러 번에 걸쳐 작은 크기로 만들어야 좋은 품질을 가진 작은 사진 파일을 만들 수 있었지만, 요즘은 굳이 일일이 그런 작업을 하지 않아도 되니 굉장히 편해졌다.

❶ **크기 조정하여 맞추기:** 체크하지 않으면 원본의 가로세로 픽셀값 그대로를 파일로 만들어 내보낸다. 체크하면 다음과 같은 옵션이 나타나 선택할 수 있다.

❶ 너비 및 높이
❷ 치수
❸ 긴 가장자리
❹ 짧은 가장자리
❺ 메가픽셀
❻ 백분율

❶ 너비 및 높이: 사진 비율을 유지한 상태에서 픽셀에 맞는 크기를 우선으로 출력한다.

예를 들어 너비 800, 높이 600으로 설정하면 가로사진은 가로를 기준으로 너비 800, 높이 534로 출력된다. 높이가 600이 되면 비율을 유지하기 위해 너비가 800보다 더 커지기 때문이다. 같은 이유로 세로사진이라면 높이 600, 너비 400인 사진이 만들어진다. 반대로 너비 600, 높이 800으로 설정한다면 같은 이유로 왼쪽처럼 출력된다.

❷ 치수: 너비값인지 높이값인지, 사진의 비율이 어떻든지 간에 설정값으로 적용한다. 단 어느 쪽이든 설정값보다 커지지 않도록 비율에 따라 최대치에 이른 값으로 출력한다.

예를 들어 600×800으로 설정했다면 정사각형 사진인 경우에는 짧은 쪽을 기준으로 수치값이 적용된다. 하지만 가로든 세로든 어느 한 변이 짧은 쪽 기준에 미달하더라도 최대값인 800에 가깝다면 짧은 쪽의 기준에 못 미치더라도 그대로 출력된다.

❸ 긴 가장자리/짧은 가장자리: 사진의 비율로 봤을 때 긴 쪽이나 짧은 쪽을 기준으로 정해진 픽셀로 출력한다는 말이다. 즉 세로사진이든 가로사진이든 긴 축을 기준으로 할 것인지 짧은 축을 기준으로 할 것인지만 결정하면 나머지는 비율에 맞게 자동으로 출력해준다.

긴 가장자리를 800으로 했을 때

짧은 가장자리를 600으로 했을 때

❹ 메가픽셀: 비율을 유지하면서 사진의 총 픽셀 개수로 사진을 내보내는 방법
이다.
예를 들어 2메가픽셀이라고 한다면 사진에 총 200만 개의 픽셀을 가진 것
으로 보통 2:3 비율의 사진인 경우 1155×1731픽셀의 사진이 된다. 곱하면
1,999,305가 나와 거의 200만에 가깝다. 당연하겠지만 비율에 관계없이 면적
으로 보면 거의 같은 사진을 만든다.

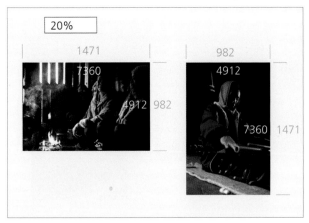

사진 내 숫자는 원본 파일의 크기다.

❺ 백분율: 비율을 유지한 채 이미지 가로세로 픽셀의 백분율로 리사이즈하는 기능이다. 예를 들어 가로세로 1000픽셀의 이미지를 20%로 내보내면 가로세로 200픽셀의 사진이 만들어진다.

❷ 확대 안 함: 체크하면 설정한 크기가 원본보다 클 때 인위적으로 사진을 더 크게 키우는 작업을 하지 않는다. 사진의 용량을 키우는 작업은 아무런 의미가 없기 때문에 대부분 체크해두는 것이 좋다.

❸ 픽셀(단위): '크기 조정하여 맞추기'에서 선택한 옵션이 단위를 가질 경우 활성화된다. 예를 들어 '너비 및 높이'를 선택한다면 입력한 숫자값의 단위를 픽셀, 인치, cm 중 정할 수 있다.

❹ 해상도: 1인치당 가로 한 줄의 픽셀이 몇 개인지를 결정한다. 크기를 픽셀 단위로 맞춘다면 크게 의미가 없는 부분인데, 해상도를 얼마로 하든 설정한 가로로 픽셀 크기값을 가진 사진으로 만들어주기 때문이다.
예를 들어 가로세로 800×600픽셀로 내보내기를 했다면 해상도를 72로 하든 300으로 하든 사진은 완벽하게 동일하다. 하지만 포토샵 같은 일부 소프트웨어에서는 실제 크기를 중심으로 하기 때문에 해상도를 300으로 한 사진을 훨씬 더 작게 보여줄 것이다.
해상도가 큰 의미를 가지는 경우가 있기는 하다. 내보내기 시 단위가 픽셀이 아닌 인치나 cm처럼 실제 크기를 기준으로 한 경우다. 가로 10인치의 사진에서 해상도를 72로 설정하면 가로 픽셀이 720픽셀이 되겠지만, 해상도를 300으로 했을 경우 가로 픽셀은 3000픽셀이 된다.

5   출력 선명하게 하기

출력한 사진에 추가로 샤픈값을 줄 것인가, 준다면 어떻게 줄 것인가를 사용 용도에 따라 구분해 선택할 수 있다. 인터넷이나 모니터로 볼 때의 샤픈값을 조정하는 화면이 있고, 매트용지와 광택용지에 최적화된 샤픈값을 저, 표준, 고 3단계로 선택할 수 있도록 했다. 샤픈값이 의미가 없는 DNG나 원본을 선택하면 비활성화된다.

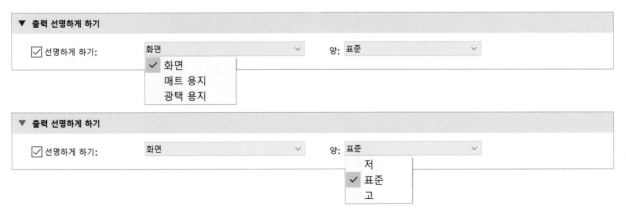

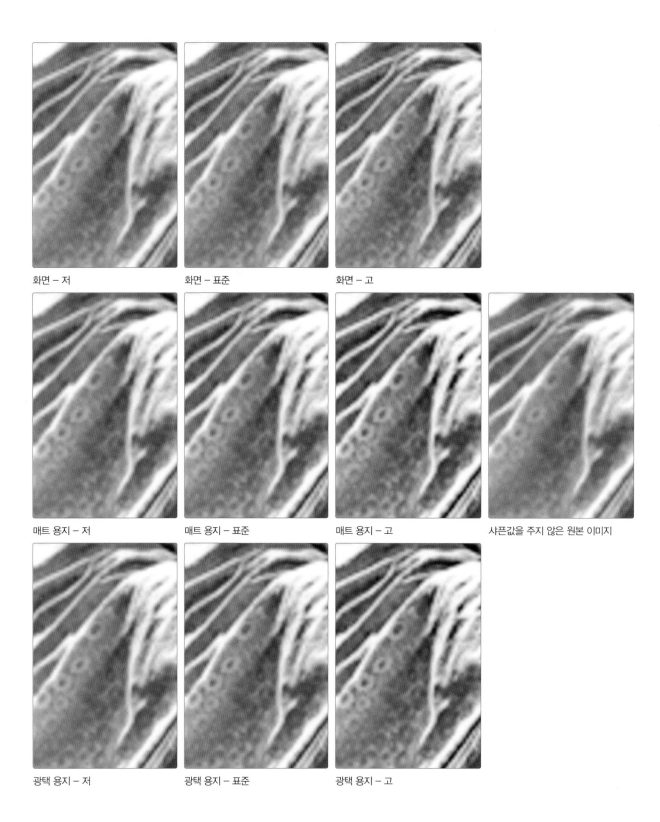

화면 – 저

화면 – 표준

화면 – 고

매트 용지 – 저

매트 용지 – 표준

매트 용지 – 고

샤픈값을 주지 않은 원본 이미지

광택 용지 – 저

광택 용지 – 표준

광택 용지 – 고

6　메타데이터

메타데이터란 카메라에서 생성된 각종 정보를 말하는데, 라이트룸에서 작성한 키워드나 제목 같은 IPTC 정보도 포함된다. 어떤 카메라를 사용하고, 어떤 렌즈를 이용했으며, 조리개, 셔터스피드, ISO 같은 기본 촬영 데이터부터 GPS 지오테깅한 위치 정보와 연락처, 사진가에 대한 정보 등 사진에 대한 모든 정보를 내보내는 파일에도 포함시킬 것인지를 설정할 수 있다. '포함'에서 해당 정보가 있을 때만 나머지 옵션들이 활성화된다.

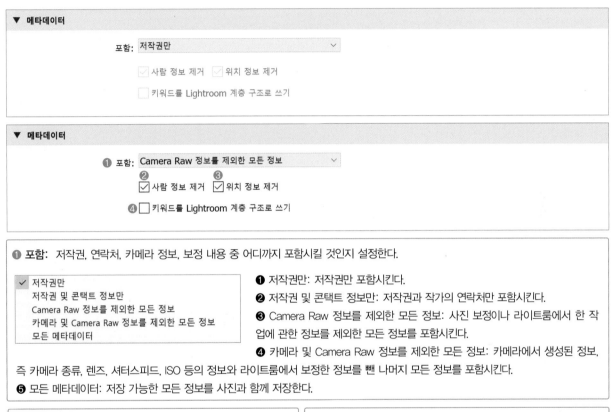

❶ 포함: 저작권, 연락처, 카메라 정보, 보정 내용 중 어디까지 포함시킬 것인지 설정한다.

✓ 저작권만
　 저작권 및 콘택트 정보만
　 Camera Raw 정보를 제외한 모든 정보
　 카메라 및 Camera Raw 정보를 제외한 모든 정보
　 모든 메타데이터

❶ 저작권만: 저작권만 포함시킨다.
❷ 저작권 및 콘택트 정보만: 저작권과 작가의 연락처만 포함시킨다.
❸ Camera Raw 정보를 제외한 모든 정보: 사진 보정이나 라이트룸에서 한 작업에 관한 정보를 제외한 모든 정보를 포함시킨다.
❹ 카메라 및 Camera Raw 정보를 제외한 모든 정보: 카메라에서 생성된 정보, 즉 카메라 종류, 렌즈, 셔터스피드, ISO 등의 정보와 라이트룸에서 보정한 정보를 뺀 나머지 모든 정보를 포함시킨다.
❺ 모든 메타데이터: 저장 가능한 모든 정보를 사진과 함께 저장한다.

❷ 사람 정보 제거: 얼굴 인식을 통해서 습득된 사진 내의 사람, 즉 모델이나 피사체에 관한 정보를 포함시키지 않는다.

❸ 위치 정보 제거: GPS 지오테깅으로 저장된 위치 정보를 포함시키지 않는다.

❹ 키워드를 Lightroom 계층 구조로 쓰기: 키워드 계층을 라이트룸에서 정한 규칙대로 사진 파일에 포함시킨다.

7 워터마크

사진에 워터마크를 자동으로 삽입해주는 기능이다. 인터넷이나 공개된 장소에 업로드할 때 필요에 따라 선택할 수 있다. 단순히 글자로만 이루어진 워터마크를 만들 수도 있고, 미리 준비된 그림 파일을 이용해도 된다. (나만의 도장 워터마크 412쪽 참고)

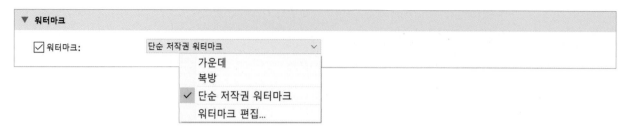

8 후처리

파일을 내보낸 후의 동작을 어떻게 할 것인가를 결정한다. 내보낸 파일을 자동으로 특정 프로그램에서 열거나, 내보낸 폴더가 바로 나타나도록 할 수 있다.

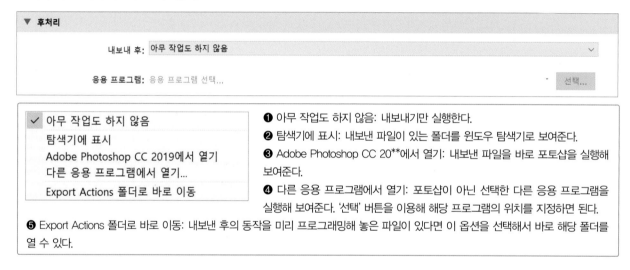

❶ 아무 작업도 하지 않음: 내보내기만 실행한다.

❷ 탐색기에 표시: 내보낸 파일이 있는 폴더를 윈도우 탐색기로 보여준다.

❸ Adobe Photoshop CC 20**에서 열기: 내보낸 파일을 바로 포토샵을 실행해 보여준다.

❹ 다른 응용 프로그램에서 열기: 포토샵이 아닌 선택한 다른 응용 프로그램을 실행해 보여준다. '선택' 버튼을 이용해 해당 프로그램의 위치를 지정하면 된다.

❺ Export Actions 폴더로 바로 이동: 내보낸 후의 동작을 미리 프로그래밍해 놓은 파일이 있다면 이 옵션을 선택해서 바로 해당 폴더를 열 수 있다.

귀찮은 내보내기 과정을 클릭 한 번으로
끝내는 프리셋 만들기

웹용으로 내보낼 때마다 매번 이런 작업을 거쳐야 한다면 몹시 귀찮을 것이다. 프리셋으로 등록해두면 원할 때마다 꺼내 쓰기만 하면 된다. 자주 이용하는 사이트의 특성에 따라 만들거나 즐겨 쓰는 사진 크기 몇 가지를 만드는 등 필요한 만큼 만들 수 있다.

1 프리셋(사전 설정) 등록하기

내보내기의 모든 세팅이 완료된 후 왼쪽의 '사전 설정'에서 '추가' 버튼을 클릭한다. '새 사전 설정' 대화상자가 나타나면, '사전 설정 이름'과 저장할 '폴더'를 설정한다.

이름은 최대한 알기 쉽게 입력하는 게 좋다. 기본적으로 '사용자 사전 설정' 폴더가 나타나는데, '새 폴더'를 선택하면 폴더를 새로 만들 수 있다. 웹용으로 사용하는 내보내기가 하나 이상일 것 같으면 '웹용모음'이라는 폴더를 만들어주자.

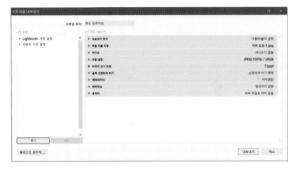

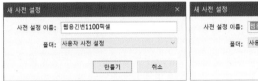

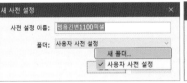

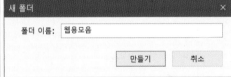

2 프리셋 확인/제거하기

프리셋에 등록된 것을 확인할 수 있다. 삭제하고 싶다면 프리셋을 선택한 후 아래에 있는 '제거'를 클릭한다.

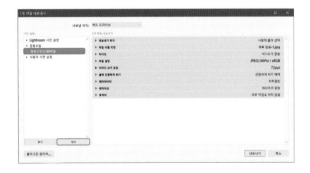

3 프리셋 사용하기 Ctrl + Shift + E

이제 만든 프리셋을 사용해보자. 내보내고 싶은 사진을 선택한 후 '파일 메뉴 - 내보내기'를 클릭한다. 또는 내보내려는 사진을 마우스 오른쪽 버튼으로 클릭한 후 '내보내기'에 마우스 포인터를 올리면 프리셋이 자동으로 나타나는데 여기서 바로 선택해도 된다. '내보내기' 대화상자가 나타나면 프리셋을 선택한 후 '내보내기' 버튼을 클릭하면 끝이다.

웹용 내보내기 인스타그램, 페이스북, 인터넷 사이트

인스타그램, 페이스북 혹은 자신이 좋아하는 커뮤니티 등에 올리는 대부분의 사진을 위한 내보내기 세팅이다. 사용 용도가 많은 만큼 내보내기를 잘 만들어두면 두고두고 편하게 사용할 수 있다. 선택 옵션에서 언급하지 않은 부분은 따로 건드릴 필요가 없으니 그냥 넘어가면 된다.

▶ YouTube   [포토샵 라이트룸 Q&A] 포토샵과 라이트룸을 함께 사용할 때 어디서 웹용 JPG파일을 만드나요?
                 [포토샵 라이트룸 Q&A] 포토샵에서 다단계 리사이즈가 꼭 필요한가에 대한 허와 실에 대해서 알아보자

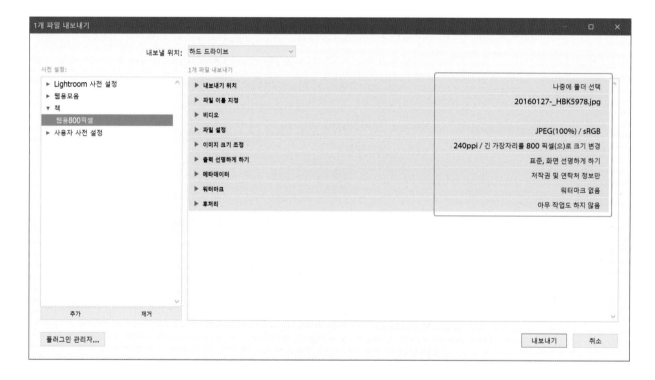

메뉴	옵션	옵션 선택 이유
내보내기 위치	나중에 폴더 선택	인터넷에 올리는 사진의 종류와 위치가 너무 다양하니 내보내기를 할 때 선택하는 것이 여러모로 편리하다.
파일 이름 지정	날짜 – 파일 이름	날짜와 파일 이름이 있으면 원본을 찾는 데 거의 문제가 없으니 활용하자. 인터넷에 올라가는 파일이기 때문에 어떻게든 원본 파일명이 남을 수 있으니 이름 같은 개인정보가 들어있지 않도록 하는 것이 좋다.
파일 설정	JPEG: 품질 100 색상공간: sRGB	누가 어떤 환경에서 볼지 알 수 없고, 업로드하는 인터넷 서버 역시 알 수 없으므로 가장 대중적인 JPEG를 선택하자. 품질이 100에 가까우면 거의 원본에 가까운 화질을 보여준다. 대부분의 사람들이 sRGB 색공간에서 컴퓨터를 사용하고 있으니 sRGB로 내보내는 것이 좋다. 더 넓은 Adobe RGB 같은 것도 있지만 전문가용 모니터가 아니라면 사진 색이 이상하게 보이는 원인이 될 수 있다.
이미지 크기 조정	크기는 어디에 올릴지에 따라서 다양하게 선택하면 된다. 하지만 해당 사이트 혹은 서버의 최대 사진 크기보다 작게 올린다.	내 사진이 좀 더 좋고 크게 보이게 하고 싶은 것은 누구나 원하는 바다. 하지만 서버의 지정된 파일 크기보다 크게 올리면 서버에서 처리하는 저품질 알고리듬에 따라 크기가 자동으로 조정돼 화질이 많이 떨어진다. 큰 사진인데도 뭔가 이상하게 보이는 건 대부분 이런 이유다. 대부분의 사이트가 최대 이미지 크기, 혹은 최적의 크기를 공지하고 있으니 찾아서 맞추자.
출력 선명하게 하기	화면: 표준	사진이 작아지면 약간 뭉개진 것처럼 보이게 되는데, 샤픈을 조금 주면 대부분의 문제가 사라진다. '화면'에서 '표준'을 선택하면 예전에 했던 다단계 리사이즈와 비교해도 화질이 떨어지지 않는다.
메타데이터	저작권 및 콘택트 정보만	인터넷에 올린 내 사진이 어디를 어떻게 돌아다닐지 모른다. 하지만 누군가가 촬영자를 찾거나 저작권에 관해 살펴보고자 한다면 가장 먼저 파일에 포함된 메타데이터를 찾아볼 것이다. 따라서 이 정도 정보만 있어도 사진을 사용하려는 사람이 내게 연락할 수 있다. 연락처는 주로 이메일 같은 것을 사용하자.

전문 디자이너가 있는 곳으로 내보내기
신문사, 출판사, 기업

전문 디자이너가 있을 것이라 생각되는 곳은 신문사, 출판사, 기업처럼 내 사진을 2차, 3차 용도로 사용하고자 하는 곳일 것이다. 따라서 이 경우에는 대부분 담당 디자이너가 사진을 다시 리사이즈하거나 목적에 맞도록 재가공한다. 최대한 고품질을 유지하면서 컴퓨터에 부담이 되지 않는 파일 크기로 만들어주는 것이 좋다.

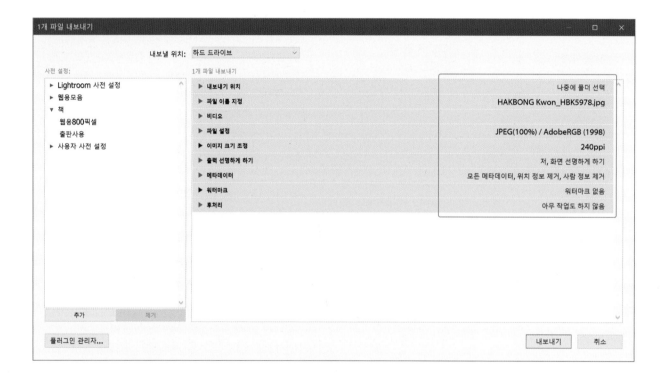

메뉴	옵션	옵션 선택 이유
내보내기 위치	나중에 폴더 선택	상황이 어떻게 바뀔지 모르니 내보내기를 할 때 선택하는 것이 여러모로 편리하다.
파일 이름 지정	작성자 – 원본 파일 이름	이런 곳에는 대부분 담당자가 수없이 많은 파일을 관리할 것이다. 따라서 파일명만 봐도 누구 사진인지 알 수 있도록 작성자의 이름을 넣는 것이 좋다. 더불어 원본 파일의 이름을 추가하면 전화 통화만으로도 쉽게 어떤 사진인지 금방 찾아 소통할 수 있다.
파일 설정	JPEG: 품질 100 색상공간: Adobe RGB	특별한 요구가 없다면 JPEG 포맷이 좋다. 최대한 좋은 품질인 100으로 만들고, 색상 공간의 경우 요청 사항이 따로 없다면 더 넓고 전문적인 Adobe RGB로 하는 것이 좋다. 담당 디자이너가 필요에 따라서 색역을 바꾸어 사용할 것이기 때문에 좁은 색역보다 넓은 색역으로 주는 것이 좋다.
이미지 크기 조정	크기 조정하여 맞추기 체크 해제	담당 디자이너가 있기 때문에 리사이즈 같은 사소한 문제는 필요에 따라 쉽게 작업할 것이다. 어디에 사용할지 모르니 원본 크기로 보내는 것이 다양한 활용에 좋다. 더불어 사진의 원본이 가진 디테일을 디자이너가 알 수 있기 때문에 보다 적절한 곳에 활용될 것이다.
출력 선명하게 하기	화면: 저	JPEG로 변화되면서 약간의 디테일 손실이 발생하기 때문에 '선명하게 하기'는 화면으로 고르고, 양은 '저'로 약하게 해서 보내는 것이 좋다.
메타데이터	모든 메타데이터 사람 정보 제거 위치 정보 제거	메타데이터가 필요할지도 모르고, 굳이 활용하지 않는다고 하더라도 이미 서로 연락처를 알고 있는 상황이라 추후 문제가 될 게 별로 없다. 따라서 모든 메타데이터를 제공해도 된다. 단, 모델 등 피사체의 사람에 대한 정보는 또 다른 개인정보 문제이기 때문에 제거하는 것이 좋고, 위치 정보도 여러 가지 가능성을 생각하면 제거하는 편이 낫다고 생각한다.

작은 사이즈로 출력하기 국내 인화업체

여기서 말하는 인화업체는 비교적 작은 사이즈의 사진을 인화 대행해주는 업체, 사진 전문가가 아닌 일반인을 대상으로 하는
업체를 말한다. 따라서 작품용이나 전시용으로 출력되는 사진 전문업체와는 매우 다른 세팅이 필요하다.

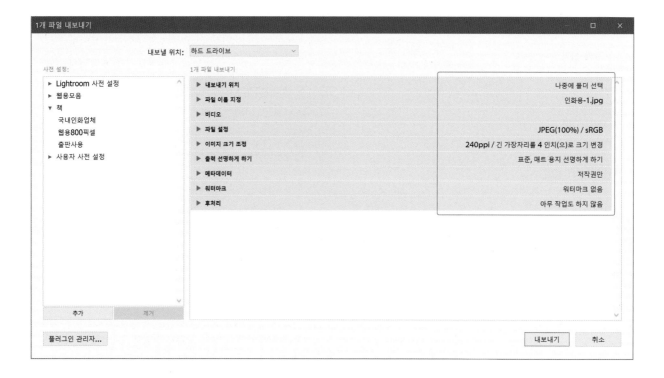

메뉴	옵션	옵션 선택 이유
내보내기 위치	나중에 폴더 선택	필요에 따라 폴더를 만드는 것이 좀 더 직관적이기 때문에 내보내기를 할 때 선택하는 것이 여러모로 편리하다.
파일 이름 지정	사용자 정의 이름-시퀀스 예) 태안워크샵-1.jpg	이런 업체에서는 사진 파일이 자동으로 인화기에 들어가 세팅된 대로 처리되니 굳이 사람이 알아보기 편리한 파일 이름이 필요하지는 않다. 하지만 나중에 관리와 인화했던 기억을 돕기 위해서 특정 이름을 지어주는 것이 좋다. 특히 시퀀스를 붙여두면 몇 장인지 바로 알 수 있어 편리하다.
파일 설정	JPEG: 품질 100 색상공간: sRGB	대부분의 인화업체에서 JPEG가 표준이다. 사진의 품질을 위해서 최대인 100으로 설정한다. 색상공간은 일반적으로 sRGB를 사용하기 때문에 대부분의 고객에 맞추어 sRGB에 최적화해 놓았을 것이다. 따라서 sRGB로 맞추자.
이미지 크기 조정	딱 맞는 크기로 한다	대부분의 인화 사이트를 살펴보면 크기별로 인화에 최적화된 파일 사이즈를 공개하고 있다. 주문하기 전에 어떤 크기가 몇 픽셀인지 메모해두었다가 최대한 정확한 사이즈로 만들어서 업로드하자. 크게 보내봤자 알고리듬 소프트웨어로 자동 리사이징당해 품질만 떨어진다.
출력 선명하게 하기	매트용지: 표준	화면에서 보는 것과 비슷한 느낌의 선명한 사진을 만들려면 '매트 용지'를 선택하고 샤픈값을 '표준' 정도로 주는 것이 일반적으로 좋은 결과를 가져온다. 인화는 디지털 픽셀이 아니기 때문에 픽셀과 픽셀이 칼같이 나누어지지 않는다. 그래서 약간의 샤픈값을 주는 것이 화면에서 보는 듯한 매끄러운 느낌을 만든다.
메타데이터	저작권만	인쇄할 때 한 번 사용하고 폐기될 파일이기 때문에 많은 정보를 담아서 보낼 필요가 없다. 하지만 만의 하나 어떻게 새어 나갈지 모르니 저작권 표기에 게을러서는 안 된다.

전문가용으로 출력하기 전시용, 고품질 인화

만약 작품전시를 위해 대형인화를 한다거나, 소장용으로 사진 출력 전문업체에 방문해서 출력할 용도라며 품질이 무엇보다
중요하다. 따라서 많은 것을 희생하더라도 양보할 수 없는 최상의 품질로 내보내는 방법을 알아보자.

메뉴	옵션	옵션 선택 이유
내보내기 위치	나중에 폴더 선택	역시 내보내기를 할 때 선택하는 것이 여러모로 편리하다.
파일 설정	TIFF 압축: ZIP 색상공간: Adobe RGB 비트 심도: 16 비트	사진에 관한 한 모든 면에서 가장 훌륭한 포맷인 TIFF를 사용하자. 단 하나의 단점이라면 용량이 큰 것뿐이다. 조금이나마 파일 크기를 줄이고 싶다면 무손실 압축인 ZIP을 선택하면 된다. 색상공간은 사진에 최적화된 Adobe RGB를 선택하고, 높은 계조 연속성을 유지하기 위해 비트심도는 16비트를 골라 주면 된다.
이미지 크기 조정	크기 조정하여 맞추기 체크 해제	원본 크기 이상의 화질이 나올 수 없기 때문에 '크기 조정하여 맞추기' 체크박스를 해제한다. 소프트웨어로 더 크게 만든 파일은 용량만 차지할 뿐이다.
출력 선명하게 하기	선명하게 하기 체크 해제	원본 화질에 최대한 가깝게 보존하려면 인위적인 샤픈을 줄 필요가 없다. 필요하다면 출력소 기사가 자신의 기기에 딱 맞게 세팅된 값으로 알아서 조정할 것이니 원본을 100% 살리는 데만 집중하면 된다.

집에서 직접 인쇄하기 인쇄 모듈

라이트룸에서는 강력한 인쇄기능을 지원한다. 인쇄를 원하는 사진을 선택하고 '인쇄' 모듈을 선택하면 바로 인쇄 가능한 모드로 전환되며, 사진 전용 프로그램인 만큼 색상 프로파일을 사용할 수 있고 다양한 출력이 가능한 옵션을 제공한다.

라이트룸에 연결된 프린터기로 바로 인쇄할 수 있는 기능이 '인쇄' 모듈이다. 하지만 이 기능을 전문적으로 활용하기에는 여러 가지 제약이 있을 수밖에 없다. 우선 작품을 출력할 목적으로 사용하는 전문 대형 프린터기인 플로터는 일관되고 정확한 색상의 고품질 출력물을 목적으로 하는 전용 립(RIP) 소프트웨어를 사용하는 게 훨씬 편하기 때문이다. 또한 이 정도 수준의 인쇄를 하려면 관련된 전문지식과 경험이 많이 필요하다. 아마도 라이트룸에서 '인쇄' 모듈을 이용해서 출력하는 용도는 가정에서 간단히 사용하거나 대략적으로 한번 출력해서 느낌을 가늠해보는 정도일 것이다. 작품 수준의 출력물을 원한다면 사진을 전문으로 취급하는 출력 스튜디오를 알아보고, 가정용 앨범 등을 만들 목적이라면 인터넷으로 주문하는 디지털 인화업소를 이용하기를 추천한다.

1   사진을 선택해서 '인쇄' 모듈로 전환하기

라이브러리 모듈에서 인쇄할 사진을 선택한 후 '인쇄' 모듈을 클릭한다. 인쇄를 진행할 '인쇄' 모듈의 작업화면이 나타난다.

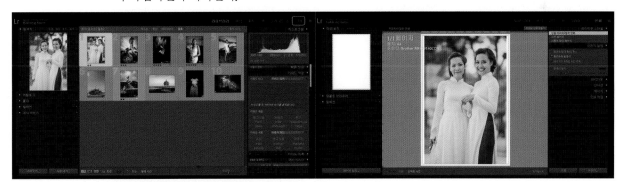

2   '레이아웃 스타일' 패널

라이트룸의 인쇄 모듈은 3가지의 스타일을 제공한다. 여기서는 일반적인 사용자들이 가장 많이 사용하는 '단일 이미지/밀착 인화'에 대해서 알아보자.

❶ **단일 이미지/밀착인화**: 한 장의 이미지를 최대 크기로 인쇄하는 데 최적화되어 있다.
❷ **사진 패키지**: 용지 한 장에 여러 장의 사진을 인쇄하는 기능이다. 주로 증명사진을 명함판, 반명함판처럼 한 용지에 여러 가지 사이즈로 인쇄하는 경우 사용한다.
❸ **사용자 정의 패키지**: 사용자가 만든 레이아웃을 이용해 한 장의 용지에 여러 장을 인쇄하는 기능이다.

❶ 단일 이미지 기본 패널

❷ 사진 패키지 기본 패널

❸ 사용자 정의 패키지 기본 패널

3 '이미지 설정' 패널

프린트할 때 용지에 사진 크기를 맞추는 방법을 설정한다.

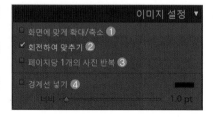

❶ **화면에 맞게 확대 /축소:** 자동으로 화면에 딱 맞도록 확대하거나 축소해 꽉 채운다.

❷ **회전하여 맞추기:** 가로세로에 상관없이 최대 크기로 인쇄될 수 있 도록 회전시킨다.

❸ **페이지당 1개의 사진 반복:** 사진이 반복될지를 결정한다. '레이아 웃'의 페이지 격자를 사용할 때 활성화된다.

❹ **경계선 넣기:** 사진의 테두리를 넣는다.

4 '레이아웃' 패널

사방 여백이나 각 셀의 크기 등 인쇄 레이아웃을 설정한다.

❶ 눈금자 단위: 밀리미터나 센티미터, 인치 등으로 선택할 수 있다.
❷ 여백: 용지 여백을 설정한다. 기본값은 여백 없이 사진 최대 크기로 인쇄된다.
❸ 페이지 격자: 행과 열로 페이지를 나누어 여러 장의 사진을 한 용지에 인쇄하거나 '이미지 설정'에서 '페이지당 1개의 사진 반복'이 체크된 경우 해당 격자만큼 이미지가 반복된다.
❹ 셀 간격: 페이지 격자의 간격을 조정한다.
❺ 셀 크기: '페이지 격자'에서 선택한 최대 크기로 기본 설정되며, 셀 크기를 축소할 수 있다.
❻ 정사각형 유지: 체크할 경우 셀 간격을 자동으로 조정해 셀 모양이 정사각형이 되도록 조정한다.

5 '안내선' 패널

세팅을 도와주는 안내선이나 눈금자 등을 표시하거나 감출 수 있다. 실제로 인쇄가 되는 것은 아니다.

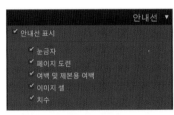

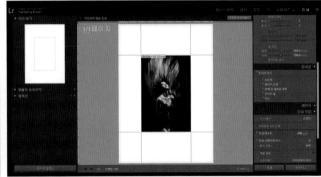

6 '페이지' 패널

배경색, 식별판, 워터마크, 페이지 번호 등 모든 페이지에 공통으로 출력할 것들을 선택한다.

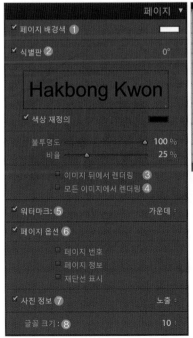

❶ 페이지 배경색: 페이지 여백에 색상을 인쇄한다.
❷ 식별판: 식별판을 인쇄할 것인지를 결정한다. 각도와 불투명도, 비율을 선택할 수 있다.
❸ 이미지 뒤에서 렌더링: 식별판을 사진의 뒤에 있는 것처럼 인쇄하려면 선택한다.
❹ 모든 이미지에서 렌더링: 모든 이미지 위에 식별판이 인쇄된다.
❺ 워터마크: 워터마크를 사진에 인쇄하려면 선택한다.
❻ 페이지 옵션: 페이지 번호, 페이지 정보, 재단선 표시 등을 선택할 수 있다.
❼ 사진 정보: 사진 정보를 인쇄한다. 파일 이름부터 다양한 정보를 선택할 수 있다.
❽ 글꼴 크기: 사진 정보의 글꼴 크기를 결정한다.

7 '인쇄 작업' 패널

해상도, 용지 유형, 색상 프로파일 등 프린터와 관련된 옵션을 설정한다.

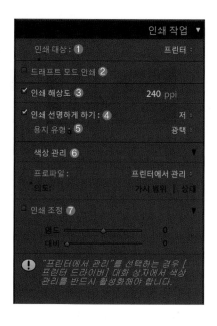

❶ **인쇄 대상**: 프린터 혹은 JPEG 파일 중 선택할 수 있다.
❷ **드래프트 모드 인쇄**: 빠른 미리보기 인쇄를 선택할 수 있다. 테스트용으로 빨리 출력해볼
   때 적합하다. 이미지 품질은 그다지 좋지 않으며, 기타 인쇄 옵션을 선택할 수 없다.
❸ **인쇄 해상도**: 일반적으로 인쇄 해상도는 '300ppi'로 설정해주는 것이 좋다.
❹ **인쇄 선명하게 하기**: 저, 표준, 고 중 선택한다.
❺ **용지 유형**: 광택용지나 매트용지 중 선택한다.
❻ **프로파일**: 색상 프로파일을 어디서 관리할지를 결정한다.
❼ **인쇄 조정**: 명도와 대비 슬라이드로 인쇄될 사진을 조정할 수 있다.

레이아웃 만들어 인쇄하기

한 장을 최대 크기로 인쇄하는 것은 사진을 선택하고 '인쇄' 모듈을 클릭한 후 '인쇄하기'를 클릭하는 것으로 충분하다. 여기서는 여러 장의 사진을 원하는 레이아웃으로 만들어 인쇄하는 방법을 알아보자.

1   라이브러리 모듈에서 인쇄할 사진들을 선택한다.

2   '인쇄' 모듈을 클릭한다. '레이아웃 스타일' 패널에서 '사용자 정의 패키지'를 클릭한다. 이때 필름 스트립 패널을 활성화시켜 놓으면 편하다.

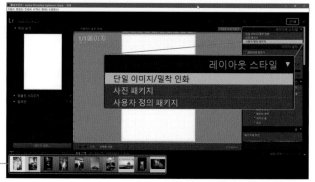

3 레이아웃 만들기

'셀' 패널을 클릭한다. 첫 번째 55×91 사이즈 버튼을 4번 클릭해 4장의 사진틀을 준비한다. 사이즈는 나중에 바꿀 수 있으니 편하게 작업하자.

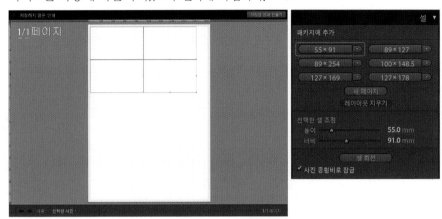

4 사진 크기 편집하기

셀을 원하는 위치로 옮기고 크기를 조정한다. 셀을 클릭하면 사방에 조정핸들이 나타나는데, 이때 드래그하면 쉽게 크기를 조정할 수 있다. 셀을 마우스 오른쪽 버튼으로 클릭하면 현재 할 수 있는 다양한 옵션이 나타난다.

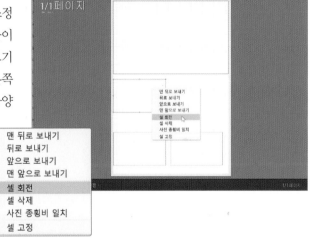

5 위치를 잡을 때 도움이 되는 스냅 활성화시키기

'눈금자, 격자 및 안내선' 패널에서 '격자'를 클릭한다. 사진을 나란히 정렬할 수 있어 깔끔한 레이아웃이 가능하다. 셀을 기준으로 하려면 '셀'을 선택하면 된다.

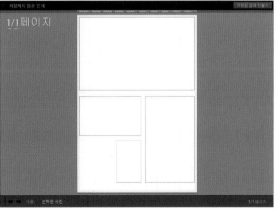

6 사진 넣기

이제 레이아웃이 끝났으니 필름 스트립에서 원하는 사진을 드래그해 각 셀로 넣어주면 된다. 이때 '셀' 패널의 '사진 종횡비로 잠금'을 해제해야만 사진의 종횡비에 맞춰 셀이 변형되는 것을 막을 수 있다.

7 사진 테두리 편집하기

'이미지 설정' 패널에서 사진의 테두리나 내부 획 등을 결정한다. 여기에서는 테두리를 적용하지 않았다.

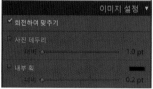

8 배경 넣기

'페이지' 패널에서 '페이지의 배경색'을 클릭한 후 원하는 배경색을 선택한다. 여기서는 검정색으로 선택했다.

9 식별판 추가하기

'페이지' 패널에서 '식별판'에 체크하면 식별판 이미지가 미리보기 화면에 나타난다. 드래그해서 위치를 잡아준다.

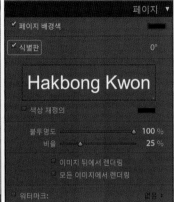

10 식별판 크기 조정하기

'페이지' 패널에서 비율을 조정해 크기를 조정해준다.

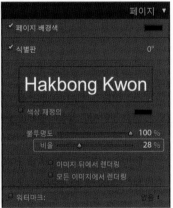

11 인쇄하기

작업화면 오른쪽 맨 아래에 있는 '인쇄' 버튼을 클릭하면 인쇄가 진행된다. 내 프린터 기종에 따른 옵션값을 지정하고 인쇄를 진행하면 된다.

나만의 도장, 워터마크 제작하기

사진을 웹상에 공유하려고 맘먹었다면 이 사진이 상상도 하지 못할 곳까지 흘러간다고 생각해야 한다. 일부 저작권 의식
이 희박한 나라로 흘러가서 무단도용되는 경우도 심심치 않게 발견되며, 모든 메타데이터를 삭제하는 경우도 있다. 워터마
크를 단다고 이런 일을 완전히 막을 수는 없지만, 어떤 경우든 일단 저작권에 대한 확실한 표시를 해두는 것은 매우 중요
하다. 사진을 통해 광고 효과를 얻을 수도 있으니 웹으로 공유할 때 워터마크는 필수다.

그래픽 스타일 워터마크   텍스트 스타일 워터마크

텍스트 스타일의 워터마크 만들기

1 워터마크 제작하기

사진을 마우스 오른쪽 버튼으로 클릭한 후 '내보내기'를
선택한다. '내보내기' 대화상자가 나타나면 '워터마크'를
클릭한다. '워터마크'를 클릭해 체크한 후 '워터마크 편
집'을 클릭한다.

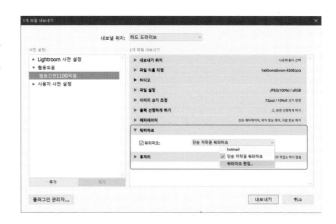

2 '워터마크 편집기'가 나타난다.

❶ **미리보기 창**: 워터마크가 실제로 어떻게 보일지를 미리 볼 수
있다.

❷ **워터마크 스타일**: 글자로 만들 것인지, 만들어진 그래픽 파일
로 할 것인지를 결정한다.

❸ **옵션**: 워터마크의 각종 효과를 적용한다.

❹ **내용 입력 창**: 여기에 워터마크의 내용을 입력하고 편집한다.

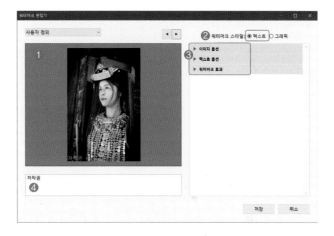

3 내용 입력하기

'워터마크 스타일'에 '텍스트'가 선택되어 있는지 확인
한 후 내용 입력 창에 원하는 문구를 입력한다. 일반
적으로 사용되는 문구는 'Copyright 2016. (이름) all
rights reserved'다. 우리나라의 경우 저작권 표기에
정해진 규칙이 없는 무방식주의이므로 크게 상관없지
만, 미국의 경우 정해진 형식을 지키는 것이 좋다. 미국
국적자가 아니라면 국내법이 적용되기 때문에 크게 의
미는 없지만, 이왕 적는 김에 전 세계 누가 봐도 분명하
게 하는 것이 좋다. 저작권을 나타내는 Copyright와
저작권 발행연도를 기록한다. 저작연도는 처음 발행일
만 적으면 된다.

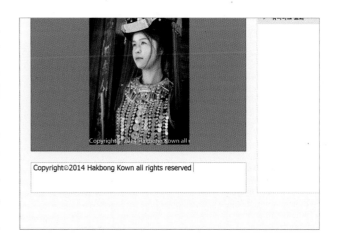

Copyright©2016 Hakbong Kown all rights reserved

4 입력한 문구 편집하기

입력한 문구의 글꼴과 스타일, 정렬방법, 색상을 선택할 수 있다. 그림자를 선택하면 조금 더 눈에 잘 띈다. 취향껏 적용하자.

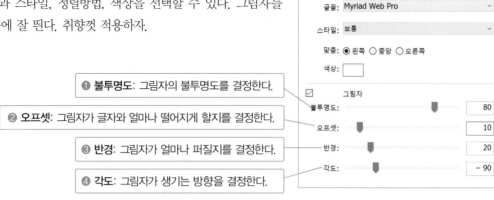

❶ **불투명도**: 그림자의 불투명도를 결정한다.

❷ **오프셋**: 그림자가 글자와 얼마나 떨어지게 할지를 결정한다.

❸ **반경**: 그림자가 얼마나 퍼질지를 결정한다.

❹ **각도**: 그림자가 생기는 방향을 결정한다.

5 텍스트 워터마크 효과 적용하기

사진에 워터마크가 어떻게 보이게 할 것인지를 설정한다.

❶ **불투명도**: 워터마크의 불투명도를 결정한다.
❷ **크기**
  – 비율: 워터마크의 크기를 비율로 결정한다.
  – 맞춤: 워터마크가 잘리지 않도록 맞춘다. 일반적으로 '맞춤'을 선택하면 된다.
  – 채움: 워터마크가 세로로 꽉 차도록 한다.
❸ **삽입**
  – 수평: 가로로 얼마나 꽉 채울 것인가를 결정한다.
  – 수직: 세로로 어느 정도 높이에 표시할 것인가를 결정한다.
❹ **기준**: 워터마크가 어디를 기준으로 할 것인가를 결정한다.
  한가운데는 사진의 정 중앙을 의미하며, 각 점은 상하좌우의 꼭지점이다.
❺ **회전**: 워터마크를 회전시킬 때 적용한다.

6 워터마크 저장하기

다 되었으면 '저장' 버튼을 클릭한다. '새 사전 설정' 대화상자가 나타나면 워터마크의 이름을 입력하고 '만들기'를 클릭하면 새로운 워터마크가 만들어진다.

그래픽 스타일의 워터마크 만들기

1 '워터마크 편집기'에서 스타일을 '그래픽'으로 선택
하면 미리 만들어둔 그림 파일을 불러와 워터마크로
사용할 수 있다. 그림 파일을 만들 때는 바탕이 투명한
png 파일 포맷을 추천한다.

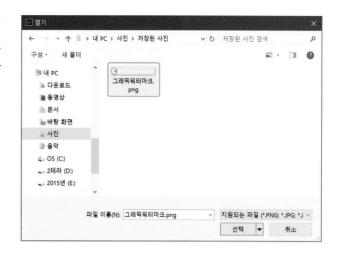

2 그래픽 워터마크 효과 적용하기

파일을 불러오면 워터마크 효과만 활성화된다. 효과 옵
션은 텍스트와 같으므로 적당한 값으로 조정해 원하는
워터마크를 만든 후 '저장'을 클릭한다.

3 워터마크 적용하기

'내보내기' 대화상자의 '워터마크'에서 만들어둔 워터마
크를 선택하면 된다.

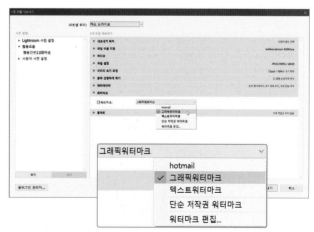

BOOK2
사진분야별
리터칭시크릿

피에로 만조니는 말했다.

"예술작품을 완성시키는 것, 그리고 작품의 진품 여부를 보장하는 것은 작가의 사인이다.
따라서 작가가 사인을 하면 그것은 곧 예술작품이 된다.
나는 여인의 몸에 사인을 함으로써 그녀를 창조한 예술가가 되고, 그녀는 나의 작품이 된다."

〈살아 있는 조각〉이라는 작품에서 만조니가 모델에게 서명을 했다.
이렇게까지 전위적일 필요는 없지만 적어도,
그는 자신의 작품을 완성한다는 일의 중요성에 대해서는 알고 있는 듯하다.

Landscape
풍경

보정 분야

자연

거리

파노라마

흑백사진

01

나도 풍경사진을
잘 찍고 싶다

▶ YouTube

[스트로비스트 코리아 – 포토샵/라이트룸 독자 게시판 – 마스터 클래스]
포토샵 라이트룸 사진보정 강의, 풍경사진 감성 색감 표현하기
포토샵 라이트룸 사진보정 강의, 색감 너머 아득한 풍경
포토샵 라이트룸 사진보정 강의, 원근을 표현하는 풍경사진
포토샵 라이트룸 사진보정 강의, 사실적 풍경의 묘사

아무리 잘 찍고 싶어도 하늘의 별을, 관광지의 사람들을, 도시의 불빛을, 태양을 사진가 맘대로 다룰 수는 없는 일이다. 최대한 촬영한 후 후반작업을 통해 촬영 당시 어쩔 수 없었던 이런 부분들을 보정하는데, 이때 포토샵의 스택모드는 사진의 품질을 개선시키는 데 큰 도움이 된다.

사전 정보 입수와 사전 정찰은 필수다

좋은 풍경사진을 얻기 위한 첫 번째 방법은 그 장소를 잘 아는 것이다. 대부분의 풍경사진이 여행이나 촬영 목적의 방문 등 정보의 제약이 많은 상황에서 이루어진다. 따라서 낯선 곳이라면 촬영 전에 그 장소에 대한 정보를 최대한 많이 아는 것이 무엇보다 중요하다. 구글 맵 위성사진을 보면 그 장소에 대한 대략적인 느낌이나 접근 가능한 동선을 파악하기 쉽다. 가능하다면 스트리트 뷰 같은 다양한 기능을 이용해 현장의 분위기를 미리 알고 가자.
또 TPE 앱을 이용하면 일출, 일몰, 월출, 월몰 시간에 대한 중요한 정보도 쉽게 알 수 있다. 촬영 장소에 도착한 후에는 가능한 한 주변을 많이 둘러보아야 한다. 사전에 알아본 최고의 장소와 새로 발견할 수 있는 자신만의 장소를 비교해 둘러보는 것이 좋다. 가장 아름다운 빛으로 촬영할 수 있는 일출, 일몰 전후 시간대에 최적의 장소에 있고 싶다면 부지런해야 한다.

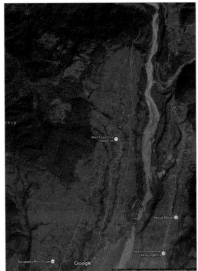
구글 지도

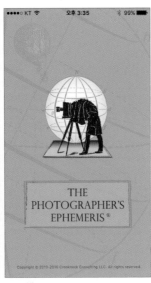
TPE 앱

TPE 지도

촬영 계획을 세워라

풍경사진에서 하늘과 대지의 노출 차이는 항상 문제가 된다. 대부분 하늘이 대지의 노출보다 크기 때문에, 극복할 수 있는 다양한 방법을 강구해야 한다. 렌즈 그러데이션 필터에 비해 브래킷 촬영 후에 보정을 하는 쪽이 더 좋은 결과를 얻을 수 있지만, 대상의 움직임이 없는 경우에만 가능하다는 한계가 있다. 상황에 따라 결정해야 한다. 기술적인 결함을 최소화하고 싶다면 가능한 한 여러 장으로 촬영한 후 포토샵의 스택모드를 이용해 하나로 합쳐 큰 사진을 만드는 방법이 있다.

끈질기게 늘어져라

풍경은 날씨에 따른 빛의 변화에 가장 민감하게 반응한다. 날씨가 금방 바뀌지는 않지만 태양의 움직임은 생각보다 빠르며, 보통 최적의 시간대라고 말하는 일몰 일출의 30분이 끝나 모두 다 내려갔을 때 개성적이고 흥미로운 풍경이 펼쳐지기도 한다. 자신이 목적한 사진을 촬영했다고 하더라도 시간이 허락하는 한 최대한 끈질기게 기다려라.

Photographed: Vincent Pravost(France)

사전 정보 입수와 사전 정찰은 필수다

좋은 풍경사진의 절대적 조건 중의 하나인 날씨는 사진가의 마음대로 움직여주지 않는다. 같은 풍경이라도 가장 오랫동안 하나의 풍경을 촬영한 사진가가 가장 멋진 풍경사진을 얻을 수 있다. 따라서 멋진 풍경이지만 날씨나 시간 때문에 완벽하지 않다면 언제든지 재방문해서 촬영할 수 있다는 마음가짐을 가지는 것이 중요하다. 언제 누가 더 좋은 조건에서 촬영할 수 있을지는 시간문제이기 때문이다.

Photographed: Vincent Pravost(France)

피해야 할 풍경사진

아름답지만 너무 많이 촬영되어 식상해진 풍경이 있다. 비슷한 날씨, 비슷한 빛의 조건, 비슷한 각도에서 내가 또 촬영한다는 게 무슨 의미가 있을까. 유명한 풍경일수록 새로운 시도가 필요하다. 사진 안에 새로운 물체를 포함시켜 다른 느낌을 표현할 수 있도록 항상 마음을 열어 놓자.

02 풍경사진을 보정할 때의
주의점과 주요 기능들

풍경만큼 다양한 보정기술과 방법 그리고 취향이 존재하는 장르도 드물다. 그만큼 수없이 많은 방법론과 호불호가 갈리는 장르이기도 하다. 그만큼 자신만의 새로운 느낌이나 개성을 실험해 보기도 좋다. 하지만 현실감을 잃어버리는 보정을 할 경우 거부감을 불러일으킬 수도 있다는 점에 주의하자.

사진의 목적을 생각하자 | 풍경도 하나의 주제를 가진 통일된 분위기가 필요하다. 하나의 사진 안에 너무 많은 것을 표현하려고 하면 사진의 힘은 반감된다. 웅장함을 강조하거나 화려함 또는 디테일을 강조할 수는 있어도 모든 것을 다 강조해버리면 아무것도 보이지 않는다.

과도한 보정 vs 소극적인 보정 사이 | 과도한 보정은 사진의 현실성을 떨어뜨리며, 현실성이 훼손되면 신뢰할 수 없는 사진 즉, 실제로는 없는 풍경처럼 보일 수 있다. 이렇게 되면 사진의 주제와 상관없이 설득력을 잃어버리기 쉽다. 반대로 소극적인 보정은 사진가가 촬영 당시 느꼈던 느낌을 제대로 전달할 수 없다. 따라서 이 두 극단을 피할 수 있는 적절한 보정의 감을 익히는 것이 중요하다.

시선을 끌어가는 라인을 찾아라 | 좋은 풍경은 시선을 밖에서 안으로 끌어들이며 주제와 부제 간의 호흡이 조화롭다. 풍경을 촬영할 때도 중요한 부분이지만, 보정할 때도 시선을 주제와 부제로 이어주는 길을 찾아 강조해줘야 한다.

클리핑과 계조를 활용하자 | 풍경사진은 자연을 담는 만큼 사진의 색감과 명암의 손실이 가장 큰 장르다. 이런 상황에서도 우리 눈으로 보는 것처럼 느껴지도록 하려면 계조의 활용이 매우 중요하다. 섬세하게 잘 조정된 클리핑은 풍경사진을 더욱 돋보이게 만드는 중요한 기본이다.

보정할 때의 대표적인 실수, 색감 처리! | 과도한 색감 처리는 사진을 비현실적으로 만든다. 좋은 방법이 있다. 보정을 마친 후 눈을 30분 정도 쉬게 한 후 다시 한 번 확인하는 습관을 갖자. 우리 눈은 상황에 적응하기 때문에 조금씩 조금씩 보정하다 보면 자칫 과도하거나 부족해질 수 있다. 또 하늘의 미세한 구름처럼 부족한 계조를 억지로 끌어내다 보면 명도에 계단현상이 발생하기 쉽다. 기본적인 부분이니 놓치지 말자.

사전 정보 입수와 사전 정찰은 필수다

1. 비네팅(342쪽)
사진의 주변부로 갈수록 어두워지는 현상으로 렌즈에서 발생하며 라이트룸에서 가감할 수 있다.

3. 닷징, 버닝(219쪽)

부분적인 명암을 추가하거나 뺄 때 사용하며, 풍경을 더 흥미롭게
만들거나 통일감을 주기 위해 활용한다.

4. 조정 브러시(216쪽)

주로 그러데이션 툴이 효율적이지 못한 작은 공간에 사용되며, 그러
데이션 툴처럼 노출부터 색감까지 거의 대부분의 부분 보정에 활용
된다.

5. 그러데이션 툴(192쪽)

풍경에서 가장 많이 사용하는 기능인데, 수평선이나 하늘처럼 직선
적으로 선택되는 부분이 많아서 그렇다. 노출과 색감 등 거의 모든
부분에 활용된다.

Nikon D810 24~70 f2.8, ISO400, 70mm, f4.5, 1/200s

메콩강 중류 지역인 라오스 훼이사이에는 중국 윈난성에서 내려온 물자가 태국과 라오스로 가는 중요한 수로 중 하나라고 한다. 물이 적어지는 건기에는 대형선박이 뜨지 못하지만 그렇지 않은 계절에는 중국과 라오스, 태국을 오가는 국제적 내륙항이기도 하다.

03

필요 없는 대상을 제거하는
가장 간단한 방법(포토샵)

흐린 날이나 비오는 날 촬영을 하면 콘트라스트가 낮아 자칫 밋밋한 사진이 되기 쉽다. 가끔 구름으로 인한 부드러운 조명으로 매우 인상적인 사진이 만들어지기도 하는데, 당연히 매번 이렇게 운이 좋을 수는 없다. 따라서 노출과 색감을 조정해 표현하고자 하는 느낌을 뚜렷하게 나타낼 수 있다면 더욱 흥미를 끄는 사진이 될 것이다.

1 포토샵을 실행한 후 파일을 불러 온다.

예제사진
BOOK2\메콩강의일몰

완성사진
BOOK2\메콩강의일몰 완성

2 툴박스에서 다각형 선택 툴을 클 릭한 후 수정할 부분을 선택한다.

3 '편집 메뉴 – 내용 인식 채우기'를 클릭한다. 포토샵이 자동으로 녹색 샘플링 영역을 잡아 분석한 후 선택한 부분을 최대한 자연스럽게 채워준다. 오른쪽에 작업결과를 미리 볼 수 있는 '미리보기' 창이 나타난다. 보면서 결과가 마음에 들지 않으면 '내용 인식 채우기' 패널에서 조정할 수 있는데, 대부분 기본값을 사용하면 된다.

❺ 미리보기 화면을 축소하거나 확대하는 슬라이드

❶ 내용 인식 샘플링 영역을 브러시로 칠해서 추가하거나 뺄 수 있는 브러시 툴

❷ 선택한 영역을 추가하거나 뺄 수 있는 올가미 툴

❸ 화면을 이동하는 손바닥 툴

❹ 화면을 확대하거나 축소하는 돋보기 툴

내용 인식 채우기

☑ 샘플링 영역 표시

❻ 보정에 사용할 샘플링 영역을 조정한다.

∨ 샘플링 옵션

불투명도: 50%

색상: ⬜   표시: 샘플링 영역 ∨

❼ 채우기 방법을 선택한다. 대부분 '기본값'을 사용하면 무리가 없다.

∨ 채우기 설정

색상 적용: 기본값 ∨
회전 적용: 없음 ∨

☐ 비율   ☐ 뒤집기

∨ 출력 설정

❽ 보정 후 결과를 어떻게 내보낼지 선택한다.

출력 위치: 새 레이어 ∨

확인   취소

4 출력 위치

여기서는 출력 위치를 '새 레이어'로 했기 때문에 선택한 부분을 채우기한 내용이 새로운 레이어로 만들어진다. 원본 사진에 바로 적용하기를 원한다면 '현재 레이어'를 선택한다.

'새 레이어'를 선택하면 수정된 부분만 새 레이어로 추가된다.

'레이어 복제'를 선택하면 수정 결과가 적용된 전체 사진이 새 레이어로 추가된다.

'현재 레이어'를 선택하면 바로 원본 사진이 수정된다.

참고

만약 사진이 '배경' 레이어라면 Delete 를 눌러보자. '칠' 대화상자가 나타나면 '내용'에서 '내용 인식'을 선택해 바로 이 기능을 적용할 수 있다. 단, 이렇게 하면 패널이 따로 나타나지는 않는다.

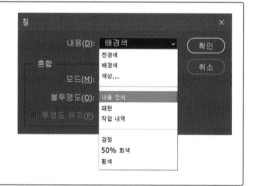

Nikon D810 24-70 f2.8, ISO 64, 34mm, F5.0, 1/320s

아직 자연의 아름다움을 간직하고 있는 라오스의 시골 마을에서는 보트가 자동차나 오토바이의 역할을 대신하기도 한다. 고요한 우강을 달리는 모터보트는 생각보다 엄청난 속도로 달리기 때문에 목가적인 풍경을 상상하고 간다면 실망을 금치 못할 수도 있다. 컬러를 좀 더 극적으로 만들고, 오른쪽의 배경을 늘인 결과다.

하늘의 푸른색을 강조해 강렬한 색상 대비를 만든다.

주제 부분인 보트와 사람의 부분 디테일을 조금 더 올린다.

녹색을 좀 더 강조해 전체적인 3색 톤의 패턴을 강조해준다.

메콩강 특유의 황토 빛 물색으로 표현한다.

필요한 부분을 늘이는
가장 자연스러운 방법(포토샵)

사진의 구도나 사용 용도에 따라 연속되는 풍경의 외곽이 모자라 아쉬울 때가 많은데, 이럴 때 외곽 부분을 자연스럽게 덧붙여 원하는 구도를 만들거나 프레임을 좀 더 자유롭게 쓸 수 있는 방법이 있다. 원하는 부분을 자연스럽게 늘이되, 같이 늘어나면 안 되는 부분을 지키는 방법에 주의해서 보자.

1 포토샵을 실행한 후 파일을 불러온다.

예제사진
BOOK2\긴꼬리배

완성사진
BOOK2\긴꼬리배 완성

2 '배경' 레이어를 더블클릭해 일반 레이어로 바꾼다. '새 레이어' 대화상자가 나타나면 '확인'을 클릭하면 된다.

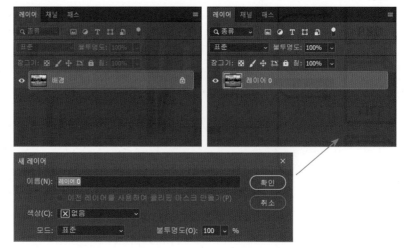

3 원하는 프레임 사이즈 정하기(캔버스 크기 늘이기)

'이미지 메뉴 – 캔버스 크기'를 클릭한 후 '캔버스 크기' 대화상자가 나타나면 원하는 캔버스 크기를 정한다. 여기서는 가로가 긴 2:1 와이드 비율이 되도록 77.89에서 100으로 변경했다. 배가 가는 앞쪽인 오른쪽을 늘일 것이라 기준을 왼쪽 점으로 찍었다. 오른쪽에 여분이 있는 캔버스가 만들어진다.

4 이미지 보호영역 만들기

올가미 툴을 이용해 이미지 비율에 민감한 사람이나 자동차 같은 물체, 즉 크기가 늘어나지 않고 고정되어야 할 부분을 선택한다.

5 새로운 알파채널로 등록하기

보호영역을 알파채널로 저장한다. '선택 메뉴 – 선택 영역 저장'을 클릭한다. '선택 영역 저장' 대화상자가 나타나면 '보호영역'이라고 이름을 입력한 후 '확인'을 클릭한다. 레이어 팔레트의 '채널' 탭을 클릭하면 영역이 저장된 것을 확인할 수 있다.

6 선택 상태 해제하기 Ctrl + D

알파채널로 저장했으니 선택영역 안쪽
을 올가미 툴로 클릭해 선택 상태를 해
제한다.

7 보호영역 설정하기

'편집 메뉴 – 내용인식 비율'을 클릭한
다. 이미지 사방에 크기를 조정할 수 있
는 조정 핸들과 옵션바가 나타난다. 옵
션바에서 '없음'을 클릭한 후 앞서 저장
해둔 알파채널인 '보호영역'을 선택한다.

8 이미지 늘이기

조정 핸들을 드래그해 원하는 만큼 좌
우로 늘여준다. 다 되었으면 옵션바의
'확인'을 클릭하거나 이미지 안쪽을 더
블클릭한다. 가운데 인물 부분은 고정
되고, 그 외 배경만 늘어나 자연스럽게
완성된다.

9 같은 방법을 이용하면 인레 호수에서 고기를 잡는 어부의 보트를 럭셔리 리무진처럼 길게 표현하는 것도 가능하다. 간단하니 해보자. 보호영역을 좌우에 만들어주고 길게 늘리기만 하면 된다.

10 매우 긴 보트를 타고 고기잡이를 하는 어부의 사진이 완성되었다. 물론 이런 작업은 연습 삼아 재미로 한번 해보는 것일 뿐이지만 뭐든지 재밌으면 빨리 배울 수 있으니 그것으로 충분하다. 이것저것 여러 사진을 가지고 연습해보자.

Canon 5D Mark2, 24~70 f2.8, ISO 100, 59mm, f8.0 1/400

푸른 초원 위를 뛰어노는 반 야생마들을 보는 것은 언제나 흥미롭다. 둥부 몽골은 넉넉한 품들로 이번 여름에는 종은이 삼계를이 실체를 수 있을 것 같은 생각이 들었다. 멋진 구름과 무리에서 떨어져 나온 두 마리의 말들이 만들어 놓은 풍경이 인상적이다.

하늘의 색온도를 살짝 조정해
풀들과 대비되도록 한다.

살짝 기울어진 수평선을 맞춘다.

노출 차이로 구름의 대비와
디테일이많이 손실되었다.

전체적으로
비네팅 효과를 준다.

주제인 말들의
디테일과 대비를
높여준다.

풀에 그러데이션을
주어 입체감을 강조한다.

라이트룸에서 풍경사진을 드라마틱하게 만드는 전체 과정을 실습해보자. 지금까지 배운 내용들을 이용하면 어렵지 않게 멋진 풍경사진을 만들 수 있다. 자연스러운 풍경사진으로 만들되, 시선을 끌어당기는 힘을 잃지 않도록 해야 한다. 이 사진의 경우 시선을 화면 안으로 안내할 특별한 사물이 없으니 화면 아래쪽 풀들을 그러데이션 처리해 입체감을 유도한다. 전체적으로 하늘과 땅의 대비를 생각해서 노출의 차이를 보완하고, 색감을 조정해 다채롭게 보이도록 한다.

예제사진
BOOK2\초원의말

완성사진
BOOK2\초원의말 완성

`Lightroom` **1단계: 라이트룸에서 기본 보정하기**

최대한 데이터를 살리면서 보정할 수 있도록 클리핑 후 최종 결과물의 느낌을 고려하여 밝은 영역과 어두운 영역, 노출과 대비를 조정한다. 사진의 기울기를 조정하거나 크롭할 부분이 있으면 이 단계에서 정리한다.

1   클리핑 – 흰색 계열, 검정 계열

원본 사진의 계조를 최대한 확보해야 어떤 보정을 해도 좋은 결과를 얻을 수 있다. 따라서 어떤 사진이든 클리핑은 보정의 첫 시작이다. 현상 모듈의 '기본' 패널에서 흰색 계열과 검정 계열을 조정해 클리핑한다. `Alt`를 누른 채 슬라이드를 드래그하여 처음 나타나는 흰점이나 검은 점을 찾는다.
(흰색 계열 +31, 검정 계열 −21)

05

드라마틱한
풍경사진 만들기

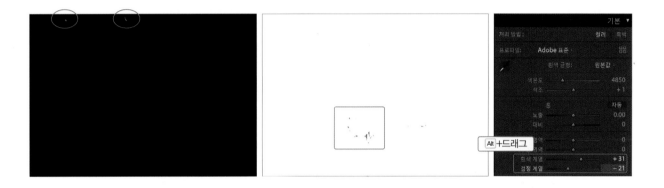

2   밝은 영역과 어두운 영역 조정하기

이 사진의 경우 구름이 차지하는 비율과 느낌이 중요하니 구름의 느낌을 살릴 수 있도록 밝은 영역과 어두운 영역을
조정한다. (밝은 영역 −100, 어두운 영역 +29)

3 기울기 보정하기

사진이 살짝 기울어져 있으니 바로잡아 보자. 오버레이 자르기 툴을 선택한 후 '각도'를 클릭하고 바로 잡아야 할 수평선을 그려준다. 시작점을 클릭한 채 마우스 버튼에서 손을 떼지 말고 그대로 이동한 후 끝점에서 손을 떼면 된다. 마우스에서 손을 떼자마자 보정이 적용된다. 다 되었으면 이미지 안쪽을 더블클릭하거나 '완료'를 클릭한다. 다시 하려면 Esc 를 누른다.

Lightroom **2단계: 하늘 부분 보정하기**

1 하늘의 노출 보정하기

하늘이 많이 밝기 때문에 살짝 어둡게 해 땅과의 노출을 적당히 맞춘다. 멋진 구름이 부각될 수 있도록 대비를 강조하자. 그러데이션 툴로 하늘 부분을 선택한다. 다 선택했으면 '노출'과 '밝은 영역'의 값을 줄여준다. 대비를 강조하기 위해 '검정 계열'을 적당히 줄이고, '대비'와 '부분 대비' 값을 올린다. (노출 −0.65, 밝은 −48, 검정 −20, 대비 47, 부분 대비 48)

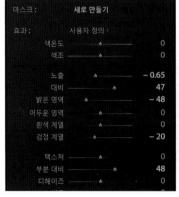

2   구름의 밝은 부분과 어두운 부분 강조하기 – 닷지, 번

조정 브러시 툴을 이용해 구름의 밝고 어두운 부분을 강조한다. '효과'를 '닷지 또는 번'으로 선택한 후 구름 속의 밝거나 어두운 부분을 칠해주면 된다. 브러시 크기는 Ⓘ, Ⓘ로 조정하며 작업한다.

Lightroom **3단계: 하늘 부분 보정하기**

1   땅 부분 노출 보정하기

땅 부분은 하늘보다는 상대적으로 살짝 어두우니 좀 더 밝게 노출을 보정한다. 또 시선을 사진 중심으로 유도하는 매개체가 없으니 그러데이션 처리로 자연스럽게 주제인 말에 집중할 수 있도록 만든다. 그러데이션 툴로 땅 부분을 선택한 후 노출값을 올려준다. (노출 +0.33)

2 바닥 그러데이션 효과 주기

사진 맨 아래 부분부터 서서히 어두워질 수 있도록 그러데이션 툴을 이용해 영역을 선택한다. 노출을 낮춰 아래쪽으로 갈수록 어두워지게 조정한다. (노출 −0.70)

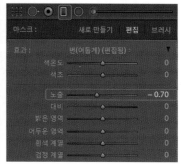

Lightroom **2단계: 하늘 부분 보정하기**

1 사진 중심에 있는 말이 이 풍경에 힘을 실어주는 주제 부분이므로, 디테일을 강조하고 대비를 증가시켜 강조한다. 조정 브러시 툴을 클릭한다. '부분 대비'를 살짝 올리고, 이 영향으로 조금 어두워지는 것을 방지하기 위해 '노출'도 살짝 올린 후 말 부분을 칠해준다. (노출 0.22, 부분 대비 34)

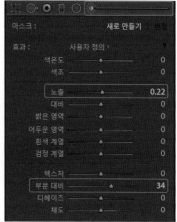

전체적으로 흐트러진 클리핑을 다시 한 번 만져주고, 색온도를 조정한 후 비네팅을 살짝 추가해 밋밋해질 수 있는 풍경을 돋보이게 만든다.

1 다시 한 번 클리핑하기

보정 과정 중 바뀌었을 계조를 정리하기 위해 다시 한 번 클리핑해준다. 여기서는 약간 어두워졌으므로 '흰색 계열'만 조정했다. 정답은 없다. 이미지의 변화를 보면서 슬라이드로 조정해가며 표현하고 싶은 느낌을 찾으면 된다. (흰색 계열 +59)

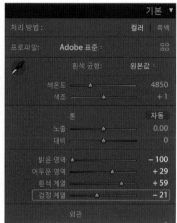

2 색온도 조정하기

사진에 무채색이 있으면 그것을 기준으로 색온도를 정확히 잡을 수 있으나, 이 사진에는 기준이 될 만한 물체가 없으니 사진을 보며 적당히 조정한다. (색온도 5200, 색조 0)

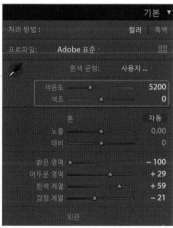

3 구름 부분의 색감 조정하기

전체적인 색감이 따뜻한 계열로 살짝 넘어갔으니 색감을 조정하자. 구름과 땅의 대비를 강조하기 위해 그러데이션 툴을 이용해 차가운 계열의 색으로 살짝 조정해준 후 풍경에 힘을 실어주기 위해 구름의 대비를 조금 더 높여준다. (색온도 -8, 색조 12, 대비 25)

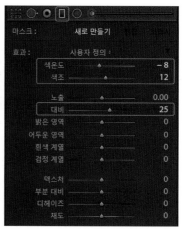

4 비네팅 추가하기

'효과' 패널에서 비네팅을 추가해 주변부를 살짝 어둡게 만들면 완성이다. (양 -10)

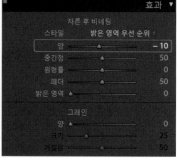

442

풍경사진의 자유도

풍경사진은 생각보다 자유로운 장르이기 때문에 너무 현실의 틀에 박히지 말고 다양한 시도를 통해서 자유롭게 표현해보는 것도 좋다. 촬영한 사진을 인상파 화가 '마네'의 작품과 비슷한 느낌의 색감으로 보정해보았다. 다양한 종류의 그러데이션 툴을 이용해 원본과 다른 분위기의 사진을 만들었는데, 라이트룸의 비파괴 방식이라는 특성 덕분에 많은 효과가 중첩되어도 화질의 열화가 일어나지 않는다.

Before_ 높은 데이터와 계조의 흐름이 깨어지지 않도록 HDR 작업을 한 풍경사진이다. 이렇게 HDR로 만든 사진은 보정에서 많은 자유도를 준다.

After_ 풍경에서의 색감과 대비는 굉장히 자유롭다. 자연에서 벌어진 사건을 충실하게 재현하는 것도 중요하지만, 이렇게 작가의 의도가 개입된 풍경 역시 자신의 스타일을 알아가는 중요한 방법일 수 있다.

담푸스 마을에서 바라본 안나푸르나의 산들이다. 삼각형 모양으로 웅장한 마차푸차레 봉우리는 안나푸르나보다 훨씬 더 가까이 있기 때문에 더욱 주목을 끈다. 오래전 빙하로 깎여 만들어진 웅장한 마차푸차레 봉우리는 안나푸르나보다 훨씬 더 가까이 있기 때문에 더욱 주목을 끈다. 오래전 빙하로 깎여 짐어지고 겪어서 올라와 담푸스 마을을 이룬 이름다운 풍경이 담푸스 마을을 이름 타고 오를 수가 있어 고생이 덜 이룰었다.

산등선의 대비를 강조해
사진이 탁해 보이지 않도록 한다.

맑은 아침이기 때문에
하늘의 분위기가 밋밋하다.

대기의 분산효과 때문에
멀리 있는 만년설의 봉우리가
선명하게 보이지 않는다.

전경의 나무를 더 강조해
원근감을 살린다.

집들의 디테일을 강조해
가까운 느낌을 준다.

흑백사진 만들기는 쉬우면서도 어렵다. 단순히 컬러를 없애는 것만으로는 아름다운 느낌을 전할 수 없기 때문이다. 앤설 애덤스는 높은 대비와 마치 적외선사진 같은 검은 하늘을 즐겨 사용하는데, 이런 느낌을 살려서 보정해보자.

앤설 애덤스(Ansel Easton Adams, 1902~1984)는 미국의 국립공원인 요세미티를 촬영한 풍경사진으로 유명한 사진작가다. 독특하고 강렬한 느낌의 흑백사진으로 작업된 앤설 애덤스의 사진은 요세미티의 상징 중 하나이며 개성 있는 후반작업의 대표적 작품이다. – photo by J. Malcolm Greany(wikipedia)

1단계 라이트룸 기본 보정

클리핑(162쪽)
밝은 영역/어두운 영역(168쪽)
노출(175쪽)
얼룩 제거 툴(324쪽)

2단계 흑백사진 만들기

하늘과 땅의 노출을 맞춘다.
구름의 색감을 강조한다.

3단계 그러데이션 툴로 부분 강조하기

설산과 하늘이 만나는 부분. 마을이 있는 낮은 산 부분을 보정한다.
풀에 그러데이션 처리를 한다.

4단계 조정 브러시로 닷징, 버닝하기

어둠 속에 있는 밝음은 더욱 밝게, 밝음으로 둘러 싸인 어둠은 더 어둡게 처리해 대비를 강조한다.
대비를 증가시킨다.

5단계 마무리 보정하기

– 클리핑
– 비네팅(342쪽)

예제사진
BOOK2\담푸스마을

완성사진
BOOK2\담푸스마을 완성

06

깊이감이 느껴지는 앤설 애덤스풍
흑백사진 만들기

Lightroom **1단계: 라이트룸에서 기본 보정하기**

1 전체적인 계조를 활용하지 않아 사진이 탁해 보이니 먼저 클리핑을 한다. 높은 대비를 만드는 것이 목적이므로 기본 보정도 대비를 만드는 방향으로 작업한다.

2 클리핑 – 흰색 계열, 검정 계열
사진의 계조를 최대한으로 활용하기 위해 먼저 클리핑 작업을 한다. 라이트룸 현상 모듈의 '기본' 패널에서 [Alt]를 이용해 흰색 계열과 검정 계열을 조정한다. (흰색 계열 +39, 검정 계열 –12)

3 얼룩 제거 툴을 이용해 센서의 먼지 자국을 제거한다.

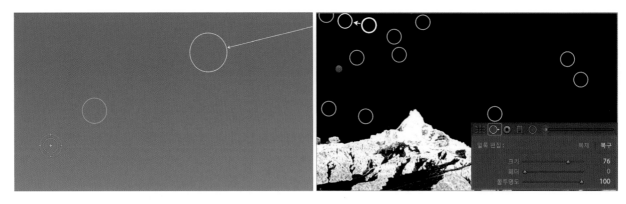

Lightroom **2단계: 흑백사진으로 만들기**

1 '흑백' 패널을 이용해 하늘의 느낌과 대비를 앤설 애덤스풍으로 강하게 대비시킨다. '기본' 패널에서 '흑백'을 클릭한다. 이미지가 바로 흑백으로 바뀐다.

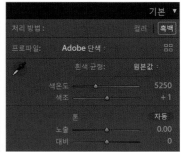

2 흑백 혼합 슬라이드 조정하기
'HSL/컬러 패널'이 '흑백' 패널로 바뀐다. 각 컬러값을 움직여 보면서 조정한다. 하늘은 최대한 어둡게, 산과 나머지 부분은 최대한 높은 대비가 이루어지도록 조정한다. 답은 따로 없다. 사진의 변화를 보면서 이것저것 만져보며 내가 원하는 효과를 찾는 과정이다.

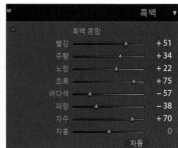

3 '기본' 패널에서 흰색 계열과 검정 계열을 조정해 흐트러진 클리핑을 다시 한 번 정리한다.

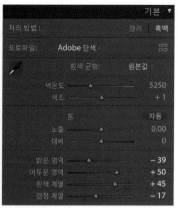

3단계: 그러데이션 툴로 부분 강조하기

1 설산과 하늘 강조하기

그러데이션 툴을 이용해 설산과 하늘이 만나는 부분, 그리고 마을이 있는 낮은 산 부분을 보정한다. 노출 보정하는 방법을 연습하기 위해 넣은 과정이니 자꾸 해보면서 손에 붙여보자. 그러데이션 툴을 이용해 하늘과 설산을 선택한다. 노출을 낮추고, 대비와 부분 대비를 올린다. (노출 −0.96, 대비 33, 부분 대비 29)

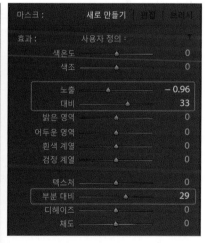

2 하늘에 그러데이션 추가하기

그러데이션 툴로 하늘을 다시 한 번 선택한다. 이번에는 하늘 전체에 그러데이션이 되도록 하늘의 시작점부터 설산까지 부드럽게 그러데이션되도록 선택해준다. 노출값을 줄여 하늘이 더 어둡게 보이도록 처리하되 설산까지 어두워지지 않도록 밝은 영역과 흰색 계열을 높인다. (노출 −0.73, 밝은 영역 27, 흰색 계열 18)

3 가까운 부분의 톤 정리하기

멀리 있는 산보다 가까이 있는 마을이 당연히 콘트라스트가 높고 더욱 선명하게 보일 것이다. 하지만 밝기가 전체적으로 균일하기 때문에 그러데이션 툴로 왼쪽 아랫부분을 조금 어둡게 만들어 사진에서 시선이 빠져나가는 것을 막아주자. (노출 −0.42)

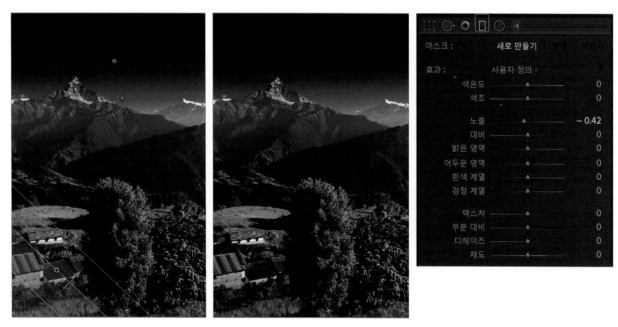

1 밝은 부분과 어두운 부분 강조하기
– 닷지, 번

조정 브러시 툴을 이용해 부분적으로 밝고 어두움을 찾아주는 닷징과 버닝 작업을 한다. 어둠 속에 있는 밝음을 더욱 밝게, 밝음으로 둘러싸인 어둠은 더 어둡게 처리한다. 조정 브러시 툴을 이용해 산의 밝고 어두운 부분을 강조한다. '효과'를 '닷지(밝게)' 또는 '번(어둡게)'으로 선택한 후 산 능선의 밝거나 어두운 부분을 칠해주면 된다.

(닷지: 노출 0.25, 번: 노출 −0.30)

2 주제 부분 강조하기

멀리 보이는 뾰족한 설산과 가까이 보이는 큰 나무가 이 사진의 중심적인 피사체다. 따라서 이 부분을 좀 더 선명하게 보이도록 만들어 시선을 주목시키는 게 좋다. 브러시에 부분 대비값을 주어 주요 부위에 칠해주자. (부분 대비 45)

  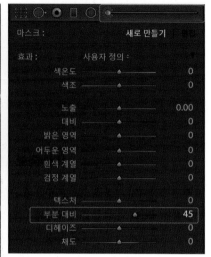

Lightroom **5단계: 마무리 작업하기**

'기본' 패널로 돌아와 다시 한 번 클리핑을 해주고, 대비가 과하거나 부족한 곳을 정리한다. 전체적으로 '부분 대비'를 높여 날카로운 느낌을 만들면 완성이다. (부분 대비 +14)

 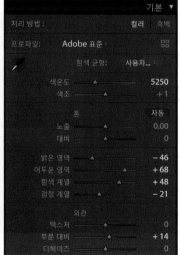

Documentary
다큐멘터리

07

나도 좋은
다큐멘터리 사진을 찍고 싶다

'다큐멘터리 사진' 하면 흔히 보도사진이라고 알고 있지만, 보도사진은 다큐멘터리 장르의 일부분으로 시사성을 가지고 있고, 뉴스, 신문 등의 매체에서 사실을 전달하는 사진이라고 할 수 있다. 크게 보면 사실성, 현실성, 역사성을 가진 모든 사진이 다큐멘터리다. 다큐멘터리 사진을 촬영한다는 것에 대해 잠깐 알아보고 시작하자. 사실 어떤 사진을 찍든 필요한 내용들이다.

가능한 한 깊게 파고들자

어떤 주제나 소재를 남과 다른 시선으로 촬영하고 싶다면 최대한 많이 알아야 한다. 간단히는 인터넷에서 찾아볼 수 있는 정보를 모두 검색하고, 관련된 서적이나 잡지 등의 기사를 꼼꼼히 챙겨 풍부한 지식을 습득하자.

다큐멘터리는 뉴스가 아니다. 좀 더 알리기보다는 이해해야 한다

다큐와 뉴스의 관계가 완전히 단절된 것은 아니지만 뉴스가 사건 자체의 모습을 보여준다면, 다큐는 그 사건의 앞뒤를 이해한 사진가의 시각으로 보여주는 것이라 생각한다. 따라서 종합적으로 습득한 정보를 단순히 알리기보다는 한 번 더 곱씹어 소화한 자신만의 해석을 보여주기 위해 노력하자.

마을이 있다. (사실의 전달)

그 마을은 이렇다. (사진가의 해석)

무엇을 보여주고, 무엇을 뺄 것인가?

사진가의 해석을 보여줄 수 있는 가장 좋은 방법은 '프레이밍'이다. 사진이라는 틀 속에 무엇을 보여주고 무엇을 뺄 것인가는 순전히 사진가의 선택에 달려 있다. 이렇게 선택된 프레임은 자신의 스타일과 비전이 된다. 나만의 스타일과 비전을 찾을 수 있도록 노력하자.

또 사진에는 촬영자의 인격이 각인된다는 것을 잊지 말자. 자신이 선택한 표현 방법을 보는 이들은 촬영자를 떠올릴 수 있다. 아무리 고상한 철학과 사실이라는 말로 포장해도 촬영자의 인격이 그대로 드러난다는 것에서 자유로울 수 없다. 따라서 어떤 대상을 표현할 때는 항상 사진가의 해석과 의견을 담고 윤리적 책임을 다하자.

탑을 보여준다.

탑을 보여주지 않는다.

새롭게 보여줄 수 있는 방법을 찾아라

아무리 중요한 주제와 소재라도 시각적인 흥미를 끌 수 없다면 호소력은 줄어들 수밖에 없다. '지루함' 또는 '식상함'은 기존의 표현 방법을 그대로 답습하기 때문에 생긴다. 새로운 방법과 새로운 표현을 찾아 끊임없이 노력해야 한다.

일반적인 표현 방법

설치된 조명을 통한 새로운 시도

기술적 한계를 극복하는 것 역시 사진가의 몫이다

다큐멘터리 작업은 셀 수 없을 정도로 많은 기술적, 물리적 제약이 따른다. 스튜디오에서 촬영하는 것과 다르게 컨트롤할 수 있는 부분이 극단적으로 제약되기 때문인데, 새로운 표현을 위해 한계를 극복할 수 있는 방법을 찾는 것이 우선이다. 이런저런 변명보다는 이 방법을 시도해봤으면 어땠을까에 무게를 두자.

실루엣 상황의 극복

결국 사람을 위한 사진, 어떻게 보여줄 것인가?

아름다운 것을 아름답게, 비참한 것을 비참하게, 충격적인 것을 충격적으로 표현하는 것은 그리 어렵지 않다. 하지만 비참하다고 항상 비참하게 그려내야만 주제가 전달되는 것인지에 대한 고민은 필요하다. 다큐멘터리 촬영자는 진실을 다루는 만큼 사진을 보는 사람과 촬영된 대상의 중간에서 항상 모든 책임을 다해야 한다는 것을 잊지 말자. 결국 사진은 사람을 위한 것이어야 한다. 보는 사람이든 촬영된 사람이든 말이다.

진실, 하지만 불편한 거리감

촬영자는 보는 이들을 보다 깊이 데려간다.

456

다큐멘터리 사진을 보정할 때의
주의점과 주요 기능들

다큐멘터리 사진은 현실 위에서만 가치를 가질 수 있다. 따라서 사진을 보정할 때 사실을 왜곡하거나 잘못된 정보를 전달하지 않도록 신경 써야 한다. 이런 제약 때문에 자칫 무미건조해지기 쉬우니, 자신만의 스타일을 찾을 수 있도록 노력하자.

사진의 리얼리티를 침해하면 안 된다ㅣ 다큐멘터리 사진은 보여주고자 하는 대상의 진실을 담보로 한다. 따라서 보정을 할 때 지나친 리얼리티의 파괴는 그 사진이 왜 촬영되어야 했는지에 대한 이유 자체를 부정할 수도 있다. 그렇다고 너무 소극적으로 보정해 사진이 지루하게 보인다면 그것 또한 문제다. 따라서 다큐멘터리 사진은 리얼리티를 해치지 않는 범위 안에서의 보정만이 허락된다.

없는 물체를 추가하는 것은 매우 매우 위험하다ㅣ 프레임에서 주제와 관련이 없으며 해석에 영향을 주지 않는, 방해되는 물체를 제거하는 것은 별 문제가 없다. 하지만 보정 시 어떤 물체를 추가하는 것은 전혀 다른 의미를 가진다. 촬영 도중 의식하지 못한 물체가 보정단계에서 눈에 띨 수도 있지만 어떤 물체를 추가한다는 행동은 촬영자의 의도와 목적이 분명히 개입되는 과정이다. 따라서 물체의 추가는 다큐멘터리 사진 보정의 첫 번째 조건인 '리얼리티'를 심각하게 훼손시킨다.

주제의 일관성을 유지해야 한다ㅣ 한 장의 사진에서 보여주고 싶은 주제의 표현에 일관성을 가져라. 비참한 현실을 고발하면서도 눈부시게 아름다운 장면을 만들려고 애쓰다 보면 사진의 주제가 잘 드러나지도 않고, 그런 장면 자체가 방해가 되기도 한다.

자신만의 스타일을 찾아라ㅣ 어떤 정보를 담고 있는 사진이 다큐멘터리 사진이라고 할 때 이를 효과적으로 보여줄 수 있는 다양한 방법이 있다. 이 중 가장 좋은 것은 자신만의 스타일을 찾아서 표현하는 것이다. 하루아침에 가능한 것이 아니니 항상 자신의 스타일을 찾으려고 노력해야 한다. 자신의 표현방법에 대해 자신감을 갖고 지속하다가 보면 처음에는 어색하고 부족하더라도 점차 나아지게 되어 있다. 너무 기술적인 보정의 한계에 갇혀 있지 말자.

다큐멘터리 사진을 보정할 때 주로 사용하는 기능들

다큐멘터리 사진을 보정할 때 사용하는 기능은 많지 않다. 클리핑으로 계조를 확보한 후 노출과 색온도를 맞추는 것이 기본이고 마무리다. 중요한 것은 거칠거나 낭만적으로, 고계조나 저계조로, 디테일을 살리거나 어둠을 강조하는 등 각 사진의 특징을 강조하는 스타일을 만드는 작업이다. 노출과 색감을 잡을 때 큰 영역에는 그러데이션 툴을, 디테일한 부분에는 조정 브러시 툴을 사용한 다는 것을 기억하자. 이 과정이 손에 붙도록 예제를 구성했으니 쉽게 배울 수 있을 것이다.

조정 브러시 툴(216쪽)
다큐멘터리 사진에서 부족해지기 쉬운 스타일과 부분적인 노출을 쉽게 보정할 수 있다. 그러데이션 툴이 넓은 범위를 보정한다면 조정 브러시 툴은 붓으로 그리는 것처럼 아주 작은 부분이라도 원하는 부분만 세밀하게 보정할 수 있다는 점이 다르다.
– 짜탄족의 안주인, 웨스트 타이가, 짜간누르, 몽골

– 여명을 걷는 쌍봉낙타, 홍고르, 고비사막, 몽골

기본 패널
색온도, 노출, 대비, 색감, 기울기 등 기본 패널의 다양한 기능만으로도 거의 대부분의 문제를 해결할 수 있다.

그러데이션 툴(192쪽)
그러데이션 툴은 다큐멘터리의 사실적인 분위기를 해치지 않으면서 큰 영역의 노출, 색감 등을 보정할 때 유용하다.

09 스트로보스코프 무예타이 선수
프레이밍과 클리핑 아웃으로 스타일 만들기

예제사진
BOOK2\무예타이선수

완성사진
BOOK2\무예타이선수 완성

이 사진은 스트로보스코프 기법으로 촬영된 것이다. 원본의 일부분을 잘라내 보는 사람에게 전하고 싶은 느낌을 극대화시키는 프레이밍 방법과 클리핑 아웃으로 깔끔하게 정리하는 방법을 주의해서 보자. 조명을 썼을 때나 노출 차이가 심해졌을 때 수정하는 방법도 중요하다.

Lightroom **1단계: 라이트룸에서 기본 보정하기**

클리핑으로 계조를 확보하고 기본적인 노출을 보정한다. 보기 좋은 크기로 크로핑해 새로운 프레임을 만들고, 화이트 밸런스를 조정해 사실적인 색감을 찾아준다.

Nikon D800, 24–70 f2.8, ISO 200, 56mm, F4.0, 3s

셔터를 열어 놓은 상태에서 조명을 여러 번 터뜨려 움직임의 순간을 담아내는 오래된 기술인 스트로보스코프는 요즘 포토샵 기술에 밀려 거의 사용되지 않는다. 하지만 대부분의 조명에서 이 기술을 지원하고 또 간단히 촬영할 수 있으니 새로운 아이디어를 가지고 이 기법을 응용해보는 것도 나쁘지는 않을 것이다. 태국의 아마추어 무예타이 선수인 Sittar Wangchaitham의 기본 시범을 nFlash680a 두 대로 담았다.

팔과 다리 움직임 등 중요한 형태가
잘 보이지 않고, 역동적인 스포츠 특유의
느낌이 부족하다.

조명 설치로 인해
노출에 차이가 생겼다.

배경의 불필요한
불빛까지 촬영되었다.

바닥이 너무 밝아
시선을 끌어 당기고 있다.

1 '현상' 모듈의 '기본' 패널에서 '흰색 계열'과 '검정 계열'을 만져 클리핑한다. 이미지가 명확해지도록 '노출'과 '대비'를 조정한다. (흰색 +11, 검정 -11, 노출 +1.65, 대비 +31)

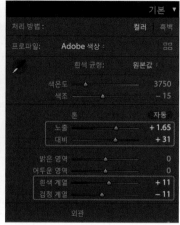

2 화이트 밸런스 조정하기

이 사진은 사진용 전문 조명을 설치한 후 촬영된 것이다. 인공조명의 화이트 밸런스는 5500k에 맞춰져 있기 때문에 후반작업에서도 대부분 5500k로 맞추면 되지만, 이 사진의 경우 너무 붉은 느낌이 드니 약간 푸르게 '색온도'를 '5000'k 정도로 조정한다. '색조' 역시 인공조명은 대체로 0으로 맞춰져 있으니 그대로 '0'으로 설정하면 된다. 사진의 색감이 훨씬 현실적으로 변했다. (색온도 5000, 색조 0)

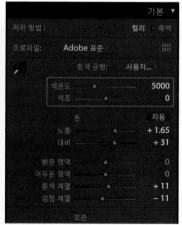

3 크로핑, 필요한 부분만 잘라내 느낌을 극대화시키는 프레이밍

화면의 구성이 수평적이니 좀 더 파노라마 분위기가 나도록 편집해보자. 하늘은 어차피 순수한 블랙에 가깝도록 보정할 것이고, 별다른 디테일도 없으니 부담 없이 자른다. 자르기 툴을 클릭한다. 이미지를 클릭한 후 드래그하여 필요한 부분을 조정한 후 이미지 안쪽을 더블클릭하면 된다.

참고 '프레이밍(framing)'이란?

'프레임'이란 액자를 말한다. 사진에서의 프레이밍이란 연속적으로 펼쳐져 있는 현실의 한 부분을 사진으로 오려내 보여주는 행위를 말한다. 프레이밍에는 촬영자의 시각적 높낮이를 말하는 앵글과 잘려진 화면 속의 각 물체들 간의 구성을 다루는 구도가 모두 포함된다. 1:1, 3:2, 4:3 비율 등 카메라에 따라 정해진 프레임도 있으나, 후반작업을 통해 더욱 다양한 프레임을 만들 수 있다. 사진을 보는 이에게 의도한 반응을 이끌어낼 수 있는 매우 중요한 도구임에 틀림없다.

1 '클리핑 아웃(clipping out)'이란 완전한 검정이나 흰색이 되어 데이터를 잃어버리는 것을 말한다. 예제의 경우 디자인 감각의 사진이기 때문에 어두운 부분을 의도적으로 클리핑 아웃시켜 더욱 깔끔하게 표현한다. 또 조명 때문에 생긴 노출 차이를 수정한다. '검정 계열'과 '어두운 영역'을 조정해 어두운 색이 보다 선명해지도록 만든다. (검정 계열 -41, 어두운 영역 -52)

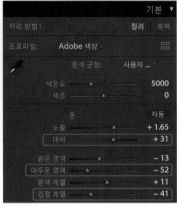

2 노출 차이 극복하기

조명이 사진의 좌우에 설치되어 있었기 때문에, 조명에 가까운 부분이 상대적으로 노출이 과해졌다. 그러데이션 툴을 클릭한 후 오른쪽 부분을 선택한다. 이 부분을 어둡게 만들기 위해 노출과 밝은 영역을 어둡게 조정해 자연스럽게 수정해준다. (노출 -0.38, 밝은 영역 -19)

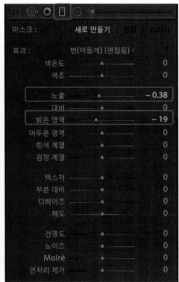

3 왼쪽도 마찬가지로 조명에 가까운 부분의 노출을 조정한다. 방법은 같다.

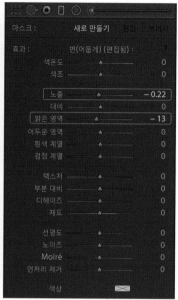

4 부분적으로 노출 보정하기

그래도 여전히 밝은 오른쪽 다리 부분과 왼쪽 몸통 부분의 노출을 줄여준다. 조정 브러시 툴을 클릭한다. 약간 어둡게 되도록 설정한 후 어둡게 만들 부분을 칠한다. 브러시 크기는 마우스 휠을 이용해 이미지에 따라 바꿔가며 작업한다. (노출 −0.17, 밝은 영역 −8)

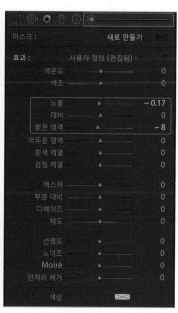

5 반대로 한 가운데의 이미지는 노출이 부족해 어둡다. 조정 브러시 툴을 이용해 좌우와 비슷해 지도록 노출을 밝게 맞춘다. (노출 +0.33, 밝은 영역 5)

Lightroom **3단계: 거친 질감 표현하기**

1 전체적인 노출 조정하기 – 클리핑, 블랙 아웃

이제 부분적인 노출 문제까지 대부분 수정했으므로, 기본 패널의 슬라이드를 조정해 더 뚜렷한 이미지를 만들자. '기본' 패널을 통해 클리핑한 후 어두운 영역, 밝은 영역, 노출, 대비를 조정해 이미지가 뚜렷해지도록 만든다. 클리핑할 때 블랙 아웃, 즉 검은색에 묻혀 사라지는 부분에는 크게 신경 쓸 필요 없다. (밝은 영역 −37, 어두운 영역 −61, 노출 +2, 대비 +38)

 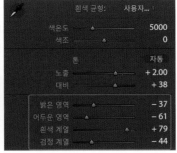

2 현재 적용되어 있는 그러데이션 수정하기

이렇게 조정하고 보니 좌우의 이미지가 너무 어두워져 다시 노출을 조금 더 밝게 올려줘야 한다. 그러데이션 툴을 선택한다. 사진 위에 그러데이션 툴이 적용된 부분이 회색점으로 나타난다. 먼저 오른쪽에 있는 것을 클릭한 후 '노출'과 '밝은 영역'을 조금 더 밝게 수정한다. (노출 −0.31, 밝은 영역 −8)

 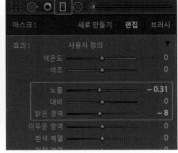

3 반대쪽도 현재 적용되어 있는 그러데이션 값을 수정한다. (노출 −0.13, 밝은 영역 −7)

4 풀밭의 빛이 과하게 들어간 부분의 노출 수정하기

오른쪽 아래 부분의 풀밭에 빛이 너무 많이 들어가 있어 시선을 방해한다. 그러데이션 툴을 이용해 노출을 줄인다. (노출 −1.11, 밝은 영역 −23)

 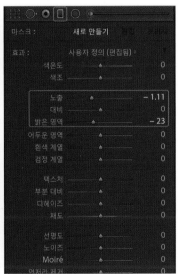

5 거친 스타일 만들기

터프한 스포츠를 다루는 사진이기 때문에 조금 거친 질감으로 표현할 필요가 있다. '기본' 패널에서 '부분 대비'를 올리고 '생동감'과 '채도', '밝은 영역'을 조정해 지금보다 약간 과한 느낌으로 표현한다. (밝은 영역 −78, 부분 대비 +45, 생동감 +82, 채도 −49)

 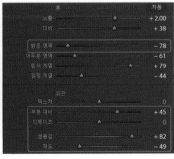

6 거친 질감을 표현하다 보니 지나치게 하얗게 변하는 부분이 생겼다. '대비'와 '노출' 그리고 '흰색 계열'을 조정해 이미지가 화이트 쪽으로 클리핑 아웃되지 않도록 조정해준다. (노출 +2.27, 대비 +15, 흰색 계열 +65)

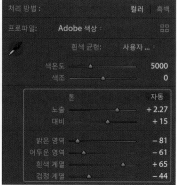

4단계: 불빛을 제거하고, 마무리 보정하기

1 불빛 제거하기

배경에 있는 불필요한 불빛을 지우고, 마지막으로 한 번 더 전체적인 느낌을 정리한다. 배경에 있는 알록달록한 조명등 같은 부분들을 제거할 차례다. 화면을 확대하고 얼룩 제거 툴을 클릭한 후 적당히 크기를 정하고 지울 부분을 클릭하거나 드래그하면 된다.

2 색온도 재조정하기

너무 창백해 보이지 않도록 색온도를 다시 조정해준다. (색온도 6000)

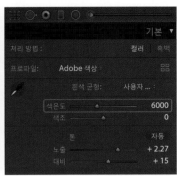

3 어두운 부분 정리하기

조정 브러시 툴을 클릭한다. 노출을 줄인 브러시로 완전히 어두워야 할 부분과 지금보다 좀 더 어두워져야 할 부분을 칠해 한 번 더 정리하면 완성이다. 한 번에 쫙 드래그해서 끝내지 말고, 노출 값을 살짝만 낮춰 여러 번 덧칠하며 작업해야 더 자연스러운 결과를 얻을 수 있다. (노출 −0.61)

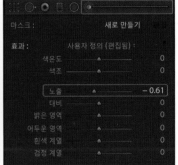

Nikon D800, 24~70f2.8, ISO 400, 32mm, F6.3, 1/125s

태국의 고산에 살고 있는 카렌족 마을 이장이 손님 접대를 위해 팔을 걷어붙이고 계란 요리에 나섰다. 뭇 미더운 듯 뒤에서 물끄러미 바라보는 어머니의 표정을 보니 아들이 이장이 되었어도 세상 모든 어머니들에게 아들이란 항상 걱정되는 존재인가 보다. 2015년 대한항공 여행사진 공모전에 입상한 사진이다.

전체적으로 노출이 어둡다.

조명을 설치한 후 촬영한
사진이라 배경으로 묻혀야
할 부분이 너무 밝다.

주제인 아들의 표정과 요리에 대한
디테일이 부족해 시선을 잡아끄는
힘이 빠졌다.

시선 밖으로 빠져야 할 부분이
너무 밝아 시선을 끌어당긴다.

촬영한 원본 사진에 있는 것은 현장의 '사실'이다. 그러나 그 사실을 보고 무엇을 느끼게 할 것인가는 오롯이 사진가가 보여주는 '스타일'에 따라 달라진다. 푸근한 느낌이냐 강한 느낌이냐 그림처럼 느껴지냐 삭막하게 보이게 할 것이냐의 문제다. 이번에는 고계조로 보정하여 붓으로 그린 듯한 회화적인 느낌을 강조해보자. 주제와 부제, 그리고 복잡한 배경이 함께 있는 사진인 만큼 주제인 어머니와 아들의 표정을 부각시키는 데 가장 신경 써야 한다. 특히 설치한 조명 중 하나가 발광해 배경이 과하게 밝은 부분들을 수정하여 자연스럽게 창으로 들어온 빛처럼 보이게 만든다.

▶ **YouTube** [시즌3] #9 Book 2, Chapter 10 손님 접대 중인 마을 이장과 어머니

Lightroom **1단계: 라이트룸에서 기본 보정하기**

노출을 바로 잡고 풍부한 계조를 끌어낼 수 있도록 클리핑 작업을 한다. 밝은 영역과 어두운 영역을 이용해 최대한의 디테일을 끌어낸다.

10

손님 접대하는 마을 이장과 어머니
고계조 스타일 만들기

1 클리핑 후 노출 조정하기

사진에서 최대한의 계조를 활용하기 위해서 클리핑해준다.

(노출 0.91, 밝은 영역 −23, 어두운 영역 52, 흰색 계열 34, 검정 계열 −11)

2 비네팅 처리로 기본 틀 잡아주기

'효과' 패널에서 비네팅 양을 조정해 기본적인 분위기를 만든다. (양 −42)

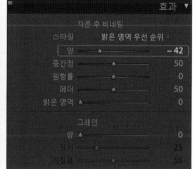

3　색온도 처리하기

조명을 설치해 촬영한 사진이기 때문에
조명의 색온도와 색조에 맞추면 된다.
'기본' 패널에서 기본적인 조명 설정인
색온도 '5500'k, 색조 '0'으로 조정한다.

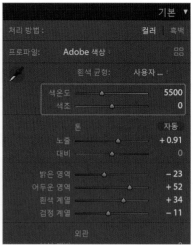

2단계: 고계조 스타일 만들기

1　부분 대비 조정하기

디테일을 살리기 위해 거친 느낌이 들
고, 회화적인 고계조 사진처럼 만들어
보자. '부분 대비'를 올려 고계조 사진처
럼 거친 느낌으로 만들어준다.
(부분 대비 +70)

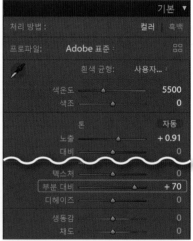

2　컬러 작업하기

'생동감'을 올리고 '채도'를 낮추면 생동
감의 영향을 덜 받는 부분의 색감이 저
채도가 된다. 이를 이용해 스타일을 만
든다. (생동감 +88, 채도 −22)

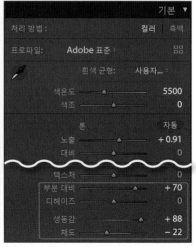

3단계: 부분적으로 노출 보정하기

이제 주제에 집중해보자. 주제가 강조되도록 외곽의 노출을 눌러주고 부분적으로 브러시 작업을 한다. 사진 전체의 노출은 그러데이션 툴로, 원하는 부분만의 노출을 조절할 때는 '조정 브러시 툴'을 사용한다는 것을 기억하자.

1 외곽 부분 어둡게 만들기

조정 브러시 툴을 클릭한 후 '노출'을 살짝 줄여주고, '밝은 영역'의 노출이 감소하도록 패널을 조정한다. 브러시 크기를 적당히 설정한 후 시선을 끌어당기면 안 되는 부분에 칠해준다. 이장과 어머니, 계란 요리를 제외한 나머지 부분을 칠해주면 된다. (노출 −0.26, 밝은 영역 −33, 브러시 페더 73)

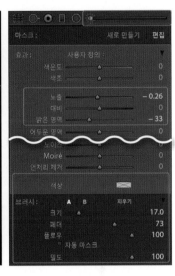

2 주제 부분 밝게 만들기

주제 부분이 상대적으로 어둡기 때문에 주제 부분을 밝고 높은 대비로 만든다.
(노출 0.94, 대비 11, 밝은 영역 13)

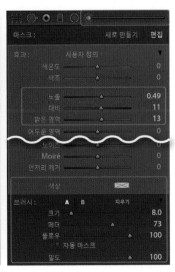

3   주제 부분 강조하기

주제 부분에 조금 더 디테일을 찾아주고, 색감을 따뜻한 계열로 만들어 강조한다.

(부분 대비 28, 노출 0.47, 색온도 8, 색조 9)

  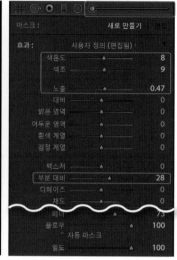

4   오버된 하이라이트 보정하기

보정하면서 오버된 하이라이트 때문에 디테일이 많이 사라졌다. 이 부분에 '밝은 영역'을 낮춘 브러시로 디테일을 찾아준다. 넓은 영역이 아니므로 브러시 크기를 좀 더 작게 설정한다. (밝은 영역 −44)

  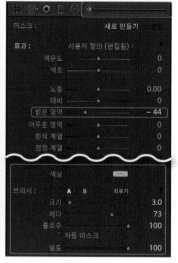

1 클리핑과 노출 확인하기

전체적으로 클리핑을 다시 한 번 체크
해주고, 색온도와 노출 등이 적절한지
도 검토한다. 당연히 필요하다 싶으면
추가 작업을 해야 한다.

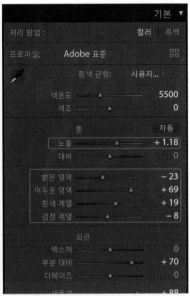

2 색온도와 색감 확인하기

마지막으로 전체적인 색감의 균형과 주
제 부분을 고려해 색온도와 색감을 미
세하게 조정한다. 여기에서는 약간 따
뜻한 색감으로 정리해주었다.

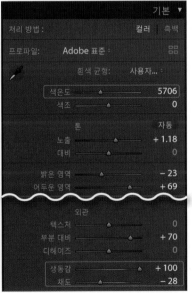

Nikon D850 24-70 f2.8, ISO 40, 24mm, f5.6, 1/200s

미얀마 정부의 문제로 인해 오랜 세월 살았던 고향 땅을 등지고, 방글라데시 난민캠프로 이주한 '로힝야족을 촬영하기 위해 쿡스바자르 근처에 있는 쿠투팔롱 캠프에 갔었다. 이곳이 유명한 또 다른 이유는 단일 캠프에 100만의 인구가 밀집해 있다는 점이다. 열악한 환경이지만 어떻게든 살아가는 환경을 개선하기 위해서 벽체로 사용할 대나무양을 짜고 있는 로힝야족 가장의 모습이다.

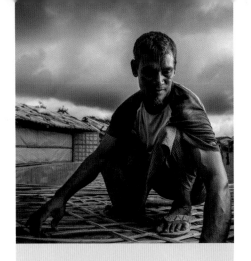

이 컷에서는 무기력한 난민이 아니라 어떻게든 살아가려는 강한 의지를 표현하고 싶었다. 따라서 좀 더 시원하고 경쾌하지만 묵직하게 주제의식을 보여주는 느낌으로 보정하는 것이 목적이다. 이번에는 컬러 패널을 적극적으로 이용해 심심한 구름의 느낌을 좀 더 흥미롭게 바꾸고, 광각의 시원한 느낌을 잘 살리기 위해 다양한 그러데이션과 브러시를 이용해 주제와 배경을 정돈해보자. 심심한 배경의 구름을 인상적으로 바꾸고, 인공조명으로 처리된 부분의 느낌을 살리되 너무 콘트라스트가 강하지 않게, 주제의 질감과 표정을 잘 표현할 수 있도록 한다. 더불어 시선이 빠져나가는 부분을 어둡게 처리해 막아주면서, 방해되는 부분 역시 어둡게 처리해 주제에 시선이 머무를 수 있도록 만든다.

1단계 라이트룸 기본 보정

2단계 구름과 인물 컬러 표현하기

3단계 부분 톤 조정하기

4단계 마무리 보정하기

예제사진
BOOK2\로힝야남자

완성사진
BOOK2\로힝야남자 완성

Lightroom **1단계: 라이트룸에서 기본 보정하기**

사진을 처음 마주했을 때, 이 사진의 주제와 표현하고자 하는 바를 고려해 대략적인 보정의 큰 그림을 머릿속에 그려준다. 그 생각을 바탕으로 표현해 나가는 게 중요하지만 클리핑과 전체적인 노출, 그리고 톤의 표현은 어떤 작업이든 가장 먼저 신경 써야 할 요소다.

11 작업하는 로힝야 남자
컬러와 톤 조정으로 집중력 있는 사진 만들기

1 계조 클리핑

'현상' 모듈의 '기본' 패널에서 '흰색 계열'과 '검정 계열'을 클리핑한다.
(흰색 계열, +9, 검은 계열 −10)

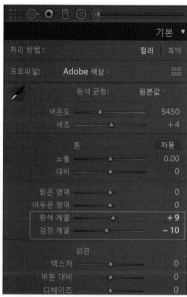

2 밝은 영역, 어두운 영역

전체적인 느낌을 고려해 밝은 영역과 어두운 영역의 슬라이드 값을 조정한다. 현재 얼굴 좌우의 노출 차이가 크니 밝은 영역은 어둡게, 어두운 영역은 밝게 처리해준다.
(밝은 영역 −91, 어두운 영역 +61)

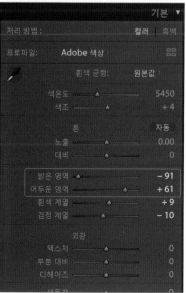

1 기본 색온도 조정하기

디테일한 컬러 패널을 만지기 전에 전체적인 색온도를 조정하자. 현재 조금은 따뜻한 느낌이므로 전체적으로 시원하게 바뀌도록 색온도를 약간 낮춘다.
(색온도 4941)

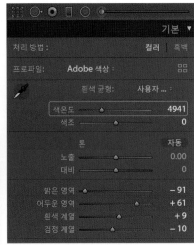

2 구름 색상 표현하기

우선 구름부터 색상을 표현해보자. 'HSL/컬러' 패널의 '채도'를 이용해서 컬러 슬라이드를 움직이다가 구름의 색상이 크게 바뀌는 부분을 찾는다. 여기에서는 바다색과 파랑을 이용했다.

3 피부톤 조정하기

구름 색상에 비해 땅이나 피부의 톤이 색감이 빠진 듯 보이기 때문에 '주황'의 채도도 조정해준다. 일반적으로 동양인의 피부톤은 거의 주황 영역에 속한다.

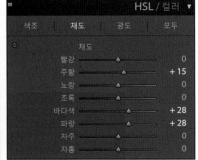

Lightroom **3단계: 부분 톤 조정하기**

그러데이션 툴을 이용해서 큰 면적의 노출값을 조정하고, 브러시 툴로 작은 면적의 노출값을 조정한다. 전체적인 밸런스와 시선의 이동을 고려해 작업하면 된다.

1 전체적인 분위기 보정하기

전체적인 분위기가 크게 지붕라인을 따라서 구분되니 그러데이션 툴을 클릭한 후 지붕라인을 중심으로 얼굴이 포함되도록 선택한다. 노출값을 크게 조정하면 이질감이 들기 때문에 얼굴의 하이라이트가 줄어드는 정도인 '−0.1' 정도로 해준다. (노출 −0.1)

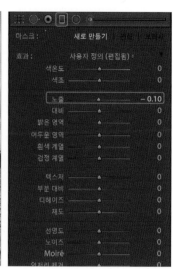

2 구름의 단계적 그러데이션 표현하기

구름이 외곽으로 갈수록 어두워지도록 그러데이션으로 처리하자. 이때 한 번에 처리하기보다는 최소한 두어 번에 나누어서 작업하는 게 자연스럽다. (노출 −0.77)

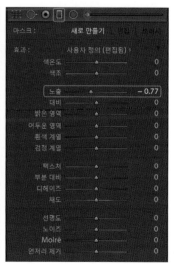

3   왼쪽 모서리로 가면서 자연스럽게 어두워지는데, 이런 느낌을 좀 더 강조해서 범위를 선택한다. (노출 −0.38)

  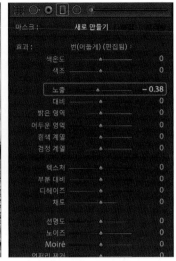

4   전체적으로 바닥 톤 정리하기

필요 없는 부분으로 시선이 가지 않도록 만드는 가장 좋은 방법은 약간 어둡게 처리하는 것이다. 전체적으로 바닥이 너무 밝으니 조금 더 어둡게 처리해준다. 더불어 색온도를 살짝 높여 하늘과의 색대비를 만들어주자. (노출 −0.29, 색온도 7)

  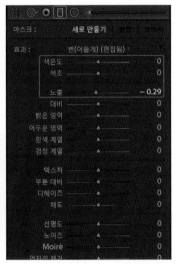

5 왼쪽 부분 처리

전체적으로 어둡게 처리했지만, 왼쪽 아래로 빠져나가는 부분이 여전히 밝아 시선을 끌고 있으니 이 부분을 조금 더 어둡게 처리한다. 비네팅을 사용해도 되지만 사진 전체에 영향을 주므로 여기에서는 그러데이션이 더 좋은 선택이다. 밖으로 빠지는 부분이니 조금 과감하게 어둡게 만든다. (노출 −1.30)

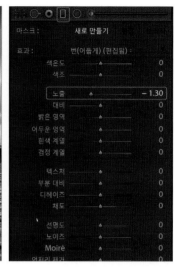

6 오른쪽 부분 처리

오른쪽 손 옆으로 나와 있는 부분 역시 너무 밝다. 이 부분을 좀 더 눌러 시선이 완전히 주제에 집중되도록 처리해준다. 밖으로 빠지는 부분이니 마찬가지로 과감하게 어둡게 처리하자. (노출 −0.84)

7 하늘을 드라마틱하게 강조하기

이번에는 브러시 툴을 이용해 하늘 부분을 좀 더 드라마틱하게 바꾸어보자. 노출값은 내리고 부분 대비값은 올려서 좀 더 긴장감 있는 느낌으로 표현한다. 브러시로 그리는 것처럼 원하는 부분에만 효과를 주고 싶을 때 이렇게 브러시 툴을 사용하면 된다. (노출 0.20, 부분 대비 48)

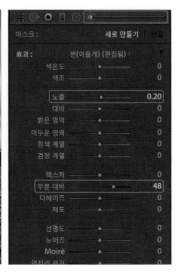

8 브러시 툴을 이용해 구름의 하이라이트를 찾아준다. 브러시로 부분부분 선택한 후 노출값을 올린다. (노출 0.20)

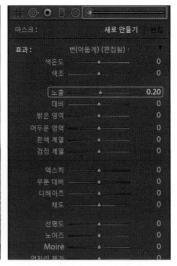

9   이번에는 노출값을 줄인 브러시 툴을 이용해서 주제 부분을 제외한 요소를 좀 더 어둡게 문
     어준다. 이때 구름의 어두운 부분도 같이 표현해주면 좋다. (노출 −0.49)

  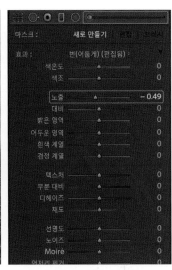

10 주제 부분 강조하기

얼굴은 인공조명의 영향으로 피부의 질감이나 디테일이 매우 훌륭하니 얼굴을 제외한 주제 부분을
조금 더 밝게 부분 대비값을 올린 브러시로 처리해준다. (노출 0.26, 부분 대비 21)

  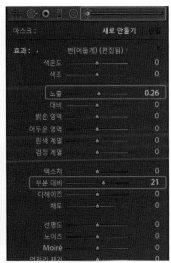

11 얼굴의 반사광 표현하기

얼굴의 어두운 쪽에도 반사광이 어느 정도 표현되어 있으나 배경과의 분리를 위해서 좀 더 강조해 준다. 이때 얼굴의 어둠 속에 있는 디테일도 함께 살려주면 효과가 좋다. (노출 0.29)

Lightroom **4단계: 마무리 보정하기**

1 노출값 조정하기

전체적인 노출값을 조정하고, 밝음과 어두움의 밸런스를 고려해서 디테일하게 수정해주면 완성이다. 전체적으로 약간 어두우니 노출값을 살짝 올려주고, 밝은 영역과 어두운 영역을 조정해준다.

(노출 +0.12, 밝은 영역 −100, 어두운 영역 +69)

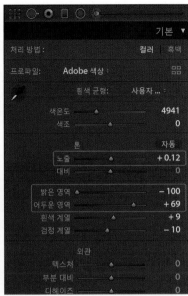

2 최종적으로 클리핑을 다시 한 번 살펴보고 주어진 계조를 풍부하게 사용할 수 있도록 조정한다.

(흰색 계열 +32, 검정 계열 −9)

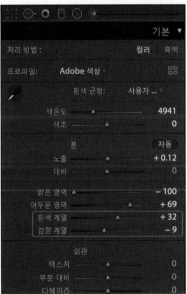

Nikon D800 24~70 f2.8, ISO 100, 70mm, F2.8, 1/180s

베트남 북부의 산골마을에서 우연히 만난 소년은 한눈에 봐도 포토제닉했다. 저녁때에 맞춰 동생과 함께 물소를 집으로 데려가는 듯했는데, 소를 타고 손에 든 새장 속의 새가 지저귀는 소리를 들으며 우아하게 우산을 기울인 형과 마냥 부러운 눈길로 바라보는 동생의 모습이 인상적이다.

전체적으로 노출이
부족해 어두운
느낌이 든다.

흥미로운 색감의
우산을 보다 강조해
주제를 부각시킨다.

주제의 시크한 표정과
디테일을 끌어올린다.

밝은 부분이 클리핑
오버되거나 너무 밝아
보이지 않게 처리한다.

부제에 두 번째
시선이 갈 수 있도록
조금 더 밝게 만든다.

자연스럽게 시선을
중앙으로 끌어가기 위해
외곽은 어둡게 처리한다.

도로 부분이 비교적
밝아 사진이 이분되어 보인다.

흐린 날이나 비오는 날 촬영을 하면 콘트라스트가 낮아 자칫 밋밋한 사진이 되기 쉽다. 가끔 구름으로 인한 부드러운 조명으로 매우 인상적인 사진이 만들어지기도 하는데, 당연히 매번 이렇게 운이 좋을 수는 없다. 따라서 노출과 색감을 조정해 표현하고자 하는 느낌을 뚜렷하게 나타낼 수 있다면 더욱 흥미를 끄는 사진이 될 것이다. 흐린 날이었기 때문에 콘트라스트가 낮고 노출이 부족하게 촬영되었다. 소년과 소녀이 들고 있는 강렬한 파란색의 색감을 주제로, 또 동생으로 보이는 어린아이를 부주제로 하여 시선이 흐르도록 강조해준다. 전체적으로 사진 좌우의 노출 밸런스를 맞추고, 하단부에 비네팅 처리를 해 시선을 소년으로 끌어올린다.

1단계 라이트룸 기본 보정

계조 클리핑(168쪽)
노출/대비(175쪽)
밝은 영역/어두운 영역(172쪽)
색온도/색조(271쪽)

2단계 노출 수정하기

그러데이션 툴(192쪽)
비네팅(342쪽)

3단계 색감 찾아주기

조정 브러시 툴(216쪽)

4단계 마무리 보정하기

클리핑
색온도
노출

Lightroom 1단계: 라이트룸에서 기본 보정하기

항상 시작은 클리핑이다. 클리핑, 노출, 밝은 영역, 어두운 영역을 조정하고, 마지막으로 색온도를 찾아준다.

1 현상 모듈의 '기본' 패널에서 '흰색 계열'과 '검정 계열'을 만져 클리핑한다. (흰색 +44, 검정 −6)

2 흐린 날씨에 촬영된 사진이라 전체적인 '노출'과 '대비'가 많이 부족하니 좀 더 밝게 만든다. (밝은 −18, 어두운 +61, 노출 +1.06, 대비 +22)

3 이렇게 조명 없이 촬영된 사진일 경우 주제인 얼굴 피부를 중심으로 '색온도'와 '색조'를 맞춘다. 피부톤의 변화를 봐가면서 보정하는 게 포인트다.
(색온도 5029, 색조 +1)

예제사진
BOOK2\우산을쓴소년

완성사진
BOOK2\우산을쓴소년 완성

12

파란 우산을 쓴 소년
흐린 날의 노출과 색감 살리기

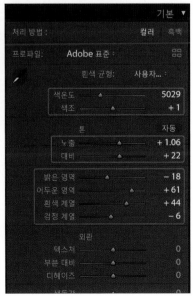

1 오른쪽 노출 맞추기

빛이 오른쪽에서 들어왔기 때문에 사진의 오른쪽이 전체적으로 밝다. 그러데이션 툴을 이용해 오른쪽과 아래쪽을 약간 어둡게 수정한 후 비네팅을 적용한다. 그러데이션 툴을 클릭한 후 이미지 오른쪽 부분을 드래그해 선택 영역을 지정한다. 노출을 약간 어둡게 조정한다. (노출 −0.54)

  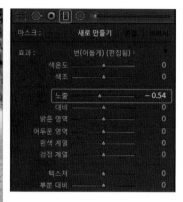

2 아래쪽으로 갈수록 어둡게 만들기

같은 방법으로 주제의 집중도를 높이기 위해서 화면 아랫부분으로 갈수록 미세하게 어두워지도록 조정한다. 그러데이션으로 영역을 잡을 때 크게 선택해야 부드럽게 그러데이션된다. (노출 −0.68)

  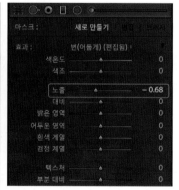

3 비네팅 넣기

화면 중심으로 시선을 좀 더 끌어당기기 위해 비네팅 처리를 한다. '효과' 패널에서 적당한 양을 적용하면 된다. (양 −14)

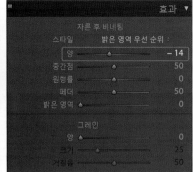

3단계: 색감 찾아주기

주제 부분인 소년과 우산의 대비와 색감을 강조한다. 소의 밝기를 살짝 눌러주고, 부주제인 소꼬리를 잡고 있는 소년도 놓치지 말자.

1 우산 소년 강조하기

조정 브러시 툴을 클릭한 후 '노출'을 살짝 올려주고, '대비'와 '부분 대비' 그리고 '채도'를 높인다. 다 되었으면 강조하고 싶은 부분을 칠해준다. (노출 0.13, 대비 19, 부분 대비 28, 채도 29)

2 소의 디테일 살리기

오른쪽 소의 색이 너무 밝아 전체적으로 노출 오버가 되었다. 역시 조정 브러시 툴로 '밝은 영역'을
줄이고, '부분 대비'를 올려 소 부분을 칠한다. (밝은 영역 −52, 부분 대비 23)

  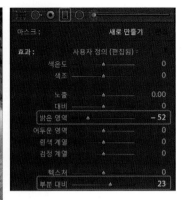

3 부제 강조하기

뒤에 걸어오는 동생에게 자연스럽게 시선이 이어질 수 있도록 '노출'과 '부분 대비'를 올려 살짝 강조
해준다. 이 소년은 이미 초점이 벗어난 상태임으로 과하게 강조할 필요는 없다.
(노출 0.38, 부분 대비 25)

  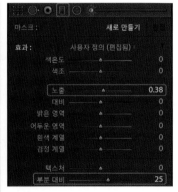

4 지나치게 밝아 따로 노는 땅 부분의 노출 줄이기

왼쪽 윗부분과 밝기를 비슷하게 만들어 하나의 프레임이라는 느낌이 들도록 조금 더 어둡게 만든다. 이런 경우라면 영역이 크니 조정 브러시나 그러데이션 툴 등 취향에 따라 사용해도 된다. 여기서는 그러데이션 툴로 처리했다. 선택 영역을 크게 지정한 후 노출을 조정하면 된다. (노출 –1)

  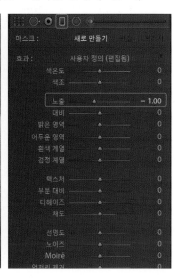

4단계: 마무리 보정하기

주제 부분인 소년, 그리고 우산의 대비와 색감을 강조한다. 소의 밝기를 살짝 눌러주고, 부주제인 소꼬리를 잡고 있는 소년도 놓치지 말자. 다시 한번 클리핑과 노출, 그리고 전체적인 색감을 조정하여 마무리한다. 마무리할 때는 값을 과하게 주지 말고, 아주 약간씩만 조정하는 게 요령이다.

1 클리핑과 '밝은 영역', '어두운 영역' 조정하기
(흰 41, 검 –12, 어두운 66, 밝 –18)

2 '노출'과 '대비' 조정하기
(노출 1, 대비 23)

3 '색온도, 색조, 생동감, 채도'로 색감을 미세하게 조정하기 (색온도 4941, 색조 1, 생동감 29, 채도 –13)

 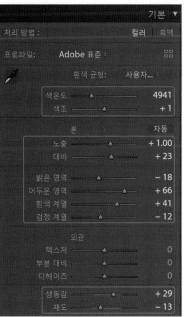

Nikon D810, 24–70f2.8, ISO 31, 24mm, F2.8, 1/250s

태국의 추석과도 같은 러이끄라통 축제에서는 남녀노소를 막론하고 한해의 액운을 떨치고 복을 불러 오는 전통으로 강가나 연못에서 연등을 띄워 보낸다. 연등에 장치한 작은 조명 장치로 촛불의 부족한 광량을 메꾸었는데, 전통의상을 입은 모델과 연등이 어우러져 태국의 축제가 더 아름답게 다가온다.

저녁노을의 색감을
보다 선명하게
만든다.

노을색과 반대색인
물을 더 강조해 풍부한
색감으로 만든다.

주제의 디테일을
추가하고 밝기를 올려
시선이 머물 수 있도록 처리한다.

전체적으로 살짝 어둡고
색감이 너무 따뜻한 계열이다.

조명 때문에 불필요한
부분이 밝아졌다.
노출을 낮춘다.

라이트룸에서 색을 보정하기 위해 만지는 기능은 '기본' 패널의 색온도(화이트 밸런스), 색조, 생동감, 채도, 그리고 그러데이션 툴과 조정 브러시 툴이다. 지금까지 이 툴들은 주로 노출을 조정하기 위해 사용했는데, 이번에는 색감을 조정하는 방법을 알아보자. 전체적으로 기본적인 노출이 부족하고 색감이 너무 따뜻한 색으로 돌아가 있다. 또 왼쪽에 설치한 조명의 빛이 너무 강해 사진 뒷부분이 밝아져 주제로 가는 시선을 방해하고 있다. 아름다운 전통을 촬영한 장면이니만큼 저녁노을의 색감을 강조해 더욱 낭만적으로 보이게 보정한다.

1단계 라이트룸 기본 보정

계조 클리핑(168쪽)
노출/대비(175쪽)
밝은 영역/어두운 영역(172쪽)
비네팅(342쪽)
색온도(271쪽)

2단계 그러데이션 툴로 노출과 색감 수정하기

그러데이션 툴(192쪽)
모델 뒤에서 오는 조명 때문에 과하게 밝아진 부분을 수정하고, 모델에 시선이 고정되도록 처리한다.
비네팅

3단계 조정 브러시 툴로 노출과 색감 수정하기

조정 브러시 툴(216쪽)
낭만적인 장면인 만큼 아름다운 색감으로 분위기를 만들고, 모델이 바라보는 꽃등의 불빛을 강조해준다.

4단계 마무리 보정하기

클리핑
색온도
노출

예제사진
BOOK2\연등을든소녀

완성사진
BOOK2\연등을든소녀 완성

Lightroom **1단계: 라이트룸에서 기본 보정하기**

분위기를 해치지 않는 범위 안에서 최대한 디테일이 잘 살아날 수 있도록 기본적인 노출과 색감을 보정한다.

1 현상 모듈의 '기본' 패널에서 '흰색 계열'과 '검정 계열'을 만져 클리핑한다. (흰색 +24, 검정 -2)

2 '밝은 영역'과 '어두운 영역', '노출'과 '대비'를 조정한다. 꽃등의 불빛 부분은 나중에 다시 만져줄 것이므로 크게 신경 쓰지 말고 전체적인 노출만 잡아준다. (밝은 -20, 어두운 +38, 노출 +0.68, 대비 +7)

3 기본 '색온도' 및 '색조'를 조정한다. 얼굴의 색온도를 기준으로 주변의 색감을 맞춘다. (색온도 5471, 색조 +11)

13

러이끄라통 축제
따뜻한 색감으로 낭만적인 분위기 만들기

클리핑(흰색 계열/검정 계열)

밝은 영역/어두운 영역, 노출/대비

색온도/색조

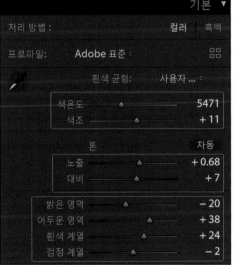

1   모델 뒷부분 어둡게 만들기

모델 뒤에서 오는 조명 때문에 밝아진 부분을 수정해주고, 전체적으로 모델에 시선이 고정될 수 있도록 그러데이션 처리를 한다. 그러데이션 툴을 이용해 모델 뒤쪽을 선택한 후 노출값을 조정해 약간 어둡게 만든다. (노출 −1)

2   오른쪽 바닥 부분에도 같은 값을 적용해준다.

3   그러데이션 툴로 하늘 부분의 노출과 색감 강조하기

위쪽에 있는 하늘 부분을 좀 더 어둡게, 또 푸른 색감을 강조해 주제 부분과 색감이 대비되도록 만든다. 그러데이션 툴을 이용해 위쪽을 선택한 후 '색온도, 색조, 노출'을 조정하면 된다. (색온도 −29, 색조 11, 노출 −0.84)

4 왼쪽 아래 물 부분 어둡게 만들기

왼쪽 아래 물 부분은 하늘을 반사한 곳이기 때문에 하늘을 처리한 그러데이션 툴과 비슷하게 처리해준다.
(색온도 −54, 노출 −0.68)

  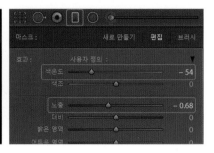

3단계: 조정 브러시 툴로 노출과 색감 수정하기

1 조정 브러시 툴로 저녁노을의 노출과 색감 강조하기

낭만적인 장면인 만큼 아름다운 색감으로 분위기를 만들고, 모델이 바라보는 꽃등의 불빛을 강조해준다. 조정 브러시 툴을 클릭한다. '노출'을 밝게 하고, '색온도'와 '색조'를 높인다. 작업할 부분이 넓으니 브러시 크기를 크게 설정한 후 저녁노을 부분을 칠해준다. (색온도 19, 색조 19, 노출 0.54)

  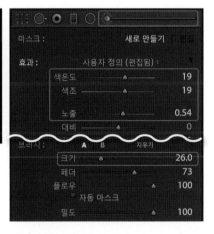

2 주제 부분을 밝게 처리하기 위해 노출을 올린 브러시를 이용해 주제 부분을 칠해준다. (노출 0.54)

3 꽃등의 노출 보정하기

꽃등의 빛나는 부분이 너무 밝다. 밝은 영역을 낮춘 브러시로 클리핑 아웃되지 않도록 칠해준다. (밝은 영역 -29)

4

주인공 등 뒤쪽과 나무 부분을 조금 더 어둡게 만든다. 이미 그러데이션 툴로 보정한 부분인데, 그 위에 다시 조정 브러시 툴로 조정해도 된다. 어둡게 처리한 부분 중 충분히 어두워지지 않은 부분들을 칠해주자. 이때 차가운 색감이 느껴지도록 색온도를 살짝 조정한다. (색온도 -27, 노출 -1, 브러시 크기 19)

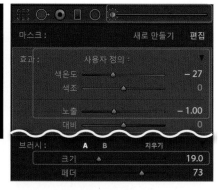

5

주제 부분의 형체가 너무 어두워져 잘 보이지 않으니 노출을 살짝 높인 브러시로 칠한다. (노출 0.52)

1 전체적으로 클리핑을 다시 한 번 만져주고, 노출과 색온도, 색조 등 전체적인 밸런스를 생각해 조정한다. 클리핑, 노출과 대비, 밝은 영역, 어두운 영역을 조정한다.

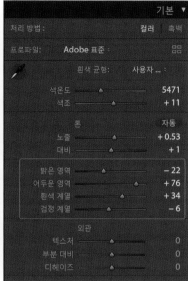

2 색온도, 색조를 조정해 주제에 가장 적합한 분위기를 찾아주면 완성이다.

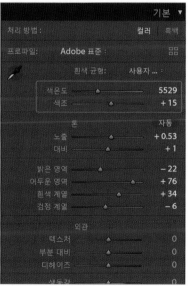

Canon 5D Mark2, 24-70f2.8, ISO 100, 24mm, F3.5, 1/200s

100년이 넘는 현재까지도 지하 석탄 맥에 붙은 불이 타오르고 있는 것으로 유명한 인도의 탄광 마을 '자리아'에서의 촬영이었다. 오염된 환경에서도 아직 일할 수 있는 남자들은 얼마 되지 않는 일당을 벌기 위해서 아무런 장비도 없이 슬리퍼와 맨손으로 탄을 캐고 있었다. 몇 명의 일꾼이 커다란 덤프트럭을 맨손으로 채우는 모습이 안타까웠다. 이 사진은 2014년 온빛 다큐멘터리 온빛상 11인에 선정되었다.

하늘의 노출이 너무 밝아
디테일이 죽어 있다.

주제의 거친 느낌이
부족하니 디테일을
강조해준다.

전체적인 색온도가 너무
따뜻한 색 쪽으로 돌아갔다.
전체 색온도를 조정하고,
지루하지 않도록 색감을
조정한다.

주제를 강조해 확실하게
시선을 잡아당길 수
있도록 처리한다.

외곽을 어둡게 처리한다.

1단계 라이트룸 기본 보정

계조 클리핑(168쪽)
노출/대비(175쪽)
밝은 영역/어두운 영역(172쪽)
비네팅(342쪽)
색온도(271쪽)

2단계 부분 노출 수정하기

그러데이션 툴(192쪽)
노출이 크게 엇나간 하늘과 땅의 노출
을 맞추고, 주제에 집중할 수 있도록 왼
쪽과 오른쪽 아래를 어둡게 처리한다.

3단계 거칠고 회화적인 스타일 만들기

조정 브러시 툴(216쪽)
부분 대비와 번, 닷징을 주로 이용해
주제에 걸맞은 거칠고 회화적인 느낌
이 강하게 들도록 보정한다.

4단계 마무리 보정하기

클리핑
색온도
노출

예제사진
BOOK2\탄광마을남자

완성사진
BOOK2\탄광마을남자 완성

조정 브러시 툴은 노출과 색감을 조정한다. 그러나 흔히 말하는 닷징(밝게)과 버닝(어둡게) 툴처럼 쓸 수도 있으니 다양하게 활용하는 방법에 주의해서 보자. 또 한 번 적용된 그러데이션 툴의 선택영역을 브러시를 사용해 수정하는 것과 각 옵션을 조정하여 저채도의 회화적인 느낌으로 표현하는 방법을 배운다. 중요한 것은 툴의 개수가 아니라 활용하는 아이디어다. 이 사진의 경우 거친 노동과 열악한 환경에서 고생하는 사람들의 모습을 잘 표현할 수 있도록 디테일을 강조해야 한다. 그러데이션 툴로 하늘과 땅의 노출 차이를 보정하고, 비네팅으로 외곽을 어둡게 처리해 시선을 중앙으로 집중시킨다. 주제의 디테일을 강조하고, 전체 색감을 조정해 지루한 느낌을 걷자.

▶ YouTube [시즌3] #10 Book 2, Chapter 14 자리아 탄광마을 사람들

Lightroom **1단계: 라이트룸에서 기본 보정하기**

항상 시작은 클리핑이다. 클리핑, 밝은 영역, 어두운 영역을 조정하고, 노출과 대비를 이용해 기본이 되는 전체 노출을 잡아준다. 색온도와 색조를 이용해 적절한 화이트 밸런스를 찾는다.

1 현상 모듈의 '기본' 패널에서 '흰색 계열'과 '검정 계열'을 만져 클리핑한다. 앞으로 할 작업을 생각해 조금 과하게 클리핑해도 된다. (흰색 +28, 검정 −14)

2 하늘의 디테일을 살려야 하니 '밝은 영역'을 조정하고, 어두운 부분의 디테일을 살리기 위해 '어두운 영역'을 조금 밝게 처리한다. '노출'을 약간 밝게 설정하되, 전체 계조를 위해 '대비'는 높게 살리지 않는다. (밝은 영역 −59, 어두운 영역 +60, 노출 +0.27, 대비 −1)

3 조명을 사용한 사진이기 때문에 조명의 기본 세팅값인 '색온도 5500k, 색조 0'으로 설정한다.

14

자리아 탄광마을 사람들
거칠고 회화적인 스타일 만들기

클리핑(흰색 계열/검정 계열)

밝은 영역/어두운 영역, 노출/대비

색온도/색조

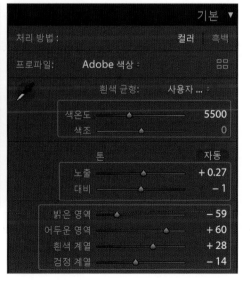

기본 ▼

처리 방법 :	컬러	흑백
프로파일:	Adobe 색상 :	品品

흰색 균형: 사용자 ...

색온도	5500
색조	0

톤 자동

노출	+ 0.27
대비	− 1

밝은 영역	− 59
어두운 영역	+ 60
흰색 계열	+ 28
검정 계열	− 14

1 하늘 부분

노출이 크게 엇나간 하늘과 땅의 노출을 맞추고, 주제에 집중할 수 있도록 왼쪽과 오른쪽 아래를 어둡게 처리한다. 그러데이션 툴로 선택영역을 편집하는 방법을 집중해서 보자. 그러데이션 툴로 하늘 부분을 선택한 후 노출을 좀 더 어둡게 보정한다.

(노출 -0.42, 밝은 영역 -26)

2 그러데이션 툴의 선택영역 수정하기

노출을 조정해 전반적으로 어두워졌지만 주제 부분인 인물의 얼굴까지 어두워졌다. 이런 결과를 피하기 위해 불규칙한 모양의 노출을 보정할 때는 조정 브러시 툴을 사용했었지만, 그러데이션 툴효과가 적용된 영역 중 일부를 지울 수 있는 있는 기능이 업데이트되었다.

그러데이션 툴의 '브러시'를 클릭한다. 아래쪽에 브러시 옵션이 나타나면 '지우기'를 클릭한 후 브러시 크기를 적당히 조정하고 효과를 지울 부분을 칠해주면 된다.

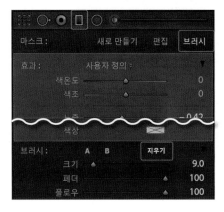

3 오른쪽과 왼쪽 하단 부분 어둡게 만들기

시선을 주제로 이동시켜야 하니 같은 방법으로 그러데이션 툴을 이용해 오른쪽과 왼쪽 하단 부분을 어둡게 처리한다.

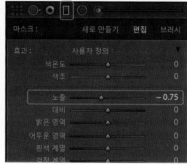
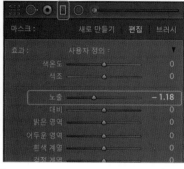

(왼쪽 노출 −0.75, 오른쪽 노출 −1.18)

Lightroom **3단계: 거칠고 회화적인 스타일 만들기**

1 저채도로 표현하기

스타일을 만들 때는 '기본' 패널의 '외관'에
있는 기능들을 주로 사용한다. 여기서는
전체적인 '부분 대비'를 높여준다. '생동감'
을 확 올리고 '채도'는 낮추어 저채도로 표
현한다. 이렇게 하면 높은 생동감으로 피
부색을 제외한 대부분의 채도가 올라가
지만, 채도 자체는 매우 낮추었기 때문에
피부색은 저채도로 표현된다. 채도는 피
부의 색감을 기준으로 주변을 판단하기
때문에 색다른 느낌의 사진이 된다. 더불
어 부분 대비를 높였기 때문에 각각의 부
분 디테일이 올라가 거칠면서도 회화적인
느낌이 살아난다.

(부분 대비 +20, 생동감 +71, 채도 −32)

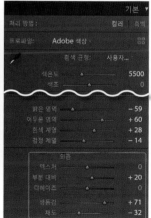

2 일부분만 부분 대비 높이기

주제 부분을 강조하기 위해 조정 브러시 툴을 이용해 부분 대비를 과하게 높여 칠한다. (부분 대비 65)

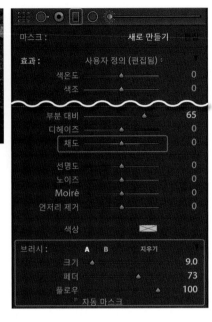

3 일부분 어둡게 만들기

이번에는 디테일한 부분을 손보자. 노출을 줄인 브러시로 더 어두워져야 하는 부분이나 너무 밝아진 부분을 칠해준다. (노출 −0.77)

4 일부분만 밝게 만들기

노출을 밝게 한 브러시로 좀 더 밝아져야 할 부분이과 너무 어두워진 부분에 칠해준다. (노출 0.31)

5　비네팅 적용하기

이제 거의 끝났다. 중앙의 집중도를 높이기 위해 전체적으로 비네팅 처리를 해준다. '효과' 패널에서 '양'을 조정하면 된다. (양 -13)

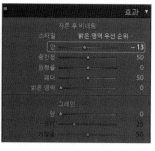

Lightroom　**4단계: 마무리 보정하기**

마무리도 클리핑이다. 보정 과정 중 달라졌을 전체 계조를 정리하기 위해 클리핑과 노출, 밝은 영역과 어두운 영역을 다시 한 번 조정해준다. 색온도, 색조를 미세하게 조정해 최종적인 색감을 정리하면 느낌이 결정된다.

1　클리핑 후 노출을 보정한다. (노출 0.21, 밝은 영역 -77, 어두운 영역 65, 흰 29, 검 -18)

2　최종 색감 미세 조정하기. 색온도와 색조를 이리저리 조정해 보면서 주제를 표현하기에 가장 적당한 색감을 찾아준다. (색온도 5500)

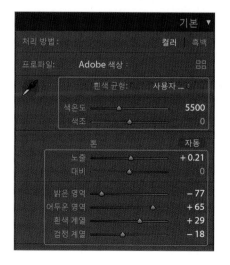

Dji Mavic Pro Camera 4.73mm f2.2, ISO 100, 4.73mm(26mm), F2.2, 1/4000s AEB 15장 HDR 파노라마 병합

네팔의 작은 동네인 룸비니는 불교의 싯타르타가 태어난 곳으로 유명한 장소다. 전 세계 불교신자들의 도움으로 공원으로 조성되었는데, 그 규모가 너무나 거대해서 방문한 사람들은 전체 형상을 알 수 없다고 한다. 그러나 이 사진에서처럼 높은 고도에서 바라보면 비로소 땅 위에 만들어진 하나의 거대한 만다라 같은 형상이 드러난다.

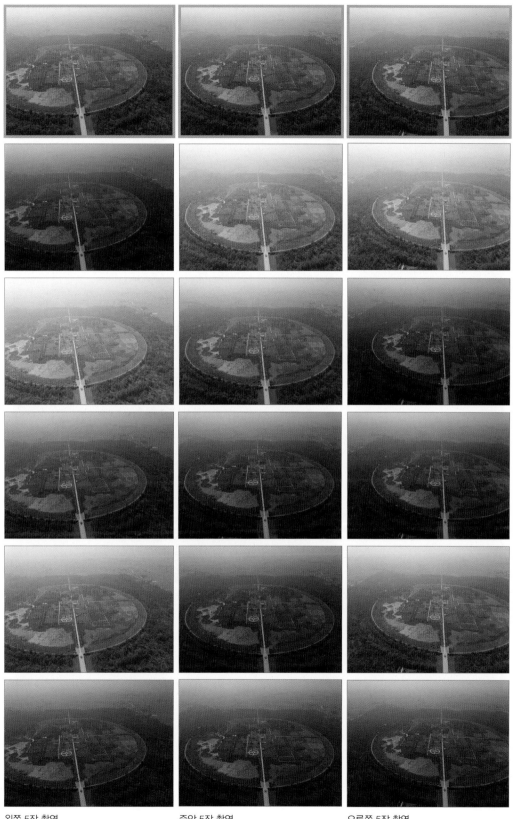

| 왼쪽 5장 촬영 | 중앙 5장 촬영 | 오른쪽 5장 촬영 |

다큐멘터리 작가들은 요즘 거의 필수적으로 드론을 쓰지만 주된 작업이 사진이기 때문에 대부분 손바닥만 한 작은 드론을 사용할 수밖에 없다. 카메라로 촬영한 사진에 비하면 아직 화질이 담보되지 않는다는 문제가 있는데, 이렇게 작은 센서로 만들어진 사진이라도 어느 정도 화질을 회복할 수 있는 방법이 있다. 자세히 보자. 드론을 사용하는 이유는 사건현장이나 장소를 높은 시점에서 전체적으로 아우를 수 있기 때문이기도 하고, 드론이 더이상 드론 전문가들만의 독점적인 영역이 아니기 때문이기도 하다.

전문 드론 촬영작가의 경우 무겁긴 해도 고성능 카메라를 매달아 촬영하기 때문에 큰 문제가 없지만 일반적인 다큐멘터리 작가라면 작고 가벼운 드론을 사용한다. 센서가 작기 때문에 상대적으로 낮은 계조와 렌즈의 화각이 제한되는 등 여러 가지 단점이 있으나 HDR을 이용한 화질 개선과 파노라마 합치기를 이용해 보다 넓은 화각의 사진을 만들 수 있다.

Lightroom **1단계: HDR 파노라마 사진 만들기**

1 사진의 소스를 모두 선택한다. 마우스 오른쪽 버튼을 클릭한 후 '사진병합 – HDR 파노라마'를 선택한다.

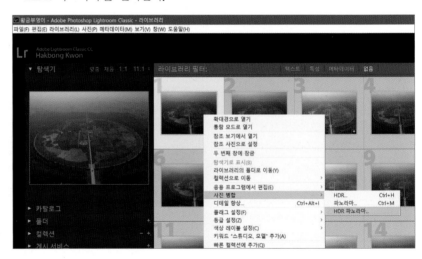

15 작은 센서의 드론 사진을 최상의 품질로 만들기
HDR 파노라마

우선 이런 작업을 하려면 촬영할 때부터 HDR 파노라마를 염두에 두고 촬영해야 원하는 소스를 확보할 수 있다. 많은 드론 카메라에서 자동 노출 브래키팅 AEB(Auto Exposure Bracketing) 기능을 지원하니 적극적으로 이용하자. 드론 카메라의 작은 센서는 아무래도 계조가 많이 떨어지기 때문에 AEB 촬영은 필수적으로 요구된다. 물론 가능하다면 반드시 Raw 파일로 촬영해야 한다는 점 또한 잊지 말자.

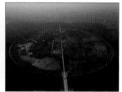

한 장의 사진이지만 AEB 기능을 이용해서 5장의 다른 노출로 Raw 촬영했다.

마지막으로 파노라마 병합을 위해 같은 지점에서 상하좌우 등 원하는 화각을 확보한 사진을 촬영해야 한다. 이 예제의 경우 왼쪽, 중앙, 오른쪽 각각 5장씩 15장의 소스를 촬영했다.

파노라마 병합을 위해서 왼쪽, 중앙, 오른쪽으로 나누어 촬영했다.

2 'HDR 파노라마 병합 미리보기' 창이 나타나면서 미리보기 사진이 보인다. 여기서 중요한 점이 '투영 선택'인데 투영 방식에 따라서 사진이 어떻게 보이는지를 결정하기 때문이다. 여기에서는 주제 부분인 지형의 왜곡이 가장 적게 보이는 '원근'을 선택한 후 '병합'을 클릭한다. 다음 작업을 위해서 '자동 자르기', '자동 설정'의 체크는 해제하자. 간편한 정리를 위해서 '스택 만들기'를 체크해도 좋다.

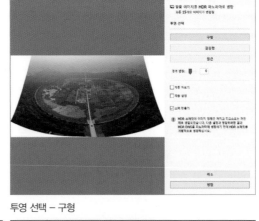

투영 선택 – 구형

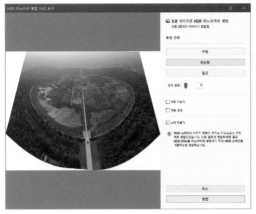

투영 선택 – 원통형

투영 선택 – 원근

3 만약 자동으로 HDR 파노라마가 생성되지 않을 경우 수동으로 해주면 된다. 너무 걱정하지 말자. 약간의 수고로움이 더해질 뿐이다.

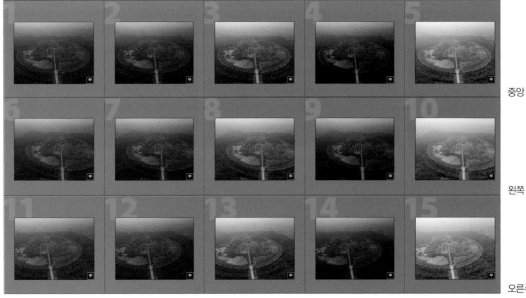

중앙

왼쪽

오른쪽

4   정상적인 방법으로 작업했다면 자동으로 한꺼번에 작업하든, 수동으로 작업하든 같은 파일이 만들어진다.

HDR 파노라마 병합으로 만들어진 사진

수동으로 HDR 사진을 만든 다음 다시 파노라마 병합으로 만들어진 사진

Lightroom **2단계: 화면의 시점 교정하기**

이렇게 만들어진 사진은 외곽이 잘려지지 않은 것과 시점이 살짝 틀어져 지상의 구조물이 반듯하게 보이지 않는다는
문제가 있다. 이 부분을 교정해 반듯하게 만들어주자.

1   기울어진 건물 바로잡기

변환 패널에는 기울어진 건축물 같은 것을 반듯하게 자동으로 펴주는 기능이 있다. 이 사진의 경우에는 렌즈 왜곡 때
문에 기울어진 것이 아니기 때문에 수동으로 작업해주어야 한다. '변환' 패널을 클릭한다.

2 '도우미' 메뉴를 선택하면 업라이팅 격자 도구를 사용할 수 있다. 우선 수평부터 두 줄 찾아주고 수직을 좌우에 그어 주어 준비작업을 해준다.

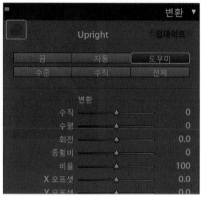

3 이렇게 보면 아직 큰 변화가 없다. 이제 좌우의 점을 이동해 가운데 있는 길이 완벽한 수직이될 수 있도록 보정한다. 화면의 변화를 자세히 관찰하면서 조금씩 이동해주면 쉽게 찾을 수 있다.

4 작업하는 도중에 X나 Y 오프셋에 마우스를 살짝 올리면 격자를 볼 수 있어 좀 더 정밀한 작업이 가능하다. 하지만 X나 Y 오프셋 슬라이드를 클릭하지는 말자. 작업이 끝나면 '업라이팅 격자도구'가 원래 있던 위치를 클릭하거나 오른쪽 아래 '완료' 버튼을 클릭하면 된다.

5 오버레이 자르기

R을 누르거나 툴바의 오버레이 자르기 도구를 클릭한다. 자물쇠 아이콘이 열린 상태에서 흰색의 빈 화면이 보이지 않도록 최대한 크롭한다. 다만 좌우대칭 이미지이기 때문에 가운데의 길이 사진의 한가운데로 오도록 원형 좌우의 여백을 동일하게 만들어주자. 크롭한 이미지 안쪽을 더블클릭하거나 오른쪽 아래에 있는 '완료' 버튼을 클릭해서 작업을 완료한다.

3단계: 기본 보정하기

1 드론 사진도 일반 사진과 마찬가지로 '흰색 계열'과 '검정 계열' 슬라이드를 이용해서 클리핑하고 간단한 노출과 '밝은 영역, 어두운 영역'을 조정해준다. (흰색 계열 +58, 검정 계열 −47, 노출 0, 밝은 영역 −66, 어두운 영역 +41)

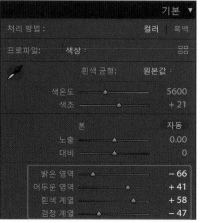

2 선명한 느낌 강조하기

상당히 높은 고도에서 촬영되었으니 디헤이즈 슬라이드를 이용해 안개 느낌을 조금 제거해준다. 더불어 생동감을 좀 더 올리고, 채도는 조금 낮추어 좀 더 실감나는 색감으로 표현하자. (디헤이즈 +34, 생동감 +55, 채도 −26)

3 자연스럽게 색상 추가하기

아침에 촬영한 사진의 느낌을 강조하기 위해서 멀리 있는 연무의 색상을 오렌지색 쪽으로 바꾼다. 그 러데이션 툴을 이용해서 멀리 있는 부분을 선택한 후 색온도와 디헤이즈 슬라이드를 조정하면 된다. (색온도 21, 노출 0.31, 디헤이즈 13)

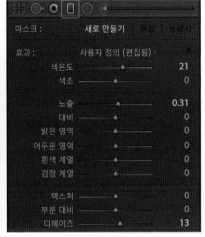

4 주제 강조를 위한 모서리 처리하기

가까운 부분을 조금 더 어둡게 만들어 중앙에 있는 주제 부분을 부각시킨다. 그러데이션 툴을 이용 해 가까이 있는 모서리 부분의 노출을 어둡게 표현하면 된다. 좌우 동일하게 처리하자. (노출 −0.77)

왼쪽

오른쪽

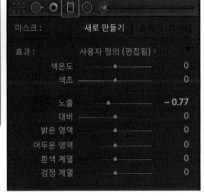

1 클리핑하기

마무리 단계에서 클리핑 아웃되어 버려지는 계조가 없도록 다시 한 번 클리핑해준다. 더불어 사진의 전체적인 밸런스를 고려해 어두운 영역과 밝은 영역, 그리고 전체적인 색온도를 미세하게 교정해주면 된다. (흰색 계열 +60, 검정 계열 -20, 밝은 영역 -56, 어두운 영역 +34, 색온도 5500)

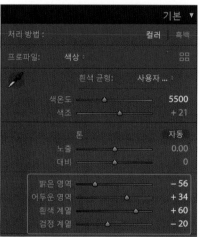

2 전체적으로 살짝 연무가 낀듯한 효과가 아직도 많으니 디헤이즈 슬라이드를 살짝 더 조정해 보다 선명하게 보이도록 만들면 완성이다. (디헤이즈 +50)

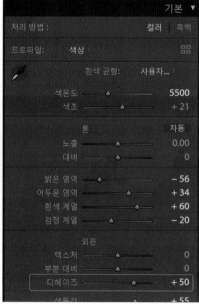

Poartrait
인물

보정 분야

여자, 남자, 아이, 노인, 동물, 웨딩, 광고

16

나도 인물사진을
잘 찍고 싶다

▶ YouTube

[스트로비스트 코리아 – 포토샵/라이트룸 독자 게시판 – 마스터 클래스]
180724 포토샵 라이트룸 방송 편집본, 배경에 잘 어울리는 인물 사진 보정
180724 포토샵 라이트룸 방송 편집본, 사진보정의 기초 작업
마스터 클래스 #1 분위기 있는 인물 사진 보정

인물사진은 사람이 주 피사체다. 사람은 내 얼굴이든 타인의 얼굴이든 사람의 얼굴에 가장 민감하기 때문에 작은 변화와 분위기만으로도 많은 것들이 바뀔 수 있다. 인물사진의 이런 특징에 맞춰 좋은 사진을 얻기 위한 현실적인 팁들을 살펴보자.

대상과의 거리감을 좁히자

인물사진을 촬영할 때 그냥 들어가서 얼굴만 찍으면 된다고 생각하는 경우가 많다. 하지만 얼굴에는 수없이 많은 표정과 느낌들이 존재하며, 사진을 통해 보는 사람에게도 고스란히 전달된다. 낯선 곳에 가서 카메라부터 들이댄다든지 망원렌즈로 야생동물 촬영하듯이 한 사진을 보면 거의 본능적으로 그런 거리감을 느끼게 된다. 마음의 여유를 갖자. 짧은 시간이더라도 피사체와 관심과 존중이 오갔을 때 사진은 더욱 좋아질 수 있다.

Photographed: Vincent Pravost(France)

모델은 촬영자를 관찰한다

촬영을 시작하자마자 멋진 사진을 건질 것이라는 생각은 버리고, 처음 10장 정도는 가벼운 마음으로 가자. 시작 부분에서 모델은 긴장해 있고 표정 역시 딱딱해 부자연스럽다. 더불어 촬영자를 유심히 관찰하고 있는 중이다. 시간에 쫓겨 서두르거나 못마땅한 표정은 절대 안 된다. 부정적인 느낌을 받으면 모델은 더 긴장하고 사진은 더 어색해진다. 최선을 다하는 모습으로 밝고 긍정적인 표정을 보여주자. 인물사진은 서로가 서로를 관찰하는 작업이다.

모델과 공감하라

처음 10장 정도 촬영한 사진 중 잘 나온 것을 모델에게 보여주자. 자신의 모습이 어떻게 나오는지 확인하면 마음이 놓일 것이다. 모델이 어린이라면 눈높이를 맞추고 앉는 자세가 좋으며, 주변의 친구들에게도 같이 보여준다. 아이들은 가장 촬영하기 쉬우면서도 어려운 대상이다. 젊은 남녀의 경우 부끄럼을 타니 구경꾼들에게 허락 없이 사진을 보여주면 안 된다. 중년이나 노인의 경우 무례한 몸짓이나 행동을 삼가고, 공손하게 좋은 사진을 한두 장 보여주는 것만으로도 충분하다. 나이가 들수록 감정 표현이 힘들어지는데 작은 미소라도 볼 수 있다면 계속되는 촬영은 성공적일 것이다.

Photographed: Raquel Mendez(Barcelona Spain)

모델의 작은 행동에 집중하자

다큐멘터리 사진처럼 삶의 현장을 촬영할 때면 흔히 사진가가 적극적으로 어떤 포즈나 소품을 요구하곤 한다. 딱히 잘못이라고 할 수는 없지만, 그 전에 충분한 대화를 통해 모델이 보여주려고 하는 것을 적극적으로 관찰해보자. 모델이 자랑스러워한다거나 보여주고 싶어 하는 것에는 많은 의미가 있기 마련이다. 또 모델이 제안하는 소품의 경우 아무리 마음에 들지 않더라도 촬영해주어야 한다. 사진은 상호관계 속에서 존재하기 때문에, 모델의 의사를 존중하는 것이 무엇보다 중요하다. 나중에 의미를 알게 된다면 더욱 중요한 사진이 될 수도 있다.

그는 대나무로 뭔가를 열심히 만드는 모습을 보여주었다.
말이 통하지 않아서 나중에야 그것이 꼬마 돼지들의 밥그릇이라는 것을 알 수 있었는데,
돼지들을 바라보는 그의 시선에서 '아빠 미소'가 보이는 듯했다.

가능한 한 배경을 정리하자

소품을 배경에 넣기도 하고, 불필요해 보이는 소품을 빼기도 한다. 이런 편집을 조작이라고 폄하하기도 하지만, 사진은 현장을 그대로 보여주는 것이 아니라 사진가가 해석한 것을 보여주는 것이다. 그대로 보여주는 것이 가장 중요하다면 CCTV는 세상에서 가장 훌륭한 사진작가가 아닐까? 무엇을 빼고 넣을 것인가는 사진가가 결정한다. 하지만 모델의 허락을 먼저 얻어야 한다는 점을 잊지 말자. 허락 없이 남의 물건을 만지는 것은 세상 어디서나 실례다.

빛을 고려해 장소를 선택한다

인물을 촬영할 때 바꾸기 가장 쉬운 것 중 하나가 배경과 장소다. 실내냐 실외냐를 결정하는 것은 순전히 사진가의 몫이다. 표현하고 싶은 느낌과 목적에 따라 부드러운 빛이 지배하는 그늘이나 실내가 될 수도, 강렬하고 자연스러운 연출을 위해 다소 거칠지만 야외를 선택할 수도 있다. 어떤 경우든 빛의 방향과 얼굴의 명암을 잘 관찰해 좋은 장소를 찾아라.

17

인물사진을 보정할 때의
주의점과 주요 기능들

본격적으로 인물사진을 보정하는 여러 가지 테크닉을 배우기 전에 무엇을 보정해야 하는지, 어떤 때 어떤 기능들을 주로 사용하는지 살펴보고 시작하자.

인물의 표정과 주변의 다양한 빛이 인물을 더욱 돋보이게 하고 있다.

1　이 사진의 목적은 무엇인가?

사진에서 보여주고자 하는 목적을 가져야한다. 다만 목적이 눈에 노골적으로 보여야 한다는 말은 아니다. 사진을 보정할 때 아무 생각 없이 습관적으로 보정하고 있지 않은지 항상 돌아봐야 한다.

2　배경과 주변환경은 필요한 것인가?

너무 주제에만 몰입해서 자칫 주변의 사물들이 눈에 띄지 않는 경우가 발생한다. 사진가는 주제를 방해하는 색, 형태, 라인 등을 제거할 것인가 그대로 둘 것인가를 항상 민감하게 고민해야 한다.

3　이 인물의 어떤 점을 강조할 것인가?

사진의 목적에 따라 강조해야 할 부분이 충분히 강조되어 시선을 끌고 있는지, 방해되는 것들 때문에 주의를 뺏기고 있지는 않은지를 본다. 너무 강조되면 사진이 지나치게 단순해지니 주의하자.

4　명암은 어떻게 처리할 것인가?

인물의 얼굴에는 수없이 많은 작은 명암들이 존재한다. 이런 명암을 풍부한 톤으로 처리할 것인가 빈약한 톤으로 처리할 것인가를 결정해야 한다. 또 전체적인 분위기를 고대비로 처리 할 것인가 저대비로 처리할 것인가 역시 계획되어 있어야 한다.

5　대표적인 실수

보여주려고 하는 것이 너무 많아 산만해지지는 않았는지 확인한다. 모든 것이 완벽해야만 한다. 결함은 쓸데없는 정보를 전달하지만, 지나치게 결함을 제거하면 사진의 생명력을 제거해버린다. 여러 사진 중 좋은 사진을 선택할 때 기술적인 것에 집착해 감성적인 부분을 놓치는 경우가 있다.

주제가 없이 잘못 보정한 사진은 설득력을 가지기 힘들다.

인물 보정에 주로 사용하는 기능들

얼룩 제거(324쪽) – 얼룩 보정
피부의 점이나 흉터, 센서 먼지처럼 불필요한 얼룩을 간단히 제거한다.
(포토샵: 도장 툴, 힐링 툴, 복구 브러시 툴, 가우시안 필터)

닷징/버닝(219쪽) – 밝게/어둡게 보정
브러시를 사용해 부분적으로 명암을 추가하거나 빼 어둡거나 밝게 만들 때 사용한다.

명암별 색보정(286쪽) – 색상 보정
밝고 어두운 부분을 기준으로 색감을 추가한다. 부족한 색을 좀 더 진하게 하거나 전혀 다른 색을 추가해 새로운 느낌과 감성을 전할 수 있다.

주파수 분리(563쪽) – 피부 보정
흉터, 주름, 피부톤 등 주로 피부를 보정할 때 사용한다. 다른 방법들처럼 그냥 부옇게 뭉개는 게 아니라 색감과 디테일을 분리해 보정하기 때문에 피부결 같은 디테일을 그대로 살릴 수 있다는 점이 다르다.(포토샵: 소프트 스킨, 하이패스)

픽셀 유동화(547쪽) – 형태 보정
허리선, 얼굴 윤곽, 턱, 눈 크기 등 형태를 보정할 때 사용한다.

비네팅(342쪽) – 인물 강조
사진의 주변부로 갈수록 점점 어두워지게 만들어, 가운데 있는 인물을 강조한다.

18

사진 보정의 첫 단추,
작업할 부분만 선택하기(포토샵)

▶ YouTube

[스트로비스트코리아 – 포토샵/라이트룸 독자 게시판 – 동영상 답변]
포토샵 라이트룸 Q&A 배경 바꾸기를 하고 싶은데 복잡한 소나무 때문에 잘 안돼요
포토샵 라이트룸 Q&A 마스킹 선택, 따내기 할 때 가장자리에 하얀 경계선이 생겨요
포토샵 라이트룸 Q&A 멋진 하늘로 바꾸려면 어떻게 해야 하나요?

포토샵 CS6를 사용 중이라면 이 부분의 내용이 좀 다르게 느껴질 것이다. 최근에 업데이트되면서 올가미 툴, 빠른 선택 툴 등 선택에 관련된 툴의 옵션바에 '선택 및 마스크'라는 버튼이 추가되었다. 지금까지 따로 하던 작업을 한 번에 몰아서 할 수 있는 게 다를 뿐 근본적인 기능 자체는 같으니 쓱 읽어 보면 이해가 될 것이다.

Nikon D810, Sigma 85mm f1.4, ISO 100, 85mm, f10, 1/160s

사진 조명 세팅 방법 중 화장품 광고나 여성 모델의 메이크업 등에 사용되는 뷰티 조명에 대한 예제로 촬영한 사진이다. 주파수 분리를 통해 피부 질감을 잡고, 색감을 보정해 간단히 완성했다.

선택할 때 가장 많이 사용하는 포토샵 툴 4가지

선택하기는 포토샵의 시작부터 끝까지 가장 많이 사용되는 기술이기도 하며, 어떤 방법을 어떻게 사용하는지가 실제로 포토샵의 능숙도를 판단하는 기준이 되기도 한다. 여기서는 4가지 방법을 소개하는데, 어떤 상황에 어떤 툴을 써야 하는지에 집중해서 보자.

1. 빠르고 간편한 올가미 툴

 그림 그리듯 손 가는대로 선택한다. 가장 빠르고 쉽지만 정밀한 작업은 불가능하다.

2. 다각형 올가미 툴

 올가미 툴과 모든 것이 같으나 직선으로 선택할 수 있다는 것만 다르다. 올가미 툴 안에 들어 있다.

3. 빠른 선택 툴

 머리카락이나 동물의 털처럼 매우 복잡한 부분을 선택한다. 빠른 선택 툴을 이용해 일차적으로 대충 선택한 후 마스크로 보다 정밀하게 다듬는 방법을 주로 사용한다. 그래픽 디자인과 달리 사진에서는 매우 많이 활용되는 방법이니, 잘 배워두면 두고두고 쓰임새가 많을 것이다.

4. 펜 툴

 포토샵 초창기부터 쓰던 펜 툴은 가장 정밀하게 선택할 수 있는 툴 중 하나다. 포토샵에서 처음 펜 툴을 다룬다면 약간의 연습이 필요하다. 합성사진을 만들고 싶다면 반드시 이 방법에 익숙해져야 한다.

[방법 1] 빠르고 간편한 올가미 툴

가장 빠르고 쉽지만 정밀한 작업은 불가능하다. 정밀한 선택이 되지 않기 때문에 사용빈도가 떨어질 것 같지만 여러 옵션과 조합할 수 있기 때문에 가장 자주 사용한다.

올가미 툴, 다각형 올가미 툴의 옵션바 살펴보기

♀ ✓	■ ⬚ ⬚ ⬚	페더: 30 px	✔ 앤티 앨리어스	가장자리 다듬기...
	①	②	③	④

❶ 영역 선택하기

새 선택영역: 새로운 선택영역을 설정한다. 드래그한 만큼 선택된다.

선택영역 빼기: 기존의 선택영역에서 새로 드래그한 만큼을 뺀다. 단축키 Alt +드래그

선택영역 추가: 기존의 선택영역에 새로 드래그한 만큼을 추가한다. 단축키 Shift +드래그

선택영역 교차: 선택영역이 겹치는 부분만 선택한다. 단축키 Alt + Shift +드래그

❷ 페더: 선택영역의 가장자리를 얼마나 부드럽게 처리할 것인지를 결정한다.

❸ 앤티 앨리어스: 체크하면 선택영역의 가장자리를 가능한 한 매끈하게 처리한다.

❹ 가장자리 다듬기: 가장자리 다듬기 옵션을 사용한다.

1　포토샵을 실행한 후 툴박스에서 올가미 툴을 선택한다. 옵션바에서 페더값을 30픽셀 정도 주어 선택영역의 가장자리가 부드럽게 되도록 설정한다. 선택하고 싶은 부분을 클릭한 후 대충 드래그하여 선택을 시작한다.

예제사진
BOOK2\메이크업모델

완성사진
BOOK2\메이크업모델 완성

2　마우스 버튼에서 손을 떼면 선택이 끝나며 점선이 나타난다. 툴박스에서 퀵마스크 모드 부분을 클릭해보자. 선택되지 않은 부분이 빨간색 마스크로 표시되어 가장자리가 얼마나 부드러운지를 확인할 수 있다. 퀵 마스크 모드를 한 번 더 클릭하면 해제된다.

[방법 2] 다각형 올가미 툴

올가미 툴을 길게 클릭하고 있으면 다각형 올가미 툴이 나타나 선택할 수 있다. 드래그해서 선택하는 것이 아니라 꼭짓점을 찍듯이 클릭해서 직선으로 선택한다는 것이 다를 뿐 나머지 옵션은 올가미 툴과 같다.

1　툴박스에서 다각형 올가미 툴을 선택한다. 선택하고 싶은 부분을 클릭한 후 다음 지점을 클릭하는 방식이며, 삥 돌아 다시 시작점을 클릭하면 직선으로 연결된 선택영역이 만들어진다. 물론 클릭 횟수는 마음대로다.

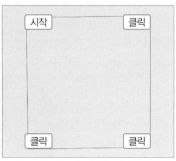

2 일반 올가미 툴처럼 자유곡선으로 만들기

직선으로 선택하다가 중간에 올가미 툴처럼 자유롭게 선을 그리려면 Alt 를 누르고 그리면 된다.

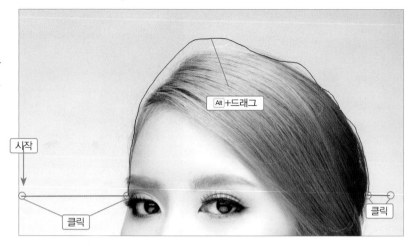

[방법 3] 빠른 선택 툴

머리카락이나 동물의 털처럼 매우 복잡한 부분을 정밀하게 선택할 수 있는 방법이다. 빠른 선택 툴을 이용해 선택한 후 '선택 및 마스크' 창에서 더 정밀하게 다듬는다. 그래픽 디자인과 달리 사진에서는 매우 많이 활용되니 잘 익혀두자.

빠른 선택 툴의 옵션바 살펴보기

❶ 영역 선택하기

새 선택영역: 새로운 선택영역을 설정한다. 드래그한 만큼 선택된다.

선택영역 추가: 기존의 선택영역에 새로 드래그한 만큼을 추가한다. 단축키 Shift +드래그

선택영역 빼기: 기존의 선택영역에서 새로 드래그한 만큼을 뺀다. 단축키 Alt +드래그

❷ 브러시: 브러시 크기와 모양을 선택한다.
　크기: 브러시의 크기를 정한다.
　경도: 브러시의 외곽이 얼마나 부드러울지를 지정한다.
　각도: 브러시의 각도를 조정한다.
　원형률: 브러시의 둥근 정도를 조정한다.
　펜 압력: 태블릿(디지타이저)을 사용할 때 펜 압력을 감지해 브러시의 크기를 조정한다.
　해당 액세서리가 연결되어 있지 않으면 활성화되지 않는다.

❸ 모든 레이어 샘플링: 여러 레이어가 있을 경우 하나로 통합되었다고 가정하고 선택한다.
❹ 자동 향상: 가장자리 다듬기의 일부 기능이 사용되어 외곽선을 좀 더 매끄럽게 탐지한다.
❺ 피사체 선택: 사진에서 가장 눈에 띄는 피사체, 즉 주제 부분을 포토샵이 자동으로 인식해 선택해준다. 정교하게 선택하기 전에 먼저 대충 선택할 때 도움이 된다.
❻ 선택 및 마스크: 포토샵 CC에 업그레이드된 기능이다. 클릭하면 '선택 및 마스크' 창이 나타나 보다 매끄럽고 정밀하게 선택영역을 조정한다.

1   빠른 선택 툴로 선택하기

이제 인물만 선택해보자. Ctrl + + 를 눌러 작업할 부분을 확대한다. 툴박스에서 빠른 선택 툴을 클릭한 후 옵션바에서 적당한 크기의 브러시를 선택한다. 여기서는 인물의 크기에 따라 100px을 사용했는데, 작업할 사진의 크기에 따라 상대적으로 선택하면 된다. 인물의 외곽선 안쪽에서 시작점을 클릭한 후 그림을 그리듯 드래그한다. 선택이 끝났으면 마우스에서 손을 뗀다. 잘못 선택된 부분은 Alt 를 누른 채 다시 클릭하거나 드래그하면 된다.

Ctrl + + 확대

2   선택영역을 마스크로 저장하기

선택영역이 나타난 상태에서 레이어 팔레트의 마스크 추가 아이콘을 클릭한다. 레이어에 마스크가 추가되고 화면에는 마스킹된 부분이 투명하게 나타난다. '배경' 레이어가 '레이어 0'으로 바뀐다.

3   선택 및 마스크 창 열기(542쪽에 자세히 설명)

옵션바에서 '선택 및 마스크' 버튼을 클릭한다. 오른쪽의 '속성' 탭에서 보기 편하게 '흰색 바탕'으로 보기 모드를 선택한다.

4   가장자리 다듬기 브러시 – 적당한 브러시 크기란?

가장자리 다듬기 브러시 도구를 선택한다. 머리카락이나 동물의 털 등 매우 복잡한 형태를 자동으로 인식해 선택해주는 브러시다.

옵션바에서 적당한 브러시 크기를 정한 후 가장자리 부분을 드래그해준다. 브러시 크기는 작업할 부분에 따라 다르다. 너무 작으면 작업을 오래 해야 하니 힘들어지고, 너무 크면 디테일이 떨어진다. 적절한 크기를 선택하자. 여기서는 '200' 정도로 시작했고 중간 중간 작업할 부분에 따라 크기를 바꿔가며 작업했다. 특히 머리카락 부분을 신경 써서 드래그한다.

5   브러시가 칠해지는 부분은 반투명하게 바뀐다. 이미지 상태를 보면서 브러시 가장자리 부분으로 칠해주는 편이 좋다. 투명해진 부분은 나중에 다시 수정할 수 있다. 잘못 선택된 부분은 Alt를 누른 채 드래그하면 삭제된다.

6   브러시 – 선택영역 수정하기
          (지워지면 안 되는 부분 살리기)

포토샵 이전 버전에서는 마스크 레이어를 따로 만들어 흰색이나 검정색을 이용해 선택영역을 더하거나 빼는 작업을 했었다. 이제는 여기서 바로 이 브러시 툴을 사용하여 그런 작업을 할 수 있다. 브러시 도구를 선택한 후 옵션바에서 외곽이 부드러운 브러시로 설정한다. 브러시 크기를 적당히 조정한 후 투명해지면 안 되는 부분(지워지면 안 되는 부분)에 칠해준다.

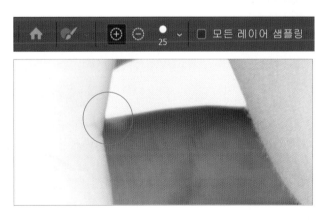

7 필요 없는 부분 지우기 Alt

잘못 선택된 경우 Alt를 누른 채 다시 칠해준다. 이런
식으로 필요한 부분을 칠해주고, 필요 없는 부분은 지
워주면서 선택영역을 수정한다.

8 머리카락 부분 다시 찾아주기

가장자리 다듬기 브러시가 잘 적용되지 않은 머리카락
부분을 다시 손보자. 브러시 크기를 조금 크게 해서 작
업해준다. 전체적으로 완성되었으면 '확인'을 클릭한다.

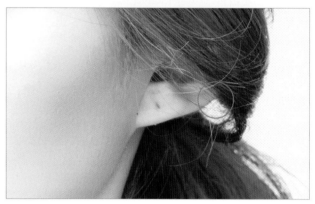

9 결과 보기

이제 선택 작업이 모두 끝났다. 레이어를 추가해 하늘색 배경을 만들어 합성한 결과다.

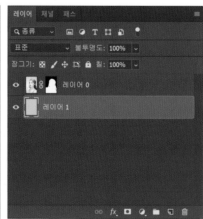

[방법 4] 펜 툴로 선택하기

예제사진
BOOK2\유리컵

완성사진
BOOK2\유리컵 완성

포토샵 초창기부터 유용한 선택 도구로 활용되었던 펜 툴은 가장 정밀하게 선택할 수 있는 방법 중 하나다. 포토샵에서 처음 펜 툴을 다룬다면 약간의 연습이 필요한데, 합성사진을 잘 만들고 싶다면 반드시 이 선택 방법에 익숙해져야 한다.

1 직선으로 선택하기

다각형 올가미 툴과 마찬가지로 직선으로 선택한다면 각 부분을 클릭만 하면 된다.

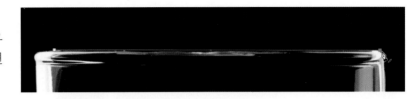

2 곡선으로 선택하기

다음 지점을 클릭한 채 마우스에서 손을 떼지 말고 그대로 아무 쪽으로나 드래그해보면 곡선을 조정할 수 있는 보조핸들이 나타난다. 그대로 드래그해 곡선이 이미지에 딱 맞도록 조정한 후 마우스에서 손을 뗀다. 나중에 곡선을 수정할 때도 해당 핸들을 클릭한 후 보조핸들을 이용하면 된다.

3 곡선에서 다시 직선으로 선택하기

곡선이 끝난 후 다시 직선을 그릴 때 그냥 바로 다음 지점을 클릭하면 곡선값이 살아 있기 때문에 직선이 나오지 않는다. 이럴 때는 Alt를 누른 채 핸들에 마우스 포인터를 가져가면 V 모양이 나타난다. 이때 클릭하면 곡선 조정 보조핸들의 하나가 사라지고, 이제부터는 앞서의 핸들값을 모두 무시한다는 의미가 된다. 따라서 다시 직선을 그릴 수 있다.

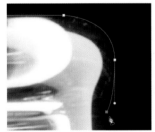 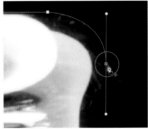  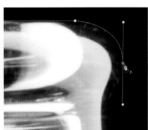

4 전체 작업 진행 후 마무리

위의 방법을 반복해서 전체 선택작업을 해준다. 처음 시작했던 시작점으로 돌아오면 마우스 포인터에 ○ 모양이 나타난다. 클릭하면 선택 작업을 끝낼 수 있으며, 도형이 열려 있지 않고 닫힌 완전한 선택영역이 되었다는 말이다.

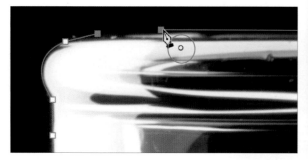

5 패스를 선택영역으로 만들기

펜 툴로 선택하기는 공이 많이 들어가는 작업이기 때문에, 일단 선택영역을 만들기 시작하면 자동으로 '패스' 탭에 '작업 패스' 레이어가 만들어지면서 저장된다. '패스' 탭을 클릭한 후 '팔레트 메뉴 버튼 – 선택 영역 만들기'를 클릭한다.

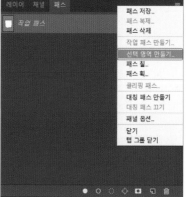

참고 **머리카락이나 털 같은 복잡한 물체가 섞여 있는 경우**

펜 툴은 외곽선을 매끈하고 깔끔하게 선택하는 데 매우 효율적이지만, 머리카락이나 털 같은 복잡한 부분을 선택하기는 힘들다. 이런 부분은 '방법 4'에서 설명한 것처럼 대충 선택한 후 옵션바의 '선택과 마스크' 창의 가장자리 다듬기 브러시를 이용해 다시 한 번 꼼꼼히 정리해주면 된다.

6 '선택 영역 만들기' 대화상자가 나타난다. 옵션값을 지정한 후 '확인'을 클릭하면 선택영역이 만들어진다. (페더 반경 2픽셀)

❶ 렌더링
페더 반경: 선택영역 경계선을 얼마나 부드럽게 만들 것인가를 지정한다. 사진의 해상도에 따라 다르지만 정밀한 펜 툴 작업의 경우 '페더 반경'은 1~2픽셀 정도이며 대충한 경우 3~5픽셀까지도 준다. 이 예제에서는 2픽셀을 주었다.
앤티 앨리어스: 체크할 경우 경계 영역의 계단 현상을 없애 부드럽게 만든다. 대부분의 경우 반드시 체크하자.

❷ 선택 범위
새 선택 영역: 새로운 선택영역으로 만든다.
나머지 옵션: 이 작업을 하기 전에 기존의 선택영역이 존재할 경우 활성화된다. 다른 선택 툴들과 같은 기능이다.

7 선택영역을 마스크로 저장하기

선택영역을 마스크로 저장하면 필요할 때마다 불러올 수도 있고 다양한 작업이 가능해진다. '배경' 레이어를 클릭한 후 레이어 팔레트의 마스크 추가 아이콘을 클릭한다. 레이어에 마스크가 추가되고 화면에는 마스킹된 부분이 투명하게 나타난다.

그리고 선택 영역을 전담하는 '선택 및 마스크' 창

앞에서 빠른 선택 툴을 사용할 때 간단히 따라해봤지만, 빠른 선택 툴뿐만 아니라 사각형 선택 윤곽 툴, 올가미 툴 등 선택 도구들에 옵션바를 통해 공통으로 제공되는 기능이다. 선택영역을 빼거나 추가하는 등 선택에 관한 대부분의 작업이 가능하다.

❶ 마스크 가장자리 다듬기 도구

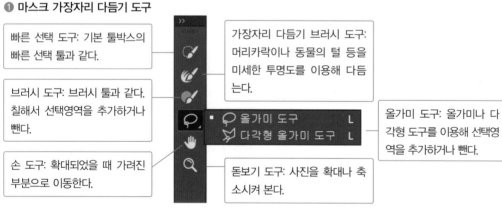

빠른 선택 도구: 기본 툴박스의 빠른 선택 툴과 같다.

브러시 도구: 브러시 툴과 같다. 칠해서 선택영역을 추가하거나 뺀다.

손 도구: 확대되었을 때 가려진 부분으로 이동한다.

가장자리 다듬기 브러시 도구: 머리카락이나 동물의 털 등을 미세한 투명도를 이용해 다듬는다.

올가미 도구: 올가미나 다각형 도구를 이용해 선택영역을 추가하거나 뺀다.

돋보기 도구: 사진을 확대나 축소시켜 본다.

② **보기 모드:** 선택영역과 선택되지 않은 영역을 다양한 모드로 볼 수 있다. 각자 보기 편한 것을 선택하면 된다.

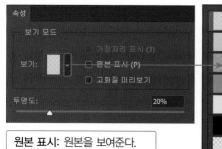

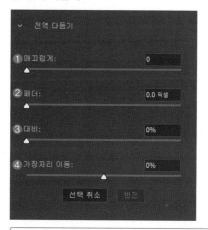

원본 표시: 원본을 보여준다.

투명도: 선택되지 않은 영역을 얼마나 가릴지 선택한다.

[보기 종류]

어니언 스킨: 선택되지 않은 영역의 투명도를 선택한다.
개미들의 행진: 경계선을 점선으로 표현한다.
오버레이: 지정된 오버레이 색상을 씌운다.
검정 바탕: 선택되지 않은 부분을 검정으로 보여준다.
흰색 바탕: 선택되지 않은 부분을 흰색으로 보여준다.
흑백: 선택영역을 흰색, 선택되지 않은 영역을 검정으로 본다.
레이어 바탕: 선택되지 않은 영역을 투명 레이어 보기로 본다.

③ **가장자리 감지**

❶반경: 이미지 가장자리 반경을 지정한다.
❷고급 반경: 선택하면 이미지 가장자리를 감지할 반경을 자동으로 선택한다.

④ **전역 다듬기**

❶매끄럽게: 찌글찌글한 가장자리를 매끄럽게 처리할 양을 지정한다.
❷페더: 가장자리 경계의 부드러운 정도를 지정한다.
❸대비: 선택영역 가장자리를 뚜렷하게 하거나 흐리게 한다.
❹가장자리 이동: 가장자리를 선택영역 안쪽이나 바깥 쪽으로 이동시킨다.

⑤ **출력**

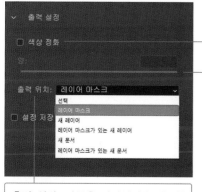

색상 정화: 가장자리의 색수차를 제거한다. (329쪽)

양: 색수차를 제거할 때 얼마나 제거할지를 지정한다.

출력 위치: 다듬은 가장자리를 기록할 레이어를 선택한다. 기본적으로 불러온 선택 마스크에 기록된다.

⑥ **설정 기억:** 위의 옵션값들을 저장한다.

Nikon D810, Sigma 85mm f1.4, ISO 64, 85mm, f8.0, 1/160s

실내 스튜디오의 경우 배경 색상을 다양한 램프으로 컨트롤할 수 있다는 예제를 위해 촬영한 사진이다. 배경색을 조정하는 게 목적이긴 하지 만 어떤 촬영에서든 모델이 포즈나 의상, 메이크업에도 신경을 없애고 평면적인 느낌을 쓴다. 사진의 평면적인 느낌을 없애고 좀 더 돋보이게 하는 보정 역시 필수다.

촬영 시 생긴 배경의
잡티를 제거한다.

전체적인 색감을
살짝 통일시키고 채도를 올려
시원하고 깨끗하게
느껴지도록 한다.
물론 계조 클리핑은 필수다.

눈가주름과
점 등을 수정한다.

사람을 촬영했을 때
보는 사람들은 본능적으로
얼굴로 가장 먼저 시선이
가기 마련이다.
특별히 얼굴을 통해
강조하고 싶은 주제가 있는 게
아니라면 깨끗하게
보정하는 게 낫다.

정면에 보이는 팔의 굴곡과
두께를 수정한다.
실제로 눈으로 보는 것과
2차원적인 사진으로 촬영된 것은
다르다. 어느 정도 평면적인 느낌이
들 수밖에 없는데 이럴 때
약간의 보정만으로도 입체감을
담을 수 있다.

몸에 있는 잡티나 흉터,
옷에서 나온 실 등을 제거한다.

1단계 라이트룸 기본 보정

계조 클리핑(168쪽)
밝은 영역/어두운 영역(172쪽)
색온도(271쪽)
조정 브러시 툴(216쪽)
얼룩 제거 툴(324쪽)

2단계 포토샵

픽셀 유동화 필터로
형태 보정하기
(눈, 코, 얼굴선, 목, 어깨)

3단계 라이트룸 마무리

– 계조 클리핑
– 노출 수정
– 색감 조정

예제사진
BOOK2\노란배경의 모델

완성사진
BOOK2\노란배경의 모델 완성

눈, 코, 입, 턱, 얼굴 선, 목, 몸매 등 형태 보정이 필요한 모든 곳은 라이트룸에서 할 수 없는 대표적인 포토샵 기능 중 하나인 픽셀 유동화 필터를 이용한다. 특히 인물 보정에 많이 사용하는데, 항상 그렇듯이 형태 보정에는 소극적이어야 한다. 원래의 모습을 잃지 않아야 자연스럽고 아름답다. 사진에서 사용빈도가 높은 만큼 잘 사용할 수 있도록 연습해보자. 이런 작업을 할 때는 머릿속에 어떤 모양으로 보정할 것인가를 미리 생각하고 그에 맞추려고 노력해야 한다. 기능 자체보다는 '작업 순서 계획하기'처럼 실제로 작업할 때 꼭 필요한 부분들을 꼼꼼히 보는 게 더 도움이 될 것이다. 각 기능에 대한 자세한 설명은 BOOK 1의 관련 페이지를 참고하자.

▶ YouTube [시즌3] #11 Book 2, Chapter 20 픽셀 유동화 필터 포토샵, 인물보정의 기본 라이트룸

Lightroom **1단계: 라이트룸에서 기본 보정하기**

1   수정 방향 잡기

어떤 작업이든 기본적인 계조 클리핑과 노출, 밝은 영역, 어두운 영역을 잡는 것으로 시작해야 한다. 이 사진의 경우 약간 붉은 기가 도니 색온도 역시 수정하자.

19

실제로 이럴까 싶은 패션 사진의 비밀
픽셀 유동화 필터(포토샵)

2   계조 클리핑과 톤 보정

가장 먼저 클리핑으로 모든 계조를 다 사용할 수 있도록 해준다. 더불어 밝은 영역과 어두운 영역을 조정해 풍부한 톤을 표현한다. (흰색 계열 +38, 검정 계열 −8, 밝은 영역 −26, 어두운 영역 +59)

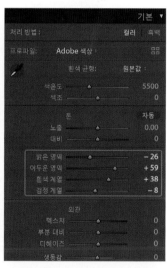

3   색온도 보정

약간의 붉은 기가 돌기 때문에 색온도는 좀 더 따듯한 쪽으로, 색조는 반대인 녹색 쪽으로 보정한다. (색온도 6029, 색조 −29)

4 피부 보정

포토샵에서 주파수 분리를 통해 보정하는 게 보다 높은 품질을 자랑하지만 여기에서는 간단히 브러시 툴을 이용해보자. 브러시 툴을 선택한 후 '효과'에서 '피부색 부드럽게'를 선택한 다음 피부에 칠해주면 된다. 브러시 크기를 그때그때 바꿔가며 작업하자.

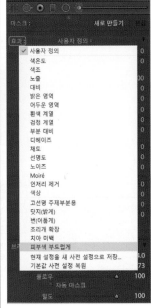

5 배경의 얼룩 제거

얼룩 제거 툴을 이용해 배경의 얼룩을 제거한다.

6 계조 클리핑과 톤 보정 (부분 대비 / 선명도)

배경에도 '피부색 부드럽게' 브러시를 이용해서 큰 얼룩이 보이지 않고 매끈하게 보이도록 처리한다. (부분 대비 −100, 선명도 25) '부분 대비'란 인접해 있는 픽셀 간의 대비를 강조하는 기능으로 질감을 강조해준다. 이를 마이너스 값으로 주면 반대로 인접해 있는 픽셀 간의 대비를 흐리게 해서 배경처럼 매끄럽게 처리되어야 할 부분에 적합하다.

'선명도' 역시 픽셀 간의 대비를 끌어올려 사진을 보다 선명하게 만드는 기능이다. 마이너스 값을 주면 반대로 사진을 흐리게 만든다. 역시 매끄러운 처리가 필요한 배경에 사용하기 적합하다.

  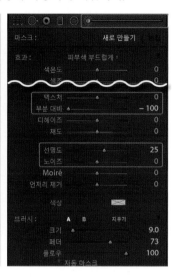

7 모서리 처리

모서리 부분이 약간 거친 느낌이 살아 있으니 모서리 부분만 좀 더 큰 브러시로 한 번 더 정리한다.

  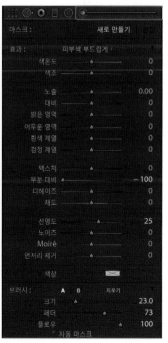

1 포토샵으로 가져가기

라이트룸의 라이브러리 모듈에서 사진을 마우스 오른쪽 버튼으로 클릭한 후 '응용 프로그램에서 편집 – Adobe Photoshop CC 20**에서 편집'을 선택한다.

2 픽셀 유동화 필터 실행하기

포토샵이 실행되면서 파일이 나타난다. '필터 메뉴 – 픽셀 유동화'를 클릭한다.

3

픽셀 유동화 창이 나타난다. 포토샵의 기본 환경과 비슷한데 하나씩 자세히 살펴보자.

참고 픽셀 유동화 중요 단축키
• 뒤로 돌아가기   Ctrl + Z
• 브러시 크기   [,]
• 화면 이동   Space Bar
• 화면 확대   Ctrl +클릭 또는 드래그
• 화면 축소   Ctrl + Alt 클릭 또는 드래그
• 원본 사진과 현재 작업 전환   P

① 왼쪽 툴바

뒤틀기 도구: 선택한 크기의 브러시로 픽셀을 움직일 수 있다.

매끄럽게 도구: 형태나 선이 찌그러졌을 경우 매끄럽게 펼 수 있다.

오목/볼록 도구: 선택한 크기의 브러시로 이미지를 오목하게 줄이거나 볼록하게 늘인다.

마스크 고정 도구: 마스크를 칠한 부분은 효과가 적용되지 않는다.

얼굴 도구: 얼굴을 자동으로 인식한 후 안내선이 나타나 쉽게 얼굴의 형태를 보정할 수 있다.

돋보기 도구: 이미지를 확대하거나 축소해서 본다. (Alt 축소)

재구성 도구: 픽셀유동화로 변형된 모양을 원래대로 바꾼다.

시계 방향 돌리기 도구: 시계 방향으로 이미지를 돌린다. Alt 를 누르면 반시계 방향으로 돌릴 수 있다.

왼쪽 밀기 도구: 선택한 크기의 브러시로 이미지를 밀거나 당긴다. 드래그하는 방향에 따라 밀거나 당기기가 결정된다.

마스크 고정 해제 도구: 마스크를 칠한 부분을 지울 수 있다.

손 도구: 확대했을 때 화면에 보이지 않는 부분으로 이동한다. (스페이스바)

② 브러시 도구 옵션

크기: 브러시의 크기를 결정한다.

농도: 브러시값이 얼마나 많이 적용될지 결정한다.

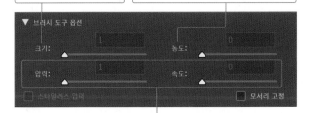

압력/속도: 디지타이저(타블렛)를 사용할 때 압력과 속도값을 적용한다.

③ 얼굴 인식 픽셀 유동화

얼굴 선택: 사진에 2명의 인물이 있을 경우 어떤 얼굴을 조정할지를 선택한다. 왼쪽의 얼굴 도구를 선택하면 안내선이 보인다.

눈/코/입/얼굴모양: 각 부분에 마우스를 가져가면 임의로 조정할 수 있다. 각 패널을 열면 조정 슬라이드가 나타난다.

④ 메시 불러오기 옵션

픽셀 유동화 작업한 내용을 따로 저장하거나 불러올 수 있다.

메시 불러오기: 저장된 픽셀 유동화 작업을 불러온다.

메시 저장 : 현재 작업한 픽셀 유동화 설정을 저장한다.

마지막 메시 로드: 마지막으로 작업한 픽셀 유동화 작업을 자동으로 읽어 들인다.

❺ 마스크 옵션

'마스크'는 어떤 효과가 적용되지 않도록 막아 놓은 영역을 말한다. 레이어에 기존의 마스크가 있거나 선택영역이 존재할 때 지금부터 작업할 영역을 어떻게 적용할 것인지를 선택한다. 각 버튼에서 선택영역으로 사용할 '투명도' 또는 '레이어 마스크' 중 하나를 선택할 수 있다.

❶ **없음:** 마스크 영역을 모두 없앤다.
❷ **전체 마스크:** 전체를 마스크 영역으로 만든다.
❸ **모두 반전:** 현재 선택영역을 반전시킨다.

예를 들어 붉은색 마스크 영역이 이미 존재한다고 할 때

+

마스크 고정도구로 선택한 고정영역

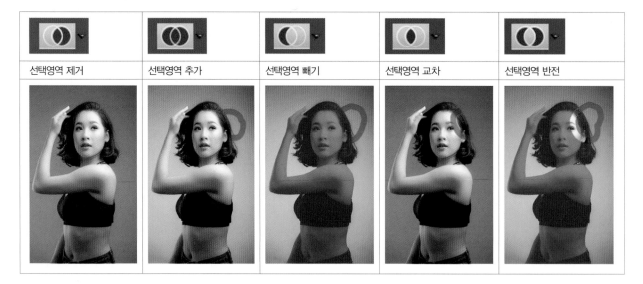

선택영역 제거	선택영역 추가	선택영역 빼기	선택영역 교차	선택영역 반전

⑥ 보기 옵션

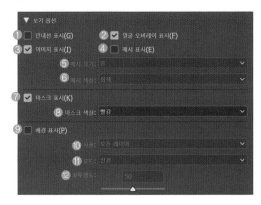

⑦ 브러시 재구성 옵션

픽셀 유동화 작업을 단계별 혹은 모두 취소할 수 있다. 재구성을 클릭하면 몇 단계 뒤로 갈 것인지 선택할 수 있는 대화상자가 나타난다.

① 안내선 표시: 안내선을 표시한다.
② 얼굴 오버레이 표시: 얼굴 도구를 사용할 때 인식한 얼굴의 위치를 알려주는 안내선을 보여준다.
③ 이미지 표시: 미리보기 창에 이미지를 보여준다.
④ 메시 표시: 픽셀 유동화가 적용된 모습을 그물 모양의 메시 그래픽으로 보여준다.
⑤ 메시 크기: 메시의 크기를 대/중/소 중 선택할 수 있다.
⑥ 메시 색상: 메시의 색상을 선택할 수 있다. 기본값은 회색이다.
⑦ 마스크 표시: 마스크를 표시한다.
⑧ 마스크 색상: 마스크의 색상을 선택할 수 있다.
⑨ 배경 표시: 현재 레이어뿐만 아니라 다른 배경이나 일반 레이어도 같이 미리보기로 보여준다.
⑩ 사용: 모든 레이어나 특정 레이어를 선택할 수 있다.
⑪ 모드: 전경/배경/혼합에서 선택할 수 있다.
⑫ 불투명도: 배경 표시된 레이어 미리보기 이미지의 불투명도를 조정할 수 있다.

4　작업순서 계획하기

모양을 어떻게 바꿀 것인가에 대한 기본적인 계획이 머릿속에 있어야만 효과적인 작업이 가능하다. 미리 계획을 세워두고 큰 형태부터 작업을 시작하자.

– 큰 브러시를 이용해 어깨부터 허리선까지, 가슴과 배를 교정한다.
– 중간 정도의 브러시를 이용해 허리와 가슴, 그리고 배 부분을 다시 정리한다.
– 얼굴선을 교정한다.
– 작은 브러시로 등쪽의 옷 부분을 정돈하고, 디테일하게 마무리한다.
– 눈 부분을 살짝 크게 확대해주고, 이마와 얼굴선을 교정해 마무리한다.

5 픽셀 유동화 뒤틀기 도구의 특성 파악하기

 뒤틀기 도구를 처음 써보면 생각보다 잘 안 된다는 느낌이 들것이다. 상당히 민감한 툴이기 때문에 어떻게 움직이는지 알고 시작하는 게 좋다.

– 브러시 중심과 가장자리의 차이

브러시 중심부의 변형은 매우 적으나 브러시를 드래그해 움직이는 대로 따라온다. 브러시 주변부로 갈수록 움직임은 적어지나 형태의 변형은 심해진다. 즉 브러시의 한가운데는 원형 그대로 마우스를 움직인 만큼 따라오지만 주변부는 엿가락 늘어지듯이 크게 늘어난다는 말이다.

– 브러시 크기에 따른 차이

브러시가 크면 클수록 크고 자연스러운 변형이 생기므로 다루기 쉽고, 리얼한 보정이 가능하다. 작은 브러시는 민감해서 형태가 왜곡되기 쉽기 때문에 다루기 어렵다. 따라서 모양을 바꿀 때는 브러시 크기를 크게 해서 작업해야 한다. 작은 브러시를 사용할 때는 매우 작은 형태만 고친다고 생각해야 하며 큰 틀은 바꿀 수 없다.

중심부일수록 변형은 적지만 움직임은 커진다.

끝부분으로 갈수록 변형은 생기지만 움직임은 작다.

큰 브러시
한 번에 자연스럽게 보정된다.

작은 브러시
여러 번 드래그하다 형태가 망가진다.

6 계획에 따른 적당한 브러시 크기

계획된 작업을 하기 위해 각 부분에 사용해야 할 적당한 브러시 크기를 동그라미로 표시해보았다. 큰 원 안에 있는 작은 원은 큰 브러시로 작업한 후 작은 브러시로 미세한 결함만 보정한다는 말이다. 익숙하지 않은 사용자일수록 브러시를 작게 만들어 정밀하게 작업하려고 하는데, 그렇게 하면 작업은 더욱 까다로워진다. 브러시 크기 예를 보면서 적당한 브러시 크기가 어느 정도인지 가늠해보자. 얼굴의 크기와 교정하려는 폭을 비교하는 게 포인트다.

7 큰 브러시로 짧게 드래그하면서 계획된 보정작업을 진행한다. 브러시 크기를 중간 크기로 줄여서 다음 작업을 하고, 브러시 크기를 가장 작게 해 마무리 작업을 진행하면 된다. 중간 중간 필요에 따라 이미지를 크게 확대해 수정하면 편하다. (확대 Ctrl +클릭 또는 드래그, 축소 Ctrl + Alt +클릭 또는 드래그)

8 눈 크게 만들기

볼록 도구를 이용해서 눈을 조금 크게 만든다. 이때 브러시 크기는 눈을 완전히 덮을 정도가 좋다. 클릭한 채 계속 그대로 있으면 효과가 계속해서 적용되니 짧게 한 번씩 클릭해서 적당한 효과가 되었을 때 멈춘다. 양쪽 눈의 크기를 적당히 맞추는데, 예쁘게 하고 싶은 욕심에 너무 무리하게 확대하면 억지스럽다. 자연스럽게 느껴지는 정도에서 마무리한다. 모든 작업이 끝나면 '확인' 버튼을 클릭하여 적용한다.

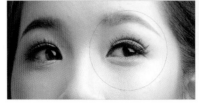

9 필터가 적용된다. 전반적으로 얼굴선과 목선이 갸름해지고 또렷해졌다. 유동화로 형태를 변형할 때는 '과하지 않게'를 항상 기억하자.

픽셀 유동화 필터 적용 전

픽셀 유동화 필터 적용 후

1 클리핑, 색감 조정

색온도 조정을 하고 다시 한 번 클리핑
한다. 밝은 영역과 어두운 영역을 조정
해 사진을 최종 목적에 더욱 잘 어울리
도록 만들자.

(색온도 +15, 색조 −37, 흰색 계열 +6,
검정 계열 −1, 밝은 영역 +11,
어두운 영역 +14)

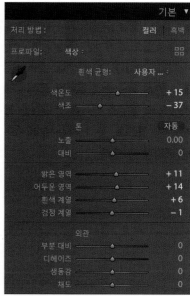

2 비네팅 넣기

살짝 비네팅을 추가하면 좀 더 자연스
럽게 주제에 시선이 가도록 집중시킬
수 있다. (양 −21)

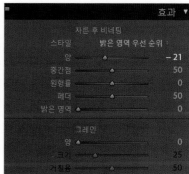

얼굴의 모양과 이목구비 등을 자동으로 인식해 처음 픽셀 유동화를 사용하는 사람도 보다 손쉽고 빠르게 수정할 수 있도록 자동화한 기능이 얼굴 도구다. '포트레이트 프로' 같은 다른 사진 보정프로그램에서 보던 기능을 포토샵으로 가져온 듯하다. 이 기능은 픽셀 유동화 작업 도중이나 전후로도 자유롭게 사용할 수 있다.

1 얼굴 도구를 선택하면 포토샵에서 자동으로 얼굴을 인식해 안내선을 표시해준다. 참고로 '눈 거리'는 슬라이드로만 조정할 수 있다.

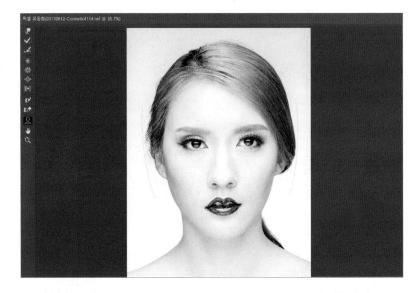

예제사진
BOOK2\뷰티촬영모델

완성사진
BOOK2\뷰티촬영모델 완성

2 눈, 코, 입 및 얼굴형에 마우스를 가져가면 점선 모양의 안내선이 나타난다. 안내선의 각 점과 선은 교정 가능한 핸들을 뜻하며, 이 핸들을 조정해 원하는 형태로 변형시킨다. 이 핸들들은 '얼굴 인식 픽셀 유동화' 패널의 각 슬라이드 기능과 연동되어 있기 때문에 슬라이드를 이용해도 된다.

연동 아이콘을 클릭하면 조정값이 좌우 동일하게 적용된다.

3 나머지 코, 입, 얼굴 모양도 마찬가
지다. 마우스를 점선 위에 올려놓고 잠
시 기다리면 어떤 속성을 가지는지 안
내가 나타난다.

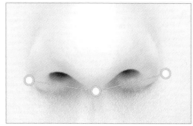

4 얼굴 인식을 이용해 교정한 결과

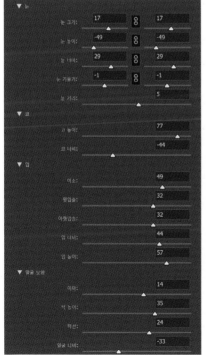

보정 전

보정 후

Nikon D850, Sigma 64, 85mm, ISO 64, 85mm, f8.0, 1/160s

메이크업 샘플용으로 부디시 조명 하나만을 사용해서 촬영한 사진이다. 사실 사진 조명 예제 촬영 중 메이크업 아티스트인 요시(Yoshi)의 부탁으로 간단히 세팅해서 촬영한 것이다. 많은 조명을 사용한다고 해서 좋은 사진이 되는 것도 아니고, 조명이 적다고 나쁜 사진이 되는 것도 아니다. 콘셉트와 용도에 맞도록 조정하는 것이 중요하다.

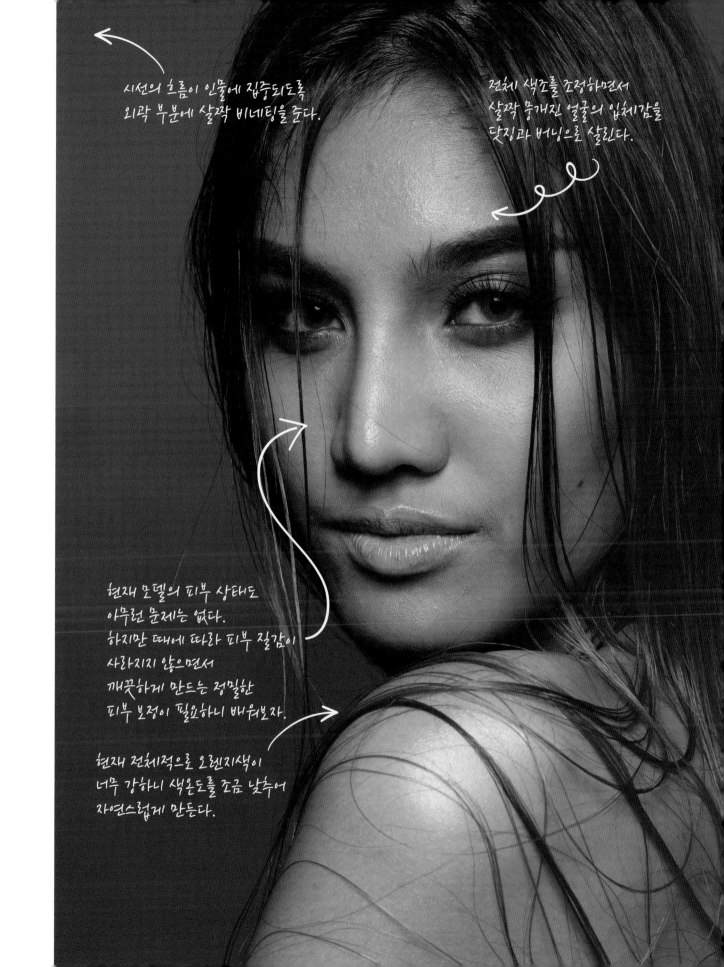

시선의 흐름이 인물에 집중되도록
외곽 부분에 살짝 비네팅을 준다.

전체 색조를 조정하면서
살짝 뭉개진 얼굴의 입체감을
닷징과 버닝으로 살린다.

현재 모델의 피부 상태도
아무런 문제는 없다.
하지만 때에 따라 피부 질감이
사라지지 않으면서
깨끗하게 만드는 정밀한
피부 보정이 필요하니 배워보자.

현재 전체적으로 오렌지색이
너무 강하니 색온도를 조금 낮추어
자연스럽게 만든다.

포토샵과 라이트룸을 이용해 피부를 보정하는 방법은 많다. 모두 기미, 잡티, 점, 주름, 흉터가 없는 '화사하고 깨끗한 피부'를 만드는 것이 목적이지만 비슷비슷해 보이는 이 방법들 간에 사실은 큰 차이가 있다. 인물사진, 특히 여성처럼 피부질감에 따라 민감하게 분위기가 바뀌는 피사체를 즐겨 촬영한다면 반드시 익혀서 전문가 품질의 사진을 만들어보자. 메이크업 작품인 만큼 거의 완벽에 가까운 피부 보정이 필요한데, 이 경우 주파수 분리 보정을 통해 피부의 결함이나 잡티를 제거하고 깨끗한 이미지로 만든다. 이번 작업에서는 단순히 '주파수 분리법'이라는 기능 하나에 집중하지 말고, '피부 보정'이라는 목표를 위해 어떤 과정들을 거쳐 어떻게 진행되는지, 각 과정에서는 무엇이 중요한지 등을 챙겨가면 좋겠다. 기능 하나가 아무리 뛰어나도 그 하나만으로 완벽해지는 것은 아니기 때문이다.

▶ **YouTube** [시즌3] #12 Book 2, Chapter 21 주파수 분리 보정법, 핵심 정리

`Lightroom` **피부 보정법 비교 – 주파수 분리, 피부 표현의 완성형 기술**

이미지 주파수 분리를 사용하는 이 기술은 포토샵에서 나오자마자 큰 인기를 끌었다. 기존의 모든 방법을 뛰어넘는 간단한 적용 방법과 다양한 옵션 조정으로 빠르고 꼼꼼하게 작업이 가능하다. 요즘 전문가들은 100% 모두 이 방법을 사용한다고 해도 과하지 않으며, 디테일을 증가시킨다든지 하는 여러 가지로 활용되고 있다.

물론 피부 보정을 위해 지금까지 사용해왔던 방법들, 기본적으로는 도장 툴, 힐링 툴, 복구 브러시 툴, 가우시안 블러 필터, 소프트 스킨, 포토샵 하이패스 등도 모두 유용하다. 이 기능들은 인터넷을 조금만 검색해도 좋은 정보들이 많이 있으니 여기서는 주파수 분리법을 배워보자. 각 기능들의 차이는 다음과 같다.

`Lightroom` **1단계: 라이트룸에서 기본 보정하기**

기본 보정을 라이트룸에서 하는 이유와 방법에 대해서는 픽셀 유동화 예제에서 자세히 설명했으므로 페이지를 아끼기 위해 여기서부터는 과정 위주로 설명한다. 계조 클리핑, 색온도, 노출, 닷징/버닝, 대비, 생동감, 비네팅 등을 보정하는 기본 보정은 밑바탕을 만드는 중요한 작업이고, 거의 모든 사진을 보정할 때 사용할 정도로 자주 쓰는 것이므로, 꼼꼼히 배워야 한다. 이 사진의 경우 노출이 부족하고, 색온도가 틀어져 있어 전체적으로 과하고 진한 느낌이다. 전체적으로 붉고 칙칙한 느낌을 밝고 화사하게 보정해야 한다.

20 혼자 세상 사는 듯한 광고 속 그녀들의 진짜 비밀
주파수 분리법(포토샵)

포토샵 주파수 분리

포토샵 하이패스

라이트룸 소프트 스킨

포토샵 가우시안 필터

1. **주파수 분리**: 피부의 질감을 최대한 살리면서 단점을 커버하는 최신의 고급 보정기술이다.

2. **포토샵 하이패스:** 주파수 분리법 이전까지 전문가들이 가장 많이 사용하는 기술이었다. 그러나 하이패스를 사용한 후 마스킹해서 후처리를 하고, 피부 질감을 살리면서 결함까지 제거하려면 싱딩한 시간과 노력이 필요하다.

3. **라이트룸 소프트 스킨**: 빠른 작업에는 적당하나 어쩔 수 없이 피부의 디테일을 잃어버린다.

4. **포토샵 가우시안 필터**: 가우시안 블러 필터로 피부를 뭉갠 다음 마스킹 처리해 눈, 코, 입만 따내는 가장 간단한 방법인데, 조금만 크게 확대해도 바로 플라스틱 질감을 느낄 수 있는 초급 보정 방법이다.

5. **기타**: 포토샵의 표면 흐림 효과를 적용한 후 노이즈 등을 덧씌워 가짜 피부를 만드는 방법도 있으나, 아무리 잘 만든 가짜도 진짜의 질감을 따라갈 수는 없다.

1 계조 클리핑 – 흰색 계열, 검정 계열

일단 계조를 확보하기 위해 클리핑한
다. 현상 모듈의 '기본' 패널에서 흰색 계
열과 검정 계열을 조정한다. (흰색 계열
+43, 검정 계열 −7)

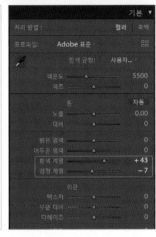

2 밝은 영역과 어두운 영역 조정하기

전체적인 계조의 풍부함을 위해 밝은
영역은 조금 어둡게, 어두운 영역은 조
금 밝게 보정한다.
(밝은 영역 −24, 어두운 영역 +54)

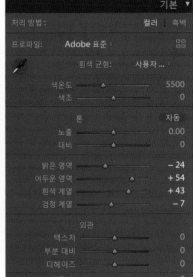

3 노출 보정하기

전체적으로 어두운 느낌이 있음으로 노출을 조금 밝게
조정한다. (노출 +0.65)

4 색온도 조정하기

스튜디오 플래시 대부분은 5500K 색온도를 가지고 있
지만 현재 너무 오렌지색이 강하니 색온도를 조금 낮추
고, 분위기에 맞도록 색조를 조정하자.

(색온도 4759, 색조 −6)

5 닷징/버닝 이용하기

조정 브러시 툴을 클릭한 후 '효과'를 '닷지(밝게)'나 '번(어둡게)'으로 선택한다. 패널 아래쪽에서 브러시 크기를 설정한 후
좀 더 밝아져야 할 부분이나 좀 더 어두워야 할 부분을 브러시로 칠하면서 단점을 커버한다. 물론 작업할 부분의 크기나
모양에 따라 브러시 크기를 바꿔가며 작업해야 한다. (닷지: 브러시 크기 9, 페더 73 / 번: 브러시 크기 2, 페더 73)

6 생동감, 채도 조정하기

다시 '기본' 패널을 클릭한 후 생동감과 채도를 조정해 전체적인 컬러톤의 분위기를 만든다. (생동감 +46, 채도 −18)

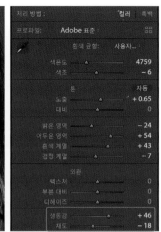

7 비네팅 추가하기

사방 모서리를 어둡게 만드는 비네팅을 추가해 중앙의 인물을 조금 더 돋보이게 한다. '효과' 패널에서 비네팅 '양'을 조정해보자. (비네팅 양 −12)

8 마무리 클리핑하기

거듭 말하지만 처음에 클리핑했어도 보정 과정을 거치면서 계조가 조금씩 바뀐다. 따라서 마지막엔 다시 밝은 영역과 어두운 영역을 원하는 느낌에 맞도록 조금 조정해주고, 한 번 더 클리핑해줘야 한다. 이때는 값을 크게 주어 확 바꾼다기보다 마무리하는 느낌으로 좀 더 세밀하게 조정한다. (밝은 영역 −24, 어두운 영역 +54, 흰색 계열 +34, 검정 계열 −11)

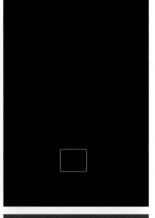

9 포토샵으로 내보내기

이제 기본 보정은 끝났다. 포토샵으로
가져가기 위해 사진을 마우스 오른쪽
버튼으로 클릭한 후 '응용 프로그램에
서 편집 – Adobe Photoshop CC **
에서 편집(E)'을 선택한다.

2단계: 포토샵에서 주파수 분리하기

1 레이어 복제하기

이미지 적용을 이용해 색상과 디테일을
분리해내는 주파수 분리작업은 피부 보
정에 최상의 효과를 보여준다. 처음이
라면 좀 복잡하게 느껴질 수 있다. 천천
히 따라해보기 바란다. 포토샵이 실행
되면서 파일이 나타난다. 레이어 팔레트
에 '배경' 레이어로 사진이 들어왔을 것
이다. Ctrl+J를 두 번 누른다.

2 레이어 이름 바꾸기

2개의 복제 레이어가 만들어진다. 개인
작업을 할 때는 꼭 필요 없지만 여기서
는 헷갈리지 않도록 레이어의 이름을
바꾼다. 먼저 '레이어 1'을 더블클릭해
이름을 바꾼다. 각각 '블러'와 '주파수'로
입력한다.

3　'블러' 레이어에 '가우시안 흐림 효과' 적용하기

먼저 '주파수' 레이어의 눈 아이콘을 클릭해 화면에 나타나지 않도록 가린다. '블러' 레이어를 클릭한 후 '필터 메뉴 – 흐림 효과 – 가우시안 흐림 효과'를 선택한다.

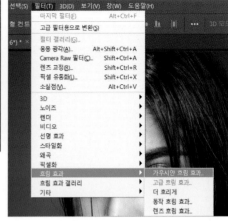

4　가우시안 흐림 효과값 찾기 ★★★

주파수 분리를 할 때 가우시안 블러의 적절한 값을 찾는 것은 아주 중요하다. 사진의 해상도나 피사체의 분위기에 따라 수치는 모두 다르다. 따라서 '디테일한 텍스처가 없어지면서 큰 형태는 유지하는 정도'라는 느낌으로 적절한 가우시안 흐림 효과의 값을 찾는다. '확인'을 눌러 필터를 적용한다.

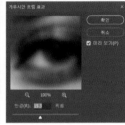

4.0픽셀 – 부족　　　9.4픽셀 – 적절　　　27.7픽셀 – 과다

5　'주파수' 레이어 – 이미지 적용

'주파수' 레이어의 눈 아이콘을 클릭해 화면에 나타나게 한다. '주파수' 레이어를 클릭한 후 '이미지 메뉴 – 이미지 적용'을 선택한다.

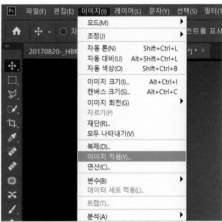

6 이미지 적용 옵션값 선택하기

'이미지 적용' 대화상자가 나타난다. 정확하게 아래와 같은 옵션값을 적용하면 회색톤의 디테일만 남은 사진이 된다. '확인'을 클릭한다.

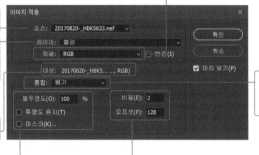

❸ **채널**: RGB(기본적으로 RGB가 선택되어 있다. 역시 그대로 둔다.)

❶ **소스, 대상**: (신경 쓰지 않아도 된다.)

❷ **레이어**: '블러'(가우시안 흐림 효과를 적용해둔 레이어를 선택한다.)

❹ **대상**: (신경 쓰지 않아도 된다.)

❺ **혼합**: 빼기(혼합 옵션에서 '빼기'를 선택한다.)

❻ **불투명도**: 100
투명도 유지: 체크 해제
마스크: 체크 해제

❼ **비율**: 2(비율은 2로 한다. 적용하려는 값이 주파수 분리이기 때문에 고정되어 있다.)
오프셋: 128(마찬가지로 주파수 분리이기 때문에 128로 사용한다. 256단계의 절반이 128이다. 중간 명도다.)

7 레이어 혼합값 선택하기 – 선형 라이트

'주파수 '레이어의 레이어 혼합 옵션을 '선형 라이트'로 선택한다. 이렇게 하면 처음 불러온 이미지와 완벽하게 같은 이미지가 만들어진다. '블러' 레이어는 색감을 가지고 있고, '주파수' 레이어는 작은 디테일을 가지고 있다. 만약 처음 이미지와 달라졌다면 뭔가 잘못한 것이니 앞으로 돌아가서 다시 한 번 해보자.

참고

주파수 분리작업이 제대로 끝났다면 '주파수' 레이어와 '블러' 레이어를 '선형 라이트'로 합친 결과와 원본 이미지가 완벽히 똑같이야 한다. 다르다면 앞쪽으로 돌아가 다시 해보자.

처음 포토샵으로 가져온 이미지

주파수 분리 후 '블러'와 '주파수' 레이어를 선형 라이트로 혼합한 이미지

본격적인 피부 보정에 들어가면 올가미 툴과 가우시안 블러를 많이 사용한다. 따라서 그 전에 내 사진에 딱 맞는 적당한 값을 찾아야 한다. 사진의 크기나 분위기에 따라 그 값은 모두 다르니 어떻게 해야 내 사진에 맞는 값을 찾을 수 있는지 천천히 알아보기 바란다.

1 올가미 툴의 페더값 찾기 ★★★

툴박스에서 올가미 툴을 클릭한 후 대충 둥글게 그려본다. 퀵마스크를 클릭해 현재의 페더값이 어떤 느낌으로 적용되었는지를 확인한다. 마음에 들지 않으면 퀵마스크를 끄고 옵션바에서 페더값을 바꾸고 다시 선택한 다음 퀵마스크를 켜 다시 확인한다. '얼굴이나 눈의 크기와 비교해서 경계가 너무 딱딱하지도 너무 흐리지도 않은 적당한 느낌'을 찾아야 한다.

선택영역

경계가 너무 딱딱하다.

경계가 적당히 부드럽다.

경계가 너무 흐려 주변의 영향을 많이 받는다.

2 가우시안 흐림 효과 적용하기

'블러' 레이어를 클릭한다. 올가미 툴을 선택한 후 앞서 찾은 적당한 페더값을 입력한 다음 얼굴의 일정 부분을 선택한다. 이 사진의 경우 페더 30픽셀이 적당하다.

3 '필터 메뉴 – 흐림 효과 – 가우시안 흐림 효과'를 클릭한다.

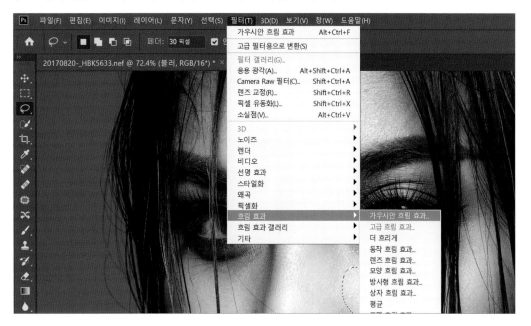

4 가우시안 흐림 효과값 찾기

이번에도 역시 슬라이드를 천천히 움직이면서 선택된 영역 안의 변화를 살펴본다. '변화가 일어나기 시작하고 피부의 얼룩이 사라지는 지점'이 적당한 가우시안 블러값이다. 너무 과하면 주변의 색을 불러와 어둡게 변하거나 다른 색상이 된다. '확인'을 클릭한다.

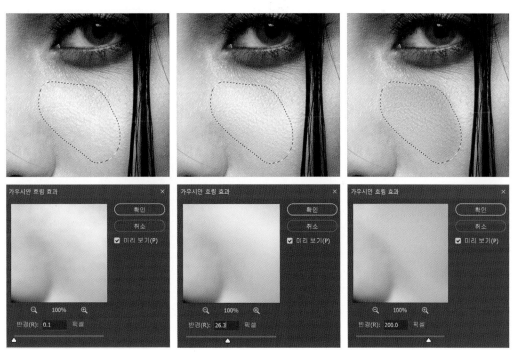

0.1픽셀: 아무 변화가 없다.　　26픽셀 피부의 얼룩이 사라진다.　　309픽셀: 과도한 블러로 색상이 변한다.

피부 보정 작업을 할 때 가장 중요한 포인트는 비슷한 명도 단계씩 올가미 툴로 선택영역을 만들어 작업하는 것이다. 명도와 색감이 너무 다른 부분을 하나로 선택하면 명도 디테일이 심각하게 손상되니 주의해야 한다. 머리카락 같은 작은 부분에 신경 쓰지 말고 피부의 명도 단계에만 집중해서 반복한다. 효과를 좀 더 주고 싶은 부분이 있다면 몇 번 더 선택해서 반복 작업을 해주면 된다.

1 가우시안 흐림 효과 적용하기

올가미 툴로 비슷한 명도 단계 부분을 선택한다. 가우시안 흐림 효과를 앞에서 찾은 적당한 값으로 적용한다. 다음 부분을 올가미 툴로 선택한 후 다시 가우시안 값을 그대로 적용한다. 직전에 적용한 필터를 그대로 다시 적용하려면 Alt + Ctrl + F 를 누르면 된다.

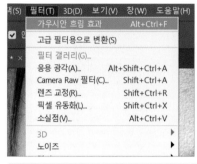
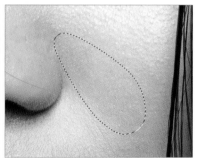

올가미 툴로 선택영역 만들기 – Alt + Ctrl + F – 올가미 툴로 선택영역 만들기 – Alt + Ctrl + F – 계속 반복

2 올가미 툴의 올바른 묶음과 잘못된 묶음

잘된 묶음을 보면 묶여 있는 영역 내의 명도 단계가 매우 일정하다는 것을 알 수 있다. 각 명도 단계별로 묶었으며, 묶음 사이가 부드럽게 이어지도록 잘 처리되었다. 반면, 잘못된 묶음을 보면 하나의 묶음 안에 최소 2단계 이상의 명도가 존재하는 것을 확인할 수 있다. 이렇게 묶어서 가우시안 필터를 적용하면 명도의 디테일이 손상돼 결과가 매우 나빠진다. 예를 들면 코 부분처럼 어두운 부분과 밝은 부분을 한 번에 선택해 흐림 효과를 적용하면 안 된다는 말이다.

잘된 묶음

잘못된 묶음. 각 묶음 안에 2단계 이상의 명도가 있다.

572

3 작업 중 오류

작업 도중 다음과 같은 경고 메시지가 뜨는 것은 올가미 툴로 선택한 영역이 페더값을 적용할 수 없을 정도로 작다는 말이다. '확인'을 선택한 후 좀 더 큰 선택영역을 그려주자.

4 최종작업 확인하기

인간의 피부는 굴곡에 따라 생기는 명암 이외에도 피부의 톤, 즉 색감 자체가 부분적으로 다르다. 주파수 분리 피부 보정법은 질감 손상을 최소화하면서 피부의 큰 얼룩을 보정할 수 있게 만든다. 하지만 피부의 굴곡으로 생긴 얼룩은 이렇게 다른 툴을 이용해서 조금 더 손을 봐줘야 한다.

주파수 분리 전

주파수 분리 후

메이크업 중 떨어진 마스카라 가루나 흉터 같은 피부의 굴곡은 스팟 복구 브러시 툴이나 도장 툴을 이용해 간단히 보정할 수 있다. 정밀한 보정을 원한다면 시간이 좀 더 걸려도 도장 툴이 좋고, 빠른 보정을 원한다면 스팟 복구 브러시가 좋다.

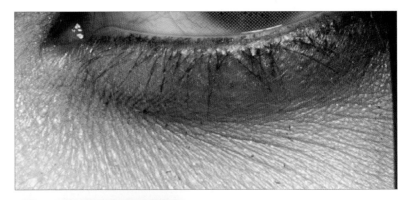

1 스팟 복구 브러시 툴 사용하기

스팟 복구 브러시 툴을 선택하고 적당한 브러시 크기와 모양을 고른다. 브러시 크기는 작업 도중에 [,]를 눌러 조정하거나 상단의 옵션바에서 조정한다. (크기 60px, 경도 47%, 간격 25%)

❶ **크기**: 브러시 크기를 조정한다.

❷ **경도**: 브러시 외곽의 딱딱하고 부드러운 정도를 조정한다.

❸ **간격**: 브러시를 드래그했을 때 얼마나 촘촘하게 그려지게 할 것인가를 정한다.

간격 120일 때

간격 1일 때

2 '주파수' 레이어를 선택한다. 적당한 크기의 브러시를 선택한 후 결함이 있는 부분을 클릭한다.

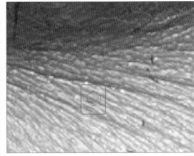

3 피부의 텍스처가 사라질 경우

그림처럼 브러시로 그렸을 때 텍스처가 사라질 경우 스팟 복구 브러시 툴의 옵션바에서 '내용 인식'을 '근접일치'로 바꾸면 좀 더 나아진다.

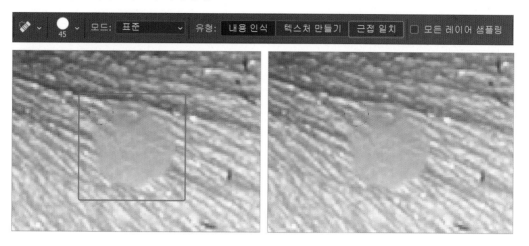

4 스팟 복구 브러시 툴로 피부 보정을 한 결과

마스카라 가루가 깨끗하게 지워졌다. 너무 과도하게 피부를 보정해서 피부의 질감을 잃어버리지 않도록 주의해서 보정한다. 보정할 부분에 따라 브러시 크기를 바꾸고, 화면 확대/축소를 해가며 전체적으로 꼼꼼히 만져주면 완성된다.

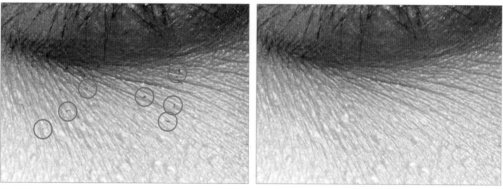

보정 전   보정 후

Nikon D810, Sigma Art 50mm f1.4, ISO 31, 50mm, F1.8, 1/200s

집에서 약 4시간 거리에 있는 기숙사 학교에 다니는 리수족 여학생이다. 새해를 맞아 멀리 있는 고향집에 도착한 후 멋진 전통의상으로 갈아입었다. 아침 차례를 마치고 음복하는 중에 촛대를 받았는데, 부끄럼을 타면서도 거리낌 없이 렌즈에 촬영 내내 즐거웠던 주억이 있다.

색온도가
맞지 않아 전체적으로
오렌지색이 되었다.

전체적인 클리핑이 되지 않아
계조가 부족하다.
항상 기본은 클리핑이다.

사춘기라
여드름이 많아 보기가
좋지 않다.

좌우 눈의 대칭이
맞지 않아 인상을
크게 좌우하고 있다.
눈 크기를 맞춘다.

얼굴과 배경의
색상이 비슷해 단조롭다.

밝은 부분과 어두운
부분의 색상을 조정해
좀 더 선명하게 만든다.

비네팅 처리를
해 인물에 시선을
집중시킨다.

모서리에 빛이 들어와
사진이 잘려나간 것처럼 보인다.

앞의 두 예제를 통해 기본 보정과 픽셀 유동화, 주파수 분리 보정에 대해 꼼꼼히 배웠으니 이제 이 기능들을 모두 사용하는 실전 예제를 다뤄보자. 라이트룸과 포토샵을 오가며 하는 전체 작업을 하고 나면 어느 정도 자신감이 붙을 것이다. 복잡해 보이지만 익숙해지면 빨리 할 수 있고, 다양한 사진에 응용할 수 있어 유용하다. 사진의 모서리에 치명적인 화이트홀이 발생해 사진이 잘려나간 것처럼 보이는데, 차라리 어두운 색으로 바꾸는 편이 눈에 띄지 않는다. 여드름이 심하니 붉은 자국을 없앤 후 주파수 분리로 피부를 깨끗하게 정리해준다. 또 눈의 좌우 크기를 맞추고 치아와 얼굴형을 보정한다. 피부부터 이목구비까지 인물사진에 쓰는 대부분의 테크닉이 사용되니 집중해서 보자.

`Lightroom` **1단계: 라이트룸에서 기본 보정하기**

1 클리핑과 노출 보정하기

앞에서 다 했던 과정이므로 여기서는 간단히 진행한다. 자세한 내용은 앞의 두 예제를 참고하자.노출과 계조를 맞추기 위한 기본 작업을 진행한다. 클리핑, 어두운 영역, 밝은 영역, 노출의 순서로 보정한다.

21

실젠! 여드름 꼬마숙녀의
피부부터 이목구비까지(포토샵)

원본사진

노출 보정 후

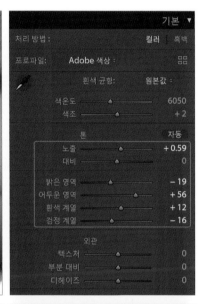

기본 ▼
처리 방법 : 컬러 | 흑백
프로파일 : Adobe 색상 :
흰색 균형 : 원본값
색온도 — 6050
색조 — + 2
톤 자동
노출 — + 0.59
대비 — 0
밝은 영역 — − 19
어두운 영역 — + 56
흰색 계열 — + 12
검정 계열 — − 16
외관
텍스처 — 0
부분 대비 — 0
디헤이즈 — 0

2   색온도와 색조 보정하기

색온도와 색조를 이용해서 붉은 기가 강한 원본의 기본색감을 보정해준다.

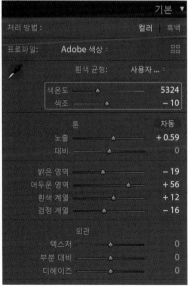

기본 ▼
처리 방법 : 컬러 | 흑백
프로파일 : Adobe 색상 :
흰색 균형 : 사용자 ...
색온도 — 5324
색조 — − 10
톤 자동
노출 — + 0.59
대비 — 0
밝은 영역 — − 19
어두운 영역 — + 56
흰색 계열 — + 12
검정 계열 — − 16
외관
텍스처 — 0
부분 대비 — 0
디헤이즈 — 0

3 포토샵으로 내보내기

기타 비네팅을 넣거나 그러데이션 툴을
이용한 노출 보정 등은 포토샵 보정을
거친 후 마무리로 작업하는 편이 좀 더
편하다. 따라서 바로 포토샵으로 넘어
가 얼굴 보정을 시작한다. 포토샵으로
가져가기 위해 사진을 마우스 오른쪽
단추로 클릭한 후 '응용 프로그램에서
편집 – Adobe Photoshop CC **에서
편집(E)'을 선택한다.

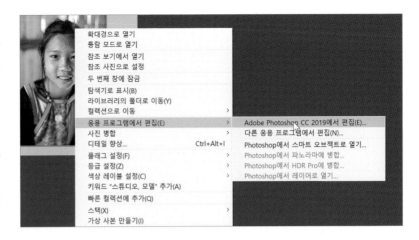

2단계: 포토샵에서 여드름 치료하기

1 레이어 복제하기

포토샵이 실행되면서 파일이 나타난다.
레이어 팔레트를 보면 '배경' 레이어로
사진이 들어왔을 것이다. Ctrl + J를 한
번 누른다.

2 색조/채도 작업하기

1개의 복제 레이어가 만들어진다. 복제
레이어가 선택된 상태에서 조정 레이어
아이콘을 클릭한 후 색조/채도를 선택
한다. 조정 레이어가 만들어지면서 '속
성' 대화상자가 나타난다.

580

3 여드름의 붉은 색 보정 준비하기

'속성' 패널의 '마스터'를 클릭한 후 '빨강 계열'로 바꾼다.

4 스포이트 툴로 선택하기

스포이트 툴을 클릭한 후 사진을 확대한 다음 여드름의 붉은 부분을 선택한다. 타깃 슬라이드가 미세하게 움직인다. 숫자를 보면 제대로 선택되었다는 것을 알 수 있다.

5 타깃 포인팅하기

사진에서 선택된 붉은 부분이 어디 어디인지를 확실히 보기 위해 색조 슬라이드를 극단적으로 '180'으로 이동시킨다. 선택막대와 한계 삼각형을 이리저리 이동해보면서 여드름의 빨간 부분만 선택될 수 있도록 조정한다. 화면에서 초록색으로 표시된 부분이 선택된 곳이다. 따라서 최대한 여드름의 붉은 자국만 초록색으로 변화되는 범위를 찾아가면 된다. (자세한 방법 300쪽 참고)

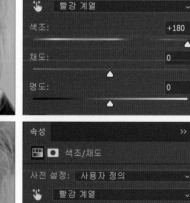

6 여드름의 붉은 기 제거하기

색조 슬라이드를 '0'으로 다시 정상화
시킨 후 조금씩 좌우로 드래그해보면서
여드름의 붉은 기가 주변의 피부톤과
비슷해지는 지점을 찾는다. 여드름의
붉은 기가 제거되었다.

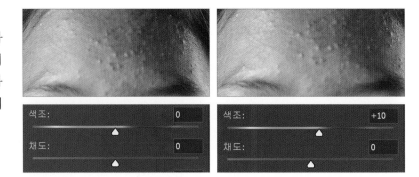

7 레이어 합치기 Ctrl + E

붉은 기를 제거한 채도/색조 타기팅은 조정 레이어로 분리되어 있다. 하나로 합치기 위해 두 레이어를 선택한 후 레이어 메뉴 버튼을 클릭하고 '레이어 병합'을 선택한다. 레이어 이름이 '색조/채도'로 바뀌면서 조정값이 적용된 레이어가 만들어진다.

8 스팟 복구 브러시로 여드름 없애기

스팟 복구 브러시 툴을 선택한다. 옵션바에서 경도를 '70%'로 설정하고 나머지 옵션은 기본값 그대로 둔다. 실제 작업
할 때는 [,]를 이용해 여드름보다 약간 크게 브러시 사이즈를 조정해가며 사용한다. 여드름 부분을 클릭해 지워가
기 시작한다.

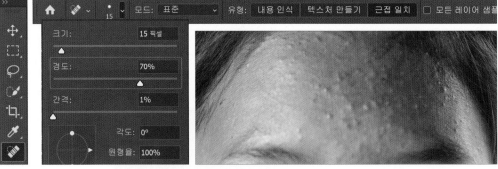

9 스팟 복구 브러시의 품질이 좋지
않을 때는 다음과 같이 처리한다.

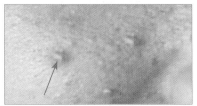

질감 표현이 다를 때: 옵션바에서
'내용인식'이 아니라 '근접일치'를 선택한다.

주변의 다른 여드름을 불러왔을 때:
한 번 더 같은 자리를 클릭해준다.

10　스팟 복구 브러시 작업 결과

스팟 복구 브러시는 비슷한 도장 툴에
비해 빠른 작업이 가능하다. 꼼꼼히 작
업한다고 하더라도 5~10분 정도면 모
든 여드름을 없앨 수 있다. 이때 불필요
한 점이나 흉터도 같이 잡아준다.

`Photoshop` **3단계: 포토샵에서 주파수 분리법 적용하기**

1　레이어 복제하고 이름 바꾸기

여드름이 어느 정도 치료되었으면 이제 본격적으로 피부를 매끄럽게 표현할 차례다. 주파수 분리 피부법을 사용한다.
`Ctrl`+`J`를 눌러 레이어를 하나 더 복제하고, 각각 '디테일'과 '블러'로 이름을 바꾼다. 눈 아이콘을 클릭해 '디테일' 레이
어가 보이지 않도록 감추고, '블러' 레이어를 선택한다.

2　'블러' 레이어에 가우시안 흐림 효과
적용하기

'블러' 레이어에 적당한 양의 가우시안
흐림 효과를 적용한다. 적당한 양의 기
준은 568쪽을 참고하자. '필터 메뉴 –
흐림 효과 – 가우시안 흐림 효과'를 선
택하면 된다.

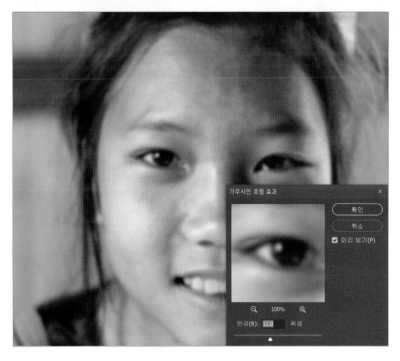

3 '디테일' 레이어에 이미지 적용하기

'디테일' 레이어의 눈 아이콘을 클릭해 화면에 나타나게 한다. '디테일' 레이어를 선택한 후 '이미지 메뉴 – 이미지 적용'을 선택한다. '이미지 적용' 대화상자가 나타나면 옵션값을 적용한 후 '확인'을 클릭한다. (레이어: 블러, 혼합: 빼기, 비율 2, 오프셋 128)

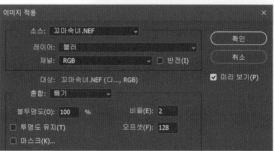

4 '디테일'의 레이어 블렌딩 모드를 '선형 라이트'로 바꿔준다.

5 올가미 툴의 페더값 찾기

'블러' 레이어를 클릭한 후 올가미 툴을 선택하고 옵션바에서 페더값을 조정한다. 적당한 페더값을 찾는 방법은 570쪽을 참고하자. 퀵 마스크를 적용해 적당한 페더값을 찾는다.

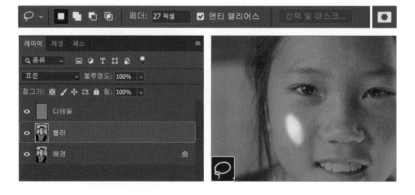

6　가우시안 흐림 효과값 찾기

568쪽을 참고해 적당한 가우시안 블러
값을 찾는다.

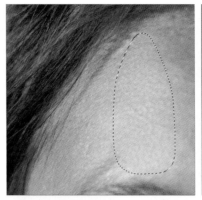

7　올가미 툴로 비슷한 명도 단계를 묶어 가우시안 흐림 효과 적용하기

피부의 명도 단계별로 올가미 툴을 이용해 선택한 후 앞에서 찾은 적당한 가우시안 블러값을 적용한다. 한 번에 다 선택하는 게 아니라 각 부분을 올가미 툴로 선택한 후 같은 값의 가우시안 블러를 적용하는 과정을 계속 반복하는 것이다. (직전에 사용한 필터 효과 적용하기 Ctrl + F)

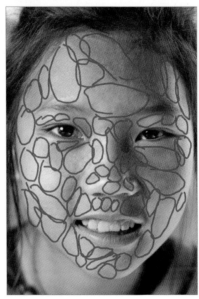

Photoshop **4단계: 포토샵에서 좌우 눈 오려 붙이기**

비대칭인 좌우의 눈을 대칭으로 만들기 위한 작업이다. 사진을 보면 왼쪽 눈이 오른쪽보다 더 예쁜 모양이니 왼쪽을 복사해 오른쪽에 붙인다. 이때 주의할 것은 눈동자다. 눈동자의 반사 역시 반대로 뒤집어지기 때문에 이 부분을 다시 원래대로 바꿔줘야 자연스럽다.

1　레이어 스냅샷 만들기

(단축키 Ctrl + Alt + Shift + E **)**

먼저 두 개의 레이어로 분리되어 있으니 하나로 만들자. 현재 화면에 보이는 이미지 그대로를 새로운 레이어로 만들어주는 스냅샷 단축키를 누르면 '레이어 1'이 새로 만들어진다.

2 다각형 선택 툴을 선택한 후 왼쪽 눈을 여유 있게 선택한다. Ctrl + C 로 복사한 후 Ctrl + V 로 붙여 넣으면 '레이어 2'가 만들어진다.

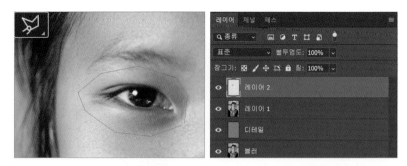

3 '편집 메뉴 – 변형 – 가로로 뒤집기'를 클릭해 복사한 레이어의 눈을 좌우로 반전시킨다.

4 이동 툴을 이용해 오른쪽 눈의 위치로 이동시킨다.

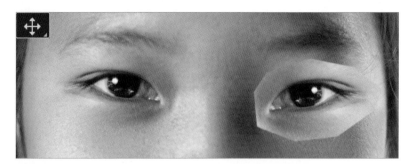

5 자유 변형 기능을 이용해 눈의 각도와 위치를 좀 더 정밀하게 조정한다. '편집 메뉴 – 자유 변형'을 클릭하거나 Ctrl + T 를 누르면 된다. 완료되면 선택된 사각형 안을 더블 클릭하거나 옵션바의 '확인' 버튼을 클릭한다.

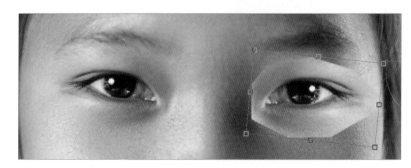

6 눈 주변 정리하기
지우개 툴을 선택한 후 옵션바에서 부드러운 브러시를 선택한다. [,]를 이용해 눈 크기에 맞게 브러시 크기를 적당히 조정한다.

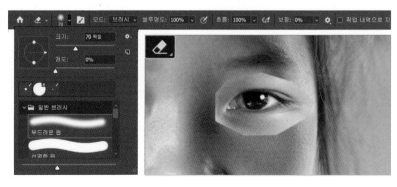

7 선택한 지우개 브러시로 드래그해 딱딱한 외곽선을 자연스럽게 정리한다. 이때 눈 모양까지 지워지거나 원래 있던 눈이 보이지 않도록 주의한다. 깔끔하게 마무리되었으나 눈동자의 하이라이트가 부자연스럽다. 실제로 빛은 한 방향에서 오기 때문에 이렇게 왼쪽과 오른쪽으로 나뉘지 않는다.

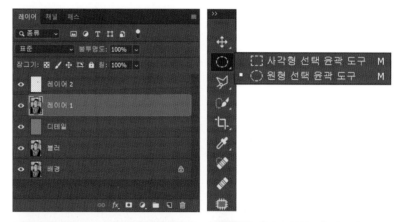

8 눈동자 빛의 방향 바꾸기

오른쪽 눈의 하이라이트를 바로잡아 보자. 왼쪽 눈의 눈동자를 복사해 붙여넣으면 된다.

[선택] '레이어 1'을 클릭한 후 툴박스에서 원형 선택 윤곽 툴을 선택한다. 눈동자 한가운데에서 클릭한 다음 [Shift]+[Alt]를 누른 상태에서 드래그하여 눈동자만 선택한다.

[복사/붙여넣기] [Ctrl]+[C]로 복사한 후 [Ctrl]+[V]로 붙여 넣으면 '레이어 3'이 만들어진다. 이때 경고 메시지가 뜨면, 레이어가 잘못 선택된 경우다. '레이어 1'을 선택하고 다시 해본다.

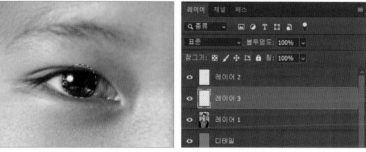

9 눈동자 레이어 위치 바꾸기

현재 '레이어 3'이 눈동자니 드래그해 눈이 들어 있는 '레이어 2' 위로 보낸다.

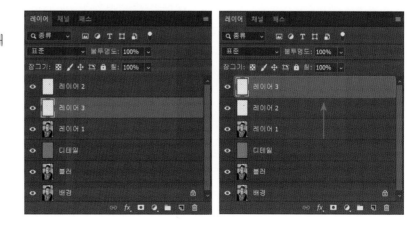

10 눈동자 이동시키기

이동 툴을 이용해 눈동자를 오른쪽으로 이동시킨다. 정밀하게 하고 싶다면 화면을 확대한 후 화살표 키를 눌러 이동하면 효율적이다. 지우개 툴을 선택한 후 [,]를 이용해 적당한 크기로 조정한 다음 눈동자 주변의 어색한 부분을 지운다.

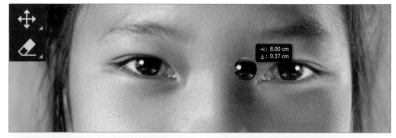

Photoshop **5단계: 포토샵에서 픽셀 유동화 필터로 얼굴 교정하기**

픽셀 유동화 필터를 이용해 얼굴의 좌우대칭을 맞추면서, 전체적인 모양을 수정할 차례다. 오른쪽의 살짝 쳐진 볼 선과 턱 선을 만져주고, 눈 크기를 살짝 크게 만든다.

1 흩어진 레이어 묶기

눈동자와 눈 그리고 전체 이미지가 레이어 3개에 따로 있으니 하나로 묶는다. 레이어 3개를 선택한 후 '레이어 메뉴 – 레이어 병합'을 클릭한다.

588

2 '필터 메뉴 – 픽셀 유동화 필터'를 클릭한다. '픽셀 유동화' 창이 나타난다.

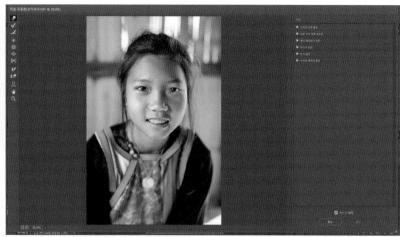

3 큰 브러시에서 작은 브러시로 턱과 볼, 코 줄이기

항상 머릿속에 미리 계획을 가지고 접 근하고, 픽셀 유동화 작업을 할 때는 큰 브러시에서 작은 브러시로 한다는 기본적인 순서를 잊지 말자.

4 볼록 도구를 이용해 눈을 살짝 크 게 키워준다. 모든 작업이 끝나면 '확인' 을 클릭한다.

픽셀 유동화 때문에 치아도 덩달아 이
동했다. 이런 경우 대부분 원본의 치아
부분만 따로 잘라와 교정한다.

1 원본에서 치아 부분만 가져오기

다각형 선택 툴을 이용해 '배경' 레이어
에서 치아 부분만 따로 복사해 붙여 넣
기하면 '레이어 4'가 만들어진다. 이때
Alt를 누르고 '배경' 레이어의 눈 아이
콘을 클릭하면 배경만 빼놓고 나머지는
모두 가려지니 작업하기 쉽다.

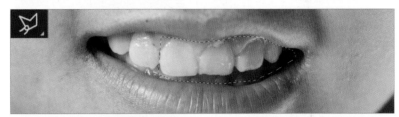

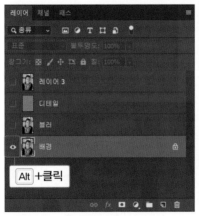

2 레이어를 맨 위로 가져가기

치아 부분만 복제된 레이어 4를 드래그
해 모든 레이어의 가장 위로 보낸다. 다
시 한 번 Alt를 누른 상태에서 '배경' 레
이어를 클릭해 모든 레이어가 다시 보이
게 만든다.

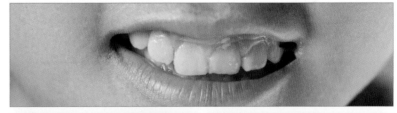

3 자유 변형 기능을 이용해 적당한 위치를 잡아 준다. '편집 메뉴 – 자유 변형'을 클릭하거나 [Ctrl]+[T]를 눌러 작업하고, 완료되면 선택영역 안을 더블 클릭하거나 옵션바의 '확인' 버튼을 클릭한다.

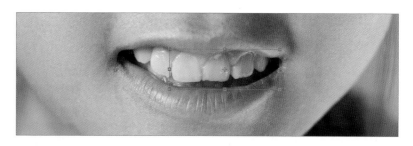

4 지우개 툴을 이용해 주변을 정리한다. [[], []]를 이용해서 지우개 툴의 크기를 조절해 가면서 치아 주변을 자연스럽게 정리하는데, 이때 '레이어 4'의 눈 아이콘을 껐다 켰다해 이전과 비교하면서 작업하면 훨씬 수월하다.

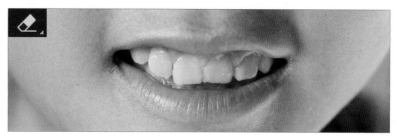

Photoshop **7단계: 라이트룸으로 돌아가기**

1 배경으로 이미지 병합하기 포토샵의 모든 레이어를 현재 상태 그대로 보관하려면 바로 저장만 하면 되지만 파일 크기가 굉장히 커져 컴퓨터가 느려지는 원인이 된다. 따라서 나중을 위해 특별히 따로 보관해야 하는 경우가 아니라면 레이어를 병합해 하나로 만든 후 라이트룸으로 가져가는 것이 좋다. '레이어 메뉴 버튼 – 배경으로 이미지 병합'을 클릭한다. 레이어가 하나로 합쳐진다.

2 라이트룸으로 가져가기
라이트룸으로 가져가기 위해 '파일 메뉴 – 저장'을 클릭한다. [Ctrl]+[S]

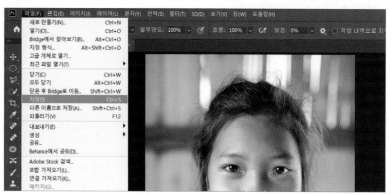

인물편 **591**

3 라이트룸에서 확인하기

라이트룸으로 돌아가 보면 자동으로 방금 저장한 사진이 들어와 있다. '메타데이터' 패널을 보면 포토샵에서 보정한 사진의 파일명 뒤에는 '-편집'이라는 문구가 붙기 때문에 쉽게 구분할 수 있다.

8단계: 라이트룸에서 마무리 보정하기

1 클리핑 확인 및 밝은 영역 어두운 영역 조정하기

라이트룸으로 다시 불러와 포토샵 보정 과정에서 흐트러진 색과 클리핑, 노출을 손본다. 예제의 사진에서는 크게 화이트홀이나 블랙홀이 발생하지 않았지만 습관처럼 확인해야 한다. 어두운 영역과 밝은 영역을 정밀하게 조정한다. (밝은 +14, 어두운 -11)

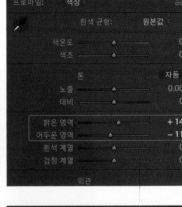

2 그러데이션 툴로 오른쪽 아래 감추기

오른쪽 아래에 매우 밝은 삼각형 모양이 있다. 필요 없이 시선을 끌고 있으니 완전히 어둡게 처리하자. 그러데이션 툴로 영역을 선택한 후 노출을 극단적으로 줄이고, 채도를 낮춘다. (노출 -3.34, 채도 -60)

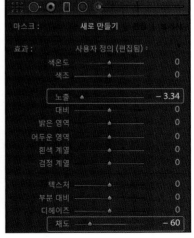

3 방사형 필터로 인물의 외곽 부분에 차가운 색감 더하기

인물의 주변이 피부톤과 비슷해 자칫 답답한 느낌이 들기 쉽다. 방사형 필터로 인물의 외곽을 조금 더 어둡게 하고 차가운 계열로 바꿔준다.

(색온도 -36, 노출 -0.61)

4 명암별 색보정으로 조금 더 화려한 느낌 추가하기

마찬가지 이유로 어두운 부분을 차가운 색조로 토닝하고 밝은 부분을 따뜻한 색조로 만든다.

(밝은 영역: 색조 56, 채도 15 /
어두운 영역: 색조 219, 채도 20)

5 비네팅 추가하기

인물이 가장 돋보일 수 있도록 적당한 비네팅을 준다. (양 -24)

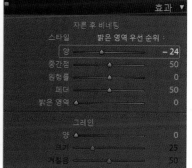

6 　최종적으로 흐트러진 클리핑을 다시 한 번 정리하면 완성이다. 처음 해본 거라면 길게 느껴졌을 테지만 손에 익으면 금방이다. 실제로 라이트룸- 포토샵 – 라이트룸을 넘나들며 작업하고, 사진가들이 보정하는 과정 그대로를 소개했으니 반복해서 연습해두면 두고두고 도움이 될 것이다.

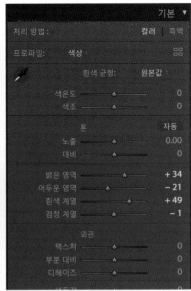

	기본 ▼
처리 방법:	컬러 │ 흑백
프로파일: 색상:	
흰색 균형:	원본값
색온도	0
색조	0
토	자동
노출	0.00
대비	0
밝은 영역	+ 34
어두운 영역	− 21
흰색 계열	+ 49
검정 계열	− 1
외관	
텍스처	0
부분 대비	0
디헤이즈	0

7 　보정 전후 비교해보기

Product
상품

보정 분야

집 안에서 프로 느낌으로 제품 촬영하기,

블로그 마켓용 상품 촬영과 보정

상품 1_ 신발

Nikon D810, 24-70 f2.8, ISO 100, 40mm, F11, 1/200s

부드러운 조명으로 제품의 질감이 잘 표현되었고, 빛의 방향이 위에서 아래로 내려오기 때문에 자연스럽다. 풍부한 광량을 이용한 깊은 심도로 앞뒤 모두 초점이 잘 맞았다. 깔끔하게 누끼 처리되어 제품에 대한 집중도가 높아졌다.

상품 2_ 시계

Nikon D810, 24-70 f2.8, ISO 100, 40mm, F11, 1/200s

이 파트에서는 초저가 촬영 스튜디오를 만드는 방법을 알아본다. 시계나 액세서리처럼 반짝이는 물체도 큰 무리 없이 동일한 세팅으로 촬영이 가능하다. 거울처럼 모든 것을 100% 반사시키는 경우에는 돔이나 텐트 형태로 사방을 막아야 하지만, 일반적인 물체라면 이 정도 촬영으로도 어느 정도의 품질을 유지할 수 있다. 특히 플래시를 달고 촬영할 때 문제가 되는 직접반사가 줄어 이미지 품질이 좋으며 작은 디테일도 매우 선명하게 표현할 수 있다.

22

제품사진은 조명이 힘!
...이라는데 뭐가 필요한 거지?

조정 브러시 툴은 노출과 색감을 조정한다. 그러나 흔히 말하는 닷징(밝게)과 버닝(어둡게) 툴처럼 쓸 수도 있으니 다양하게 활용하는 방법에 주의해서 보자. 또 한 번 적용된 그러데이션 툴의 선택영역을 브러시를 사용해 수정하는 것과 각 옵션을 조정하여 저채도의 회화적인 느낌으로 표현하는 방법을 배운다. 중요한 것은 툴의 개수가 아니라 활용하는 아이디어다. 이 사진의 경우 거친 노동과 열악한 환경에서 고생하는 사람들의 모습을 잘 표현할 수 있도록 디테일을 강조해야 한다. 그러데이션 툴로 하늘과 땅의 노출 차이를 보정하고, 비네팅으로 외곽을 어둡게 처리해 시선을 중앙으로 집중시킨다. 주제의 디테일을 강조하고, 전체 색감을 조정해 지루한 느낌을 걷자.

순간광 vs 지속광 | 흔히 '스피드라이트나 플래시'라고 부르는 사진용 조명은 순간광 조명이다. 촬영 순간 번쩍하고 빛을 쏴주기 때문에 평소에는 아무런 빛을 내지 않는다. 반면 요즘 많이 나오고 있는 LED 램프를 이용해 계속해서 빛이 나오는 조명은 '지속광 조명'이라고 부른다. LED 지속광 조명은 주로 1초에 수십 장의 사진을 촬영하는 동영상 작업에 사용되고, 순간광 조명은 사진 촬영에 사용된다. 순간광을 사진 촬영에 이용하는 이유가 몇 가지 있다. 아무리 기술이 발전했다고 하더라도 지속광이 순간광만큼 풍부한 광량을 만들 수 없고, 피사체의 색상을 정확하게 표현하기 위해서 요구되는 색 연속성 역시 비교적 떨어진다. 같은 광량이라고 가정했을 때 순간광이 지속광에 비해 저렴한 것도 중요한 이유 중 하나다.

순간광: 고독스의 스피드라이트   지속광: 라이트패드의 LED 조명

	장점	단점
순간광	광량이 풍부하다. 색온도가 안정적이다. 광량 조정이 쉽다. 처음부터 사진 촬영용으로 디자인되어 있다. 지속광에 비해 광량 대비 저렴하다.	초심자가 촬영 결과를 예측하기 어렵다. 약간의 전문적인 지식이 필요하다. 사진 전문용어가 많다.
지속광	촬영 결과를 예측하기 쉽다. 보이는 대로 촬영된다.	광량이 비교적 부족하다. 색 재현에 문제가 있다. 액세서리의 사용이 제한적이다. 광량 대비 가격이 비싸다.

왜 스피드라이트를 달고 찍었는데 사진이 좋지 않은가?

순간광 조명의 대표는 스피드라이트(플래시) 카메라를 구입할 때 흔히들 제일 먼저 구입하는 액세서리인 점을 고려해서 이 책에서는 스피드라이트 1개를 이용한 상품 촬영 방법에 대해 설명한다. 모든 사진이 마찬가지만 처음에는 1개의 주조명에서 출발해 단점을 보완하기 위해 여러 개의 보조조명이 필요해진다. 바꿔 말하면 어느 정도까지는 1개의 주조명만으로도 충분히 좋은 사진을 촬영할 수 있다는 말이 된다.

많은 사람들이 비싼 DSLR에 스피드라이트까지 달고 촬영하면 뭔가 더욱 좋은, 적어도 콤팩트 카메라나 스마트폰의 플래시 모드보다는 좋은 사진이 촬영될 것이라 막연히 기대한다. 그러나 DSLR에 스피드라이트를 장착하고 촬영한 사진과 스마트폰의 플래시 모드로 촬영한 사진의 결과는 비슷하다. 이유는 사진과 빛에 대해 이해해야 할 가장 기본적인 두 가지 문제점을 전혀 고려하지 않았기 때문이다.

문제점 1. 빛의 방향 빛의 방향은 사진에서 무엇보다 중요하다. 빛이 동서남북 어디에서 오는가가 아니라 카메라에서 봤을 때 빛이 앞에서 뒤에서 혹은 좌우에서 오는지, 또는 위아래에서 오는지에 따라 사진의 피사체는 매우, 정말로 아주 많이 달라진다. DSLR에 스피드라이트를 장착하고 촬영한 빛은 단 한 방향, 즉 정면에서 나올 수밖에 없다. 이런 빛은 절대로 우아하거나 고급스럽게 보이지 않는다.

문제점 2. 발광면적에 따른 딱딱함과 부드러운 빛 똑같은 방향에서 오더라도 빛의 느낌은 매우 고급스럽게도 싸구려처럼도 보일 수 있다. 이해를 돕기 위해 극단적으로 말하자면 그렇다는 얘기다. 전적으로 빛의 성격에 따른 다른 점이다. 같은 양의 빛이 피사체에 도달하더라도 그 빛의 출발점이 하나의 점광원, 즉 스피드라이트처럼 작은 구멍에서 쏟아져 나오면 그 빛은 딱딱하게(싸구려처럼) 보이고, 창문만 한 크기에서 전체적으로 균일한 빛이 쏟아져 나온다면 그 빛은 매우 부드러운(고급스러운) 느낌이 된다.

또 하나 초보자들이 오해하고 있는 것이 있다. 옴니바운스 혹은 부드러운 천이나 휴지조각 따위를 스피드라이트 앞에 부착하면 천이나 휴지에 빛이 부딪혀 부드럽게 퍼진다고 말하곤 하는데, 정확히 말하지만 전혀 상관없다! 빛은 피사체의 크기와 비교한 발광면적의 물리적 크기에 따라 부드럽거나 딱딱하게 바뀐다.

23

촬영 장비
문제 해결하기

자, 그럼 공부는 이 정도만 하고 이제 제품을 촬영할 기본 세트를 만들어보자. '가장 저렴하게, 그러면서도 충분히 쓸 만한 제품사진용 조명 만들기'가 목표다. 앞서 공부했듯이 두 가지 문제를 해결해야 한다. 첫 번째는 빛의 방향이고, 두 번째가 발광면적이다. 사실 전문적인 장비를 구입하면 할수록 세팅은 쉬워지고 결과는 좋아질 것이다.

해결책 1. 빛의 방향성 문제 – 무선 동조기!

조명, 여기에서는 스피드라이트를 말하니 그 부분에 집중해서 살펴보자. 스피드라이트는 원래 카메라 윗부분에 있는 핫슈에 장착하도록 만들어진 물건이다. 이 물건을 카메라에서 분리해 촬영자가 원하는 위치에서 작동시켜야 하는데, 가장 간단한 해결 방법은 무선 동조기다. 물론 이것 말고도 예전부터 사용하던 싱크 케이블 같은 걸 쓸 수도 있지만 모든 면에서 부족하니 바로 무선 동조기를 알아보자. 자신의 카메라 브랜드와 스피드라이트 브랜드만 알면 적당한 무선 동조기를 구입할 수 있다.

니콘 카메라 위쪽의 핫슈 이미지, 카메라 제조사마다 조금씩 다르다.

고독스의 무선 동조기 송수신세트

아직 스피드라이트가 없다면 무선 동조기가 내장된 스피드라이트 구입도 고려해보자. 무선 동조기는 카메라에 붙어서 신호를 내보내는 송신기와 스피드라이트에 붙어서 그 신호를 받아들이는 수신기 세트로 이루어져 있다. 무선 동조기가 내장된 스피드라이트의 경우 송신기만 구입하면 수신기를 따로 살 필요가 없고, 별도로 장착하지 않아도 되니 매우 편리하다.

카메라 브랜드의 비싼 스피드라이트만 고집하는 사람들도 많으나 굳이 그럴 필요가 없다. 스피드라이트의 경우 매우 오래전부터 만들어져 왔고 대중적으로도 이미 많이 팔렸기 때문에 기술의 편차가 거의 없는데, 이에 반해 가격 차이는 매우 크다. 더구나 저렴하다고 해서 흔히 인터넷에서 떠도는 이야기대로 '광질'이 나쁜 건 아니니 안심해도 좋다.

해결책 2. 발광면적 문제 - 소프트박스, 엄브렐러

발광면적은 빛의 성격과 매우 밀접한 관계가 있다. 스피드라이트처럼 작은 발광면적을 가진 조명의 경우 필연적으로 딱딱한 성격의 빛만 만들 수 있기 때문에 매우 거칠게 표현된다. 일반적으로 사람들은 부드러운 성격의 빛에 좀 더 호감을 나타내니 어떻게든 발광면적을 확대해서 부드러운 성격의 빛으로 만들어야 한다. 특히 상품 촬영의 경우 판매가 목적이기 때문에 좋은 이미지를 주는 것이 무엇보다 중요하다.

제품 촬영에 많이 사용되는
긴 직사각형 소프트박스

일반적으로 많이 사용되는 직사각형 소프트박스

저렴한 가격으로 쉽게 발광면적을
확대할 수 있는 엄브렐러

부드러운 빛을 만드는 대표적인 전문장비로는 소프트박스가 있다. 이런 장비가 있다면 큰 노력 없이도 평균적인 수준의 제품 촬영이 가능하다. 물론 고품질의 촬영을 위해서는 많은 지식과 노력이 필요하다. 좀 더 저렴하면서도 손쉽게 발광면적을 확대할 수 있는 장비로는 사진용 우산인 엄브렐러가 있다. 그러나 스테인리스나 거울처럼 제품 표면이 물체를 반사하는 소재라면 엄브렐러의 모양이 사진에 그대로 나타나기 때문에 촬영할 제품에 따라 용도가 제한된다. 기타 장비로는 소프트박스를 세워 둘 라이트 스탠드, 조명과 스탠드를 연결할 어댑터가 필요하다.

제대로 하자면 그렇다는 말이다. 그러나 여기에서는 가장 저렴한 방법을 찾아보기로 했으니 흰색 폼보드처럼 반사판이 될 만한 것을 이용해 스피드라이트의 빛이 직접 제품에 닿지 않고 넓고 하얀 물체에 반사되어 제품으로 가게 만들자. 빛은 방사형으로 퍼지니 스피드라이트와 반사체 간의 거리를 조정하면 발광면적을 조정할 수 있다.

해결책 3. 배경 문제

여러 가지가 있지만 저렴하면서 가장 대중적인 것은 흰색 배경이다. 일반적으로 모니터에서 볼 때 흰색이 기준이니 깨끗한 흰색 배경으로 촬영하면 제품이 더욱 돋보일 것이다. 이런 배경지를 우리나라에서는 '호리존'이라고 부르고, 영어권에서는 'Cyclorama background'라고 부른다. 여기에서는 촬영할 제품이 그리 크지 않다는 전제하에 작업할 예정이니 문구점에서 쉽게 구입할 수 있는 큰 종이를 구부려 만들면 된다.

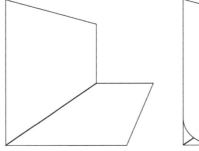
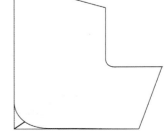
벽과 바닥의 모서리가 사진에 그대로 촬영됨.   벽과 바닥이 부드럽게 이어져 사진에서 보이지 않음.

24

만들어보자,
초저가 촬영 스튜디오

카메라와 스피드라이트, 그리고 렌즈가 있다면 동조기 세트를 하나 구입하고 만 원 미만의 지출로 멋진 초저가 촬영 스튜디오를 꾸밀 수 있다. 일단 가지고 있는 장비를 세팅하자.

준비물 무선 동조기나 스피드라이트, 카메라 등은 동조기 수신기나 송신기를 장착할 수 있다면 아무 것이나 상관없다. 카메라에는 송신기를, 스피드라이트에는 수신기를 달아준다. 렌즈에 따른 성능 차이도 거의 없으므로, 피사체를 적당한 크기로 촬영할 수 있다면 어떤 렌즈나 좋다.

스피드라이트 세팅 스피드라이트는 수동모드(일반적으로 M, Manual로 표기)로 설정한다. 이렇게 설정하면 발광량을 조정할 수 있는데 최대 발광량인 1/1 또는 Full로 세팅한다. 사진에서 보이는 것처럼 위에 설치한 폼보드로 빛이 갈 수 있도록 방향을 잡아주되, 촬영할 카메라의 프레임에서 봤을 때 보이지 않는 위치에 설치한다.

캔트지 전지: 2000원
폼보드 2절 2장: 4000원
박스 테이프: 1000원
스피드라이트 후드: 돌아다니는 두꺼운 종이
무선 동조기: Phoism FG16 송신기, 수신기
스피드라이트: 유쾌한생각 TT560FTTL
카메라: Nikon D810
렌즈: 24-70 f2.8
삼각대: 책에 사용할 촬영 장면을 촬영하기 위해 설치했다. 여러분은 있으면 쓰되 없어도 그만이다.

카메라 세팅 – 카메라 세팅은 '수동'으로 한다.

카메라 수동, 색온도 5500K, 셔터스피드 동조속도, ISO 100, 조리개 f10에서 시작

– 색온도는 플래시모드 혹은 '5500k'로 설정한다.
– 셔터스피드는 동조속도에 맞춘다. 동조속도는 조명장비를 이용할 때 사용할 수 있는 가장 빠른 셔터스피드다. 보통 1/180~1/250초 정도인데, 카메라 매뉴얼 등을 잘 살펴보면 '동조속도' 혹은 'X 속도' 등으로 표기되어 있다. 조명을 이용한 실내촬영의 경우라면 셔터스피드를 조정할 필요는 없다.
– ISO는 기본적으로 '100'으로 설정한다. 추후 상황을 봐서 노출이 너무 밝으면 한 단계 낮추고, 너무 어두우면 한 단계 올려준다.
– 조리개로 노출을 조정한다. 조리개는 일반적인 제품을 촬영할 때 최초 'f10'으로 설정한다. 테스트 촬영을 해보고 너무 어두우면 조리개를 조금 열어주고, 너무 밝으면 조여준다. 만약 조리개를 너무 열어서 제품의 심도가 확보되지 않는다면 ISO를 높이는 것이 바람직하다. 또 조리개를 완전히 조여 '회절'이라는 화질저하 현상이 눈에 띌 정도라면 ISO를 줄인다. 단, 자신의 렌즈가 제품 등의 촬영에 특화된 마크로렌즈일 경우엔 신경 쓰지 말고 마음껏 조여서 촬영해도 된다.

제품 준비 제품을 촬영할 때는 미리 먼지나 흠을 가능한 한 모두 제거하거나 닦아서 촬영해야 한다. 포토샵에서 쉽게 제거할 수 있으니 그냥 촬영하고 후보정에서 해결하겠다는 마음가짐으로 시작했다간 후보정도 힘들어지고, 생각지도 못한 결함이 더욱 많아진다. 촬영 전이나 촬영 당시에 해결할 수 있는 것을 절대로 후반작업으로 미루지 말자. 훨씬 더 귀찮아진다.

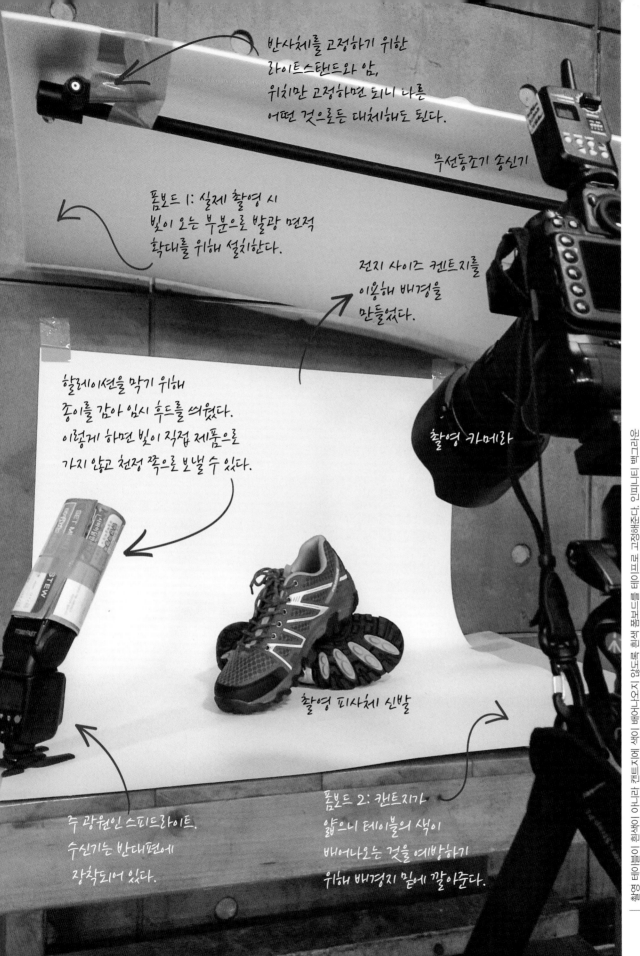

반사체를 고정하기 위한
라이트스탠드와 암,
위치만 고정하면 되니 다른
어떤 것으로든 대체해도 된다.

무선동조기 송신기

폼보드 1: 실제 촬영 시
빛이 오는 부분으로 발광 면적
확대를 위해 설치한다.

전지 사이즈 켄트지를
이용해 배경을
만들었다.

할레이션을 막기 위해
종이를 감아 임시 후드를 씌웠다.
이렇게 하면 빛이 직접 제품으로
가지 않고 천정 쪽으로 보낼 수 있다.

촬영 카메라

주 광원인 스피드라이트.
수신기는 반대편에
장착되어 있다.

촬영 피사체 신발

폼보드 2: 켄트지가
얇으니 테이블의 색이
배어나오는 것을 예방하기
위해 배경지 밑에 깔아준다.

촬영 테이블이 흰색이 아니라 켄트지에 색이 배어나오지 배어나오지 않도록 폼보드를 테이프로 고정해준다. 인피니티 배그라운드가 되도록 벽에 켄트지를 테이프로 붙여주고 바닥에도 고정시킨다. 주조명의 빛을 반사할 천정을 테이프으로 붙임으로 고정시켰다. 모양이야 어찌되든 위쪽에 고정만 하면 되니 주변의 여러 가지 사물을 이용해보자.

25

이 저렴한 촬영 세팅의
비싼 효과!

초보자들 또는 저렴한 비용으로 최대의 효과를 얻고 싶은 블로그 마케터 등을 위해 최대한 간단히 저렴하게 만든 이 촬영 세팅은 사실 전문가들의 장비를 흉내낸 것으로 그 원리는 동일하다. 특히 조명 원리에 대한 이해가 필요하니 이 세팅을 좀 더 자세히 살펴보자.

발광면적 확대시키기

그림에서 보는 것처럼 스피드라이트에서 나온 빛은 곧바로 신발 위에 설치한 폼보드를 비춘다. 스피드라이트의 발광부에 비해 상당히 큰 발광면적이고, 이 면에 반사된 빛이 신발로 간다. 따라서 신발 위치에서 보면 천정이 밝게 빛나고 있는 셈이다. 이 세팅으로 사진조명의 두 가지 큰 문제를 모두 해결할 수 있다. 빛의 방향이 카메라에서 직접 오는 것이 아니라 천정에서 내려오고 있고, 또 천정 전체가 발광하고 있기 때문에 두 번째 문제인 발광면적 또한 매우 크다. 따라서 부드러운 빛이 신발로 떨어지게 된다.

신발로 가는 빛은 실제로는 여기에서 온 빛이다.

임시 후드를 씌웠기 때문에 스피드라이트의 빛이 직접적으로 신발로 가지 않는다.

세팅 촬영의 효과 비교하기

저렴하다고 우습게 보지 말자. 이 세팅 상태에서 촬영한 사진과 카메라의 핫슈에 바로 스피드라이트를 장착해 자동 TTL로 촬영한 사진을 비교해보면 바로 알 것이다. 왼쪽 사진은 세팅을 통해 빛의 두 가지 문제를 모두 해결했지만, 오른쪽 사진은 문제점이 모두 보인다. 사진에 대해 아무 관심이 없는 사람이라도, 제품에서 풍기는 느낌은 매우 다를 것이다.

조건

이 책의 간이 세팅 상태에서 촬영

카메라에 스피드라이트를 장착해 바로 촬영

보정 전

원본의 차이(ISO 100, 40mm, F11, 1/200s 동일)

보정 후

부드러운 조명으로 디테일이 살아나고 입체감이 있다.

직광의 딱딱한 조명으로 평면석인 저품질 사진이 되었다. 보정으로 커버할 수 없는 부분이기도 하다.

604

할레이션?

스피드라이트의 빛이 직접 렌즈 속으로 들어와 뿌연 안개 같은 화질저하를 일으키는 것을 '할레이션(halation)'이라고 한다. 광량부터 카메라의 세팅까지 모두 동일한 상태인데, 왼쪽 사진에만 할레이션이 발생해 품질이 저하된 것을 쉽게 알 수 있다.

스피드라이트 후드 없이 촬영한 결과

스피드라이트에 두루마리 후드를 씌우고 촬영한 결과

시계 촬영

이 조명 세팅의 기본원리는 전문가들이 제품을 촬영할 때 기본적으로 사용하는 방법을 최대한 간단히 흉내낸 것으로, 다양한 제품의 촬영이 가능하다. 같은 세팅으로 시계를 촬영해보았다.

`조건`

이 책의 간이 세팅 상태에서 촬영

카메라에 스피드라이트를 장착해 바로 촬영

`결과`

직접적인 반사가 없어, 제품의 디테일이 선명하고 깨끗하게 촬영되었으며 입체감이 살아 있다.

조명의 위치가 렌즈와 같다 보니 직접적인 반사가 심해 디테일이 모두 날아가버렸다. 또 빛이 정면에서 와 부딪쳤기 때문에 입체감이 없이 평면적으로 보인다.

26

상품 촬영에 대해 자주 질문하는 것들
Q&A

Q. 유명 카메라 브랜드의 비싼 스피드라이트의 광질이 더 우수한가요?

A. 스피드라이트의 기술은 이미 정점에 도달했다고 해도 과언이 아니다. 잡다한 기능과 TTL이라고 하는 자동노출 기능, 그리고 동조속도 이상의 셔터스피드를 사용할 수 있는 HSS 고속동조 기능처럼 카메라와 완벽히 호환되는 스피드라이트들이 있다. 하지만 기본적인 성능은 10만 원도 되지 않는 저렴한 것부터 80만 원대의 최고급 카메라 브랜드까지 비슷하다. '광질은 빛의 색온도와 광량의 균일성에 의해 결정된다'라는 것을 기준으로 말해보자면? 둘의 차이는 거의 같다고 봐도 된다.

Q. 같은 화각의 고급렌즈가 상품 촬영에 더 좋은가요?

A. 고급렌즈는 혹독한 촬영환경에서도 품질이 높은 결과물을 보여줄 수 있도록 렌즈의 각종 결함을 보완한 것을 말한다. 결과적으로 '나쁜 촬영환경에서도 좋은 결과를 뽑아낼 수 있는가'가 고급렌즈와 저렴한 렌즈의 차이다. 다시 말하면 상품 촬영처럼 풍부한 광량과 빛의 조정이 가능한 환경이라면 고급렌즈나 저렴한 렌즈나 알아채기 힘든 결과물을 만들 것이다. 다만 상품 촬영에 특화된 마크로 렌즈는 회절현상을 개선했기 때문에 보다 깊은 심도로 촬영할 수 있어 좋다.

Q. 풀프레임 카메라로 촬영해야 제품사진이 더 좋아 보이나요?

A. 상품 촬영은 조명의 활용 능력에 따라 품질이 좌우되는 분야라고 말해도 될 정도다. 따라서 카메라의 해상력 말고는 풀프레임이나 크롭은 전혀 상관없다. 비싼 풀프레임 카메라의 해상력을 저렴한 크롭바디보다 신경 써서 만드는 것은 당연하니 어느 정도 영향을 주긴 할 것이다. 그러나 돈이 부족한데 조명장비보다 풀프레임 바디에 투자하는 것은 현명하지 못하다.

Q. 가정에 있는 삼파장 형광등 스탠드로도 비슷한 촬영이 가능한가요?

A. 거듭 말하지만 상품 촬영은 '조명'이 다 한다. 가정에서 흔히 사용하는 삼파장 형광램프나 LED 램프는 광량이 순간광에 비해 턱없이 부족하다. 이 점 하나만으로도 좋은 품질의 사진을 촬영하는 것은 매우 힘들다. 제품마다 색온도 차이도 크다. 또 일반적으로 이런 램프들은 1초에 60번 켜졌다 꺼지는 플리커(Flicker) 현상이 발생하기 때문에 촬영한 사진마다 모두 노출값이 다를 수 있다. 보정할 생각을 하면 끔찍하지 않은가? 말리고 싶다.

Q. 더 좋은 촬영을 위해서 무엇을 준비해야 하나요?

A. 만약 고급장비를 모두 갖추기에 비용이 부족한 상황에서도, 지금보다 나은 상품 촬영을 원한다면 다음의 순서로 구입하길 권한다.

1. 조명의 개수: 최소 2개 이상의 조명이 있으면 좀 더 다양한 상품 촬영이 가능하다. 같은 돈으로 고급 제품 1개와 저렴한 제품 2~3개 중 선택할 수 있다면 후자를 고르라는 말이다.
2. 소프트박스, 엄브렐러: 반드시 필요하다. 이 장비들을 쉽게 설치하거나 조정할 수 있는 어댑터와 라이트스탠드 등을 갖춘다면 매우 빠르고 쉽게 고품질의 사진을 얻을 수 있다.
3. 액세서리: 더불어 빛을 차단해주는 고보라든지, 작은 반사판, 그리고 빛의 방향을 조정해주는 허니콤 같은 여러 가지 액세서리를 수제작으로 만들거나 구입하면 거의 대부분의 촬영이 가능하다.
4. 마지막으로 이 모든 것을 갖추고도 돈이 남는다면 상품 촬영용 렌즈를 구입하고, 그래도 남는다면 고해상도 카메라로 바꾸자.

상품 촬영의 다른 예제

전문가들은 실제로는 다음과 같은 조명 장비들을 사용한다. 제품의 특성에 따라 조명이 어떤 식으로 세팅되는지, 어떤 장비들이 필요한지, 내가 촬영할 제품에 어떻게 응용할 수 있을지 등을 살펴보기 바란다.

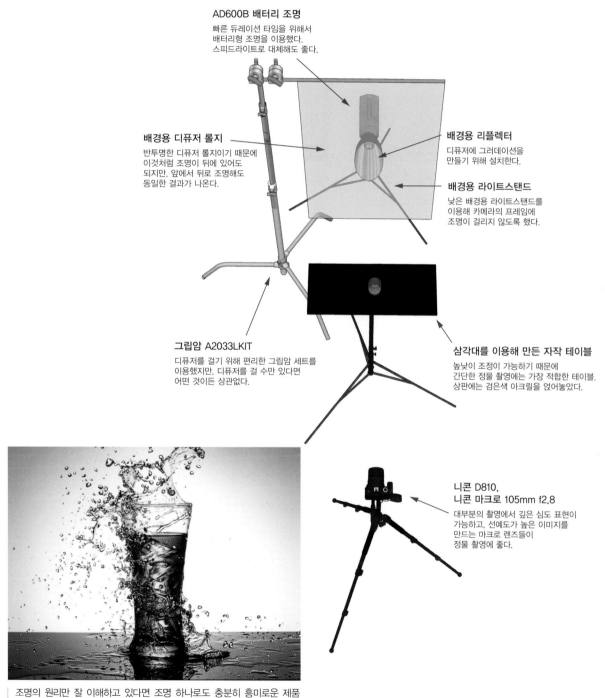

AD600B 배터리 조명
빠른 듀레이션 타임을 위해서
배터리형 조명을 이용했다.
스피드라이트로 대체해도 좋다.

배경용 디퓨저 롤지
반투명한 디퓨저 롤지이기 때문에
이것처럼 조명이 뒤에 있어도
되지만, 앞에서 뒤로 조명해도
동일한 결과가 나온다.

배경용 리플렉터
디퓨저에 그러데이션을
만들기 위해 설치한다.

배경용 라이트스탠드
낮은 배경용 라이트스탠드를
이용해 카메라의 프레임에
조명이 걸리지 않도록 했다.

그립암 A2033LKIT
디퓨저를 걸기 위해 편리한 그립암 세트를
이용했지만, 디퓨저를 걸 수만 있다면
어떤 것이든 상관없다.

삼각대를 이용해 만든 자작 테이블
높낮이 조정이 가능하기 때문에
간단한 정물 촬영에는 가장 적합한 테이블.
상판에는 검은색 아크릴을 얹어놓았다.

**니콘 D810,
니콘 마크로 105mm f2.8**
대부분의 촬영에서 깊은 심도 표현이
가능하고, 선예도가 높은 이미지를
만드는 마크로 렌즈들이
정물 촬영에 좋다.

조명의 원리만 잘 이해하고 있다면 조명 하나로도 충분히 흥미로운 제품
사진을 촬영할 수 있다.

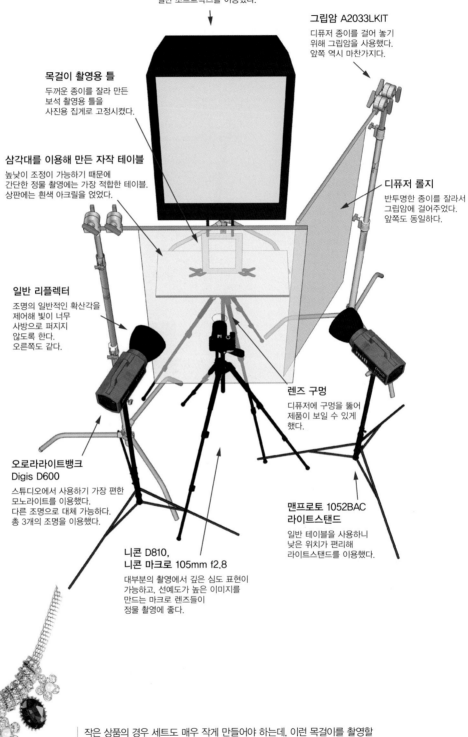

**오로라라이트뱅크 LBDR 810S,
직사각박스 80x100cm, 리세스타입**

흰색 배경을 만들기 위해서 간단히
일반 소프트박스를 이용했다.

그립암 A2033LKIT

디퓨저 종이를 걸어 놓기
위해 그립암을 사용했다.
앞쪽 역시 마찬가지다.

목걸이 촬영용 틀

두꺼운 종이를 잘라 만든
보석 촬영용 틀을
사진용 집게로 고정시켰다.

삼각대를 이용해 만든 자작 테이블

높낮이 조정이 가능하기 때문에
간단한 정물 촬영에는 가장 적합한 테이블.
상판에는 흰색 아크릴을 얹었다.

디퓨저 롤지

반투명한 종이를 잘라서
그립암에 걸어주었다.
앞쪽도 동일하다.

일반 리플렉터

조명의 일반적인 확산각을
제어해 빛이 너무
사방으로 퍼지지
않도록 한다.
오른쪽도 같다.

렌즈 구멍

디퓨저에 구멍을 뚫어
제품이 보일 수 있게
했다.

**오로라라이트뱅크
Digis D600**

스튜디오에서 사용하기 가장 편한
모노라이트를 이용했다.
다른 조명으로 대체 가능하다.
총 3개의 조명을 이용했다.

**맨프로토 1052BAC
라이트스탠드**

일반 테이블을 사용하니
낮은 위치가 편리해
라이트스탠드를 이용했다.

**니콘 D810,
니콘 마크로 105mm f2.8**

대부분의 촬영에서 깊은 심도 표현이
가능하고, 선예도가 높은 이미지를
만드는 마크로 렌즈들이
정물 촬영에 좋다.

작은 상품의 경우 세트도 매우 작게 만들어야 하는데, 이런 목걸이를 촬영할
때는 걸어둘 수 있는 거치대를 종이로 간단히 만들기도 한다.

27 　잘 팔리는 깔끔한 제품사진으로 보정하는 법
누끼 따기

예제사진
BOOK2\신발

완성사진
BOOK2\신발 완성

잘 촬영된 제품사진은 크게 보정할 것이 없지만 아무리 깔끔하게 촬영해도 배경에는 이런저런 그림자나 흠집, 먼지 등이 있기 마련이다. 배경을 깨끗하게 만들기를 원한다는 가정하에 후보정을 진행해보기로 한다.

1 　클리핑

현상 모듈의 '기본 패널'에서 '흰색 계열'과 '검정 계열'을 여유 있게 클리핑해준다. '여유 있게'가 어떻게 하라는 말인가 물을 수 있는데, 클리핑의 한계를 조금 넘어가도 괜찮다는 말이다. 계조에서 조금 손해를 보더라도 제품의 콘트라스트를 극대화시켜 눈에 띄는 것이 풍부한 계조의 우아하고 자연스러운 표현보다 상품이라는 '목적'에 더 맞으니 이렇게 해도 된다.

(흰색 계열 +25, 검정 계열 −32)

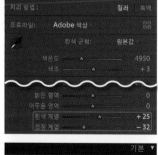

2 　밝은 영역, 어두운 영역, 노출, 대비

전체적인 분위기에서 실물의 느낌이 들어야 하니 너무 과도한 보정은 삼가야 한다. 자연스럽게 보이는 선 안에서만 다듬어준다. 이 사진을 보고 물건을 구입했는데, 모니터에서 본 것과 너무 다르면 반품이 들어올 것이라는 걸 기억하자.

(밝은 −15, 어두운 +22, 노출 +0.15, 대비 +6)

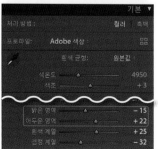

3 색온도, 색조

색온도와 색조는 조명장비의 기본값인 5500k, 색조 0으로 보정해준다.

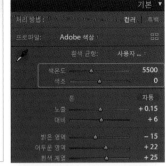

4 렌즈 교정하기

제품사진이므로 가급적 정확한 표현이 중요하다. 따라서 렌즈에 따른 결함을 제거할 수 있도록 '색수차 제거'와 '프로필 교정 사용'을 체크해준다. '렌즈 교정' 패널에서 옵션을 체크하고, 사용한 렌즈를 선택해주면 된다.

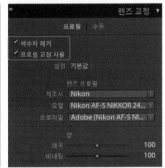

5 외곽 누끼 따기 – 흰색 빼기

흰색 배경 부분을 완전히 클리핑 아웃 시키기 위해 조정 브러시 툴을 이용한다. 조정 브러시 툴을 클릭한 후 흰색으로 바꿀 배경 부분을 칠해 선택영역으로 지정한다. '기본' 패널에서 '노출', '흰색 계열' 값을 올려 하얗게 만든다.

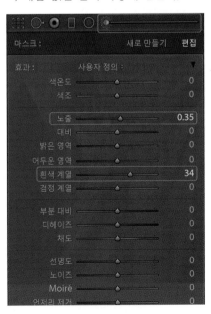

6   필요한 부분만 자르기(크로핑)

사진의 비율과 상관없이 자유롭게 자르기 위해 자르기 툴의 자물쇠를 클릭해 풀어준다. 사진을 드래그해 필요한 부분만 선택한 후 선택영역 안쪽을 더블클릭하면 잘라진다. 다시 하려면 [Ctrl]+[Z]를 누른다.

7   확인하고, 마무리하기

확실히 누끼 작업이 되었는지 확인하기 위해, 즉 배경이 완전히 하얗게 되었는지 혹시 지저분한 부분이 남았는지를 확인하기 위해 [Alt]를 누른 채 '흰색 계열'의 슬라이드를 클릭해본다. 바탕의 모든 부분이 흰색으로 완전히 클리핑 아웃되어 아무런 데이터가 없는 뚫려 있는 사진이 되었으면 완성이다. 만약 깔끔하게 클리핑 아웃되지 않았다면 따라하기 5번의 브러시 작업을 반복해준다.

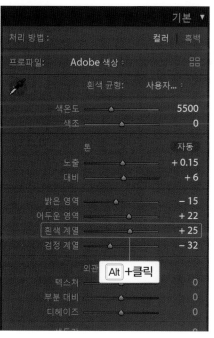

초점이 잡히지 않아 심도가 부족할 때 – 레이어 자동 혼합(365쪽)

비슷한 설정으로 요리용 저울을 촬영한 후 흰색 빼기로 보정 처리했다. 만약 심도가 부족할 경우 포토샵에서 '레이어 자동 혼합' 모드를 적용해 초점이 다른 여러 장의 사진을 스택 처리해 깊은 심도를 표현할 수 있다.

위 예제에서처럼 얇고 납작한 물체를 세우기란 굉장히 힘든데, 이때 사진 촬영용 접착 점토를 이용하면 쉽게 세우거나 붙일 수 있다. 촬영용으로 만들어진 점토는 제품에 잘 묻어나지도 않고 여러 번 재사용이 가능해 편리하다. 물체가 커서 힘들다면 뒷면에 삼각형 지지대를 테이프로 붙이는 것도 좋은 방법이다.

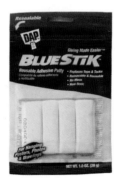

▶ 촬영용 접착 점토 '블루 스틱'

Stack mode
전문가의 숨겨진 노하우, 스택모드

28

사진가의 손발을 편하게 해줄
스택모드(포토샵)

아무리 잘 찍고 싶어도 하늘의 별을, 관광지의 사람들을, 도시의 불빛을, 태양을 사진가 맘대로 다룰 수는 없는 일이다. 최대한 촬영한 후 후반작업을 통해 촬영 당시 어쩔 수 없었던 이런 부분들을 보정하는데, 이때 포토샵의 스택모드는 사진의 품질을 개선시키는 데 큰 도움이 된다.

스택(Stack)? 스택모드?

'스택'은 우리말로 '무더기'쯤으로 번역되지만, 규칙 없이 마구잡이로 쌓여 있는 무더기가 아니라 여러 장의 사진이나 책 같은 것들이 쌓여 있는 것을 말한다.

포토샵에서 '스택모드'는 2장 이상의 사진을 하나의 파일로 가져와 각 사진의 특성을 어떻게 처리하는가를 정해주면, 그에 따라 다양한 결과를 만들 수 있는 기능이다. 여러 장의 사진 속에서 같은 부분과 다른 부분을 분리하여 다양한 알고리즘을 적용할 수 있는데, 같은 부분만 추출해내거나 다른 부분만 합치거나 하는 간단한 작업부터 노이즈 같은 랜덤한 부분을 걷어내 고품질의 이미지를 만들 수 있다.

아이디어에 따라 다양하게 활용할 수 있고, 많은 사진가들이 실제로 자주 쓰고 있는 기능이기도 하다.

스택모드의 조건과 옵션

조건 포토샵에서는 스택모드는 고급 개체(스마트 오브젝트) 옵션에 들어가 있기 때문에 고급 개체로 만들어야 한다. 레이어 팔레트 옵션 버튼을 클릭한 후 '고급 개체로 변환'을 선택하면 간단히 만들어진다. 또 각 사진의 같은 점과 다른 점을 기준으로 하는 만큼 스택모드를 사용하기 전에 각 레이어에 있는 이미지를 정렬해주는 것이 좋다. 역시 '레이어 자동 정렬'을 클릭만 해주면 된다.

스택모드의 옵션 스택모드에는 11개의 다른 알고리즘이 있다. 각 옵션은 여러 장의 사진에서 동일한 위치의 픽셀값을 어떻게 처리할 것인가에 대한 수학적 계산 알고리즘을 사용한다. 일부는 직관적으로 이해하기 어려운데, 크게 신경 쓰지 말고 결과 사진과 설명을 보며 이런 식인가보다 하고 넘어가자. 단, 자주 사용하는 옵션은 ★로 표시했으니 집중!

범위
분산
엔트로피
왜도
중간값
첨도
최대
최소
평균
표준 편차
합계

아래 사진 10장을 스택모드로 가져갔을 때 각 옵션에 따른 결과는 다음과 같다.

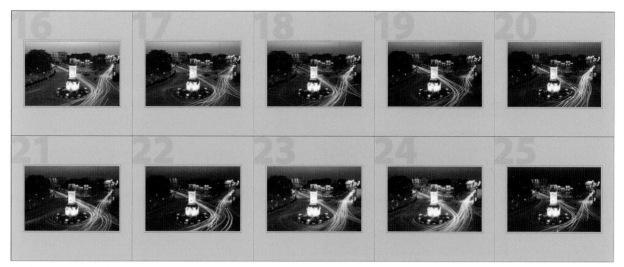

10장의 사진들 중 1장의 이미지

범위(Range)		불투명 픽셀의 최대값(Maximum)에 최소값(Minimum)을 뺀 것이다.
분산(Variance)		불투명 픽셀에 대한 합계값(Summation)제곱한 후 불투명 픽셀 수에 1을 뺀 다음 나눈 값이다.
엔트로피(Entropy)		이진 엔트로피 또는 0차 엔트로피는 세트의 정보를 손실 없이 인코딩하는 데 필요한 비트 수의 하한값을 정의한다.
왜도(Skewness)		왜도란 통계적 평균을 중심으로 대칭 또는 비대칭을 측정한다.
중간값(Median) ★		이미지의 노이즈 감소 및 원하지 않는 내용 제거에 효과적이다. - 각 사진의 같은 점을 기준으로 모아준다. 공통되는 부분만 남기고, 다른 부분은 제거한다.
첨도(Kurtosis)		정규 분포와 비교한 첨도 또는 평탄도 측정값. 표준 정규 분포의 첨도는 3.00이다. 이와 비교해 3보다 큰 첨도는 뾰족한 분포를 나타내고 3보다 작은 첨도는 편평한 분포를 나타낸다.

		모든 불투명 픽셀의 최대 채널 값을 표현한다. − 각 사진의 같은 점을 기준으로 다른 점까지 최대한 모아 표현한다.
최대(Maximum) ★		
최소(Minimum) ★		모든 불투명 픽셀의 최소 채널 값을 표현한다. − 각 사진의 같은 점을 기준으로 다른 점을 최대한 빼내 표현한다.
평균(Mean) ★		모든 불투명 픽셀의 평균 채널 값을 표현한다. − 각 사진을 모두 합친 다음 사진개수만큼의 노출을 나누어 평균으로 표현한다.
표준편차 (Standard Deviation)		분산한(Variance) 결과값의 제곱근을 곱한 결과다.
합계(Summation) ★		기준점 없이 모든 불투명 픽셀의 채널값을 합한다. − 노출이 극단적으로 부족한 사진 여러 장을 합쳐 정상 노출의 사진을 만든다.

은하수의 예제 사진을 장마철에 촬영한다는 건 정말이지 운이 필요하다. 어느 날 거짓말같이 구름이 걷히면서 맑은 하늘이 드러났을 때 어떻게 알고 찾는지 모른 여행자들이 함백산의 정상을 찾았다. 멀리 전북 군산에서 오토바이를 몰고 온 젊은 친구가 일출을 보기 위해서 간단한 텐트를 설치했기에 같이 담아보았다.

－ 함백산의 은하수, 강원도, 정선, 함백산

고감도로 촬영되어 사진의
노이즈가 너무 많다.

전체적인 색온도가
맞지 않아 하늘이 탁하게
표현되었다.

주제인 은하수의 콘트라스트가
약해 잘 보이지 않는다.

은하수의 다양한 색상이
잘 표현되지 않았다.

은하수와 별들의 부분
대비를 높여, 보다 선명한
이미지로 보이도록 한다.

부제인 텐트의 노출이
부족하다.

사진 속으로 안내하는 바닥 부분이
너무 밝아 시선을 방해한다.

29

하나도 안 낭만적인
은하수 사진 찍기

누가 봐도 아름다운 은하수 사진 한 장을 내 손으로 찍는 것, 아마 카메라를 손에 든 모든 사람들의 꿈일 것이다. 그냥 탁 트인 장소에 가서 셔터만 누르면 될 것 같지만 이게 참 말처럼 쉽지 않다. 일단 은하수를 찍을 수 있는 적기는 여름, 장마도 없고 안개도 없고 청명하고 맑은 날이어야 한다. 여름밤이 다 그런 거 아니냐고 생각할 수 있지만 먹고 사느라 바쁜 이들에겐 출사를 나간 그날이 딱 그런 환경이기가 쉽지 않다. 더불어 달이 하늘에 오랫동안 떠있는 보름을 기준으로 앞뒤 7일간은 촬영하기가 매우 어렵다. 결국 한 달에 절반 정도만 가능한데, 그중에서 운 좋게 맑고 청명한 날을 만난다면 의외로 손쉽게 촬영이 가능하기도 하다.

기본적으로 삼각대가 있어야 하며, 거의 밤을 새서 찍게 된다. 그러나 어떤 노력을 기울여도 촬영 기술만으로는 은하수의 노이즈를 완벽하게 제거할 수 없는데, 밤하늘의 은하수를 선명하게 촬영하려면 10~30초 이상의 노출을 줄 수가 없기 때문이다. 노출 시간을 더 주면 지구의 자전으로 하늘이 흐르고 있기 때문에 은하수가 뿌옇게 촬영된다. 따라서 ISO를 낮추고 장시간 노출을 통한 고품질 이미지를 만들 수 없다.

CG5.GT Computerized 적도의

나사의 허블 우주망원경에 비하면 지상에서의 촬영은 부족할 수밖에 없다. ⓒHubble and NASA

적도의처럼 지구의 자전속도에 맞추어 자동으로 별을 따라가는 장비를 사용해도 마찬가지다. 별은 고정된 것처럼 선명하게 보이겠지만, 지상의 모든 풍경은 지구의 자전속도에 따라 흘러가는 듯 뿌옇게 보인다. 그렇다고 별만 촬영한다면 사진, 즉 예술의 세계이기보다는 과학의 세계이기 때문에 전혀 다른 장르의 사진이 되고 만다. 결과적으로 어쩔 수 없이 노이즈를 감수하고 고감도 작업을 할 수밖에 없는데, 이때 생기는 노이즈를 포토샵의 스택모드 기능을 이용해 제거할 수 있다.

결국 사진예술로서의 천체사진이란
지상의 어떤 대상과 풍경으로서의 하늘이 만나서 이루어질 수밖에 없지 않을까?

이 기능을 사용하기 전까지는 앞서 알아본 노이즈 제거 기능을 이용하거나 '다크프레임'이라고 하는 어두운 사진을 한 장 촬영해서 센서의 핫픽셀을 제거하는 정도밖에 없었다. 결과 역시 그다지 만족스럽지 않은 수준이었다. 하지만 스택모드의 중간값을 이용한 노이즈 보정은 지금까지 나온 어떤 방법보다 강력하고 완벽한 수준의 은하수를 손쉽게 만들 수 있도록 해주는 굉장한 기술이다. 단, 이런 식으로 노이즈를 제거하려면 같은 장면을 최대한 많이 촬영해야 한다. 많으면 많을수록 결과물이 좋아진다.

노이즈 처리 전   노이즈 처리 후

파일 용량이 큰 사진 여러 장을 이용하기 때문에 컴퓨터에 상당한 부하를 주는 작업이
다. 스택모드가 처음인데다 성능이 좋지 않은 컴퓨터라면 인내심을 가지고 천천히 해보
자. 은하수의 노이즈를 스택모드로 없앨 수 있다는 것을 아는 사진가도 많지 않아서 가
르쳐주고도 싶었지만, 더 중요한 것은 이 과정을 거쳐 스택모드를 제대로 이해하면 활용
도가 높다는 점이다.

▶ YouTube [시즌3] #13 Book 2, Chapter 29 스택모드, 그 무한한 가능성

다른 사진에 응용하기

지금부터 배울 스택 렌더링 방법은 사실 야경과 관련된 모든 사진을 찍을 때 매
우 유용하며 자주 사용된다. 삼각대를 준비하지 못했는데 급하게 꼭 야경을 찍
어야 하는 경우, 카메라의 고속 연사모드를 이용해 여러 장 촬영한 다음 스택
렌더링을 적용하면 노이즈가 적은 고품질의 이미지를 얻을 수 있다. 이때 사진
에서 손떨림 블러가 생기지 않도록 충분히 높은 ISO를 사용해야 한다.

Before_ 사진 1장의 이미지   After_ 같은 장면을 촬영한 여러 장의 사진으로 스택
                                           렌더링한 결과

30

노이즈 없는 은하수 사진 만들기
스택 렌더링 중간값 이용하기(포토샵)

Lightroom **1단계: 라이트룸에서 포토샵으로 파일 내보내기**

1 사진 준비하기 – 설정 동기화

라이트룸의 현상 모듈에서 한 장의 사진을 먼저 보정한다. 라이브러리 모듈로 돌아와 나머지 사진을 모두 선택한 다음 '설정 동기화' 버튼을 클릭한다. 보정해 놓은 사진의 모든 보정값을 선택된 다른 이미지에 한 번에 적용할 수 있다.

보정한 이미지: 이 이미지를 기준으로 다른 이미지 전부를 한 번에 보정한다.

2 '설정 동기화' 대화상자가 나타난다. 어떤 것을 적용할지 선택한 후 '동기화'를 클릭한다. 여기서는 모든 보정값을 적용해야 하므로 '모두 선택'을 클릭한다.

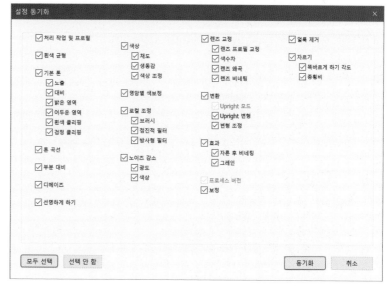

스택모드 **623**

3 포토샵으로 내보내기

선택된 모든 이미지가 동기화되어 같은 보정값이 적용된다. 이렇게 준비된 사진들을 포토샵 레이어로 내보내기 한다. 이미지 하나를 마우스 오른쪽 버튼으로 클릭한 후 '응용 프로그램에서 편집 – Photoshop에서 레이어로 열기'를 클릭한다.

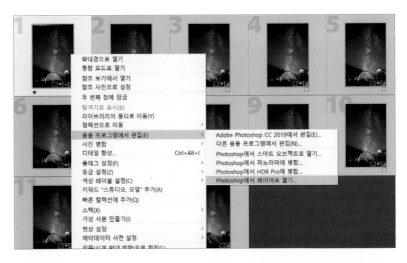

4 포토샵이 실행되면서 모든 사진이 각각의 레이어로 들어가 하나의 파일로 나타난다.

Photoshop **2단계: 별을 중심으로 레이어 자동 정렬하기**

스택모드를 이용하려면 각 레이어의 별을 정확히 같은 위치로 맞춰야 한다. 그래야 공통적으로 같은 위치에 들어 있는 별을 기준으로 앞뒤 사진들을 비교해 노이즈를 찾아 지울 수 있다. 별을 중심으로 각 레이어를 자동 정렬시키면 된다. 다만 앞에 있는 전경 이미지인 산과 텐트를 가리고 진행해야 한다. 별은 시간이 흐르면서 조금씩 위치가 바뀌는데 비해 앞에 있는 산과 텐트는 고정되어 있기 때문에, 이대로 자동 정렬시키면 컴퓨터는 이 부분을 기준으로 인식하기 때문이다.

1 레이어 그룹 만들기 Ctrl + G

하나하나 작업하기 힘드니 그룹으로 묶
는다. 모든 레이어를 선택한 후 그룹 아
이콘을 클릭하면 '그룹 1'이 만들어진다.
맨 위의 레이어를 클릭한 후 Shift 를 누
른 채 맨 아래 레이어를 선택하면 모두
선택된다.

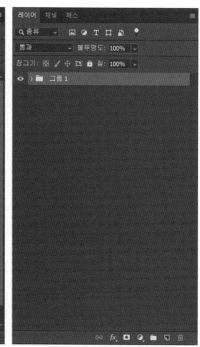

2 레이어 그룹 복제하기 Ctrl + J

'그룹 1'을 클릭한 후 새 레이어 만들기
아이콘 위로 드래그한다. 복제되어 '그
룹 1 복사'가 나타난다.

3 레이어 이름 바꾸기

그룹 이름 부분을 더블클릭하여 다음
과 같이 각각 이름을 바꿔준다.
(별 이미지, 전경 이미지)

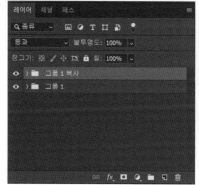
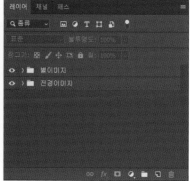

4 **전경을 가리기 위한 레이어 마스크 만들기**

'별 이미지' 그룹을 연다. 아무 이미지나 하나를 클릭해 선택한 후 레이어 마스크 추가 버튼을 클릭한다. 레이어 마스크가 나타난다.

5 레이어 마스크 부분을 클릭한다. 전경색을 검정색으로 선택하고 툴박스에서 브러시 툴을 선택한다. 위쪽 옵션바의 브러시 옵션 팔레트에서 스타일은 딱딱한 브러시, 불투명도 100%, 흐름 100%를 선택한다.

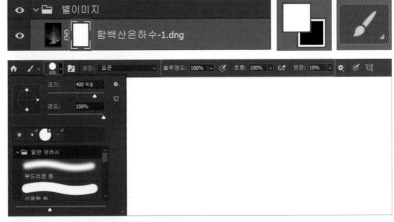

6 **전경 부분에 마스크 그리기**

Alt를 누른 채 레이어의 눈 아이콘을 클릭해 현재 작업 중인 레이어만 화면에 보이게 한다. 작업이 끝난 후 한 번 더 Alt를 누른 채 클릭하면 다시 모두 나타난다. 이제 브러시로 마스크로 가리고 싶은 전경 부분을 그린다. 대충 그려도 되니 쓱쓱 그리자.

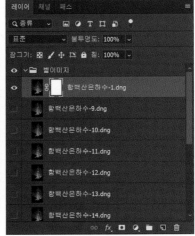

7 모든 레이어에 마스크 복사하기

Alt를 누른 상태에서 마스크를 클릭한 후 드래그 앤 드롭하여 다른 레이어에 복사한다. 귀찮지만 여기서는 일일이 이렇게 레이어 하나하나에 복사해줘야 한다.

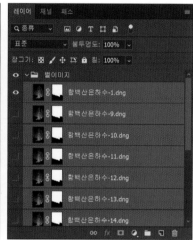

8 별을 중심으로 레이어 자동 정렬하기

'별 이미지' 그룹의 모든 레이어를 선택한 후 '편집 메뉴 – 레이어 자동 정렬'을 클릭한다.

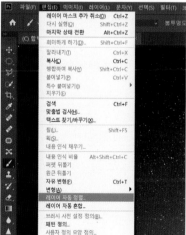

9 '레이어 자동 정렬 옵션' 대화상자가 나타난다. '자동'을 선택한 후 '확인'을 클릭한다.

10 레이어 마스크 제거하기

이제 자동 정렬이 끝났으니 레이어 마스크는 필요 없다. 모두 삭제한다. 각 레이어의 레이어 마스크 부분을 클릭한 후 Delete 를 누르면 된다. 이때 마스크를 '적용'할 것인지 그냥 '삭제'할 것인지 묻는 대화상자가 나타나면 '삭제'를 선택해야 한다. '적용'을 선택하면 원본 영역이 사라지니 주의하자. 아쉽게도 한 번에 모든 마스크를 없앨 수 있는 방법은 없다. 천천히 해보자.

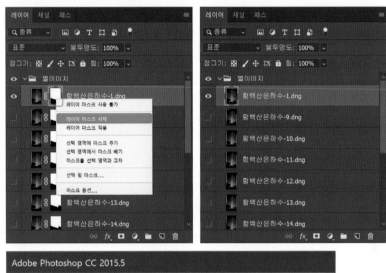

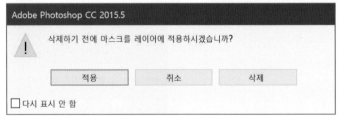

Photoshop **3단계: 스택모드로 은하수 노이즈 제거하기**

드디어 노이즈를 제거할 차례다. 스택모드를 사용하려면 각 레이어의 이미지가 고급 개체(스마트 오브젝트)여야 하니, 일단 고급 개체로 변환한 후 스택모드의 중간값을 적용한다. 이렇게 하면 하늘의 별은 깨끗해지지만 전경에 있는 나무 이미지는 뭉개지게 된다.

1 모든 레이어 보이게 하기

Alt를 누른 채 눈 아이콘을 다시 클릭
해 모든 레이어가 보이도록 만든다.

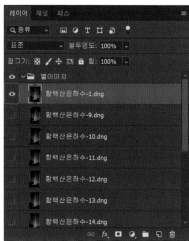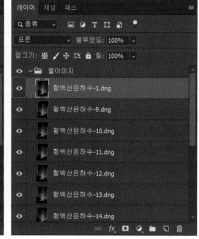

2 고급 개체(스마트 오브젝트)로 변환하기

'별 이미지' 그룹 안의 모든 레이어를 선택한다. 레이어 팔레트 옵션 버튼을 클릭한 후 '고급 개체로 변환'을 선택한다.
모든 이미지가 한 장의 고급 개체로 변환된다.

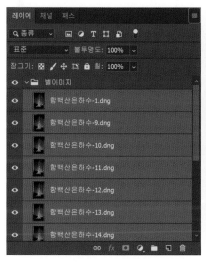

고급 개체 아이콘

3 스택모드 적용하기 – 중간값

'레이어 메뉴 – 고급 개체 – 스택 모드
– 중간값'을 클릭한다. 렌더링이 진행된
후 스택 렌더링이 적용되었다는 아이콘
이 나타난다.

스택 렌더링 아이콘

4 별을 중심으로 정렬되어 있기 때문에 당연히 전경의 나무는 흩날리듯 표현되지만 별의 노이즈는 대부분 제거되었다.

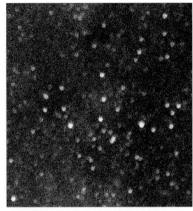

사진 1장의 별 노이즈

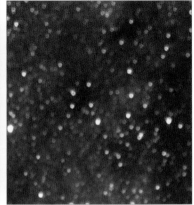

22장의 사진에 스택모드를 적용한 결과

Photoshop **4단계: 스택모드로 전경 이미지 노이즈 제거하기**

1 모든 레이어 선택하기

이번에는 전경 이미지를 살려낼 차례다. 역시 스택모드를 이용하면 자연스럽다. 지금까지 작업한 '별 이미지' 그룹의 눈 아이콘을 클릭해 숨긴다. '전경 이미지' 그룹을 연 후 모든 레이어를 선택한다.

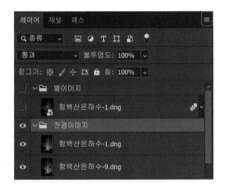

2 고급 개체로 변환하기

앞과 같은 과정을 한 번 더 진행한다. 전경 이미지의 전경은 사진에서 움직이지 않았으니 따로 정렬할 필요도 레이어 마스크를 씌울 필요도 없다. 레이어 팔레트 옵션 버튼을 클릭한 후 '고급 개체로 변환'을 선택한다. 모든 이미지가 하나의 고급 개체로 변환된다.

고급 개체 아이콘

3　스택모드 적용하기 – 중간값

'레이어 메뉴 – 고급 개체 – 스택 모드
– 중간값'을 클릭한다. 렌더링이 진행된
후 스택 렌더링이 적용되었다는 아이콘
이 나타난다.

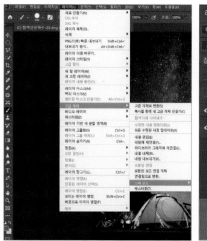

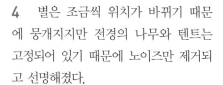

4　별은 조금씩 위치가 바뀌기 때문
에 뭉개지지만 전경의 나무와 텐트는
고정되어 있기 때문에 노이즈만 제거되
고 선명해졌다.

사진 1장의 전경 노이즈　　　　　　　22장의 사진에 스택모드를 적용한 결과

Photoshop **5단계: 두 이미지를 합쳐 선명한 이미지만 남기기**

이제 앞에서 만들어둔 별 이미지와 전경 이미지를 합치면 끝이다. 이번에는 앞에서 하드디스크 이미지를 예제로 해봤던
'초점이 다른 여러 장을 모아 완벽하게 만들기'의 레이어 자동 혼합 기능을 이용해 이미지의 선명한 부분만을 합친다.
(365쪽 참조)

1 고급 개체에서 일반 개체로 변환하기
이미지를 합치려면 고급 개체에서 일반
개체로 전환해야 한다. 별 이미지의 고
급 개체를 마우스 오른쪽 버튼으로 클
릭한 후 '레이어 래스터화'를 선택한다.
레이어의 고급 개체 특성이 사라지고
일반 레이어로 전환된다.

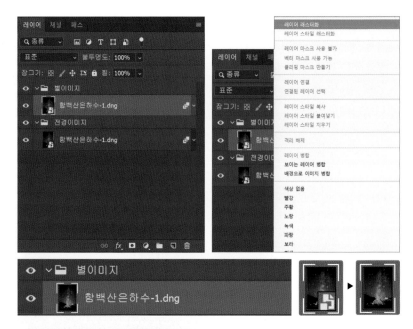

2 전경 이미지 고급 개체에도 같은
작업을 해준다.

3 두 레이어를 선택한 후 '편집 메뉴
– 레이어 자동 정렬'을 클릭한다.

4 '레이어 자동 정렬' 대화상자가 나타난다. '자동'을 선택한 후 '확인'을 클릭한다.

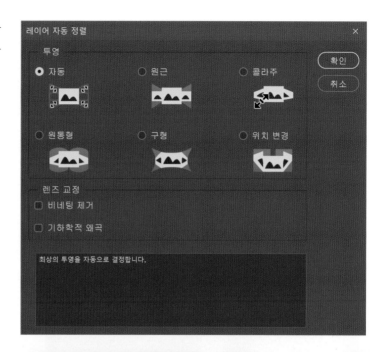

5 **레이어 자동 혼합하기**
레이어가 선택되어 있는지 확인한 후 다시 '편집 메뉴 – 레이어 자동 혼합'을 클릭한다.

6 '레이어 자동 혼합' 대화상자가 나타난다. '이미지 스택'을 선택한 후 '연속 톤 및 색상'과 '내용 인식 채우기 투명 영역'을 모두 체크하고 '확인'을 클릭한다. 두 이미지가 병합된 레이어가 만들어진다.

7 선명한 부분만 남은 사진이 완성되었다. 자동 정렬되면서 외곽선 부분에 까만 빈공간이 생겼는데, 잘라내면 된다.

Photoshop / Lightroom **6단계: 포토샵에서 라이트룸으로 가져가기**

1 자르기

툴박스에서 자르기 툴을 선택한 후 사방의 핸들을 적당히 드래그해 자를 부분을 선택한다. 이미지 안쪽을 더블클릭하면 잘라진다. 까만 빈 공간이 없어지도록 안쪽으로 여유있게 자른다.

2 모든 레이어 합치기

자, 이제 레이어를 정리하자. 레이어 팔레트 옵션 버튼을 클릭한 후 '배경으로 이미지 병합'을 선택한다. 모든 레이어가 합쳐져 '배경' 레이어 하나만 남는다. 이렇게 하면 용량이 매우 줄어들기 때문에 라이트룸에서 가볍게 움직일 수 있다.

3 저장 후 라이트룸으로 가져가기

Ctrl + S

'파일 메뉴 – 저장'을 클릭한다. 포토샵에서 저장 후 아무것도 하지 않고 라이트룸에 가보면 최종 결과물이 자동으로 나타난다.

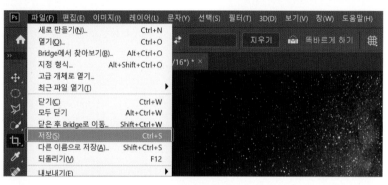

4 라이트룸에서 확인하기

포토샵에서 작업한 사진이 맨 끝에 자동으로 나타나 있는 것을 확인할 수 있다. 라이브러리 모듈의 '메타데이터' 패널에서 파일명을 보면 '–편집.tif'라는 말이 자동으로 추가되어 있다.

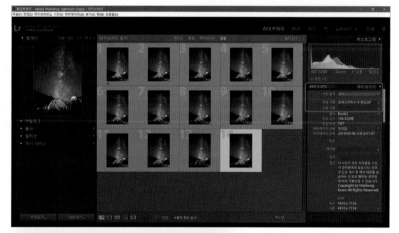

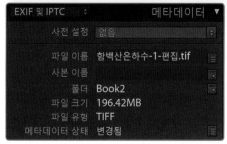

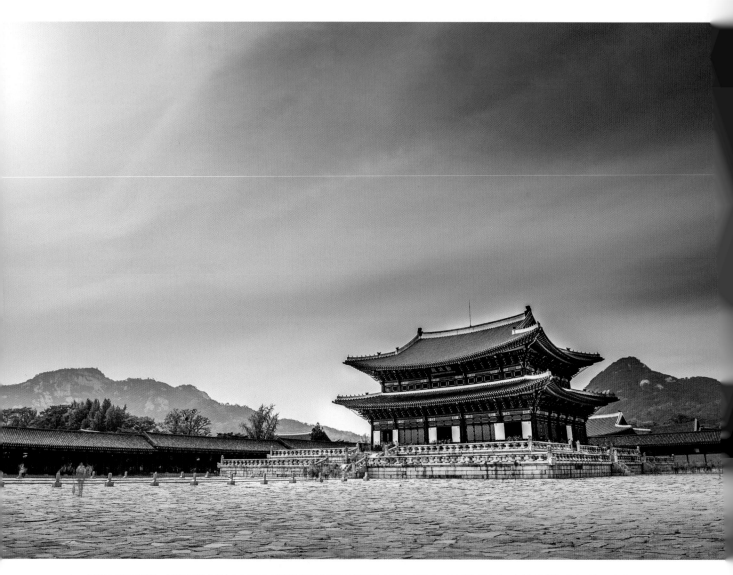

사람이 끊이지 않는 서울의 경복궁이다. 32장의 사진을 5분 간격으로 촬영해 포토샵 스택모드로 관광객들의 모습을 최대한 가려주었고, 다시 라이트룸으로 불러와 최종 보정 작업을 한 결과다. 관광지나 유명한 유적 등 사람이 많은 곳에서 움직이는 사람들만 없애고 싶을 때 사용할 수 있는 유용한 기능이다.
– 경복궁, 서울

사람들로 북적거리는 32장의 사진들 중 4장의 이미지

32장의 사진을 이용해 스택모드로 사람만 제거한 결과

앞에서 다룬 은하수의 노이즈를 제거하는 것에 비하면 쉽다고 느껴질 것이다. 과정은 같다. 자세한 것은 앞에서 다 설명했으므로 여기서는 간단히 과정 위주로 진행하자. 역시나 사진이 많을수록 결과는 더 좋다. 스택모드의 '중간값'은 여러 장의 사진을 레이어로 가져와 각 사진에 공통적으로 들어 있는 부분만을 찾아 합쳐주는 옵션이다. 이 특성을 다양하게 활용할 수 있는데, 예를 들면 언제나 사람으로 붐비는 관광지에서 사람만 제거하고 유적만 남게 할 수도 있다.

1단계 라이트룸에서 포토샵으로 파일 내보내기

설정 동기화(144쪽)

2단계 포토샵에서 스택모드 적용하기 – 중간값

고급 개체 만들기

3단계 포토샵에서 라이트룸으로 다시 가져가기

예제사진
BOOK2\경복궁

완성사진
BOOK2\경복궁 완성

Lightroom **1단계: 라이트룸에서 포토샵으로 내보내기**

1   라이트룸에서 기본 보정하기

먼저 사진 한 장을 선택해 기본 보정을 한 후 다른 사진에도 모두 똑같이 적용하는 설정 동기화를 이용한다. 기본 보정을 해야 나중에 손이 덜 가니 준비 작업을 한 후 포토샵으로 가져가자. 현상 모듈에서 한 장의 사진을 먼저 보정한다. '기본' 패널을 이용해 기본적인 클리핑과 노출, 색온도 등을 보정했다.

31 경복궁에서 사람만 한 번에 싹 없애는 마술?
스택 렌더링 중간값 이용하기(포토샵)

2 사진 준비하기 – 설정 동기화

라이브러리 모듈에서 나머지 사진을 모두 선택한 다음 '설정 동기화' 버튼을 클릭한다. 보정해 놓은 사진의 모든 보정값을 선택된 다른 이미지에 한 번에 적용할 수 있다.

> 보정한 이미지: 이 이미지를 기준으로 다른 이미지 전부를 한 번에 보정한다.

3 '설정 동기화' 대화상자가 나타난다. 어떤 것을 적용할지 선택한 후 '동기화'를 클릭한다. 여기서는 모든 보정값을 적용해야 하므로 '모두 선택'을 클릭한다.

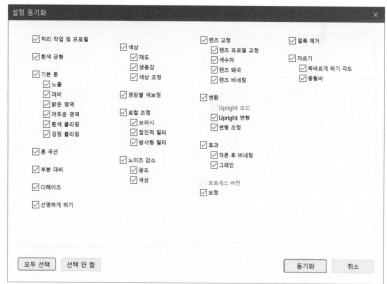

4 포토샵으로 내보내기

선택된 모든 이미지가 동기화되어 같은 보정값이 적용된다. 이렇게 준비된 사진들을 포토샵 레이어로 내보내기 한다. 이미 모든 레이어가 선택되어 있는 상태니 이미지 하나를 마우스 오른쪽 버튼으로 클릭한 후 '응용 프로그램에서 편집 – Photoshop에서 레이어로 열기'를 클릭한다.

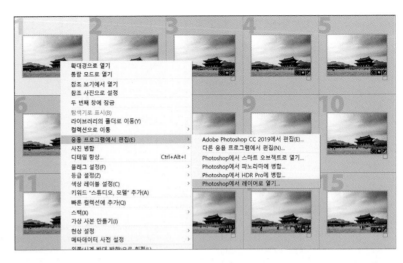

5 포토샵이 실행되면서 모든 사진이 각각의 레이어로 들어가 하나의 파일로 나타난다.

Photoshop **2단계: 포토샵에서 스택모드 적용하기 – 중간값**

예제 사진은 삼각대를 이용해서 촬영했기 때문에 바로 고급 개체 만들기를 할 것이다. 그러나 손으로 들고 촬영한 사진의 경우 미세하게라도 각 사진의 프레임이 바뀔 수밖에 없기 때문에 이 작업을 하기 전에 모든 레이어를 선택하고 레이어 자동 정렬을 해주어야 한다.

1 고급 개체(스마트 오브젝트)로 만들기

모든 레이어를 선택한다. 레이어 팔레트 옵션 버튼을 클릭한 후 '고급 개체로 변환'을 선택한다. 모든 이미지가 하나의 고급 개체로 변환된다.

2 스택모드 적용하기 – 중간값

'레이어 메뉴 – 고급 개체 – 스택 모드 – 중간값'을 클릭한다. 스택모드의 '중간값'은 각 레이어의 이미지에서 다른 레이어와 겹치지 않은, 즉 공통적으로 들어 있지 않은 픽셀은 빼라는 옵션이다. 각 사진에서 경복궁은 고정되어 있지만 사람들은 계속 바뀌기 때문에 사람들만 지워질 것이다. 렌더링이 진행된 후 스택 렌더링이 적용되었다는 아이콘이 나타난다.

3 여러 장의 사진 중 공통적으로 들어 있지 않은 부분은 모두 삭제되어 고궁만 남았다.

3단계: 포토샵에서 라이트룸으로 다시 가져가기

1 모든 레이어 합치기

고급 개체로 바로 가져가도 되지만 용량이 매우 커서 컴퓨터에 부담이 되니 일반 레이어로 만들자. 레이어 팔레트 옵션 버튼을 클릭한 후 '배경으로 이미지 병합'을 선택한다. 모든 레이어가 합쳐져 '배경' 레이어 하나만 남는다.

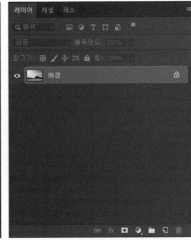

2 저장 후 라이트룸으로 가져가기

Ctrl + S

'파일 메뉴 – 저장'을 클릭한다. 포토샵에서 저장 후 아무것도 하지 않고 라이트룸에 가보면 최종 결과물이 자동으로 나타난다.

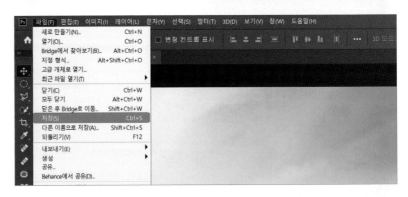

3 라이트룸에서 확인하기

포토샵에서 작업한 사진이 맨 끝에 자동으로 나타나 있는 것을 확인할 수 있다. 라이브러리 모듈의 '메타데이터' 패널에서 파일명을 보면 '–편집.tif'라는 말이 자동으로 추가되어 있다.

14장의 사진으로 스택모드의 최대값을 이용한 결과다. 지나가는 자동차들이 불빛 궤적이 중첩되어 굉장히 많은 교통량을 가지고 있는 것처럼 만들어 더욱 화려해졌다. 스택모드의 다양한 옵션은 다양한 촬영 환경에서 활용될 수 있으니 각자 연구를 통해서 새로운 방법을 찾아보도록 하자.

14장의 사진들 중 4장의 이미지

예제사진
BOOK2\시계탑

완성사진
BOOK2\시계탑 완성

다소 익숙한 예제일 것이다. 하지만 남이 만들어 놓은 것을 보는 것과 내가 직접 만드는 것은 전혀 다른 문제다. 예제 자체보다는 어떤 식으로 이런 효과를 얻을 수 있는지, 진짜 되는지, 이 기능을 어떻게 활용할 수 있을지에 집중해서 따라해보자. 앞의 두 예제에서는 여러 사진의 같은 점만을 모아 한 장으로 보여주는 스택모드의 '중간값' 옵션을 활용했었다. 이번에는 여러 사진의 다른 점까지를 모두 모아 한 장으로 보여주는 스택모드의 '최대값'을 적용한 예제를 만들어보자. 어떤 사물을 중심으로 각 사진에 있는 모든 것을 겹쳐서 보여주는 옵션이다.

`Lightroom` **1단계: 라이트룸에서 포토샵으로 내보내기**

일몰 상황에서 모두 다른 환경의 노출값을 가지고 있으며, 스택모드를 염두에 두고 촬영한 것이 아니기 때문에 14장의 사진이 프레임도 약간씩 다르다. 더불어 스택모드의 최대값을 활용할 목적이므로 라이트룸에서 기본 보정 없이 바로 포토샵으로 가져간다.

1 라이브러리 모듈에서 모든 사진을 선택한 후 마우스 오른쪽 버튼으로 클릭하고 '응용 프로그램에서 편집 – Photoshop에서 레이어로 열기'를 클릭한다.

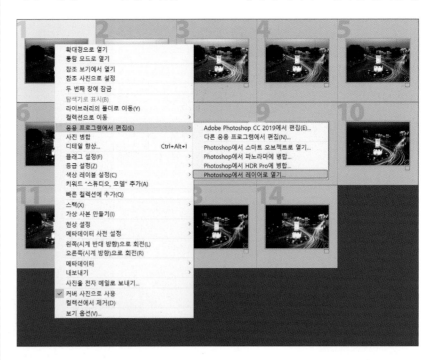

도시의 야경, 그 화려한 불빛 모으기
스택 렌더링 최대값 이용하기(포토샵)

2 포토샵이 실행되면서 모든 사진이 각각의 레이어로 들어가 하나의 파일로 나타난다.

`Photoshop` **2단계: 포토샵에서 스택모드 적용하기 – 최대값**

예제 사진은 삼각대를 이용해서 촬영했기 때문에 바로 고급 개체 만들기를 할 것이다. 그러나 손으로 들고 촬영한 사진의 경우 미세하게라도 각 사진의 프레임이 바뀔 수밖에 없기 때문에 이 작업을 하기 전에 모든 레이어를 선택하고 레이어 자동 정렬을 해주어야 한다.

1 레이어 자동 정렬하기
사진의 프레임이 모두 약간씩 다르니 일단 각 레이어의 이미지를 자동으로 맞춰 정렬시킨다. 모든 레이어를 선택한 후 '편집 메뉴 – 레이어 자동 정렬'을 클릭한다.

2 '레이어 자동 정렬 옵션' 대화상자가 나타난다. '자동'을 선택한 후 '확인'을 클릭한다.

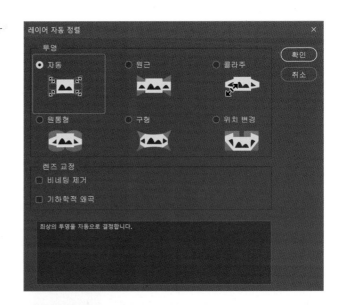

3 자르기

레이어마다 이미지가 중복되지 않은 영역을 잘라내자. 툴박스에서 자르기 툴을 선택한 후 사방의 핸들을 적당히 드래그해 자를 부분을 선택한다. 이미지 안쪽을 더블클릭하면 잘라진다.

4 고급 개체(스마트 오브젝트)로 만들기

모든 레이어를 선택한다. 레이어 팔레트 옵션 버튼을 클릭한 후 '고급 개체로 변환'을 선택한다. 모든 이미지가 하나의 고급 개체로 변환된다.

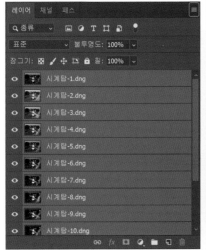

5 스택모드 적용하기 – 최대값

'레이어 메뉴 – 고급 개체 – 스택 모드
– 최대값'을 클릭한다. 스택모드의 '최
대값'은 각 레이어에 있는 이미지의 평
균값을 기준으로 모두를 겹치라는 옵션
이다. 각 사진의 시계탑은 가운데 고정
되어 공통적으로 들어 있고, 차의 불빛
은 계속 바뀌므로, 각 사진의 불빛 모
두가 하나의 사진으로 합쳐질 것이다.
렌더링이 진행된 후 스택 렌더링이 적용
되었다는 아이콘이 나타난다.

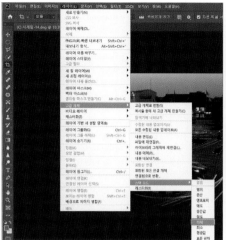

6 여러 장의 사진 중 중복된 부분과
중복되지 않은 부분까지 모두 나타나
몹시 화려한 불빛이 되었다. 시계탑 부
분이 과하게 밝아졌는데 라이트룸으로
가져가 다시 보정하면 된다.

3단계: 포토샵에서 라이트룸으로 다시 가져가기

1 모든 레이어 합치기

레이어 팔레트 옵션 버튼을 클릭한 후 '배경으로 이 미지 병합'을 선택한다. 모든 레이어가 합쳐져 '배경' 레이어 하나만 남는다. 이렇게 하면 이미지 용량이 줄어든다.

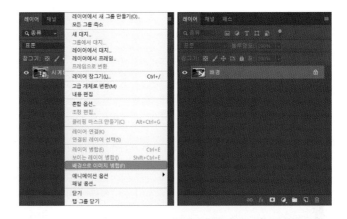

2 저장 후 라이트룸으로 가져가기 Ctrl + S

'파일 메뉴 - 저장'을 클릭한다. 포토샵에서 저장 후 아무것도 하지 않고 라이트룸에 가보면 최종 결과물 이 자동으로 나타난다.

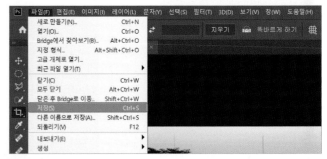

3 라이트룸에서 확인하기

포토샵에서 작업한 사진이 맨 끝에 자 동으로 나타나 있는 것을 확인할 수 있 다. 라이브러리 모듈의 '메타데이터' 패 널에서 파일명을 보면 '-편집.tif'라는 말이 자동으로 추가되어 있다.

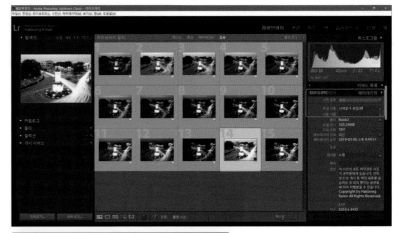

8장의 극단적으로 노출이 부족인 사진들을 모아 정상적인 노출을 가진 사진으로 만들었다. 포토샵의 스택모드는 촬영 당시의 여러 가지 불가능한, 혹은 시간과 노력이 많이 필요한 상황을 손쉽게 해결할 수 있도록 도와준다. 이후 라이트룸에서 최종 보정한 결과다.

스택모드가 아니라 그냥 보정했을 때의 문제점과 한계

결과 A

스택모드로 8장의 사진을 합쳐 정상적인 노출로 만든 결과

원본 사진
8장

8장의 노출 부족 원본 사진들. 거의 이미지가 보이지 않을 정도로 어둡다.

히스토그램 ▼

ISO 64   50mm   *f* / 1.4   1/125초

□ 원본 사진

8장의 사진들 중 1장의 히스토그램: 모든 픽셀이 매우 어둡고 계조가 극단적으로 부족한 사진이다. 한 장의 사진에 매우 적은 데이터만 들어 있기 때문에 사진으로서 품질이 매우 열악한 상태라는 것을 알 수 있다.

뭐 스택모드까지 사용해 노출을 맞춰야 하나 싶을 수 있다. 그냥 노출을 잘 만지면 될 거라 생각할 수 있지만 이렇게 극단적으로 노출이 부족할 경우에는 노출값을 올리는 것만으로는 살려낼 수 없다. 왼쪽은 스택모드를 활용해서 보정한 결과이고, 오른쪽은 단일 이미지의 노출값을 +5로 올린 결과다. 오른쪽 이미지에서 훨씬 많은 노이즈가 보이며 컬러 품질 역시 매우 낮다. 히스토그램을 봐도 계조가 연속되지 못하고 단절되었다는 것이 분명하게 보일 것이다.

8장 중 1장을 노출 최대값인 +5로 보정한 결과. 더 이상 보정하기가 매우 힘들다.

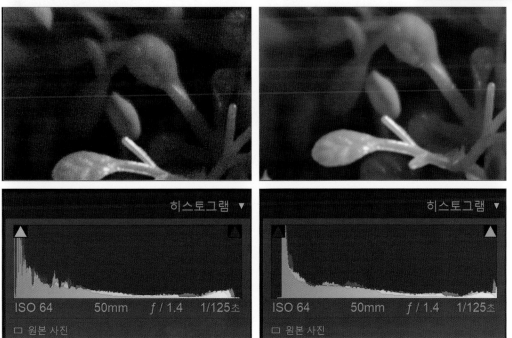

노출값을 올려 보정한 결과   스택모드로 보정한 결과

일부러 사진을 어둡게 촬영하는 사진가는 없을 것이다. 하지만 사진을 촬영할 때 많은 제약을 받을 수밖에 없으며, 때로는 이런 제약 때문에 촬영을 포기해야 하기도 한다. 하지만 스택모드를 이용해 희미한 빛을 최대한 끌어 모아 정상적인 사진을 만들 수 있다는 것은 사진가에게 작은 희망을 남겨두는 것과 같다. 스택모드의 합계값을 사용하면 노출 부족인 사진 8장을 모아서 정상적인 노출을 가진 사진으로 만들 수 있다. '합계값'은 기준점 없이 모든 불투명 픽셀의 채널값을 합해 표현해준다.

---

1 라이트룸에서 포토샵으로 내보내기

노출이 극단적으로 부족한 8장의 사진을 포토샵 레이어로 내보낸다. 라이브러리 모듈에서 모든 사진을 선택한 후 마우스 오른쪽 버튼으로 클릭하고 '응용 프로그램에서 편집 – Photoshop에서 레이어로 열기'를 클릭한다.

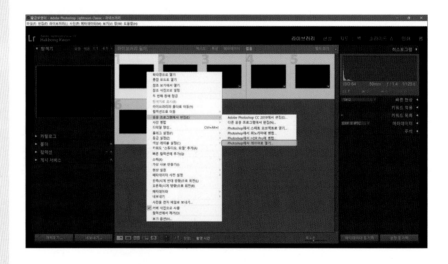

예제사진
BOOK2\책과화분

완성사진
BOOK2\책과화분 완성

33 노출 부족인 사진들을 모아 완벽한 노출로 살려내기
스택 렌더링 합계값 이용하기 (포토샵)

2 포토샵이 실행되면서 모든 사진이 각각의 레이어로 들어가 하나의 파일로 나타난다.

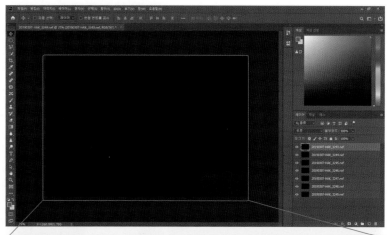

원본 사진은 거의 이미지를 알아볼 수 없을 정도로 노출값이 낮은 상태다.

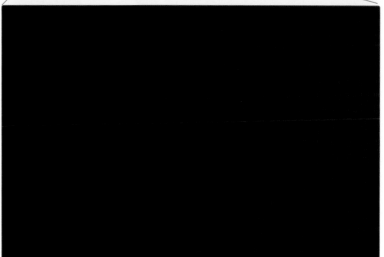

1 레이어 자동 정렬하기

여러 장의 사진이기 때문에 촬영 시 약간의 차이가 있을 수 있다. 따라서 한 번 이미지 정렬을 해주는 것이 더욱 좋은 결과를 가져온다. 모든 레이어를 선택한 후 '편집 메뉴 – 레이어 자동 정렬'을 선택한다. 방법은 앞과 마찬가지다.

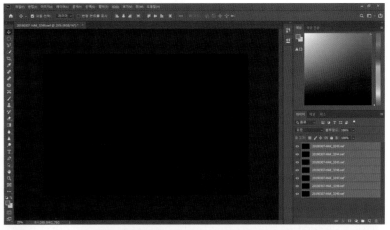

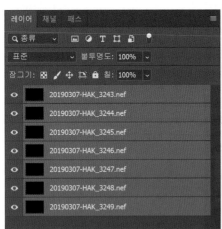

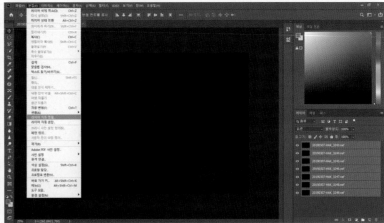

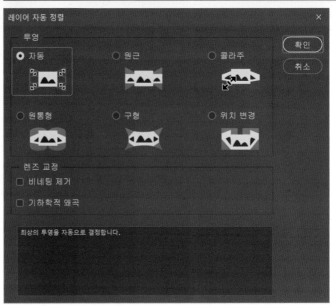

2 고급 개체(스마트 오브젝트)로 만들기

모든 레이어를 선택한다. 레이어 팔레트 옵션 버튼을 클릭한 후 '고급 개체로 변환'을 선택한다. 모든 이미지가 하나의 고급 개체로 변환된다.

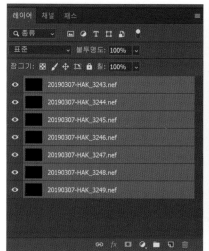

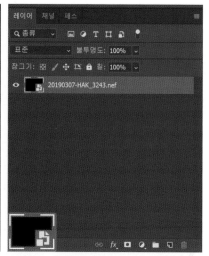

3 스택모드 적용하기 – 합계값

'레이어 메뉴 – 고급 개체 – 스택 모드 – 합계'를 클릭한다. 렌더링이 진행된 후 스택 렌더링이 적용되었다는 아이콘이 나타난다.

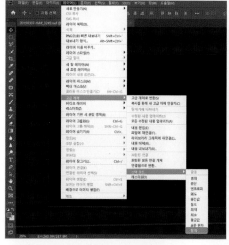

4

8장의 사진을 모아서 적절한 노출이 된 사진을 만들었다. 단일 이미지에서 작업하는 것보다 노이즈가 감소한 것뿐만 아니라 보다 정상적인 계조를 가진 사진이 만들어진다.

1 모든 레이어 합치기

레이어 팔레트 옵션 버튼을 클릭한 후
'배경으로 이미지 병합'을 선택한다. 모
든 레이어가 합쳐져 '배경' 레이어 하나
만 남는다. 이렇게 하면 이미지 용량이
줄어든다.

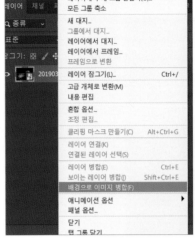

2 저장 후 라이트룸으로 가져가기

Ctrl + S

'파일 메뉴 – 저장'을 클릭한다. 포토샵
에서 저장 후 아무것도 하지 않고 라이
트룸에 가보면 최종 결과물이 자동으로
나타난다.

3 라이트룸에서 확인하기

포토샵에서 작업한 사진이 맨 끝에 자
동으로 나타나 있는 것을 확인할 수 있
다. 라이브러리 모듈의 '메타데이터' 패
널에서 파일명을 보면 '–편집.tif'라는
말이 자동으로 추가되어 있다.

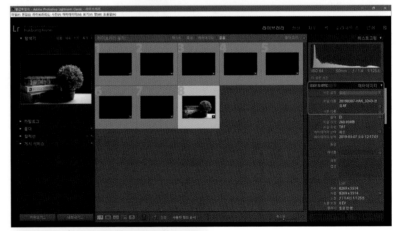

라이트룸 단축키(MAC/Windows)

사실 너무 많은 단축키를 처음부터 외우려고 하면 헷갈리기도 하고 작업에 방해가 되는 경우가 많다. 따라서 여기에서는 실제로 사용빈도가 높은 꼭 필요한 단축키만 소개한다. 라이트룸의 모든 단축키가 필요하다면 다음 URL을 참고하자. 하나 더! 키보드가 한글 입력 상태인 경우에는 단축키가 작동하지 않는다. 이때는 [한/영]를 눌러 영문으로 키보드를 변경해야 한다.

https://helpx.adobe.com/kr/lightroom/help/keyboard-shortcuts.html

	Windows	Mac OS
기본 단축키(현상 모듈에서도 가능)		
격자 보기	G	G
격자 보기 스타일 변경	J	J
확대경 보기	E	E
확대경 보기 정보 변경	I	I
도구모음 표시	T	T
사이드 패널 표시	Tab	Tab
전체화면으로 보기	F	F
라이트룸 도움말	F1	F1
라이브러리 모듈		
실행취소	Ctrl + Z	⌘ + Z
취소실행 다시 적용	Ctrl + Y	⌘ Shift + Z
빠른 컬렉션에 추가	B	B
사진 채택으로 플래그 지정	P	P
사진 플래그 지정 안 함	U	U
사진 제외로 플래그 지정	X	X
플래그 설정 전환	`	`
별표 등급 설정(0 – 5)	0, 1, 2, 3, 4, 5	0, 1, 2, 3, 4, 5
별 1개만큼 등급 올리기	[	[
별 1개만큼 등급 내리기	]	]
색상 레이블 할당(빨강, 노랑, 초록, 파랑)	6 – 9	6 – 9
선택 사진 삭제	Delete	Delete
라이브러리 필터 막대 표시/숨기기	\	\

라이트룸 단축키

	Windows	Mac OS
현상 모듈		
현상 모듈로 전환	D	D
새 스냅숏 만들기	Ctrl + N	⌘ + A
보정 전만 보기	\	\
클리핑 표시	J	J
자르기 도구 선택	R	R
자르기 도구 선택 시 종횡비 제한	A	A
자르기 격자 오버레이 전환	O	O
세로 및 가로 방향 간 자르기 전환	X	X
스팟 제거 도구 선택	Q	Q
조정 브러시 도구 선택	K	K
로컬 조정 브러시 A, B 전환	/	/
브러시에서 지우개로 임시 전환	Alt + 드래그	Alt + 드래그
점진적 필터 도구 선택(그러데이션 툴)	M	M
로컬 조정 핀 표시/숨기기	H	H
로컬 조정 마스크 오버레이 표시	O	O
보정 전과 보정 후를 좌우로 보기	Y	Y
확대경과 1:1 확대/축소 미리보기 간 전환	Space Bar 또는 Z	Space Bar 또는 Z

INDEX

INDEX

INDEX

INDEX